大学生 教育与管理

DAXUESHENG JIAOYU YU GUANLI

钟俊生 赵晓东◎主编

沈阳出版发行集团
沈阳出版社

图书在版编目（CIP）数据

大学生教育与管理 / 钟俊生，赵晓东主编 . -- 沈阳：沈阳出版社，2022.8

ISBN 978-7-5716-2661-7

Ⅰ . ①大… Ⅱ . ①钟… ②赵… Ⅲ . ①大学生 – 学校教育②大学生 – 学校管理 Ⅳ . ① G645.5

中国版本图书馆 CIP 数据核字（2022）第 149148 号

出版发行：沈阳出版发行集团|沈阳出版社
（地址：沈阳市沈河区南翰林路 10 号　邮编：110011）
网　　址：http://www.sycbs.com
印　　刷：辽宁泰阳广告彩色印刷有限公司
幅面尺寸：185mm × 260mm
印　　张：24
字　　数：517 千字
出版时间：2022 年 9 月第 1 版
印刷时间：2022 年 9 月第 1 次印刷
责任编辑：马　驰　王玉位
封面设计：R润泽文化
版式设计：R润泽文化
责任校对：荣英涵
责任监印：杨　旭

书　　号：ISBN 978-7-5716-2661-7
定　　价：76.00 元

联系电话：024-24112447
E - mail：sy24112447@163.com

《大学生教育与管理》编委会

《大学生教育与管理》编审委员会

引 言

二十一世纪是国家实施科教兴国发展战略，实现社会主义现代化建设目标的关键时期。在科教兴国的战略布局上，高等教育担负着培养高级专门人才和知识创新、技术创新的重要历史使命。《国家中长期教育改革和发展规划纲要（2010—2020年）》指出，教育要坚持德育为先，能力为重，推进素质教育是教育改革发展的战略主题，是贯彻党的教育方针的时代要求，重点是面向全体学生、促进学生全面发展，着力提高学生服务国家人民的社会责任感、勇于探索的创新精神和善于解决问题的实践能力。

随着我国高等教育进入大众化阶段，普通高等学校学生人数逐年增加，大学生能否顺利成为德智体美全面发展的社会主义建设者和接班人越来越受到党和国家、全社会的高度重视。大学生涯是学生成长成才的关键阶段，大学生的理想与追求有明确的目的性，但面临着生活学习不适应、自我教育、管理等更大的挑战与机遇，因而也承受着更大的压力，面对更多的矛盾。当代大学生生活在信息时代，他们易于接受新事物、新思想，有较强的平等意识、公民意识、环保意识、求实精神和批判精神，他们思想活跃，精神文化需求旺盛。他们正处在人生的重要阶段，是世界观、人生观、价值观形成的关键时期，虽然具有一定辨别是非的能力，但也易于受西方文化、观念的冲击和外界环境的影响，如何对大学生进行有效的教育和管理，是学生工作面临的新问题。如何认识大学，了解大学，如何在大学中为自己的职业生涯奠定良好的基础，是每一个大学生应该认真思考的问题。为了帮助大学生解决在大学学习生活过程中遇到的种种困惑，更好地引导大学生规划大学生生活学习，提升素养，掌握基本技能，我们组织了一批从事大学生思想政治教育研究和实际工作，并且担任相关大学生教育与管理课程教学任务的辅导老师一起编写了这本教材。

《大学生教育与管理》注重理论指导与实际相结合、教育与自我教育相结合，遵循“贴近校园、贴近学生、贴近生活”的原则，力求全面性和针对性相结合，注重实用和实效。本书不仅是一本引导大学生自我教育与管理方面的读物，也是一本引导学生学习与成长的手册，还可以作为高等院校开展入学教育、德育教育等的教材。本书也可作为高校辅导员、班主任的阅读参考书。本书既有理论概括，又有案例引导、课后思考题，融理论知识、实际运用于一体，旨在通过大学阶段的课堂教育和课外实践活动，提高大学生的适应能力、学习能力、求职能力和自我提升能力，希望它能为大学生自我教育提供全方位、全过程、针对性的启发。

本书在编写过程中力求做到科学性，注重吸收近年来国内外前沿的大学生教育与管理的理论研究成果，结合高校多年的学生管理与思想政治教育的实践经验，在编写内容体系上做了精心组织与安排。在编写体系上全书共分为十五章，基本涵盖了大学生在大学学习生活中所需要学习了解的内容，在内容体系上以切实提高大学生自我管理和教育的能力为目标，每章由教学案例导入，遵循教育的基本规律，循序渐进，构成一个较为完整的科学的教育、管理体系。本教材同时注重思想性和实用性，并充分体现了知识性和针对性。每章的案例导入重在引起大学生共鸣，激发阅读兴趣，导入课程知识；知识点表述力求简明实用，实用性为思想性服务，增强实用效果，大有利于大学生借鉴，提高其学习兴趣，培养学习能力，增强学习效果。

本书在编写过程中参阅了国内外专家关于大学生教育与管理方面的研究成果和文献资料，在此表示感谢。由于编者水平有限，在许多方面可能存在疏漏，甚至有不当之处，我们真诚欢迎并接受专家学者、教师同行、大学生及社会读者批评指正。

目　录

第一章 认识大学 了解大学

蔡元培说："大学者，研究高深学问者也。"大学，是传承科学知识、探索万物真理，树立科学精神的"象牙塔"，是知识创新的发源地。大学以其博大精深的精神和文化，化育着莘莘学子，感召大学里的人们追求真理，完善人格修养。那么，大学自诞生到今日，走过了怎样的历程？让我们一起走进大学，认识大学、了解大学，以此开启新的学习生活。

第一节 大学发展历程

人类高等教育至今已经历经了数千年的历史，向前追溯，在四大文明古国中都存在着很发达的高等教育，为了支撑起这样的高等教育，各个国家都建立起来了有特点的教育机构，在这些教育机构中也出现过令后人敬仰甚至叹服的智慧和成就，但是这些教育还不够完善，教育结构也不能被称为完整的大学。现代意义上的大学是在长期的历史发展中逐渐完善的。

一、西方大学发展历程

西方大学大致经历了三个发展阶段，分别是中世纪时期、文艺复兴时期和现代时期，西方大学发展的发展过程，尤其是西方现代大学发展对全世界大学发展影响更为深远。

1. 中世纪大学

欧洲的中世纪在人们传统的印象中是黑暗的，中世纪同样是一个具有独创性的时代。就是在这个独创的时代，大学孕育而生。中世纪大学的组织结构和制度原则与现代大学都有着直接的联系，在后来几百年的历史演变过程中，这些制度和结构得到了巨大的发展与完善。

公元 12 世纪，也就是中世纪的末期，大学就在这个时候出现了。经过了中世纪发展的高峰，新兴工商业城市在这个时期出现，这种城市是自由的城市为大学发展提供了必要的外部条件，这种城市国家资源向市民百姓开放，同时还出现了特殊的政治结构，教主和王权的对立。欧洲现代化都与这种二元结构有着紧密的联系，那么城市追求自由的过程中也变得越来越有特权，大学也正是特权之一。另外基督教教育功能的缺失也是大学产生的原因，同时东西方文化交流也促进了大学的产生。

那么西方最早的大学是哪个呢？一般认为是意大利的博洛尼亚大学，博洛尼亚大学成立的时间不太确切，直到 19 世纪由焦苏埃・卡尔杜齐领导的一支史学家委员会把它的创立日期追溯到了 1088 年，这也证明它是世界上最古老的大学。博洛尼亚大学在 1158 年收到了一份德意志国王腓特烈一世巴巴罗萨授予的特许状，特许状规定其不受任何权力的影响，具有独立性。博洛尼亚大学另外特殊之处还在于他是学生建立起来的大学，教授的责任由学生决定，学生的责任由教授决定。这是一种权利分享的方案，不过学生依然起着主导作用，因为是他们在支付薪水，也集体性地持有更多的权利。最终，博洛尼亚城结局完满，教授们从税收中获得薪水，这座城市也成了一个开放型的大学。

2. 文艺复兴时期大学的变革

中世纪大学的产生，是西欧封建社会思想文化生活逐步向商业社会转变过程中出现的，促进了城市的发展，但是，由于教会影响，当时大学所授课程主要讲的就是“七艺”，所谓“七艺”主要就是逻辑、语法、修辞、数学、几何、天文、音乐方面的传统知识。只是传统知识而没有新知识的注入，这对于大学发展来讲是远远不够的。

文艺复兴时期大学发展产生的重要影响与欧洲的一个重要事件相关联。东罗马帝国逐渐衰败之后，中东的奥斯曼帝国崛起并攻陷了君士坦丁堡，知识分子携带古希腊、古罗马文本重回欧洲，新兴资产阶级看到原来文明之后就借助研究古希腊、古罗马的文明，通过文艺创作的形式来倡导人文精神。文艺复兴对大学发展带来的影响首先是把古希腊的部分知识，特别是它的古典的文学、修辞融入了大学课程里面。其次就是将人文主义精神注入大学，之前大学基本是神学占据了统治地位，教师们的信仰、传授内容都与之相关，新内容的注入甚至让教师们都有抵制，但是以前在大学没有的希腊文等课程的出现逐渐对人们的观念产生影响。

这一时期对大学发展影响更大的是宗教改革，宗教改革就发生在大学。这里需要提及非常著名的历史人物——马丁·路德，他曾在耳弗大学学习，获文学硕士，1512 年 获威登堡大学（Wittenburg）神学院博士，后成为威登堡大学的教授，他看到教廷的腐败，就写了“95 条政纲”来反对，但由于当时大学教授们仍然维护教会，于是就开展了一场著名的“宗教辩论”，最终马丁·路德胜利，欧洲宗教分裂出来马丁·路德的新教，因为宗教的分裂，引起了信仰上的分裂，大学氛围发生了变化，大学的学术自由和大学自治被限制。

从 16 世纪到 19 世纪，欧洲不断发生内战，但是科学在不可阻挡地进步，人们也仍在不断地探索，这个时候新的时代来临了，大学发展迎来新时代。

17 世纪到 18 世纪的启蒙运动迎来了思想上的巨大转变，西方大学也开始出现变化，1575 年荷兰莱顿大学建立，它被称为荷兰的第一所新教大学，莱顿大学做出的最大的转变是将自然科学纳入大学课程当中，并且强调在各门学科建立新大学教授职位制度，强调借助于严格考试对大学生成绩的测定以及良好的研究设施，当时诸如牛津、剑桥大学是中世纪大学的佼佼者，但因为受到教会的严密控制，学术发展缓慢，而苏格兰的爱丁堡大学学习了莱顿大学，把学科专门化，所以爱丁堡大学也被称为“不列颠的雅典”。这时候大学先谈信仰，之后求知，再学科学，大学开始向现代大学过渡了。

3. 现代大学制度的确立

在现代大学正式确立之前，两所很重要的学校出现了，分别是1694年的哈勒大学和1737年初成立的哥廷根大学，这两所学校不同于以往学校的重要特点是它们均由政府开办，在教学过程中贯彻实际有用的知识，把自然科学的知识引入课堂。实际上就已经向着现代性的方向在发展，就已经和我们现在的大学越来越相近了。1810年产生的柏林大学，也被称为“人类历史上的第一所现代化大学”。柏林大学的诞生，被称为人类教育和科学发展史上的里程碑。现代教育体制从教育模式上来讲都源于柏林大学。柏林大学提倡的教学与研究相结合一直影响到现在。

19世纪后期，牛津和剑桥大学受德国研究型大学影响，开始从事生物学、物理学、细胞学等科学研究。1828年，英国创立伦敦大学学院，强调科学和技术课程。美国传统大学课程内容的科学化自哈佛大学开始后到1897年，科学技术性课程已经取得了主导地位。哈佛大学的课程改革对芝加哥大学、康奈尔大学等高校的教育模式产生了重要影响。

同时大学与工业社会联系加强促进了大学服务社会功能,美国的大学起到了重要示范作用。1861年，美国国会通过了《莫雷尔法》，主要内容就是联邦政府向各州提供土地，以资助各州建立至少一所用以发展农业和工艺教育的学院。颁布实施之后，各地学院运动开展起来，农业和机械工艺教育在大学得以广泛推行，为美国工农业现代化做出了突出贡献。此外，还形成了美国完整的高等教育体系，确立了美国高等教育民主化原则，孕育了在世界高等教育史上具有里程碑意义的康奈尔计划和威斯康星思想，进而导致了现代高等教育理念的产生。

二、中国大学发展历程

1. 古代的“大学”

中国古代社会虽然没有形成大学，但是教育一直受到重视，而且取得了极大的发展。《大学》中描述的教育理念成为经典：“大学之道，在明明德，在亲民，在止于至善。”“明明德”是指通过教育发扬善性，培养健全的人格；“亲民”是通过教学统一，逐步影响，进而达到改良社会风气的目的；“止于至善”是描述的是终极目标，通过教育使社会达到“至善”的理想境界。

西汉时，汉武帝创立太学，设置五经博士，成为当时的最高学府。从太学一直延续到隋朝、魏晋、明、清的国子学（国子监），可以说是中国古代意义上的大学，都是当时的最高学府。宋代书院的出现意味中国民间高等学校的诞生。

2. 中国近现代大学

中国第一所现代大学一般认为北洋大学堂（1895年由天津中西学堂改办）是中国官办最早的大学，1913年定名为“国立北洋大学”。主要培养工程技术人才，学制四年，为中国近代工程学科的鼻祖，1928年后改名为“国立北洋工学院”，抗战时参与组建西安临时大学、国立西北工学院，直至 1942 年恢复国立北洋工学院。1945 年抗战胜利后，国立北洋大学正式在天津复校。1951 年，北洋大学与河北工学院合并，定名为天津大学。

京师大学堂于1898年成立，它是光绪帝变法设立的清朝最高学府，1912年改名为北京大学，严复为首任校长。直到 1916 年蔡元培担任北京大学校长时校风才为之一振，“五四运动”之后，迅速发展为名副其实的全国著名大学。

1911 年庚款兴学而创立的清华学堂是清华大学的前身，开始为留美预备学堂。1925 年清华学校设大学部，开始招收四年制大学生，1928 年组建为国立清华大学，由外交部移至教育部管辖，罗家伦为首任校长，1931 年起梅贻琦任校长。当时的清华大学迅速发展起来，到 1930 年前后，成为全国高水平的大学之一。

1919 年，秉承教育救国理念创办的私立南开大学，在 1927 年至 1937 年间得到较大发展，成为国内知名大学。

北伐成功后，国内形势趋于稳定。国民政府开始筹建中央大学，欲建为国民政府的最高学府，到了 30 年代学科门类齐全的中央大学建成。但中央大学由于与政治联系紧密，经常卷入各种政治运动中，师资流动很大，学术和教育质量受到很大影响。

抗日战争爆发后，各大学开始内迁，再次开始一次大学合并潮。清华大学、北京大学、南开大学迁到昆明组成了西南联合大学；中央大学和交大迁到陪都重庆；浙江大学迁到贵州；武汉大学迁到四川乐山，中山大学颠簸三南，东北大学辗转陕川，同济大学流落至川。抗战期间，很多大学颠沛流离，但他们于战火中坚持办学，矢志不移。

抗战胜利后，各校迁回旧址，开始了新的发展。

1949 年以前的大学，除了国立大学，还有教会大学。但这些大学学费普遍较高，可以说是贵族大学。早期的教会大学，必修宗教，做礼拜，授课几乎皆为外文，教师、教材多来自外人，校政皆由外人控制。1920 年前后轰轰烈烈地掀起了收回教育主权的运动，这种情况才逐步改善。

3. 新中国成立初期的大学

新中国成立后中国大学进入全新的发展时期。

国家根据政治与经济制度变革的需求，重塑原有的大学制度、布局。从 20 世纪 50 年代开始，国家对高校进行了撤销、合并、重组、重点建设、体制机制创新等改革。1952 年开始的院系大调整，开启了新中国成立后高校分类发展的序幕。新中国成立初期，百废待兴，国家建设急需大量专业性人才。面对原有高等教育体系培养的人才无法满足社会建设需求的发展状况，教育部按照中央的指导方针，对存量高校进行院系调整，从综合型大学中分化出大量多科或单科性学院，再通过院系合并发展为单独建制的行业学院和工科学院，确立了按学科门类为依据的分类法。

20 世纪 80 年代开始了新一轮院系调整，一些原本的理工科高校或师范类高校逐渐发展为综合型大学。这次院系调整后，我国高等教育系统出现了形态多样、功能不同的高等教育机构。

从 20 世纪 90 年代开始，为了推动社会主义现代化建设的顺利进行，我国亟须建设一批具有引领和示范作用的高水平大学。1995 年，《“211 工程”总体建设规划》发布，开启新中国成立以来高等教育领域正式立项的最大规模重点工程的建设。1998 年，《面向 21 世纪教育振兴行动计划》发布，正式提出建设世界一流大学的目标，启动由国家重点资助的“985 工程”项目。“985 工程”高校、“211 工程”高校等重点高校承担了高层次人才培养和高端研发的核心任务。

十八大以来，高等教育结构性改革持续深化，高校分类发展进入合理分层与功能分化协同发展期。“十三五”规划提出把教育的结构性改革作为发展主线，推动高等教育分类发展，基于人才培养定位来完善高等教育分类体系。

“十四五”时期我国高等教育整体进入普及化发展新阶段，新一轮科技革命和产业变革的到来、国际竞争新形势、国内发展新趋势等使我国高等教育发展面临着机遇与挑战，也对我国高校发展提出了更高要求。

《中国高校发展白皮书（2022）》数据显示，在经费投入方面，近年我国高等教育事业的投入持续增长，对高校的经费投入力度也不断加大，但各省（自治区、直辖市）高校间经费差距较大，与国际顶尖高校预算总量尤其是生均预算仍有一定差距。未来，高校应努力实现多元筹资，逐步拓宽资金来源渠道，进一步吸引社会资源更多更高效投入高等教育系统。

在师资队伍方面，近年我国高校师资队伍规模不断扩大，师资结构和学历水平也得到了持续优化。高层次人才流动频繁，广东、北京、浙江、上海、江苏、山东等地区对高层次人才的吸引较大。未来，高校应下力气培养、引进、用好人才，着力建设高素质人才队伍。

在人才培养方面，近年我国高校在课程、教学、培养等环节持续改革创新，一流课程建设进展显著，“智慧”“智能”“能源”“大数据”等新兴交叉专业大批增设，人才培养进一步聚焦于国家重大战略和经济发展所需。未来，高校应加快培养经济社会发展所需的复合型、应用型和紧缺型人才，不断创新人才培养模式。

在科学研究方面，国高校在国家科学技术奖励中，获奖比例持续保持高位，各类实验室平台进入了改革创新发展阶段，新型科研平台也在不断增设。未来，我国高校应继续推动基础研究高质量发展，同时全面提升原始创新能力，打造自主创新的战略高地。

在学科建设方面，我国高校学科发展实现了新的跃升，共有 58 个学科新入选了第二轮“双一流”建设，新入选学科在大项目、大成果、大平台建设上均取得了突出成果。未来，高校应瞄准世界科学前沿和关键技术领域，打破学科专业壁垒，优化学科布局，深入推动学科高质量发展。

在高校发展方面，首轮“双一流”建设成效显著，带动了一大批高校和学科持续提高发展水平和服务国家战略拓展的能力。第二轮“双一流”建设中，有 7 所高校厚积薄发，成为新晋

“双一流”建设高校。其中，南方科技大学和上海科技大学成功入选国家“双一流”建设体现了近年发展新型研究型大学同样受到党和国家的支持与重视。在国家大力推动新型公办研究型大学建设的同时，以西湖大学为代表的新型研究型大学也在迅速崛起。

由此可见，我国高等教育地位在不断提高，作用在不断加强。扎根中国大地办大学，落实立德树人根本任务，提高人才培养质量，为建设教育强国贡献力量是新时代赋予我国高校的责任和使命。

小贴士：博士学位、硕士、学士学位的由来：

硕士（master）原意为一个行业中的师傅，在大学里就是指教师。博士（doctor）起源于拉丁文 doctus 这个词，是 doceo 的过去分词，在拉丁语中作动词“教学”的意思。起初，硕士和博士都是用来称呼大学教师的，并无高低之分，只是在不同的大学用法不同而已。“硕士、博士和教授这三个头衔在中世纪完全是同义语”。在早期的巴黎大学和以巴黎大学为模式建立的其他大学中，硕士是神学、医学和文学院流行的对教师的称谓，有时也用教授这一称呼，但博士称呼却很少使用。在博洛尼亚大学，法学院的教师特别喜欢用博士头衔，教授头衔也经常使用，但一般没有称呼硕士的习惯。后来，这两个头衔才渐渐开始产生差别：巴黎大学文科的毕业生，凡通过考试被认为具有当教师的品德和才智的，授予硕士称号；对于神学、法律、医学等科的毕业生，考试合格的授予博士称号。因为文科在当时是基础学科，只有先在文科毕业后才能继续在神学、法律、医学等方面深造，所以慢慢地硕士与博士也开始成为高低不同的两个等级，硕士是较低的等级，博士被看成是较高的称号。到了 15 世纪时，博士已成为高级系教师的专用头衔，而硕士成为低级系教师的专用头衔，原来可以互用的硕士和博士称号，至此就有了高低之分，成为两个不同的学位级别。

“学士”（bachelor）这个词的词源，不同的人有不同的解释：一种说法认为学士一词的原意是指没有财产的奴仆（Vassi non casato）；另一种说法是它源自行会中的一个术语，即“新手”的意思；一种解释认为学士一词原意是“月桂树的果实”，引申为成功的象征；还有一种解释是，它是一个拉丁文 baccalarius 的讹误，意思是“属下”，例如，社会地位较低的奴仆或者工匠的一名徒弟。在欧洲中世纪大学里，这个词用来称呼那些能帮助教师开展教学活动，但还没有获得硕士学位的学生。

随着大学的发展，学位的级别逐渐清晰起来，第一级学位是学士学位，类似于行会中准许学徒满师；第二级学位是硕士或者博士学位，类似于行会的师傅，得到这一学位以后便完全有资格在母校任教，不久以后，一些规模较大的大学中的毕业生获得了不用考试就可以到各地大学去任教的资格（Licentia ubique docendi）。学位的高低级别形成以后，对学位的要求也有了差异。除了在较低一级的文学系之外，一些学生并不满足于学士水平，仍然继续深造，获得高一级的硕士或者博士学位。

第二节　大学理念变化

一、大学理念的内涵

1. 内涵

理念是行动的基础，大学理念决定了大学的发展方向。

大学理念，指的是支撑大学运作的本质，这一概念具有多向性，内容非常丰富。“大学理念”是人们对那些科学意义上的大学的理性认识，也就是大学是什么；理想追求，也就是大学应该是什么；其所形成的教育观念体系和哲学观点，也就是大学需要坚持什么。一般认为，没有大学理念指引的大学实践，是一种“盲”；同时缺乏实践的大学理念，是一种“空”。

大学理念如同其他一切事物，也是在不断发展的。由于历史时期、地理区域、社会背景的不同都对大学理念造成了不同的影响，这些因素共同促进了大学理念的丰富和发展。

2. 经典大学理念

自中世纪大学开始发展起来以后，通过诸多学校办校理念中不断提炼总结，形成了学术界大多数认可的经典大学理念，主要包括学术自由理念、大学自治理念、教授治校理念和教学与研究相统一理念四方面。

学术自由理念：大学是进行学术研究的地方，学术自由就是能够不受外界的压力和干扰进行学术研究，学术自由包括了学的自由和教的自由。当然，这种学术自由不是无限制的、绝对的自由，只是相对的。

大学自治理念：大学自治和学术自由是西方大学发展过程中的孪生兄弟。大学自治保证了学校享有学术自由的权利的条件，这样才能让大学专注于自己的研究。进入现代社会，大学与社会的接触日益频繁，现在一般认为现代意义上的大学自治主要是指妥善处理好大学与政府及社会之间的关系，努力避免和减少外界对学术研究的过分介入和侵犯。

教授治校理念：这一理念来源于巴黎大学，由本学院所有成员构成协商性团体，共同决定和处理其内部事务，包括学术发展政策的制定、校长的选举、学生的遴选、课程的设立、教师的延聘等，这是教授治学的原型。

教研统一理念：这一理念是大学职能的最好体现，不仅能体现出教育这一职能，也体现出了大学为社会服务的职能，这一理念来源于柏林大学。

这些经典的大学理念随着时间发展已经不能完全符合时代的要求，但是对于当今大学的发展仍然有着不可忽视的借鉴意义。

二、西方大学理念

大学理念变化仍然要从中世纪开始，无论是学生治校还是教师治校都获得很大的自主权，主要任务也是传授知识，其大学理念表现在：自治办学的理念和学术自由的理念。文艺复兴时期受到人文主义思潮的影响，注重对人发展的关注。

工业革命时期，在传授知识的同时，开始关注创造性科研。大学在传授知识的同时还要创造知识。这样教育与研究相统一的大学理念在这里创立了。

进入 20 世纪，资本主义社会的市场经济、工业社会、国家体系越来越成熟，而且结构也越来越复杂，大学理念在这个时候再次发生转变：大学在进行教学、研究的同时，还应该具有服务社会的功能。大学要为社会上的部门和行业提供培训和训练，要为工、农、商、服务、公共部门等领域提供智力支持。十九世纪下半叶开始，就已经开始出现高等专业技术学校，涉及工、农、商等行业，不过这种观念当时是受到反对的。大学要为社会和国家服务的理念对俄国、中国等都曾产生过重要影响。二战以后，美国高等教育进入黄金发展期，美国大学在强调满足社会多样化需求的前提下，提出了大学功用多样化的大学理念。

德国开始重新探讨什么样的大学理念更适合发展，现可以概括为：大学要追求知识创新。英国强调大学不仅要传授知识也要培养全面人格，强调面对面大学生活。

三、中国大学理念

中国大学理念与西方有着千丝万缕的关系，中国大学理念在向西方学习的同时，也融合着中国独特的传统和中国教育发展的规律，不断形成中国特有的大学理念。

中国大学理念有着中国特有的背景，这些与西方国家完全不同。

中国古代“大学”教育理念。中国古代虽有大学教育却无大学，但这不影响古代仍然有着独特的大学理念。中国古典大学理念的核心内容即为儒家经典著作《大学》中所阐明的“大学之道”，其中“大学之道，在明明德，在新民，在止于至善”表明了教育的目的。到宋代，朱熹进一步提出了书院的理念，将儒家的办学思想进一步总结与发展，指明书院的教育目标是“明人伦”的五教。中国古代因为大学未能完全发展，因此大学理念也较为冗杂。

从近代开始，中国大学在深深植根民族文化和教育传统基础上，开始了向西方大学学习的过程，大学理念也深受西方影响。清朝末期，中国引进西方大学制度，这一时期主要的理念便是：“忠孝为本，经世致用”。南京国民政府成立以后，注重了对教育的控制，主张通才教育。国民政府时期，提倡“术德兼修，文武合一”的理念，1912 年，蔡元培在北京大学提出以“教授治校”为核心的方针，并将这一方针成功实施，在 1917 年蔡元培就任北大校长后，极力倡导和推行“思想自由”、“学术自由”、“兼容并包”的理念，这对于大学教育是非常有必要的，同时也能看出西方大学理念的影子。

新中国成立后，经过多年发展，大学理念基本是：人民教育的宗旨，全面发展的方针，爱国主义的精神和社会主义的方向。新中国的教育方针和对人才的培养目标也一再强调要全面发展，要培养社会主义事业的建设者和接班人。

十八大以来，我国重点强调实施创新驱动发展战略。把科技自立自强作为国家发展的战略支撑，深入实施科教兴国战略、人才强国战略、创新驱动发展战略，号召高校、研发机构等应与企业一起构建分工协作、有机结合的创新链，形成有中国特色的协同创新体系。2018 年，习近平总书记在全国教育大会上的讲话中指出，“在党的坚持领导下，全面贯彻党的教育方针，坚持马克思主义指导地位，坚持中国特色社会主义教育发展道路”，“培养德智体美全面发展的社会主义建设者和接班人”。2022 年，习近平总书记在中国人民大学考察调研时强调，我国有独特的历史、独特的文化、独特的国情，建设中国特色、世界一流大学不能跟在别人后面依样画葫芦，简单以国外大学作为标准和模式，而是要扎根中国大地，走出一条建设中国特色、世界一流大学的新路。调研期间，“中国特色、世界一流”八个字被反复提及。

“为谁培养人、培养什么人、怎样培养人”始终是教育的根本问题。建设中国特色、世界一流大学必须坚持党的领导，坚持马克思主义指导地位，坚持为党和人民事业服务。“党办的大学让党放心、人民的大学不负人民”，这是全国高校建设发展的基本遵循。

当代中国正经历着我国历史上最为广泛而深刻的社会变革，也正在进行着人类历史上最为宏大而独特的实践创新，给理论创造、学术繁荣提供强大动力和广阔空间，这是乘势而上建设中国特色、世界一流大学难得的时代机遇。建设中国特色、世界一流大学，哲学社会科学的繁荣是题中应有之义。立时代之潮头、通古今之变化、发思想之先声，为党和人民述学立论，担负历史赋予的光荣使命。这也是扎根中国大地，建设中国特色、世界一流大学的必由之路。

与此同时，身处全球化时代，青年学子只有不断开拓国际视野，到国际舞台上展现青春风采，才能更好地讲好中国故事、发出中国声音，为世界贡献中国智慧和中国方案。青年学子要积极参加社会主义现代化建设的伟大实践，同时也要积极参与世界事务，为构建人类命运共同体贡献力量。青年大学生要融汇中国情怀与国际情怀，既要扎根中国大地，吸吮中国传统优秀文化的思想精髓，也要深入学习他国的优秀文化，吸收借鉴现代人类文明的一切有益成果；开拓国际视野，主动加强中外交流，提升跨文化交流能力。

“人的一生只有一次青春。现在，青春是用来奋斗的；将来，青春是用来回忆的”。青年大学生要认清新时代的历史方位，坚持用新时代中国特色社会主义思想武装自己，勇做新时代的弄潮儿，努力成长为能担当民族复兴大任的时代新人，在激扬青春、奉献社会的进程中书写无愧于时代的壮丽篇章。

第三节　大学职能精神

大学存在就应该具有一定的职能，同时大学还需要具有一定的精神，这二者是大学能够存在于社会，并在社会发展的基础。大学职能和精神同样不是一成不变的，都经历了不同时期的发展变化。

一、大学职能及演变

1. 大学职能

关于大学职能的概念有多种定义。一般认为，大学职能就是大学作为一种社会机构所应承担的职责和发挥相应的作用。

2. 大学职能的演变

通过之前介绍大学发展的历史，可以看出来在中世纪时期大学的职能比较单一，就是教学。在柏林大学创建以前，大学职能虽有所变化，但主要职能没有发生变化，都是围绕教学开展的。因此，19 世纪以前的大学也被人称之为“教学型大学”（teaching university）。

大学职能发生改变，是洪堡创建德国柏林大学的时期，这时的大学不仅教学还从事科学的探索，大学科学研究的职能在这里正是开始。从美国在 1862 年《莫雷尔法案》颁布之后，教育与社会经济发展紧密联系起来，这次改革开创了大学直接为社会发展服务的先河。

进入 20 世纪之后，大学日益成为国家意志的工具。人才培养的专门化特征越来越明显。随着社会经济的发展，大学与经济社会联系越来越紧密。在 20 世纪 40 年代到 60 年代，西方的一些大学尤其是美国的大学，出现了重要的功能，一是“智库”建设，大学“智库”就是为美国和美国政府提供智力支持。二是“旋转门”制度，也就是大学教授初任政府方针的代言人。三是“公共知识分子”的出现，希望通过大学教授来调节社会矛盾，成为政府和民众的中间人。这三种职能可以看作是服务社会的延伸。

这三大职能也到了世界各个国家的认可，我国在 1998 年 8 月 29 日第九届全国人民代表大会常务委员会第四次会议通过的《中华人民共和国高等教育法》第五条规定：高等教育的任务是培养具有创新精神和实践能力的高级专门人才，发展科学技术文化，促进社会主义现代化建设。第三十一条规定：高等学校应当以培养人才为中心，开展教学、科学研究和社会服务，保证教育教学质量达到国家规定的标准。

二、大学精神及演变

1. 大学精神

大学精神是高等学校教育研究的热门问题之一，关于大学精神的文章和书籍也非常多见，但是对于大学精神的定义，虽多有人提及，但却始终没有统一的界定。诸多版本体现了写作者对于大学精神的自我理解。因此，在这里，将学者们的观点予以融合，提炼“大学精神”的内涵。大学精神是大学发展过程中，逐步形成的具有自身特质的精神形式和文明成果，对大学的生存和发展起着约束和导向作用。

2. 大学精神演变

西方大学精神的变化。西方大学自中世纪开始就以育人为核心任务，人文精神应该是大学的首要精神，其次追求真理的科学精神。但事实情况来看将二者设为学校精神的大学却很少。

中世纪时期，大学的任务就是育人，当时大学的精神就人文主义和追求真理。进入工业社会之后，知识的重要性日益显露，大学开始把获取知识作为根本使命，其中特别是追求真理的科学精神，并使大学享有“象牙塔”的美名。

美国大学充分吸收了欧洲古典大学的基本理念，但又做出了重要发展。美国大学强调“通识教育”，其核心是在深层次上，通过深度阅读、深层思考和小班讨论等方法，使美国新一代知识分子在更高、更深文化水平上接收美国价值观教育，从而体现出新的人文精神的回归。

大学理念的变化影响着大学精神的变化，近千年欧美大学发展的历史，为大学精神的演化提供了一条明朗的线索：从开始强调提升个性修养和知识水准的人文主义精神，到注重为追求科学真理而强调的独立和自由精神，再到接触现实，服务社会，又高唱“现代大学的社会责任”，体现了更新更深的人文精神。大学精神演变的这条线索，具体到每个学校有所不同，但是其主要的脉络提供给我们了借鉴。

中国大学精神的变化。中国大学出现于19世纪末，在1904年京师大学堂首任“总监督”张亨嘉就职典礼上对学生的训词：“诸生听训，诸生为国求学，努力自爱。”其中追求知识的内容不必多说，“为国”充分体现了中国高等教育重视的“爱国精神”。辛亥革命后，1917年蔡元培先生执掌北大，他将自己在德国学习的德国大学的观念引入到中国，在他的带动下，将德国学术自由等理念应用到北大管理之中，在这种新风气影响下，科学精神被中国传统知识分子所接收和发扬。1931年梅贻琦担任北大校长，开始学习美国模式，科学精神仍是大学的主导精神。但是国民党利用中国大学与生俱来的优秀传统和精神支柱——爱国精神和担当精神，一度实行党化教育，大学地位被削弱。

新中国成立后，中国大学在改造和自主探索过程中，旨在塑造大学的民族精神，与中国数千年来以知识分子的独立人格为担当的民族精神高度融合，形成了坚持中国共产党领导下的自主探索、厚德载物与自强不息的中国大学精神。

3. 大学精神内容

大学精神包括的内容非常广泛，就如同对大学精神的定义一样，不同人有不同的看法，按照大学理念、职能和精神的发展和变迁来梳理大学精神具备的内容，主要包括以下几个方面内容：独立精神、科学精神、批判精神、创新精神、社会关怀精神。

独立精神，独立精神一方面指学校要具有独立精神，能够保证学术上自由，在管理上能够自治，这样才能充分发挥大学的作用；另一方面大学应该培养的是具有独立思考和行动的人。这是大学的本质使然。

科学精神，科学精神是大学开展科学研究和科技发展的应有的态度，也是大学能够存在和延续的重要支撑。科学研究是大学重要的职能之一，大学要开展科学研究必然要有科学精神。

批判精神，大学是知识聚集的场所，具有无法比拟的知识容量，诸多的学术观念和思潮在此并存，大学本身就是产生新思想的场所，因而也更具包容性，通过大学可以让不同观点以批判形式共存争鸣。大学能够实现对社会的理性反思和价值构建，从而为政府提供决策和建议，推动社会发展。

创造精神，创造精神是大学的价值所在，大学不仅实现文化和知识的传承，更重要的功能在于创造，这是个人、社会前进的动力源泉。

社会关怀精神，服务社会是大学的重要职能之一，在当今社会，大学和社会已经紧密结合在一起，大学以科研和人才的形式实现与社会的互动，推动生产力发展，而且大学也参与到了社会精神文明建设之中，为社会提供精神产品。

大学精神是大学灵魂所在，大学能否起到应有的作用与大学精神密不可分，在当今竞争激烈的世界，实力的竞争就是人才的竞争的，而人才的竞争正是大学教育的竞争。发扬大学精神，提升大学层次是社会发展的长久动力。

今天的中国已进入中国特色社会主义新时代，大学精神也应具有鲜明的时代特征。具体表现在：对中国特色社会主义高度认同，始终坚持社会主义办学方向；坚持马克思主义的指导地位；与社会主义核心价值观相契合，拥有强烈的爱国意识和报国情怀，自觉担当社会责任。在大学精神的凝练过程中，应立足中国高等教育的实际，用中华精神为师生构建永久的精神家园、提供牢固的价值认同、塑造高尚的人格灵魂。

第四节　我国高校的机构设置

一、大学机构及职能

1. 各类机构设置

了解大学之后，即将开始属于你的大学生活，现在的大学可不同古代大学让你在大街上听课，现在大学面积宽广，分校繁多，这就如同让你在一个微缩的社会提前感受生活。因此，能够提前了解大学各个部门的职能，在遇到事情时便能有的放矢地去解决问题，起到事半功倍的效果。

现代大学机构设置与以往发生了重大变化，因为服务社会的需要，教学已经不是大学的唯一职能，可以说是个研究中心，也可以说是特殊“企业”，既然多种身份融合到现代大学身上，那么大学要有个完备的机构设置，从而确保各项工作的有序进行。

因为大学与之前教育相比完全不同，新生到了学校难免会“发蒙”。校园面积豁然开朗，里面的人员也非常复杂，甚至于你到大学毕业时就在你身边的人居然还不知道是哪个部门的。学生也开始分为不同类别，分类不再是以往按照年级和班级划分，有可能是按专业和学位来分，比如自考生、大学生、硕士生以及博士生。老师更是让你有种“神龙见首不见尾的感觉”，因为他（她）上课来，下课走，而且不只干教书这一件事，他们还要搞自己的研究，做自己的项目，发表学术论文，到全国各地去开学术会议或做讲座。老师也不是按科目分着上课，他们是按助教、讲师、副教授、教授、硕导、博导以及院士来分的，学校里除了老师与学生之间的教学活动外，还有很多其他各种身份的人在进行着与教学相关或不相关的事情。比如学校学术期刊中心的工作人员天天都在忙活老师们要发表的学术论文，而这些工作不主要是为学生，更多的是为了全国的科研人员和学校科研水平的提高，比如大家所熟知的“清华紫光”，就是清华大学的校办企业。

目前大学内部机构设置并不完全一致，大学的机构设置主要分为以下几块：党委职能部门、行政职能部门、教学院系、科研单位、辅助单位和群众社团。为了能够让大家更直观了解到大学各机构设置和职能，下面就以新中国第一所石油学校——辽宁石油化工大学为例给你讲解大学机构设置和各个职能部门的作用，从而让你顺利地融入大学之中。

第一类：党委职能部门

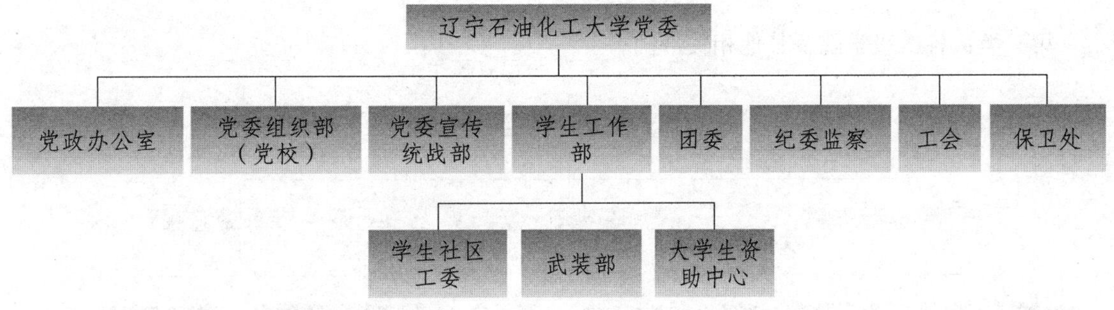

第二类：行政职能部门

第三类：各二级学院及其他相关部门

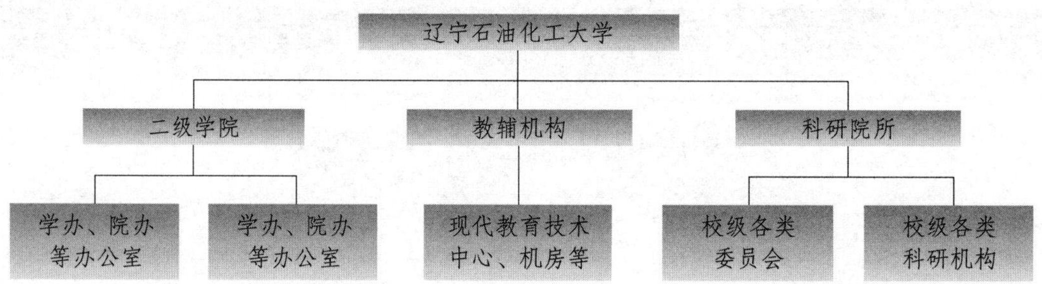

2. 各职能部门职责

正因为高校的机构设置很复杂，所以大家会在上图中看到很多的新名词，大家可能会在想“这些单位都是干什么的？”，肯定地说，你未来四年一定会和某些部门打交道，下面来为大家一一解读。

首先介绍一下大学总体的管理模式，2014 年 10 月中共中央办公厅印发《关于坚持和完善普通高等学校党委领导下的校长负责制的实施意见》，提出党委统一领导学校工作、校长主持学校行政工作、健全党委与行政议事决策制度、完善协调运行机制和加强组织领导五大项内容。以辽宁石油化工大学为例，学校设党委书记 1 人，校长 1 人，副校长 5 人，辽宁石油化工大学党的委员会是学校的领导核心，校长在党委领导下开展工作，党委书记、校长、副校长依据分工分别管理不同的职能部门和具体工作。

各个职能部门的具体工作内容：

第一，党委总体介绍。总体负责政治工作，带领全校紧跟党的步伐前进，工作内容包括：学习、宣传和执行党的路线、方针、政策，坚持社会主义办学方向，依靠全校师生员工推进学校的改革和发展；领导学校的工会、共青团、学生会等群众组织和教职工代表大会等。

“学生处”和“团委”，这是需要重点介绍的两个部门。这两个部门会与同学们相伴大学四年。主要负责全校学生的管理工作，大学入学的迎新及入校教育就算其中一项了，所以入学不知道该怎么办可以去找学生处。具体工作包括：学生思想政治教育工作和心理健康教育、咨询工作；学生日常管理工作；家庭经济困难学生的助学贷款工作和勤工助学工作；学生违纪以及学生申诉处理的工作；学生安全教育和安全事故处理工作；会同有关部门处理学生群体事件；学生奖学金评定工作；学生人事档案管理；学校辅导员队伍的建设、管理及对辅导员的培养、考核工作。大学期间如果有同学想征兵入伍，可以到学生处下的武装部进行了解；大学要住学生公寓，如果住宿期间有什么问题可以找所在楼座楼长反映情况，事情仍然没有解决就可以找学生社区工委进行反应，学生社区工委主要是管理学生公寓的各项事务的，当然他们也会进行检查，也会组织一些寝室文化活动。

“学生资助中心”在这里需要着重强调一下，学生资助中心负责大学生未来四年的奖、助、勤、贷、免等工作的，无论入学时的绿色通道，到后续的生源地贷款，上学期间的勤工助学，各个学期的奖助学金评定都是需要通过这个部门来进行的。如果你是办理生源地贷款的同学，入学时就需要把相关手续交到这个部门。

“团委”是大学生共青团组织，负责组织开展校园文化活动；管理和培养学生干部；培养入党积极分子，为党组织输入新鲜血液；负责管理各类学生社团组织；掌握学生思想倾向的问题，配合党的中心任务加强团员、青年的思想政治工作，部署全校共青团员的思想教育、民主评议等工作。团委下面有文艺、体育、学术等各类学生组织和社团，你可以挑选你擅长的或者感兴趣的加入，积极参加大学活动有助于锻炼自己的人际交往能力，同时也丰富了自己课余文化生活。辽宁石油化工大学还专门设置了 2 学分的大学生社团活动学分，需要通过参加社团活动来实现。

“党委组织部和党校”，如果你想积极地向党组织靠拢就需要经过这两个部门了，后面还会具体提到入党的流程，因此这些就不过多说明。

“党政办公室”是负责学校对内对外文件的接发和传达工作，同时围绕学校领导工作需要做好各项校内外的协调、统筹等工作；“纪委”是在上级纪委和学校党委双重领导下负责全校党的纪律检查工作的专门机关，按照党章规定和要求，履行党的纪律检查职能；“工会”主要是针对教工，组织教职工积极参与学校的立法、民主管理和民主监督，依法维护教职工合法权益；配合有关部门定期开展民主评议干部工作等工作。

“党委宣传部”负责学校内外的宣传思想工作，对树立学校良好形象，及时发布各类重要新闻等起着重要作用。当然里面与我们学生相关联的，有新媒体中心、广播站，感兴趣的同学可以过去应聘，同时宣传部设有校报，我们同学有爱好写作摄影的可以投稿，也许你就是下一个广播员，你的作品也许会刊登在校报上。

“党委统战部”是负责学校统一战线工作。

第二，行政总体介绍。主要负责全校的日常行政工作，由于高校是一个非常庞大的机构，所以行政部门的分支很多也很复杂。为了保证高校内各项工作的稳定进行，各个部门各司其职。这里只针对与我们同学有着密切关系的部门进行重点介绍。

“教务处”你大学四年的学习就完全掌握在这个部门，从入学学籍的审核开始、每学期的课程、考试课程和日期的安排，教材的订购，补考的安排，选修课程的安排，四六级考试的安排等等直到毕业信息的采集统统由这个部分负责。主要职能包括：全校普通本专科专业人才培养方案及教学计划的制定和执行工作；全校普通本专科专业建设及课程建设；普通本专科教学质量的监控工作；普通本专科学生的学籍、考试及成绩的管理工作；组织开展普通本专科学生教学实践活动；审核并授予学士学位；推荐优秀本科生免试读研的工作；负责全校教室的使用安排。

“招生就业办公室”，你能够来到这个学校需要感谢这个部门的工作，那你想毕业找到理想的工作，还需要通过这个部分。入学后，想了解大学生创业、学校就业情况、想提高自己的就业技能、想锻炼自己的面试能力，都可以通过这个部分进行了解。当临近毕业季时，想了解招聘企业的信息，想增加招聘信息的来源渠道都需要跟这个部门多接触才可以啊。也许有一天还会是这个部门把你再送出这所学校进入工作岗位。

“保卫处”和“计划财务处”，第一次跟保卫处打交道也许就是因为你需要迁移户口，未来几年你可能会经常看到他们的身影，但是不一定会有交集。当然你如果捡到东西无处归还可以送这个部分，其他可能再有交集也许就是你在学校遇到了盗窃或者斗殴的事件了，记得第一时间找保卫处解决。大学入学前你如果是把钱存到卡里，那划走各项收费的就是计划财务处，如果你是带钱来报到的，你就需要入学时候把学费和住宿费送到这个部门，未来四年，每年都会交一次，当然你也可能看到“回头钱”，当你获得奖助学金的时候，他们就会把钱打到你的卡里，当你觉得卡里钱出现异议的时候，可以直接去找他们解决。

“档案馆”和“图书馆”，入学时候你的档案或邮寄或携带到学校，之后你的档案会转到档案馆保存，如果大学期间有单位需要调动或者查阅你的档案的时候，都需要去这个部门进行办理。图书馆是大学成为知识海洋的重要源泉，这里有着各行各业的一些书籍，你可以免费借阅，当然千万别超期，否则会有惩罚的。我们学校图书馆是辽宁省最大单体图书馆，大学四年，你休息的时光尽可以到这里阅览群书，“腹有诗书气自华”会是你包揽群书后的收获。

“网络信息中心”负责你入学后相关证件的办理，各位同学的学生卡挂失、补办等相关工作均由此部门完成，学校还会提供你免费的上网时间，你可以到这里进行网上资料查阅；“工程训练中心”是开展校内实习的地方，让你把书本知识转化为实践；“国际交流合作处”如果你有出国留学的意愿，可以到这里咨询；“资产管理处”当你看到寝室内各种硬件的时候，这些都在他们统计之列；“后勤服务集团”是为我们同学四年大学时光中的吃穿住行用等方面提供保障的部门，食堂、宿舍、教室、球场这些供你日常学习、生活的地方都有后勤集团为你提供保障；“教学质量监控与评估处”负责监督本科教学质量，还会从学生中选拔部分信息员，负责监督老师的教学行为；“研究生院”如果有想进一步提升自己学历的计划可以到这里进行咨询；“科研处”“高等教育研究室”“学报编辑部”“发展规划处”主要是针对学校教工或者学校未来发展的，仅作了解即可。

第三，院系的机构设置。如果把学校比喻成大家，那院系就是各位同学的小家，与同学们的关系最为密切。在大学校园里，大家见面互相自我介绍时都会说：“我是 ×× 学院（系）的 ×××”，可以说院系就是每一位学生的标志。

以前的高校都是按系来分，后来由于教育部要求精简机构，并且很多学校的合并和新设立了很多专业，所以就将相近的专业并在了一起，成立了学院，学院下再分系。综合性大学基本上就是学校下设学院、学院下设系。但在一些高校院和系属一个级别，但系内的专业只有一个，所以为系。

各院系的机构设置主要分为以下几块：行政管理机构、教研室、实验室和科研机构。其中以院系行政管理机构为核心，具体又分为：学院办公室、系办公室、学生工作办公室、团委办公室、院学生会等。院办公室负责统筹院内的教学工作，其中负责本科生教学事务的是教学秘书；学生工作办公室负责院内的学生管理，这个是未来与你接触最为密切的部门，当你上述所有事情统统忘记不会解决了，你就可以去这个办公室找你的辅导员老师来咨询，定会帮你把问题解决掉，但能自己解决的还是尽量不要麻烦别人。

第四，辅助单位。为保障高校的日常行政和教学活动更好进行而设立的多个相关辅助性部门的集合。比如网络技术中心就负责网络的管理、多媒体课件制作、多媒体教室管理及技术维护等教学辅助工作；机房是提供大家在学校查阅资料的场所，避免大家去外面网吧。

第五，科研单位。辽宁石油化工大学设有“天然气储运研究室”等 34 个校级科研机构，这些机构多为老师们进行科研的平台，一般会对研究生开放，当然部分实验课程你们也会到这里进行实验。另外辽宁石油化工大学还设有“学术委员会”“学位评定委员会”等 27 个各类委员会，这些委员会都是针对具体工作专门设立的，大家有兴趣可以详细了解。

辽宁石油化工大学内部机构设置较为完善，其他高校多与之类似，只是名称有可能不同，具体到每个学校作用也许会略有不同。所以同学们可以充分利用网络提前了解学校的机构设置。学生要办理相关手续时也可以先通过网络查询，弄清要找的部门后再行动，就不会出现“白跑一趟”的情况了。

二、大学辅导员

1. 大学辅导员的由来

当新生刚入学校的时候，对于大学辅导员这个职业会感到陌生。在最初的时候还感觉辅导员貌似有些“多余”，因为班级已经安排了班主任，为什么还要有个辅导员呢？但是随着时间发展就会发现原来大学不能缺少的就是辅导员。在这里给大家简要介绍一些大学辅导员这个职业，增进一下了解。

我国大学辅导员制度最早要追溯到 1951 年 11 月 3 日，政务院发布的《关于全国工学院调整方案的报告》中提出要在高校设立政治辅导员，名称就可以看出来侧重于政治引导；到 1952 年 10 月 28 日，教育部下发了《关于在高等学校有重点地试行政治工作制度的指示》文中指出：“为加强政治领导，改进政治思想教育，全国高等学校应有准备地建立政治辅导员制度”。1953 年清华、北大两所大学向教育部提出试点请求，试点开始以后，各地开始纷纷效仿建立辅导员制度，当时辅导员工作主要是政治工作，要做学生的“政治领路人”；1961 年，中央庐山会议上出台专门文件，要求高校设立专职辅导员并得到实施；“文革”期间，辅导员工作被“四人帮”利用，声誉遭到破坏；直到 1978 年，国家教委出台文件，要求高校恢复辅导员制度，此时辅导员工作开始发生转变，逐步向思想政治教育接近。1987 年，中央做出《关于改进和加强大学生思想政治教育工作的决定》，但政治辅导员工作定位没有发生改变。随着改革开放不断深入，高校学生新问题也开始出现，诸如助困工作、心理健康辅导等工作也成了辅导员工作内容的一部分。

进入新世纪，思想政治教育和大学辅导员迎来了新的发展时代。2000 年、2004 年分别出台文件促进大学生思想政治教育工作。文件规定的内容越来越细，越来越明确，辅导员工作队伍逐步发展和壮大起来，2006 年《普通高等学校辅导员队伍建设规定》对于辅导员工作要求职责，辅导员选聘和配备比例，辅导员未来的发展等做了更为具体的规定。2014 年，教育部下发了《高等学校辅导员职业能力标准（暂行）》的文件，辅导员职业化、专业化发展又迈进了一步。

随着国家对高校思想政治工作越来越重视，高校辅导员的重要作用也日益突出。为了适应新时代发展，2017 年 8 月 31 日经教育部 2017 年第 32 次部长办公会议修订通过《普通高等学校辅导员队伍建设规定》。高校辅导员历经 50 多年的演变，作为一个职业已经向专业化、职业化方面买进，目前辅导员在高校所扮演的角色也越来越多，包括了学生日常生活、学习的方方面面。随着时间的推移，辅导员工作定会成为高校工作中不可或缺的重要组成部分。

2. 陪伴你四年的大学辅导员

大学四年，随着时间的推移，每学期你都会遇到新的老师，这些老师逐一走入、淡出你的生活，但在这四年你却会遇到一个一直陪伴在你身边的“特殊老师”，那就是辅导员。大学辅导员在你大学四年会扮演着重要的角色，因为他（她）会在你迷茫的时候为你指清方向；在你遇到困难的时候及时出现；在你不知所措的时候第一时间想起，辅导员会陪伴你一起走过这人生中最重要的四年。

入学时，在迎新现场首先接触到的老师就是你的辅导员。当你仍然一脸茫然不知所措的时候，能够及时给你提供援助的就是你的辅导员，请记下他（她）的联系方式，当然辅导员也许早已事先把带有自己各种信息的材料送到了你的手里。离开送你的亲人让你更加感到孤独，就在你忐忑自己如何融入大学生活的时候，你会发现有个人在指引着你一步一步地熟悉校园、领取物品、讲解大学等，你的辅导员陪伴你的大学生活也从此开始。

入学后第一学期，军训各项安排、熟悉校园角落、大学各项规定、大学如何学习、如何与人相处、档案如何处理、社团如何选择、寝室卫生打扫、假期去向统计等等，辅导员会帮助你来适应大学生活，入学教育虽然很重要，他口干舌燥，但是你却不一定会听。将来你肯定会问反复地去问辅导员同一个问题，有时甚至他（她）都无奈了，但依然会给你进行解释。第一学期落下帷幕，期末考试顺利还好，如果不理想，会提醒你什么时候补考，你再三哀求，但是依然会把成绩告诉你的家人，这时候对辅导员你是咬牙切齿，但你不知道他（她）见过太多这种情况，怕你大学不能走到最后，这是你们的第一个学期。

从第二个学期开始一直到你毕业前夕，围绕着学习、生活和工作这些琐碎的小事就开始了你们剩下的几年。因为受制于所带人数的限制，辅导员可能只会在你学习成绩太差、寝室卫生不好再次找到你，但这不代表他（她）不关注你，因为对辅导员来讲每个学生都如同他（她）的孩子一样，不会因为谁而偏爱，只是因为想让你们每个人都能够很好地发展侧重点有所不同，精力分布不同而已。可对于广大同学来讲，往往你是在有事相求的时候才会想起辅导员，即使是在半夜 12 点，你知道他（她）依然会接你的电话，你这时候的事情只是你觉得紧急而已，但是你并没有意识到原来时间已经很晚，也许老师已经休息了。

转眼来到了最后一个学期，如何做简历，如何筛选企业，如何参加面试等问题缠绕着你，这时候还是辅导员会出来帮你解决这些问题，当你顺利签下工作，顺利通过答辩时候，你的辅导员也是可以缓口气的时候了，当你要离开学校的时候，你才发现原来有个人一直陪伴了四年，无论喜怒哀乐都一直不离不弃，这就是辅导员。希望所有你能够顺利读完大学，回头看看是否是这样的感受。

大学揭开了你人生的又一个序章，这个序章是你未来人生的关键所在，希望通过本章节的学习大家能够对大学有所了解，对自己所读的大学有了更为深刻的认识，进而为自己的大学生活做好谋划，开启属于自己的大学之路。

在大学生活中面对变化的环境，如何克服困难?

读大学，既有丰富多彩的生活，又有激烈的竞争。由于存在竞争，所以大学生活的环境也是变化的。那么，在大学生活中面对变化的环境，如何克服困难?

1. 如果家里生活困难，作为一个大学生，应该要做好勤工俭学工作。在不影响自己学习的前提下，可以去做一些正规的兼职。

2. 如果对自己的专业知识理解有限，就要扎实学好自己的专业知识。要多去图书馆看书学习，多向老师、同学请教。

3. 如果自己不善于和别人沟通，就要主动和同学、老师沟通。多参加学校、系里面的集体活动，有利于形成良好的性格。

大学生需要具备哪些素质才能更好融入社会?

大学对于每个人而言都是极其重要、极为关键的时期，而走向社会是我们每一个大学生都将面临的，那么在这个关键的时期，我们又该怎样去完善自己从而适应和更好地融入社会呢

1. 积极做好准备，充分认识和了解社会

大学生进入大学学习，不仅是要学习文化专业上的知识，更多的是为了踏入社会做充分的准备，积累更多的社会经验。从认识论的角度而言，我们充分地发挥主观能动性去认识社会必须通过实践来完成，而大学就是一个实践的平台，是一个模拟的小社会，我们在这个平台中可能得到锻炼，从来收获经验，增加对社会的了解。大学生活丰富多彩，学习上我们可以增长知识，生活中我们可以增长经验；在校内，我们参加各式各样的活动，丰富自我，扩大人脉，在校外，我们进行各种各样的实践，了解社会，处理关系。通过这样一个过程，我们才能不断地提高我们对社会的了解，随着认识的不断深化，它也将反作用于我们生活的方方面面，从而让每一个人大学生更加自信和从容地融入社会。

2. 不断提高自身的专业素质，培养专研精神

毫无疑问，学习是每个大学生的第一要务，只有我们不断地提高自身的文化水平，提升专业素质，我们未来的职业规划才能更加宽广，更好地为社会献出自己的力量。物质决定意识要求我们一切从实际出发，明确自身的发展方向，明确社会对于人才的需求，方能使我们通过实际情况，做针对性的提高，增加专业知识，力求在专业上适应社会的需要。

提升专业素质，这要求我们具有专研精神。专研的过程是一个自我提高的过程。大学里，我们接受的不仅仅是老师在课堂上教授的知识，更多的是培养我们自主学习的能力。课堂上的知识是远远不够的，所以我们更应该利用自己的课余时间，通过书籍、网络查阅相关的资料，

提出问题，解决问题，扩大自己的知识量和专业性，用心专研，学以致用。

3. 虚心学习，不骄不躁，踏实认真

对于每个大学生而言，积累经验、虚心学习是非常重要的，在很多方面，我们就像一张白纸，还没有经得起着色。所以不管在学习还是生活中，我们都应该保持一个学习的态度，周围的每个人都有我们值得学习的地方，因此我们要善于接纳别人的优点，并为己所用。在学习的过程中，我们要做到不骄不躁，在学习深造或是为人处世时，能够有一个谦虚的态度，这既是对周围人的尊重也是对自身性格的完善。踏实认真是让我们一步一个脚印，不要好高骛远，从最简单最基本的开始，才能走得更加稳健。

4. 不畏艰难，在奋斗中实现理想

作为大学生，对于未来要有一个自己的规划，我们的生活，我们的职业，我们的社会角色，我们对于社会的价值等等。从大学到社会，我们应该明白，未来有很多的困难在等着我们，因此我们要树立不畏艰难的精神。艰苦奋斗是中华民族的传统，我们青年人更要做到坚持并发扬。事物的发展是前进型和曲折性的统一，从古自今，无数有志之士都具有不怕困难艰苦奋斗的精神，只有具有这样的精神，将理想和现实相结合，我们才能够做一个对社会有用的人，才能够在社会中我们自己的立足之地，更好地融入社会并且得到社会的肯定。

5. 具有创新精神，培养创造性思维

科技创新对一个国家而言有着举足重轻的地位，一个国家的综合实力取决于其创新能力和科技水平。大到国家的发展，小到个人的完善都离不开创新。作为大学生，我们更应该不断深化认识，培养创新精神和创造性思维。有句广告词这样说道：“人类失去联想，世界将会怎么样。”由此可以看出创新对于生活，对于整个社会的重要性。在以后的生活和工作，有创造性思维的人必定更能为社会所用，更能为社会创造出财富。

能够真正的做到以上五点，对于每一个大学生正确自己世界观、人生观和价值观都是大有裨益的。同学们，让我们不断提升自我，提高自己的素质，在迈往社会的道路上，我们将走得更加稳健，更加自信。

思考题：

1. 西方大学发展历史？

2. 中国大学发展历史？

3. 思考什么才是大学精神？

4. 什么才是理想的大学生活？

参考文献：

[1] 璩鑫圭，唐良炎．中国近代教育史资料 [M]. 上海：上海教育出版社，1991，289.

[2] 高奇．中国高等教育思想史 [M]. 北京：人民教育出版社，2001，320.

[3] 王聿钧，孙斌编．朱家骅先生言论集 [M]. 北京：中央研究院近代史研究所，1977.

[4] 清华大学校史编写组．清华大学校史稿 [M]. 北京：中华书局，1981.

[5] 郑登云．中国高等教育史，上海：华东师范大学出版社，1992，249.

[6] 董宝良，周洪宇．中国近现代教育思潮与流派，北京：人民教育出版社，1997，194.

[7] 章太炎．代议然否论 [A]· 章太炎全集（4）[C]· 上海：上海人民出版社，1985，306.

[8] 王国维．论近年之学术界 [A]· 王国维文集（3）[C]· 北京：北京文史出版社，1997，39.

[9] 胡适．论学潮 [J]· 独立评论，1932，（9）.

[10] 陆键东．陈寅恪的最后二十年 [M]. 北京：三联书店，1995，519.

[11] 高平叔编．蔡元培教育论著选 [M]. 北京：人民教育出版社，1991，627.

[12] 蒋梦麟．西潮 [M]. 台北：台北大夏出版社，1994，9.

[13] 黄延复，马相武．梅贻琦与清华大学 [M]. 太原：山西教育出版社，1995，199.

[14][15][16] 金以林．近代中国大学研究 [M]. 北京：中央文献出版社，2000，197~199.

[17] 舒新城．近代中国教育思想史 [M]. 福州：福建教育出版社，2006，3.

[18] 杨东平．大学精神 [M]. 沈阳：辽海出版社，2000，69.

[19] 阿什比．科技发达时代的大学教育 [M]. 腾大春，滕大生译文．北京：人民教育出版社，1983，47.

[20] 陈平原．阅读大学的六种方式 [J]. 社会科学论坛，2009，4.

[21] 刘超．中国大学的去向——基于民国大学史的考察 [J]. 开放时代，2009，1.

[22] 雅斯贝尔斯．什么是教育 [M]. 邹进译．北京：三联书店出版社，1991，121.

[23] 蔡元培："中国现代大学观念及教育趋向"，杨东平编：《大学精神》，辽海出版社，2000 年 .

第二章 适应大学 融入大学

王某，女，18岁，来自南方某省，家境殷实，当她拿到辽宁某大学的录取通知书时非常高兴，但当她想到即将离开父母到一个陌生的城市独立学习和生活时，心里不免有一丝焦虑。入学一段时间后，她发现自己各方面的表现都没有达到自己的预期，于是对大学美好生活的憧憬逐渐消失。王某对自己要求严格，高中时她总是要求自己要比其他人先完成作业，学习成绩也要争第一，但进入大学之后，发现自己各方面的表现都很不如意。这里的同学大多数都是辽宁本省人，说话方式、生活习惯都不一样，自己也参与不进去。回到宿舍，室友们之前还都有说有笑的，一见到她回来了就都不说话了，一起吃饭逛街也不叫她，总感觉大家都在冷落她、躲避她。学习上，课程任务繁重，总是找不到头绪，上课时精力无法集中，焦虑。生活上，以前衣服都是妈妈洗，现在都得自己洗。后来，她对什么事情都提不起兴趣，经常感到心烦意乱，没有朋友，孤独、郁闷，饭量也明显减少，晚上还经常失眠，很后悔自己当初选择了这所大学，想要退学复读。

这一案例让我们看到，很多学生刚进入大学时都会有一些不适应，我们要清醒地认识到，每个人都会存在这种不适应，只是不适应的方面和不适应时间的长短存在差异，这需要学生及时做好心理调适，学会自主学习，善于利用大学校园的各种资源，尽早适应大学学习生活。

这位王某同学的案例，首先，她要转换角色，开启新的生活，要学会独立处理生活中遇到的各种问题，适应新的地域文化和新的饮食习惯。其次，她要学会建立新的人际关系，在与新同学交往中应坚持真诚待人、宽容待人的原则，特别是与室友的交往，主动非常重要，比如主动给室友打水、主动打扫宿舍卫生等。同一宿舍的同学大都来自不同地域、不同家庭，每个人都有自己的生活习惯，宿舍同学不合拍属正常现象，每个人在多些宽容的同时更要学会体谅、照顾别人。再次要学会自主学习，了解自己的专业特色，要有计划、系统地阅读课外专业书，学会思考和探究。最后要做好大学四年的规划，培养自己的兴趣爱好，挖掘自己的特长，塑造理想，利用好校园各类资源助自己成长成才。

第一节 适应环境 转换角色

努力将自己塑造成为合格人才，争做一名优秀的大学生，这是刚步入大学校园新生及家长们的共同愿望。从中学考入大学，到了一个新的城市，无论是自然气候环境还是学习生活环境，无论是处理与学习、生活的关系，还是处理与同学、室友的关系，无论是个人目标，还是社会期望，都发生了巨大的变化，每一名大学生都面临一个全新的挑战。

一、适应新环境，融入大学生活

大学新生经过激烈的高考竞争，从中学步入大学，从办理入学报到的那一刻起，充满希望与憧憬的大学生活拉开了序幕，新的人生成长轨迹从此开始。大学新生入校后，难免会因生活学习环境的改变而产生不适，大学新生需做好自我调整，适应大学新环境，避免“大一新生综合征”，尽快融入大学生活，为将来的成长成才打下坚实基础。

1. 适应大学新环境

环境对人的情绪具有重要影响。大学生来自全国四面八方，多数学生都是到外地求学，他们对大学及大学所在的城市都是陌生的，难免产生“独在异乡为异客”的心理感受，离开原来熟悉的生活和学习环境，告别了父母、亲朋好友，开始面对新的集体生活。到一个新的地方新的大学读书，当地的气候、饮食、方言、风俗习惯或城市生活的节奏等都会使不少大学新生感到不适应。例如，一名女生刚入学不到一周的时间就向辅导员提出退学申请，原因是不能适应集体生活，晚上在宿舍睡不着，白天在学校食堂吃饭也没有胃口，时常感到心情烦躁，精神紧张，不能再坚持下去。

面对陌生的环境、陌生的同学，大学新生需要努力调整好状态，不要因此烦躁不安。刚刚进入大学产生一些不适应的情况是正常的，一般有一到三个月的适应期，但是要缩短适应期，对来自外地求学的大学新生要通过网络查询或直接咨询院系老师、同校高年级同学等方式尽早了解熟悉当地的风土人情及学校学习生活的基本情况，做到心中有数，以便逐渐适应新环境，更要以积极的态度独立处理好学习生活中的一切事物，转移恋家的心理。

2. 适应大学学习方式

从中学到大学，学生学习存在着明显不同，学习方式的变化是非常大的。中学学习阶段，一切听从老师指挥，老师是学习全过程的指导者，基本上是围绕老师的安排一步一步地学习，只要跟着老师的教学思路走就可行了；中学每节课上课、晚自习都是单班上课、小班上课，每天都能见到任课老师，有了问题找老师很方便；中学教育基本是“填鸭式”教育，老师教学生是手把手地教，讲课的内容非常细致入微，可以说是面面俱到；有时采用死记硬背和题海战术的学习方法，很少需要学生自主地学习；平时有单元练习、测验，期中考试，主要熟练掌握好教材和所提供的练习，较少要求看参考书籍，到期末考试时能较为适应；高中的学习任务也比较明确，高考成绩是衡量学习效果的唯一依据等等。这些使学生在无形中养成了极强的依赖性和被动学习的习惯，学习上严重缺乏自主性和主动性。

与中学不同的是，大学学习阶段，提倡学生自主学习，学习方式是一种自主的学习模式，课外时间要自己安排，强调学生在学习过程中的自觉性和主动性，要实现中学的“要我学”向大学的“我要学”的转变。大学四年需要学习的课程在40门以上，每个学期的课程都不同，大一、二期间基本是公共课和基础课，大三期间学习专业基础课，到了大四重点学习专业课，还要综合所学完成毕业设计，撰写毕业论文；每个班级上课没有单独属于自己班级的固定教室和固定座位，有时一、二节课在这个教学楼的教室上课，但三、四节课可能会换成在另一个教学楼上课，一些公共课可能还会出现不同专业的同学在一起上课的情况。上课一般是大班授课，老师授课任务重，授课进度比较快，老师授课介绍思路多详细讲解少，一节课可能要讲授一章或一章的好几节内容；大学学习不建议采用题海战术的应试教育方法，鼓励学生除课堂学习外多到图书馆参阅相关文献或到实验室搞相关科研，提倡勤于思考，提高理论联系实际的能力等等。大学课堂授课相对减少，自学时间增加，这也使大学生拥有了更多属于自己支配的时间，但是，面对大量可支配的课余时间，不少大学新生未能合理有效地利用甚至出现学习荒废的现象。

3. 适应新的人际关系

良好的人际关系是衡量一个人适应能力的重要指标，也是其今后学习工作发展进步的基础。进入大学，大学新生面临着新的环境、新的老师、新的同学、新的朋友，处理好和他们的关系便成为大学新生适应大学生活的任务之一。

寝室人际关系是大学新生值得关注的问题。寝室是学生学习、生活的重要场所，是自己的“家”，也是集体的“家”。有的大学新生在中小学阶段没有住过集体宿舍，入学后对六人或四人寝室很不适应，由于同学之间的生活习惯不一致，比如有的同学有早睡的习惯，有的同学有晚睡的习惯，有的同学睡觉必须没有声响，有的同学习惯放着音乐睡觉，有的同学有“洁癖”，见不得任何“不干净”的东西，有的同学不注意个人卫生，甚至“邋里邋遢”等等，会使一些敏感的同学产生不适，甚至室友之间产生矛盾。这就需要同寝同学互相协调、相互包容、不断适应，达成一致，不能以个人的好恶为标准，不能以自己的标准来要求他人，更不能将自己的标准强加于别人。过集体生活要共同遵守宿舍公约，否则会因睡觉时间、打水、扫地等问题而引发摩擦，造成同学间人际关系障碍，加剧同学们对大学生活的不适应。

4. 正确认知自己

古希腊《俄狄浦斯王》提到一则寓言，有个叫斯芬克斯的怪物，女人的头面、狮的身躯，还有翅膀，它常常守在路口，拦住过往的路人，用从智慧女神缪斯所学到的谜语问过往的路人，答不上者都会被它吃掉，有一次一个国王的儿子被斯芬克斯吃掉，国王极其愤怒并向全国发出悬赏：“谁能制服他，就把王位让给他！”。有个叫俄狄浦斯的勇敢青年前去应召，来到斯芬克斯把守的路口，斯芬克斯拿出最难猜的谜语给他，这个谜语是：“什么动物早晨用四条腿走路，中午用两条腿走路，晚上用三条腿走路？”答案是“人”，聪明的俄狄浦斯很快就答上了，斯芬克斯羞愧万分，跳崖而死，这就是“斯芬克斯之谜”。看了这个古老的传说之后，大学新生们要自己思考，如何正确地认知自己。

上大学之前，可能很多同学一直生活在鼓励和赞许的氛围内，进入大学后发现，与其他同学相比，事实上自己可能并无多少优势，甚至可能存在诸多差距，而来自他人及自身的期望越高，在现实大学学习生活中产生的落差就会越大，适应起来就越难。

解决这个问题的办法就是要正确认识自己及时提高自己。首先，要正确地认识、评价自己。“人生最大的敌人是自己”。战国时期，魏文王问扁鹊，你家三兄弟谁的医术最好高，扁鹊很明确地说，大哥“治病于病情发作之前”，二哥“治病于病情初起之时”，而他自己“治病于病情严重之时”，得出“长兄最好，中兄次之，我最差”的结论。大学新生要用客观、全面、发展的眼光看待自己，通过自我观察认识自己，通过他人、集体了解自己，充分认识自己的长处和短处，要像扁鹊那样客观而充分地认知自己的足与不足，才能使自己成为一代名医。

其次，认知自我时避免走两个极端，避免“自恋”或“自卑”。适当的“自恋”也是自我认可、自我欣赏的表现，但必须有个度，过分“自恋”到处“显摆”，须知“自我认可必先得到他人认可”，因为“群众的眼睛是雪亮的”。发现自己与别人的差距后，也不要过于自卑，须知“天生我材必有用”“金无足赤，人无完人”，要有自信，不要常常为自己“行不行”“做不做”等问题而困惑或消极。

最后，正视不足，客观分析，有针对性地提高自己的能力。比如发现自己在人际交往方面与周围的同学有差距，要认识到人际交能力往是将来开创事业的必备素质之一，那就要及时通过阅读相关书籍、学习其他同学在此方面的优点和多参与集体活动等，想办法缩短差距，同时要允许自己有个逐渐的改变过程。

5. 树立新的奋斗目标

从高中走进大学，学习、生活环境变化非常大。高中阶段，学习的目标很明确，就是考上大学，学习有了明确的目标，而且还有老师手把手地教育，身后还有家长的监督催促，生活中的琐事可以由家长代办、包办。到了大学以后，学习生活发生了变化，高中还把学生当孩子看，而大学则把学生当成人看待了，需要靠自我管理了。上了大学后，奋斗目标是什么呢？大学生作为国家培养的专业人才，应该具备一定的科学文化知识、相关专业技能，拥有一定的自学和进一步学习的能力，要具备良好的社会实践能力和社会交往能力，拥有创新思维和精神，同时还需具备较高的思想道德修养。

二、转换角色，争做优秀大学生

一个大学新生在微博中写道：刚步入大学时，面对大学环境，我在学习生活方面很不适应，甚至有些畏惧。面对不合口的饭菜，吃饭成了一种无奈，面对大学的教学方式我不知怎样主动学习，面对不同地域性格不同的室友，我感到孤独又陌生，每天晚上失眠，我可怎么办？

1. 转换角色

（1）社会角色。在人的社会化过程中，大学学习生活阶段是大学生向社会化转换的关键时期，大学生通过四年的行为养成教育、学业学习、社会实践等活动，是逐步形成科学的世界观、人生观和价值观的四年，是掌握科学文化知识和专业、职业技能的四年，更是顺利完成大学生到社会人转化的重要阶段。高中生的思想和心理正处在发展阶段，他们的社会角色和职业角色还具有不确定性，而大学生则不同，即将进入社会的受过高等教育的群体，是国家现代化建设的主力军，大学生的身份使其社会地位有了较大提高，他们可以发挥知识改变命运的示范效应，大学生的专业使其职业角色也基本确定，因此，相比高中生，社会对大学生的要求和期望值都要高。那么，大学新生要实现从高中生到大学生这种社会角色的转变，时时处处按照大学生的标准严格要求自己，既要会做人，又要会做事。

（2）校内角色。大学新生刚入校难免在学习、生活习惯、心理等方面不适应，大学新生要适应大学生活环境的转变。但如何完成由高中生到大学生的角色转变却是摆在每个大学新生面前的一个大问题。在高中，学习上有老师手把手地教，生活上有家长无微不至的关怀，然而步入大学后，远离了家长的呵护和老师的督促，有的同学在自以为获得了“自由”的同时发现在现实中遇到了困难，有些手足无措了。大学生和高中生担任的校内角色是有差别的，不少同学在高中阶段是学习的佼佼者，而进入大学，在校园里，面对来自全国各地的新同学，自己可能成为一名普通的大学生，大学新生须适应这种由佼佼者到普通大学生的转变。在校大学生都是成年人，是享有充分权利、履行义务的公民，目前我们的大学教育还普遍存在将大学生与社会分离的现象，在给予较高的期望值时还缺乏了必要的社会关注度，这也是大学新生需要适应的。

（3）家庭角色。家庭是社会的细胞，大学生无论在社会角色，还是校内角色，作为家庭的一员，最基本的道德修养就是孝敬父母，要树立家庭意识和家庭角色认知。大学新生作为家庭中的成员，能考上大学可能是全家人的骄傲和希望，成为家庭中的重要角色，大学新生要准确认识这样的角色定位，学会换位思考家庭其他成员的感受，身体力行承担好家庭希望的角色，增强对家庭角色的认同感。作为大学生所扮演的子女角色，作为受过高等教育的青年群体，更应该知道父母为维系一个家庭所付出的心血，了解父母养育儿女的心酸。据调查，良好的家庭沟通不仅有利于家庭成员的身心健康，与大学生的角色定位也存在着密切关系。找准自己在家庭生活中的角色定位，从内心上尊敬父母，热爱家庭，在行为上要多与父母交换信息、观点、意见，适当表达情感和态度，避免代沟，解决好与父母之间的沟通问题，营造美满和谐的家庭气氛。

（4）工作角色。大学新生进入大学后，结合自身特长参加一项团学工作，积极参加校园文化活动，争取能够担任学生干部，承担一定的院、校学生工作，这是锻炼自身社会工作能力的重要途径。在协助老师做好学生工作的同时挖掘自身潜力，提高自己组织、协调、表达、写作、社交、团结协作的能力，为步入社会的学生角色向职业角色转换奠定坚实的心理准备和技能基础。通过学生工作平台，组织、参与一些和专业密切相关的科技、学科、创业竞赛，学习与未来职业岗位密切相关的职业知识和职业技能，加深对未来职业岗位的认同，培养职业兴趣。在学生工作中培养实事求是的工作作风，树立工作责任意识，以便将来进入职业岗位后能在较短的时间内实现“满身学生气向职业气”转变，得到上司和同事的认同，尽快适应职业角色。

2. 学会自我管理

站在大学校园新的起跑线上，大学新生还需学会自我管理。

生活上，大学新生必须学会独立处理大学生活中遇到的一切事情，大学生活是丰富多彩的，要树立正确的生活观。应该做到有序生活，有心交往，有度消费。

学习上，大学新生要学会合理安排自己的时间，有效地学习，大学中很多业余时间是自己掌握的，要把课前预习、课后复习、课外活动及休息时间安排得有条不紊，要管住自己、管好自己。对于大学新生来说，要做好以下几件事：

（1）转变生活方式。在高中阶段，学生大多依靠父母亲友帮助处理生活琐碎杂事，进入大学阶段，衣、食、住、行等其他个人生活方面都需要自己合理有序安排处理。“自我管理、自我服务、自我教育”是大学生活学习的主旋律。独立而合理地处理好个人的生活问题，注意培养独立生活的能力；自觉遵守学校的规章制度和作息时间，养成良好的作息习惯，早睡早起，按时出早操、上课，有规律地学习、锻炼、饮食、作息，杜绝迟到、早退、睡懒觉等不良习惯，要积极参加校、院、班级组织的校园文化活动；合理安排自己的生活支出，理性消费。

（2）转变学习方式。完成大学学业是大学生主要任务之一，自学能力的强弱是影响学业成绩的最重要因素，关系到大学能否顺利毕业，拿到学位证、毕业证的问题，并间接影响将来的工作。在学有余力的前提下，多参与丰富多彩的校园文化活动，培养组织、协调能力，将学习与工作有机结合起来，达到二者相互促进，共同发展。

（3）转变交往方式。与高中阶段同学大多在家乡就读不同，大学同学来自全国各地，五湖四海，其语言、生活习惯有一定差异，没有了原来的乡音乡情，这就要求大学新生的交往方式要有所转变。和睦的同学关系，既利于身心健康，又利于专心学习。首先在交往中要懂得宽容和接受，学会“求同存异”。大学同学来自四面八方，有着不同的生活习惯和性格，饮食习惯也不一样，难免会发生一些有隔阂的事情，这就需要学会宽容与接受，付出真诚、爱心，热心接纳每一位同学，遇到矛盾，不要一时冲动起正面冲突；其次要从“自我中心”向“集体中心”转变，在班级、宿舍要多主动关心同学、室友，互相礼让，与室友尽量保持一致的作息时间，日常起居生活中互相理解与尊重。

3. 学会四项本领

（1）学会思考。在大学，不仅要掌握一定专业知识，还要掌握分析问题、解决问题的技能，要充分利用在大学学习的有利条件，多了解社会，主动接触社会，用理性去观察周围的现象及社会问题，运用所学知识冷静思考，丰富自身社会阅历，提高自身处事能力，为将来顺利适应社会打下良好的基础。

（2）学会做事。“玉不琢不成器，人不学不知义”，当今，是知识信息竞争激烈的时代，知识更新迅速，“读书破万卷”未必能“下笔如有神”，如果不会融会贯通，不会学以致用，很难成就大事。学习的目的是学会做事，正如“学而不知道，与不学同；知而不能行，与不知同。”一个道理，实用主义家杜威也认为学习是行为的副产品，提出“从做中学”。大学生要学会做事，要锻炼自己热爱做事的品格。学会合作做事，学会创新做事。要积极参与社会实践和生产实习活动，提高动手能力，锻炼做事本领。

（3）学会为人。很多的励志书籍，说到名人成功时，除了谈“做事”，更多的是在讲“为人”，在大学的同班同学眼中，“为人”是评价一个同学的关键要素。一个人在学习上存在缺点，并不一定会影响他的终身，但是在为人上有缺陷，可能会影响他的一生。做人是做事的基础，只有把人做好了，才能做好事。在大学四年的学习生活中，一定要学会做人，实现做人与学识共发展。

（4）学会发展。发展是时代的永恒主题，大学阶段，做好自己的职业生涯发展规划，学会用发展的眼光看自己的成长，科学合理地规划自己的近、中、长期的人生目标。全面审视自己，正确地作自我评价，熟悉自己的兴趣、能力、优缺点，再找准自己的发展方向，依据社会需求，想做、能做的领域确定最佳方案，做一名能正确把握自我的有用的大学生。

第二节 心理调适 生活改变

大学新生，由于学习、生活上的暂时不适应，会产生或多或少的心理不适应。新生要克服心理上的不适应，做好自我调适。大学生要准备适应大学生活，就必须认清现实情况，面对现实情况，不要过多考虑自己在这样的环境中能怎么样轻松学习生活，能得到什么。一个人能不能适应社会，能不能很好地发展，关键不在于现在的环境怎么样，而在于你自身的努力程度。你无法改变环境，但你可以改变自己面对新环境的态度。

一、心理不适的表现

1. 梦想与现实的心理落差

大学新生在即将步入大学前都会对大学的学习生活有一定的梦想与期待，这种期待遇到现实会影响他们入学时的适应。高中学习阶段，家长和老师会不断鼓励孩子好好学习，说“考上大学就熬出头了，可以好好玩了”、“高中好好学，大学就能好好玩了”之类的话，形容高中学习阶段的学习生活就如在漆黑一片的道路上拼命地奔跑,大学就是远方那唯一一盏明亮的灯，孩子们需要你追我赶地向着这一目标竞赛。

然而他们一旦真正地面对大学生活后，就会发现，现实的大学生活并不如当初期待的那样美好和丰富多彩，大学生活依然是单调、枯燥的，每天是需要学习的，还有考试的压力，校纪校规是严谨的，学校环境、宿舍条件也没有想象得那么好，整天也是三点一线的。当梦想遇到现实，发现现实的大学生活是那样的平凡和琐碎，梦想和现实的反差，期望变成了失望，由此产生了巨大的心理落差。大学新生的期待与现实的差距越大，他们的失落感也就越大，这也成为大学新生难以适应大学生活的一个关键因素。

2. 陌生、孤独的心理

一些大学新生由于没有足够的思想准备，缺乏一定的独立生活能力，对大学中以自学为主和生活中要求自理的特点不太适应，产生了陌生感；有的大学新生在大学校园中，发现这里人才济济，要想在同学中出类拔萃，并不是一件容易的事，以为一个学生的优秀与否，只看学习成绩的好坏，殊不知还要看学生在课堂是否能与老师积极互动，能否积极参与活动等，由于心理失落也导致孤独沮丧；不少大学新生过去很少离开家人，到了大学阶段，不得不远行千里求学，遇到与原先家庭大不相同的生活学习环境，一时找不到可以倾吐心声的知己挚友，由此而产生陌生、孤独的情绪；一般大学生因需要、期望得不到满足而产生的情绪孤独占多数，情绪孤独与社会环境、自己的认知以及自尊心强有着密切的关系。有国外学者将大学生的孤独感产生原因归结为：对家人依恋、人格因素、消极的认知和应对社交技巧的缺乏，有国内学者提出，造成大学生孤独感产生的因素有地理阻碍、交往能力差和学习上的不适应。但在现实生活中大学新生不能将所谓“宅男”“宅女”等同于“孤独”，更不能将暂时的“独处”理解为“孤独”，适当的独处是有益的。

3. 对所学专业的茫然心理

对专业不感兴趣。每年都有一部分学生是专业调剂生，或者没有到自己的理想专业学习，刚入学时不管是心态还是对专业的理解都欠佳。另外，不排除还有一部分学生在高考选专业时完全是听从老师、家长意见，受父母、老师之命，他们对自己的将来和自己的兴趣缺乏深入了解，忽视了在专业学习中起到重要作用的兴趣。在诸多因素的影响下，对本专业缺乏认同感，不了解、不喜欢专业，使得这部分学生的心态和情绪不稳定，入学后的失望和迷茫迫使他们不得不花很多时间去调整。例如，有一位大一新生因对专业感到不理想而提不起学习兴趣，同时觉得自己分数很高有点吃亏，在得知不能转到自己心仪的专业时常想着退学回家重考，就这样在反复思虑中不知不觉度过大学的第一个学期，期末考试还出现一科不及格，引起严重焦虑。

一些同学掌握不好专业学习与培养能力的关系，导致专业学习茫然与焦虑。学习和能力哪个重要？有的学生把时间集中专注于学习成绩的提高，忽视了社会能力和专业技能的发展，有的学生一踏入大学校园就盲目地参加各类学生社团，忙于各种学生工作事务而忽视了学习，很多大学生因为处理不好学习和学生工作的关系而感到烦恼和焦虑。

4. 语言表达的困惑

大学生比较关注与同学间、与老师的交往，愿意同学之间、师生之间增进了解，但大学新生以往与人交往、表达的机会较少，对如何交往、表达缺乏亲身实践和理性认识，面对重新结识新人，通过语言表达来确定新的人际关系难免出现一些心理困惑。据调查，大学新生人际交往中语言表达的困惑在大学生的心理问题中占很高的比例。入校 1—2 个月后，同学之间也能基本了解，但是有的同学不知如何与来自不同地域、不同家庭、不同口音的同学相处，缺乏一些表达技巧，这是大学新生交往中语言表达的心理困惑的表现。

入学后的几个月，是各种交往群体易发生矛盾的时期，特别同寝室同学，同学之间基本彼此了解，与此同时各自的性格缺陷也完全暴露出来，于每个人待人待物的方式、态度不同，语言表达方式不同而导致的各种矛盾冲突开始明显。例如，一位大一女同学，与同寝室的同学因表达方式导致误会发生了口角，觉得自己“吃亏”，心里一直不平衡，琢磨寻机报复她，有次发现那名女同学出门将钱包落在寝室于是她故意偷走，被发现后受到校纪处分；再比如有的同学凡事以自我为中心，言语的表达中过分关注自我，说话盛气凌人、高傲自大，有的在交往谈吐中显得自卑不自信、唯唯诺诺，导致与同寝室的同学处于“冷战”关系，稍有不慎便爆发冲突。语言表达方式不妥就会造成交往心理障碍，引发一系列诸如不高兴、不痛快、不满意、烦恼、烦躁、自卑等不良情绪，严重者导致行为上自我封闭、抑郁等心理疾病。

5. 存在自卑心理

自我认同感的消失导致出现自卑心理。许多大学新生在中学时，各方面表现都出类拔萃，深受老师的喜爱和同学的羡慕，有的可能还是学校里的焦点人物，经过高考拼杀的大学新生，带着良好的自我认同进入大学校园之后，突然发现大学是一个强手如云、卧虎藏龙的地方，比自己更优秀的人在大学校园中触目皆是，自己就是大学生群体中的普通一员，先前那种“众星捧月”的自我认同感已荡然消失，优越感和自我认同感受到打击并很快消失，取而代之的是自卑和失落感，从而产生焦虑心理和否定自我的自卑心理。

二、心理调适 生活改变

一位中国作家，在街头遇到一位卖花老人。老人虽穿着朴素破旧，身体看上去也很虚弱，但脸上却洋溢着满足和兴奋。作家买了朵花说：“您看起来很满足。”老人微笑地说：“为什么不满足呢，一切都这么美好。”“你倒真能想得开啊。”没想到老人的回答令作家回味无穷：“否极泰来，最糟糕的一天过去，后面就是好日子。所以，当我遇到不幸时，就会一些时日，这样一切就好了。”“等待三天”，态度创造快乐，多么积极的生活方式，多么充满阳光的心态。

1. 掌握心理健康知识 调节不良的情绪

学会积极调适，保持良好心态。在一生中，大学阶段四年时间并不漫长，却是人生道路上关键的一段。这段大学路，有的同学稳健地走，有的同学踉跄地走，有的同学还会跌倒，当然如果学会改变自己，顺应环境，从一个目标走向另一个目标的积极的、健康的调适，就会经历“山重水复疑无路，柳暗花明又一村”大学成长路。避免以牺牲个人的成长为代价或导致不同程度的心理问题的消极、不健康的调适。对于生活环境等的不适应，与其采取逃避、脱离，甚至抗拒的心态，不如以积极的心态面对，逃避问题虽然暂时可以获得心理安慰、满足，但更像“掩耳盗铃”“自欺欺人”之法、不久只会造成更大不适应，脱离问题与现实隔离，只能沉迷于幻想，而抗拒非但不能解决问题，反而带来更为严重的挫折，导致新的心理疾病。

学会承受挫折。在人生成长的道路上，会遇到各种各样的挫折，大学生活也是如此，比如没考上理想的大学、没选上理想的专业，非常不适应新的环境，和寝室同学相处不好，失恋……这些都是挫折。大一新生首先要学会承受并应对各种挫折。一位刚入学大学生因为没有考入理想的大学而烦恼甚至出现退学的念头，辅导员问他原因时，他说是因为没考入理想的大学，辅导员又努力地开导他，他说：“我只有考入理想的大学才会成才。”美国心理学家埃里斯认为：“导致人们对环境适应不良而出现消极心态的原因，并不在于人们所经历的各种事件本身，而是在于人们对这些事件的看法、评价和解释，即个人对事物的错误认知方式”。那位同学的观念明显不合理。他应该知道，无论什么样的大学，只要个人努力都会成才。我们要正确地看待挫折，要学会摒弃不合理的念头，世上未必每一件事情都能如你所愿，实现个人美好的愿望的途径也不是唯一的，不必过分在意，努力发展自己就好。

2. 珍惜大学生，开拓新境界

大学新生都是高考中的胜利者，进入大学经历兴奋、困惑，要积极进行调整，珍惜大学生活，进入稳定期后及早规划大学生活。

少点抱怨，多点规划。面对大学校园环境中那些难以改变的现实，放开你的胸怀，多包容，少抱怨。有的同学入校后开始寻找学校令他不满意的地方，恨不得拿上一个放大镜寻找校园的不足，什么食堂饭菜不好不合胃口啦、图书馆不够大气啦、离市区太远啦、宿舍条件太差啦、学生活动室太狭小啦等等。当你经常向周边的同学不断抱怨的时候，这种抱怨就很容易占据了你的情绪，你的心情将变得阴暗，内心的负能量将不断增加，正能量将不断减少。学校的硬件条件和地理位置的改善、建设不是你抱怨两句就能立刻解决的，也不是一时半刻就能完成的。当我们少点抱怨，真心安静地接纳自己所选择的大学的时候，就会发现每个大学都有自己的特色，都有助我们大学生学习文化知识和成长成才的软硬件条件。多规划，对于自己学习生活上的事情，要学会及早规划、早设计。如有效合理安排自己的时间，结合教学计划制订适合自己的学习计划，结合校园文化活动适当丰富自己的课外生活，有了规划，关键还是要坚持认真落实，持之以恒，必有成效。不少同学要么不去规划学习生活，走一步算一步，要么计划不如变化快，坚持不了几天就放弃了，长此以往，没有太多成就感。

3. 消除陌生感和孤独感

当你在新的环境中，感到陌生、孤独时，不要烦恼和焦虑，其他同学可能也和你一样有不适应感。人总不愿意孤独，也不能安于孤独。你不想孤独，孤独也不会找你。随着时间的推移，随着对周围环境和同学的熟悉、了解，都能渐渐地适应，要理解在陌生环境出现的陌生、孤独感是正常的、普遍的，这样有助于减轻自己的心理负担，进而增强积极投入大学生活的信心。

加强心理调整，广交益友，建立良好的人际关系，这是消除孤独感的一剂良药，人是社会的一员，不可能脱离集体而单独地生活，应该加强与同学的沟通，在学习、生活上相互关心，相互帮助，相互分忧。有条件的可以主动与同学、同乡联系，让他们带你去熟悉新的环境，告诉你一些新环境的生活习惯，使你尽快适应新环境。良好的人际关系、集体的温暖会使人产生一种轻松感，摆脱孤独情绪的困扰。

全心全意投入到学习生活中去，把精力放到学习当中，不断探索大学学习的新方法，尽快掌握大学自主学习的规律。韦恩·W·戴尔说："但你感到悲哀痛苦时，最好去学些什么东西，学习会使你永远立于不败之地。""学习，只有学习，才会使你的心灵永远不衰竭，使你永远不感觉孤独，永远不受精神折磨，永远不担忧或疑虑，永远不后悔。你要努力学习。"孤独不是禁闭在内心的情绪，感到孤独时，你不妨换一个环境，干点事情或出去走走。

4. 提高语言表达能力

培养自信心，克服交往中语言表达的羞怯、胆小心理。自信是人走向成功的基石，在语言表达中同样不可缺少。羞怯在大学生与人表达过程中常常表现出不好意思，见人就脸红，心跳加速，说话声音小，一言一行都思前想后，有时还语无伦次，严重的还对交流沟通胆怯，对交流沟通采取逃避的态度。在与同学交往中过分怕羞，顾虑重重，羞于交往和过多约束自己的言行，就无法充分表达自己的情感和思想，可能会造成交往对方的不理解，甚至是误解，妨碍形成好的情谊。要认识语言表达的重要性，敞开心扉， 努力发现自己和同学的长处，寻找交往的共同点和切入点，多与别人表达自己的想法，沟通情感，享受同学间真诚友谊的温暖。要提高语言表达能力，人一定要改掉胆小的毛病，敢于说话，敢于表达，大学生已经是名正言顺的成年人了，是个独立的人，在人格地位上，和他人是平等相处的，用不着"见人脸红"、"矮人三分"。每个人都有自己的优势，也有自己的劣势，只有通过语言表达、沟通交流，才能互相取长补短。只要你有了这个自信心，就成功迈出语言表达困惑的第一步。要克服羞怯心理，处之坦然地与同学面对面地交往表达，不怕挫折，谁也不会嘲笑一个主动愿意与大家交谈的人，只有克服羞怯，充满自信的人才能在与同学的交谈中游刃有余。

在语言表达中一定要注意真诚待人，切忌假话、空话、套话，要积极向上地理解他人的言行，理解对方的情感、观点并予以尊重，掌握表达技巧，熟悉谈话内容相关知识，这样和人交往才能成功，逐渐克服语言表达困惑。你可以尝试着把每一次主动和别人说话，主动请求别人帮助你做一件事，当着一次成功消除语言表达困惑来看待，并不断暗示自己："我主动与你交流，即使有人不理我，甚至嘲笑我，但我也成功了"。经过一段时间的锻炼，一旦你"品尝"到敢于主动交往的"甜头"，阻挠你心里的各类"语言表达困惑"就会逐渐被一一清除。逐渐地你会意识到与他人交谈是一件很寻常的事，请多一分自信，障碍就会减少一个。

5. 克服自卑心理

自卑或自卑情结是一种消极的自我评价，自卑感的人总是轻视自己，过低评价自己的能力和形象，觉得自己不如别人、甘拜下风，在人前自愧不如、自轻自贱，拿自己的缺点和别人的优点比，越比越泄气，从而丧失自信心，悲观失望。

大学生既要正视自己的不足，又要看到自己的优势。既然每个人都有自己的缺点，每个人当然也会有自己的优点，安然面对自己的不足，对不如别人的地方通过自我调整来改变、提高，用行动证明自己的能力。有的同学因个头矮，在比自己高的同学面前有种"抬不起头""矮人一截"的自卑心理，当然身高已不可能再改变，但是可以用善良真诚的为人去打动人，一个品行端正、心地善良、精神抖擞的面貌，足以弥补身材矮小的不足。邓小平同志身材不魁梧，但毫不影响他成为党的第二代领导集体核心、社会主义现代化的总设计师。德国哲学家康德只有一米五二，也没有阻碍他成为一代哲学大师，现代法国小说之父巴尔扎克也只有一米五七。当别人拿你的短处开玩笑时，你不妨大度地自嘲一番。

第三节　塑造理想 自主学习

大学生是国家建设和发展宝贵人才资源，是国家未来的希望。青年大学生要塑造理想，自主学习，提高自身思想道德素质和科学文化水平，将"中国梦"与个人理想结合起来，为成为合格的中国特色社会主义事业的建设者和接班人奠定坚实的基础。

一、塑造个人理想，坚定信念

大学生要在大学期间结合社会理想来塑造个人理想，并坚定信念。大学生个人理想是大学生在大学期间对自身发展的目标的追求，是在现实中通过努力可能达到的，是大学生结合社会主义理想信念基础上个人奋斗目标的体现。理想有社会理想和个人理想之分，本节主要谈个人理想。大学生要塑造良好的个人道德理想、职业理想和学业目标。

1. 道德修养

道德是人们共同生活及行动的准则和规范。马克思指出，"道德的基础是人类精神的自律"，一个不讲道德的人会受到舆论的谴责，但道德不具有法律那样的强制力。道德也是衡量一个国家或民族的社会发展水平和文明程度的重要标志。在现实大学校园生活中，一些大学生一句“我是成年人了”，完全按自我意愿行事，上课迟到、旷课、玩手机已变成屡见不鲜、家常便饭，在寝室不顾同学是否休息，通宵达旦地玩游戏，有的考试诚信缺失，有的大学生对“投机取巧”者倾心有加，而对“老实本分”者不屑一顾……

2. 职业理想

经过大学四年的学习，大部分同学都要走上工作岗位，大学生要结合自己所学专业、特长、喜好提前制定职业生涯规划，职业理想是大学生对未来职业活动的超前反映，与人的人生观、价值观、奋斗目标密切相联系，结合自己专长、所掌握的专业技能想象自己所从事的职业并制定相应目标。

托尔斯泰说过：“理想是指路明灯，没有理想就没有坚定的方向，就没有生活。”职业理想是大学生学习生活努力的方向，也是大学生心中要最终实现的奋斗目标，大学生的发展是通过职业理想来确立的，并最终通过职业理想来实现。就像在高中学习阶段一样，一旦没有了高考的学习目标，学习就没有方向，也没有足够的能力，学习的效果就不好。有了职业理想，再通过艰苦奋斗，必然会实现目标。认识自己，科学合理做出职业定位。把目光投向理想，用目标锁定未来，我们才有可能踏上成功之路。

3. 学业目标

知识经济时代，不仅仅只是知识的竞争，也不是单一成绩高低的竞争，而是综合能力的竞争，大学学习，不仅通过学习掌握专业知识，还需要培养学习能力，理论联系实际，掌握一定专业技能。当然，无论是综合素质的提高，还是综合能力的培养，都是以学习为前提的，大学生要不断提高自己的知识水平，掌握学习的能力，不断适应知识经济时代的发展。古往今来，名人志士都拥有学习奋斗的目标，才成就了一番事业。有了目标才有前进的动力，才有机会走向成功，因此大学学习阶段一定要认真制定大学学业目标。

总之，在制定学业目标时，必须有切实可行的为实现目标的具体计划，目标设置要结合自己实际和本专业教学计划科学设置，不可天马行空、没有边际。不能没有学业目标，不知道自己要学什么，学了些什么。避免目标的短期行为或不同阶段目标之间没有很好的衔接。学业目标不可脱离自己学习能力的实际，制定的目标不能太高，否则会打击自己学习的自信心。最后，目标也好理想也罢都需落到实处、行动上，一切目标、理想离开了实事求是的努力都只能是纸上谈兵。

二、自主学习，成长成才

1. 自主学习，提高学习能力

不少大学新生或许有些疑惑，高中时期已有的学习方法被高考成绩已经验证并获得了不错的成绩，有的学习方法是自己从初中到高中不断积累总结出来的，到了大学怎么会不行呢？大学的学习和高中的学习差别那么大吗？在传统的高中教学，学习的主要目的便是在考试中取得优异的成绩，考试是检验学习效果的主要标准，为了提高成绩我们经常去做大量试题。这种学习方式是在高考压力下的一种被动的学习，高中时期的学习方法就有应试的痕迹，但这种学习方法并不是错误的学习方法，而是高中学习特殊的学习方法。大学需要培养的是学习能力，教育的是综合素质的提高，学习能力教育和素质教育是大学学习的主要目的。大学学习专业性比较强，将自己所学知识转化为实际应用的能力是学习效果检验的标准，老师课堂讲完后理解、消化、复习、巩固这些知识都得靠自己自觉地独立完成，学习以自学为主，老师只做启发性的指导，学生不仅要掌握所学的知识，还要了解知识的形成过程及发展状况，反对死记硬背，提倡触类旁通。大学的期末考试也是检验是否掌握学习的能力，不会拿分数来作为衡量某位同学能力的唯一标准，关键在于将所学知识运用到实际工作之中，学会思考探索问题，提高自己的学习能力和专业技能。在大学，除了专业知识还鼓励学生广泛涉及其他知识，可以通过例如查阅图书资料、学术报告，参加知识讲座、社会实践，查询网络，参加自习等多种途径获取相关知识。

大学新生刚进入大学，由于有了较充裕的课外时间可以自由支配，有些缺乏自觉性的学生，以为上大学就是“进了保险箱”，没有了高中时期的监管与督促，整天忙于参加各类社团活动、看小说、玩游戏、上网，有的同学出现了厌学情绪，满脑子要经商、创业、从政，学习成绩是非常容易出现下滑的。没有学习的自觉、自律，头脑再聪明，基础再不错，也会“坐吃山空”。因此，自主不同于自流、自由，自主是把老师授课时传授的知识和自己的学习方法结合起来，一是学习时间自主安排，大学期间用于学生自己掌握的时间比较充裕，需要自己自主、自觉地安排；二是学习途径自主安排，除课堂学习外，是通过课外书籍、图书馆借阅，还是借用期刊数据库、网络，或是咨询老师、课外答疑，自己规划、决定。

自主学习是时代发展的需要。当今社会科学技术的发展飞速，知识更新节奏快，信息量不断增大，要求每个人要学会自主学习、终身学习，以便不断更新知识。同时，随着教学改革的发展，特别是计算机网络引入教学领域，信息化教学的不断完善，扩展了大学生自学的时间和途径，提高了获取知识的积极性和自觉性，大班授课又无法照顾到学生的学习能力、学习动机的个别差异，自主学习在学习者的学习中所占的比重越来越大。

自主学习是实现大学生自身发展的要求。自主学习的能力是伴随个人一生的能力，也是创新人才必备的基本要素，没有自主学习能力的人，其发展空间将会受到制约。学习上要做到“事半功倍”，就要提高学习效率。调查表明，在对知识的掌握、理解及运用上，能够自主学习的大学生比机械性学习的大学生更有优势，自主学习的学生能够较为深刻地掌握和理解新知识，并能有效地运用，实现自主学习的目标。每一个人都要终身学习，而做到终身学习必须养成自主学习的习惯。大学生要真正意识到学习是自己的事情，是自己要学，而不是老师或家人要求学，把学习当成自身的一种需求、习惯，才能成为学习的主人，才能做到终身学习。

自主学习是大学生实现学业目标的重要条件。自主学习的能力已经成为信息化时代每个人成长必备的能力，是当代大学生必须具备的一个基本素质。“授人以鱼不如授人以渔”，说明了培养自主学习的重要性和必要性，一个人在大学学习的时间毕竟只有有限的四年，今后要学到新的知识，不断地提升自我的知识水平，就需要依靠主观自主学习的能力。大学生要由被动学习知识转为培养自己的学习能力，这才是学习的本质，才可能把学业目标的理想变成现实。自主学习有利于大学生自我管理和主动掌握自己的学习活动，把“他人要我学习”变为“我要主动学习”，真正感受到学习的乐趣所在，有益于激发自己的主观能动性和培养创新精神，适应社会经济发展的需求。

2. 自我教育，实现成长成才

自我教育，就是大学生除学校党团组织、教师的教育和引导外，还要学会自我的教育，把自己作为教育的对象，注重自身理想理念的教育和引导，在自我教育过程中激发大学生的主人翁意识。大学生在课堂上能学到基础知识、专业知识，辅导员、班主任老师会对大学生进行思想政治教育，当今社会科学技术迅猛发展，信息量不断增加，知识更新步伐加快，要求大学生要学会自我教育、自我学习，不断更新知识，扩展新知识。大学生要通过自我教育增强自强、自立的品质，学会自己提出问题、分析问题、解决问题。要通过自我教育，巩固自己的专业知识，提升专业素养，成为专业研究人才。要通过自我教育，提高自身思想道德修养。要通过自我教育，提高自己的社会实践能力和为人处世的能力。

“未有不学而能者，学所以修身也，身修则无不治矣。”，学习是自我教育的重要方法之一。特别是要加强政治理论学习，不断提高自我教育的自觉性。只有理论上的坚定，才能有行动上的坚定，理论知识越丰富，认识就越能到位，进行自身教育的自主性就越高。大学生要确立社会主义道德观，使自己的行为按照社会主义道德规范要求来做。要加强理论学习，一是必须认真学习马列主义、毛泽东思想的基本原理，学习党的路线、方针、政策，树立正确的世界观、人生观和价值观；二是必须认真学好的思想教育课程，按照有理想、有道德、有文化、有纪律的目标努力；三是认真学好专业知识。为社会主义现代化建设做出应有的贡献，为自身发展提供有力支撑；四是要认真学习先进典型。榜样的力量是无穷的，能给人以方向引导、精神鼓舞和增强使命感。

书本与生活实践脱节是学习中最忌讳的，我们不仅要“听其言”，更要“观其行”。理论联系实际，积极参加社会实践是自我教育的重要途径。“不行不为真知”。“知”就是大学生通过学习掌握了科学文化知识，获“知”的目的是“行”，是为了践行。作为大学生，要积极参与社会实践，在活动中以提升自我教育的水平。大学生不仅要掌握基础和专业知识的基本观点和基本理论，而且还要注重运用这些观点，分析认识现实问题。

第四节　找寻特长 享用资源

一、培养兴趣，挖掘特长

回首自己大学四年学习生活，不少同学心中或许都会有些遗憾。有的没有一个能拿出手的特长或强项，有的把“时间浪费在打游戏、看电视剧上了，一到考试就开始熬夜。”，有的说学习还可以，文艺一般般，唱歌浅尝辄止，打乒乓球浮光掠影，游泳就更不用说了。再看看那些平时兴趣爱好广泛的同学，不仅时间安排得合理有效，目标清晰明确，还往往积极乐观向上，唱歌、演讲、篮球、英语竞赛、组织活动等都表现得非常积极，他的大学生活安排得也是井井有条，与同学相处得非常融洽。不知你们是否会遇到这种事情：经常会听身边的同学说，“好无聊啊，我们去玩会游戏吧”“上课真是没意思，我们去看看新出的电视剧吧。”为什么有的同学会觉得大学生活很无趣、无聊呢？关键的一个原因在于缺乏一些兴趣与爱好，大学期间没有很好地挖掘特长，总不能说我的兴趣和特长就是玩游戏、煲电视剧吧。

1. 增加阅读量，发现“入趣点”

开卷有益，大学期间要有一定的阅读量，长学问增知识，知识是兴趣产生的基本条件，只有你知道的东西多了，你才会知道你会爱什么、你会喜欢什么。它能拓宽思路，很多的故事里的、情节、场景都有可能引起你的共鸣，产生身临其境的感觉，那么这可能就是你的兴趣了，也可能发展成为你的爱好。如有的同学在阅读中发现医生救死扶伤、军人英勇斗敌人，是多么伟大的事情，就会对医生、军人等职业产生了兴趣。“入趣点”是指人在做事情过程中的兴趣所在，每件事情只要努力发掘，认真去做，必能找到“入趣点”。学习也是一样，也许你对大学语文不感兴趣，但你会对其中的一篇文章特别喜爱，可以从这篇文章“入趣”，努力把它弄明白、吃透寓意，慢慢地你就会发现与它相关联的文章以外的知识需要了解一下，如此顺藤摸瓜，逐渐就会学到很多东西。

2. 顺着兴趣，找寻特长

找到了的入趣点，你就会发现有些东西学起来很有意思，不仅增加了兴趣，还学到了知识。不过这时候千万别半途而废，一定要给自己施加一些压力，使自己能够继续深入探究。时间长了，你就会发现其实学习并不是一件痛苦的事。你可以依据你在做什么事情的时候最来精神，下意识地去主动关注的东西就有可能是你的兴趣和爱好。大一期间，参加一些自己感兴趣的活动，如文体类活动、演讲比赛、科技竞赛等，这些活动能让你认识很多同学，增加见识。大二、三期间，参与一些自己感兴趣的社会实践和社会工作，兴趣使你的实践或工作的目标非常明确，能使自己自觉克服各种困难，积极主动完成，获得成就的同时体验成功的愉悦，尤其通过自己参与组织活动，提高自己组织、沟通和解决问题的能力。现在大学生在就业前接触社会较少，见识也就少，自然不知道自己的职业兴趣在那里，当你在社会各种行业有所尝试后，列出自己喜欢的、感兴趣的几个行业，发挥自己的特长，看自己适合做什么，对毕业后直接就业的同学，可以从自己相关专业所能从事的行业和自己兴趣、特长选择适合的岗位。

3. 循序渐进，持之以恒

为了增加自己的学习兴趣，要做到循序渐进，持之以恒，定期总结自己取得的成绩，能激发自己的学习激情，渐渐地变成一个爱探索、爱创新的人。大学学习生活中每位同学都会得到一些评价，你可以通过周围同学、老师、家人，与他们深入交流中得到一个对自己比较客观的评价，这样的评价通常涉及你的生活学习态度、方法与特长，正确看待与学习生活中获得的评价，帮助自己发现优势与缺点，整理好思路，详细了解自己被别人认可的优点与存在的缺点。了解自己的优劣势后，一定不要急功近利，片面地追求速度，而违背自身成长的规律。结合自己的优劣势，发挥优势，减少不利因素，不断创造机会、把握机会展示自我，要看到自己的进步，体验自己的进步，或者促进自己的兴趣、特长的健康发展。理论上来说自己的素质特长与不同工作岗位要求匹配程度越高，就越合适，期间可以对于自己适合什么样工作也可以进行分析了，了解了不同职业岗位对于职业素养的需求。在这个过程中，对自己的兴趣爱好的培养就是这样一个不断坚持、不断磨炼的过程。路漫漫其修远兮，只要学会循序渐进，持之以恒，相信每一位大学生都会在美好人生中找到属于自己的天空。

二、享用资源，提高素质

1. 教师资源

高校教师是大学里最宝贵的资源，高校老师在大学中扮演着不同的角色。大学生要积极主动地向高校教师咨询解惑，和教师建立良好的关系。大学时代，一定要交上几位“老师”级的朋友，这是你走向成熟的必由之路，一旦毕业后离开校园这种资源你是不能完全带走的。你可以将老师当作你的长辈或者大哥、大姐，可以就学习、做人、做事与老师进行交流沟通，他们甚至可以成为是你无话不谈或倾诉烦恼的知心朋友。大学期间如能与教师建立良好的关系，得到老师在学习、生活、情感和就业等方面的指导和帮助，就可以更好地解决许多问题和矛盾，少走弯路，与老师的和谐关系也会是人生成长的一笔重要的财富。

良好的师生关系是实现交流沟通的前提。有人说，“高中时期老师追着学生跑，大学时期学生应追老师跑”，大学阶段，师生之间互为尊重、互相学习、协同进步，不要被动地等待老师和你交流，自己要有主动交往意识，要鼓起勇气主动和老师交流。从老师身上，你可以学到广博而又专业的知识，通过老师的人生阅历学到做人做事的本领，有助于帮助自己形成正确的人生观、价值观。良好的师生关系也有利于大学生身心健康。与老师的良好关系也可以满足大学生对友谊的需要，满足对心理归属感和安全感的需要，更能体会到自身在大学校园的存在价值，从而获得充实而又愉悦的精神生活，促进身心健康。在不断改善和老师交往的过程中，可以从老师的反应和评价中更深刻地认知自己，促使大学生充分地运用自己的交往技巧，发挥个人特长，从而掌握人际交往的技巧，由走近老师到走近他人，试想和老师都能建立良好的关系，更何况和同学呢？拥有良好的师生关系，还可以优先掌握第一手信息，获得更多的资源和更多的机会。

2. 图书资源

图书馆里的书籍是大学校园中最无法估量的高贵资源，课余时间大学生要养成去图书馆阅读的习惯，要做到“了解图书馆里的书架比自己寝室里的衣柜还熟悉”。近几年，每年都有近千万的大学毕业生走出校园。回首四年的大学生活，有留恋、不舍，也会有一些无奈、后悔。据一项对武汉五所高校毕业生调查数据显示，过半数的毕业生认为“大学最后悔的事”是图书馆图书借阅得少。一般在校生对图书馆的图书资源只有一个模糊的印象，比如纸质图书、数字图书资源都在不断增加，但不少学生可能不知道这些资源的存在，对本校图书馆的图书资源了解得并不是很多，实际上一般高校的图书馆资源是很丰富的。大学生进入大学校园后一要对图书馆的资源进行了解，二要学会利用图书馆的资源。

在大学期间需要大学生自主学习，自主学习非常重要的一个方面就是要学会利用图书馆的图书资源。为了保证自己的学习需要，必须科学地、有计划地利用学校图书馆的图书资源，尤其是电子图书资源。

大学图书馆的图书资源主要有两种，一种是传统的纸质图书、期刊、报纸等，另外一种是电子期刊、论文等资源。在大学期间如何自主利用大学图书资源？图书馆藏书很多，要有鉴别地进行阅读。一是要有计划地阅读图书。进入大学以后，一定要制订读书计划，每学期准备读什么类型的书籍，有计划地借阅。二是提高资源利用率。要避免有些同学只借不读，白白浪费资源的现象，图书借出以后，一定要尽快阅读，尽快还借，以便他人借阅。三是利用图书馆多了解一些专业知识。大学生应该很好地利用图书馆资源开拓自己的专业知识面，培养专业兴趣，为将来就业和继续深造打下坚实基础，而很多同学泡在图书馆是看文学、地理等方面的书籍，很少涉猎专业方面的书籍。四是多用电子图书资源。现在的高校图书馆都实行了网络化管理，在条件允许的情况下，尽可能多使用图书馆的网络资源和电子资源，学会正确查阅文献，节省时间，提高效率。

3. 校友资源

校友是指曾经在同一所学校一起学习的同学。校友资源是大学校园中的重要资源，对母校有着特殊情感，校友在社会不同行业发挥着非常重要的作用，当校友在自己岗位上有所成就，他所获得的不仅是个人成就，更是培养他的高校在社会上的获得的成就。当他们走出学校进入不同工作岗位，在寻求自身发展的同时与母校、校友、同学有着多方面的联系，遍布全国各地的校友可以为高校开展人才引进、拓宽教育资金渠道、毕业生就业等方面起到积极有效的推动作用。同时，优秀校友事迹还会为高校思想教育提供最真实的事迹材料。因此，对高校来说校友资源能够起到宣传学校的“名片”和搭建高效与社会其他组织的“桥梁”，能够扩大学校影响力，对于大学生来说，也是聚集人脉，掌握信息，提供帮助的重要资源，由于校友和在校学生对母校有共同的感情归属，校友更愿意用自己的知识和阅历对在校学生进行“反哺”。

“弹指一挥十几载，同窗友谊最真诚”。“同窗”一直是传统描述在一个班集体的同学一起努力学习的词汇，也是校友的一部分。据一项对上海四所高校学生的调查结果显示：近60% 的同学在学习或生活上遇到困难或苦恼时更愿意向非本班好友倾诉，近 30% 的同学则选择向父母倾诉，这也显示在大学生的心目中非本班的好友位置超过了同班同学。随着，大学生对互联网存在强烈的依赖心理，而使得现实生活中的同班同学的关系变得淡漠，同班同学的交往已经日益淡化。

大学同窗是伴随你一生的宝贵资源，在学会自我教育、自我管理、自我服务的同时，要注重与身边的同窗、学友和师长建立良好的人际关系，他们将来可能成为你在人生发展中的重要人脉资源，是你读大学最明显最现实也是最晚的收获，在自己困难的时候会发现朋友资源不够用。因此，大学生应该主动和师兄师姐建立起良好的关系，多参加校友报告会，多参加班级活动和班级的建设，积极加入团学组织，积极向党组织靠拢，勇于接受党组织的考验，广交校友，善交朋友，你的成长之路就会越走顺利。当然同窗好友，交朋结友，要有做人的基本原则和道德底线，交友时不能私心太重，更不能做损人利己的事，人品好、能力强的、值得交往的朋友多交往，那些酒肉朋友少交往、不交往。

4. 学习、文化资源

课堂、自习室、图书馆、实习实训基地和校园宁静的角落等都是大学校园学习的地方，大学生需要学会利用的资源。课堂上认真听好每一节课，积极参与互动，在自习室做好课后复习等，学习科学文化知识，学会做人做事的道理。校园网络也是一个资源宝库，但注意它是“双刃剑”。21 世纪是信息时代，互联网可以拓宽视野、增加知识量，可以增进友情，结交新朋友，但令人遗憾的是，有相当一部分大学生上网是迷恋网络游戏、热衷于聊天和垃圾信息的浏览，对他们的心理、认知造成了负面影响，个别大学生因长期沉迷于网络，产生网络心理障碍，而被迫退学，有的甚至还走上违法犯罪的道路。所以，为预防网络“中毒”，每个大学生要学会“杀毒”。可以建一个个人网上微博，将大学成长的历程如实地记录下来，与亲朋好友分享，积极参与班级网络（如微信群等）的建设，为班级为同学尽自己一份责任。

大学文化资源也是大学生可以毕生享用的财富，美丽的校园，安静的环境，特色的校园建筑下只是大学校园文化的表象，有的可以直接触摸得到，如校园里的一个宣传栏、一块文化墙、一个校园活动、一个励志雕塑，甚至校园的一片树林、一条小道、一个标语，校园的一角一落，一草一木，生活在校园之中的人时时、处处可以感受得到大学校园特有的精神文化。有的是需要你去用心体会感受的。校风、教风、学风的形成，不是一代师生，而是几代师生经过长年积淀而成的，它渗透在师生员工的言行举止当中，渗透在他们对教学科研、学习读书和为人做事的态度之中。提升学生文化素质，除课堂之外，就是校园文化，通过参与社会实践、生产实习、社会公益活动都是提升素质的渠道，它也能陶冶情操，通过组织、参与社团活动，培养团队写作意识和坚忍不拔的意志力，它还可以营造生机勃勃，积极向上的文化氛围。大学生们在这种校园文化环境中，受大学校园文化的熏陶，潜移默化，久之就会成为一个有教养、有创新精神的人。

只有你是一名大学生的时候，你才有心情和时间去享受这样的过程，你是大学校园的主人，你有权利享用校园的学习文化资源，当然你更有责任用自己的才智将它传承并发扬光大。大学四年转瞬即逝，时不我待，不管你自己的人生理想是什么，你准备如何度过大学四年的生活，无论如何，要学会利用校园资源，提高综合素质，成长成才。

思考题：

1. 从中学到大学学习生活发生了哪些变化？
2. 大学新生应该怎样尽快适应大学生活？
3. 大学新生的心里不适主要有哪些，应当如何调适？
4. 大学生应当如何自主学习？
5. 如何寻找或利用大学资源，助自己成长成才？

参考文献：

[1] 张亚．大学生入学教育[M]. 天津：南开大学出版社，2012，11-17.

[2] 凌雪峰．大学生入学教育[M]. 桂林：广西人民出版社，2010，3-8.

[3] 高志军．辅导员工作100个怎么办[M]. 桂林：广西师范大学，2014，18-22.

[4] 孙小莉．北京市高校第二届十佳辅导员工作笔记[M]. 北京：国防工业出版社，2013，1-31.

第三章 树立理想 坚定信念

大学生村干部：用理想信念之石敲出星星之火

一代人有一代人的使命，一个年轮有一个年轮的印记。党的十九大把脱贫攻坚战作为决胜全面建成小康社会必须打赢的三大攻坚战之一，作出全面部署。2021 年 7 月 1 日，习近平总书记庄严宣告：“经过全党全国各族人民持续奋斗，我们实现了第一个百年奋斗目标，在中华大地上全面建成了小康社会，历史性地解决了绝对贫困问题。”在全国上下为这个具有划时代意义的喜讯欢呼庆祝的背后，我们要知道，截至 2014 年底，全国还有 7000 多万农村贫困人口，实现到 2020 年全部脱贫的目标，每年要减少 1000 多万人！打赢脱贫攻坚战，关键在人，在人的观念、能力和干劲。大学生村干部有理想、有抱负、有热情、有闯劲，是在脱贫攻坚、乡村振兴中被寄予厚望的群体。在坚定理想信念，为人民造福，实现中国梦的征程中，大学生村干部已成为其中一道亮丽的风景线。

“人生的道路要靠自己来选择，如何选择一条正确的道路，关键是要有坚定的理想信念，否则，环境再好照样会走错路。”曾经，习近平也是一名“村官”。1969 年到 1975 年，习近平在陕西延川县文安驿公社梁家河大队度过了 7 年上山下乡生活。当时中国农村的贫困面貌，给这个年轻人留下了深刻的印象。在梁家河的经历犹如一粒种子，种下了习近平总书记对“三农”问题的牵挂，也种下了他对年轻人在农村天地大有作为的期盼。

2014 年 1 月 28 日，习近平给大学生村干部张广秀复信，对全国大学生村干部提出殷切期望，希望他们热爱基层、扎根基层，增长见识、增长才干，促农村发展，让农民受益，让青春无悔。当同龄人还在“留不下的城市”与“回不去的故乡”之间徘徊时，这群走出象牙塔的大学生们，正奔赴一个个田间地头，苦干实干巧干，带领一户户村民走出贫困。

“我是个山里孩子，将来想回家乡工作，把家乡建设好。”这是“七一勋章”、“全国脱贫攻坚楷模”、“全国优秀共产党员”和“时代楷模”获得者黄文秀在高中一堂政治课上，说出的自己的梦想，而这也指引着她未来的人生选择。黄文秀从小就树立了建设家乡的志向，2016 年硕士毕业后，她毅然选择回到家乡，当一名定向选调生，扎根基层。“我来自贫困山区，我要回去，把希望带给更多父老乡亲，为改变家乡贫穷落后面貌尽微薄之力。”黄文秀如是说。“只有扎根泥土，才能懂得人民。”驻村的每一天，黄文秀都争分夺秒，深扎基层。她带领村民们硬化道路、修建蓄水池、管护砂糖橘、种植油茶树……在任职 1 年多的时间里，她帮助全村 88 户 418 人脱贫，将贫困发生率从 22.88% 降到 2.71%，整村脱贫指日可待。

2019 年 6 月，雨季来临，暴雨导致百色山区多处路段塌方。黄文秀回家陪护刚做完手术的父亲，因放心不下村里的防洪工作，便冒着暴雨连夜返回百坭村，途中遭遇山洪不幸牺牲。黄文秀 30 岁的芳华永远定格在了脱贫攻坚路上。

“理想是石，敲出星星之火；理想是火，点燃熄灭的灯；理想是灯，照亮夜行的路，引你走到黎明。”流沙河所写的清新文艺的诗句，用黄文秀的理想和信念来解释，就是“扎根基层、奉献青春”。

第一节　树立崇高理想信念

一、理想信念的含义及特征

1. 理想的含义及特征

理想是人们在实践中形成的具有实现可能性的对未来的向往和追求，是世界观在人生奋斗目标上的表现。理想是人类精神生活的产物。理想作为一种社会意识，是人们对客观现实发展趋势的超前反映，即人们在认识客观规律基础上给自己构成的未来美好蓝图。因此，理想不是人们主观的臆造，不是空想或幻想，而是经过努力可能实现的符合科学的目标。理想具有以下特征：

具有实现的可能性。应该在现实生活中有可能实现，如果不可能转化为现实，就是空想或幻想。如制造永动机，是违背客观规律、根本无法实现的想象，是空想。有的幻想，随着人类认识和实践的发展，也有可能转化为现实；如“嫦娥奔月”是几千年来我国劳动人民的一个幻想，现在由于航天工业的发展，人类登上月球已经成为现实。相比较而言，理想应该具有现实的可能性，而不是潜在的可能性。

时代性。不同时代的人理想不一样。反映的正是不同的时代，人们的向往和追求不一样。赫鲁晓夫称：“共产主义是一盘土豆烧牛肉的好菜”，五六十年代我国人民心目中的现代化理想是“楼上楼下，电灯电话”，都带有鲜明的时代特色。

阶级性。不同阶级的人们理想愿望不一样。孙中山的理想是建立资产阶级共和国，毛泽东的理想是建立社会主义国家。

具有实践性。一方面，理想的产生来于实践，社会实践的广度和深度不同，人们追求的理想就不一样；另一方面，理想的实现一定要经过努力，经过实践。

具有超前性。理想是人们对客观事物的超前反映。理想反映的是科学和理性，代表的是思考和追求。理想来源于现实，又高于现实，成为人们追求美好未来的动力。

2. 信念的含义和特征

信念是人在一定认识基础上对某种理论主张或思想见解及理想坚信不疑，并努力身体力行的精神状态，是为理想而奋斗的内在精神力量。

信念是认识、情感和意志的统一。信念以一定的认识为基础，这种认识可能是正确的，也可能是错误的。即使是错误的认识，只要自己相信，就有信念确立。即使面对科学、正确的思想理论，如果你持一种犹豫怀疑的态度，也就谈不上信念，充其量只能算是认识。如对马克思主义这一科学理论。信念具有四个特征：

稳定性。人的某种信念一旦形成，哪怕条件再艰难，环境再恶劣，也比较难以改变。20世纪初发生了令人震惊的物理学家自杀事件。1895年以前，科学界一直认为组成物质的最小单位是原子，如果宇宙是一座大厦，原子就是建造这座大厦的最小单位——宇宙之砖。当时许多物理学家笃信这个理论。然而，科学上的一系列发现，很快将物理学界流行的观点打破。1895年X射线的发现，1897年电子的发现，1898年居里夫妇的发现。到20世纪初，科学家们查明，原子不是最小单位，原子之中还有原子核，周围还有电子。这些新的发现，用原子论的观点是无法解释的，原来笃信原子论的科学家陷入彷徨、苦闷之中，其中奥地利物理学家玻尔兹曼等因为无法改变自己的信念，竟走上了自杀的道路。

执着性。人的认识既可能是正确的，也可能是错误的，但从个人来说，谁都认为自己的信念是正确的，都持坚决相信的态度，这使信念带有极大的执着性。一个人如果以错误的信念作指导，那就肯定要出偏差。牛顿是位伟大的科学家，但在他的后半生，竟用了25年的时间来研究神学，企图证明上帝的存在，结果当然是徒劳的，白白浪费了宝贵的时光。这个教训非常深刻。我们认识了信念的执着性，必须正确地对待信念。一旦发现自己的信念与客观情况相矛盾，就要自觉地去校正自己的信念。抱住错误的信念不放，只会处处碰壁。

多样性。不同的人，由于众多的原因，会形成各不相同的信念，这是客观存在的。一个班的大学生，其信念也并不完全相同。

亲和性。这是信念在情感上的表现。古话说的志同道合就是这个意思。有相同信念的人，相互之间有共同语言，感情上比较接近。这有点像书法协会，不爱好书法或对书法没兴趣的人是不会去参加此项活动的。

二、理想信念是人生的精神支柱

俗话说：“人无志，非人也”。坚定的理想信念作为人生的奋斗目标，是人生目的的直接反映，是人生的灵魂和精神支柱。

1. 坚定的理想信念是人生前进的灯塔

坚定的理想信念是人生的指路明灯，有了坚定的理想信念，就有了正确的方向。在现实生活中，有些人身残志坚，但理想信念坚定，如高位截瘫的张海迪，不畏艰难，积极进取，一心想着为人民做些有益的事，经过自学成才，成长为一位当代有名的作家。有些人身体健全，头脑机灵，四肢发达，但缺乏进取精神，就是没有坚定的理想信念。认为讲理想太遥远，讲实惠来得快，看不到坚定的理想信念具有决定人生方向的作用，因而往往迷失人生方向。

2. 坚定的理想信念是人生前进的巨大精神力量

有坚定的理想信念，人生才有前进的动力。人生的道路不可能万事如意，一帆风顺。如没有坚定的理想信念，面对困难和风浪，就可能丧失前进的勇气及对事业的信心。在现实生活中可以经常看到这样的现象：有的同志斗志旺盛，坚忍不拔，能忍受难以忍受的痛苦，克服难以想象的困难，坚持不懈地奋斗，创造出不寻常的业绩；有的同志却意志薄弱，缺乏坚强的毅力，一遇挫折便灰心丧气，半途而废，甚至沉沦、堕落下去。为什么有这样的差别呢？关键是有没有坚定的理想信念。事实证明，一个人只有树立了崇高的革命理想，才能激发起忘我的革命热情和无穷的拼搏勇气，带来坚定的信念和顽强的毅力，凝聚成强大的精神支柱。纵观历史，凡是有所作为的人，都是抱有崇高理想而又具有坚定信念的人。毛泽东成长为一代伟人，自小就立下了“自信人生二百年，会当水击三千里”的誓言，周恩来被世人所敬仰，从小就有“为中华之崛起而读书”的抱负；邓小平同志在人生的道路上三起三落，始终坚定崇高的共产主义理想信念不动摇，开创了中国特色社会主义的伟大事业。他们老一辈革命家之所以成长为历史伟人、所处时代的英雄，关键是他们从小就有改造中国的伟大理想和坚定的政治信念。

3. 坚定的理想信念必须体现在人民的共同理想上

历史告诉我们，一个人必须有崇高的理想和坚定的政治信念，特别是青年时代，崇高的理想，远大的抱负，对日后的发展和一生都具有举足轻重的作用。因为一个人有了崇高的革命理想，就等于有了灵魂。树立崇高的革命理想和坚定的政治信念更为重要。大家知道，我们的共同理想是实现共产主义。我们是最高纲领和最低纲领的统一者，在现阶段，我们就是要坚定建设中国特色社会主义的理想信念不动摇。我们有了这样的理想信念，就能够实现我们个人的奋斗目标。因为共同理想包括个人理想。一句话，国家的前途是我们个人前途的前提和保证，国家的前途决定我们个人的前途。

三、理想信念与大学生成长成才

1. 理想信念的作用

理想信念在人生中具有重要的作用，如果说社会是大海，人生是小舟，那么理想就是引航的灯塔，信念就是推进的风帆。没有理想信念的人生，就像失去了方向和动力的小船，在生活的波浪中随处漂泊，甚至会沉没于急流险滩。古往今来的无数成功者成功的事实证明，凡是有作为的人都非常注重人生的理想。

首先，指引人生奋斗目标。人生理想如同导航的灯塔，指引着人们朝着奋斗的目标前进。一个人树立了坚定的信念，就会产生顽强的毅力和勇气，从而支撑自己，鼓励自己忍受所面临的种种困难和挫折，义无反顾地为自己的既定目标努力，从而创造出奇迹来。俄国作家列夫·托尔斯泰说，理想是指路明星，没有理想，就没有坚定的方向，没有方向，就没有真正的生活。

其次，激发人生前进动力。理想信念是激励人们向着既定目标奋斗前进的动力，一个人一旦有了坚定的理想信念形成，就会变成人们自觉行动的动力，就会以惊人的毅力和不懈的努力，成就事业、创造奇迹。

第三，提供人生向上的精神支柱。人要进步，要发展，不能没有一点精神。充实的精神生活集中体现在正确的人生理想上，有了它，就有了正确的导向，就能永不停息地奋斗向前。

大学时代，正是人生风华正茂之际，远大的理想和崇高的信念将帮助一代有为青年扬起生命的风帆，开辟和探索人生新的航程。

2. 理想信念与大学生

引导大学生做什么。在有理想、有道德、有文化、有纪律的四有新人的目标中，有理想放在突出的位置，做什么人，是同学们在学习生活中面对的人生课题，只有树立崇高的理想和信念，才能解答好这一重要的人生课题。

指引大学生走什么路。大学时期，同学们普遍面临一系列人生的课题，这些问题的解决，需要一个总的原则和目标，这就要确立科学崇高的理想和信念。

激励大学生为什么学。对当代大学生而言，为什么学习的问题，是与走什么路、做什么人的问题紧密联系在一起的。同学们要把个人的奋斗志向同祖国和民族的命运相联系，使理想信念之花结出丰硕的成才之果。

总之，有没有理想信念，有什么样的理想信念，直接关系到一个人的成长和发展，关系到一个人的一生将如何度过。每一不想虚度年华的人，都必须对此进行严肃认真的思考，并做出正确的回答。

3. 确立积极进取的人生态度

所谓态度，是人们或个体对某一对象所持有的评价和行为倾向。所谓人生态度，是指人们通过生活实践所形成的对人生问题的一种稳定的心理倾向和基本看法。它主要包括人们对社会生活所持的总体意向，对人生所具有的持续性信念。对各种人生境遇所作出的反映方式等，是人们在社会生活实践中所形成的对人生观问题的稳定的心理倾向。

影响人生态度形成的因素：人生态度的形成既是一定社会环境影响的结果，也是一个复杂的心理过程，其中，认知、情感、意志是起着主要作用的三种心理要素。认知是人从环境中获取知识和应用知识的活动，它包括感觉、知觉、记忆、想象和思维等心理现象。情感指人在认识客观事物时所产生的内心体验，它包括满意不满意、愉快不愉快、喜爱不喜爱等倾向。意志指人自觉确定目的，有意识地组织、调节行为，并按主观意愿排除障碍和克服困难的心理过程，是人的主体性的心理表现。

作为大学生，我们能否以积极的态度对待生活，不仅是我们的个人问题，还关系到国家的发展和民族的命运。我们不能把自己看作单纯的“自然人”，活着不能只为满足感官欲望和个人意志，而要把自己置身于社会大环境中，要活得有价值，对社会有意义，真正活出“人样子”来。大学生要在劳动中创造中获得高品位的精神享受，在有限的生命里，以积极的姿态干出一番事业。

作为时代的弄潮儿，我们还应当敏锐地注意到知识经济给我们带来的机遇和挑战。知识经济使知识的作用前所未有地显现出来，使大学生这一受到高等教育的知识群体在社会发展中的作用愈加突出，也使每个大学生肩上的担子更重了。同时，知识和信息的爆炸，技术周期的缩短，自动化作业对劳动力的排斥，也使竞争日趋激烈，这就要求我们不断求知，增加个人技能，增强竞争能力，以适应时代的要求。大学四年，正是我们求知和提高自己综合能力的黄金阶段。

四、树立科学的理想和信念

1. 人为什么需要确立崇高的理想和信念?

理想信念是人们心灵世界的深层核心。有无科学的理想信念，就像一道分水岭，既把人与动物区别开来，又把高尚充实的人生与庸俗空虚的人生区别开来。理想信念信仰是人的一种生存方式或是生存方式的一个方面：理想信念信仰本身不可超越。人应该用什么样的理想信仰支撑自己的精神世界?

有志之人立长志，无志之人常立志。人生需要树立科学的理想信念。树立科学的理想信念，首先要树立中国特色社会主义的共同理想，其次，要坚定马克思主义的信念，还应正确认识个人理想与社会理想、共同理想与远大理想的辩证统一关系。

2. 树立中国特色社会主义的理想信念

社会主义的理想包含共同理想与最高理想。共同理想：现在我们的共同理想是什么？在现阶段就是建设有中国特色的社会主义，实现中华民族的伟大复兴，把我国建设成为富强、民主、文明、和谐、美丽的社会主义现代化国家。习近平总书记在十九大报告中指出：从十九大到二十大，是“两个一百年”奋斗目标的历史交汇期。我们既要全面建成小康社会、实现第一个百年奋斗目标，又要乘势而上开启全面建设社会主义现代化国家新征程，向第二个百年奋斗目标进军。综合分析国际国内形势和我国发展条件，从 2020 年到本世纪中叶可以分两个阶段来安排。

第一个阶段，从 2020 年到 2035 年，在全面建成小康社会的基础上，再奋斗 15 年，基本实现社会主义现代化。到那时，我国经济实力、科技实力将大幅跃升，跻身创新型国家前列；人民平等参与、平等发展权利得到充分保障，法治国家、法治政府、法治社会基本建成，各方面制度更加完善，国家治理体系和治理能力现代化基本实现；社会文明程度达到新的高度，国家文化软实力显著增强，中华文化影响更加广泛深入；人民生活更为宽裕，中等收入群体比例明显提高，城乡区域发展差距和居民生活水平差距显著缩小，基本公共服务均等化基本实现，全体人民共同富裕迈出坚实步伐；现代社会治理格局基本形成，社会充满活力又和谐有序；生态环境根本好转，美丽中国目标基本实现。

第二个阶段，从 2035 年到本世纪中叶，在基本实现现代化的基础上，再奋斗十五年，把我国建成富强民主文明和谐美丽的社会主义现代化强国。到那时，我国物质文明、政治文明、精神文明、社会文明、生态文明将全面提升，实现国家治理体系和治理能力现代化，成为综合国力和国际影响力领先的国家，全体人民共同富裕基本实现，我国人民将享有更加幸福安康的生活，中华民族将以更加昂扬的姿态屹立于世界民族之林。

最高理想：即最终实现共产主义的远大理想，共产主义者、马克思主义者、一切有志于为人类解放事业奋斗的人坚持的理想。习近平同志指出："中国共产党之所以叫共产党，就是因为从成立之日起我们党就把共产主义确立为远大理想。我们党之所以能够经受一次次挫折而又一次次奋起，归根到底是因为我们党有远大理想和崇高追求。"

在复杂的现实生活中，有些青年学生对共产主义理想存在一些片面的模糊的看法。持有"渺茫论"观点的人认为，共产主义没有经过实践检验，是一种可望而不可即的良好愿望，是渺茫的幻想。持有"怀疑论"观点的人对在社会主义初级阶段宣传共产主义理想存有种种疑虑。持有"实惠论"观点的人由于没有全面认识建立社会主义市场经济体制的目的和意义，以为发展市场经济就是"一切向钱看"，认为讲理想太空，还是讲"实惠"为好。这些看法都是片面的，影响着青年学生理想的追求和人生的发展。

第二节　积极向党组织靠拢

一、党组织基本知识

1. 党组织基本常识

党的性质：中国共产党是中国工人阶级的先锋队，同时是中国人民和中华民族的先锋队，是中国特色社会主义事业的领导核心，代表中国先进生产力的发展要求，代表中国先进文化的前进方向，代表中国最广大人民的根本利益。

党的宗旨：中国共产党的性质决定了一切从人民的利益出发，全心全意为人民服务是它的唯一宗旨。

党的指导思想：中国共产党以马克思列宁主义、毛泽东思想、邓小平理论、"三个代表"重要思想、科学发展观、习近平新时代中国特色社会主义思想作为自己的行动指南。

党的纲领：党的纲领就是一个政党根据它所代表的阶级的利益而提出的奋斗目标和为实现这个目标而采取的行动路线。它标志着一个党是否成熟及其成熟程度。以毛泽东同志为首的中国共产党人在任期的革命斗争中，把共产党的纲领原则中国化，把中国共产党的纲领分为最高纲领和最低纲领两部分。这两部分是互相联系，不可分割的整体。

中国共产党的最高纲领，即最终目标，是实现共产主义的社会制度。而党的最低纲领是为实现最高纲领服务的。中国共产党在始终坚持共产主义最高纲领的同时，根据中国的国情和不同时代特点，与时俱进，不断制定出符合时代发展要求的最低纲领，使自己的纲领始终具有鲜明的时代精神，成为团结和引导人民前进的旗帜。最低纲领和最高纲领也可以称为运动的最近目的和最高目的。我国社会主义初级阶段的基本纲领，是建设有中国特色社会主义经济、政治、文化的基本目标和基本政策。这是整个社会主义初级阶段的奋斗纲领。

中国共产党在社会主义初级阶段的基本路线是：领导和团结全国各族人民，以经济建设为中心，坚持四项基本原则，坚持改革开放，自力更生，艰苦创业，为把我国建设成为富强民主文明和谐美丽的社会主义现代化强国而奋斗。概括起来就是“一个中心、两个基本点”。

2. 发展党员

（一）入党申请书的格式和内容

申请入党的同志一般要由本人向党组织正式提交书面申请。写入党申请书，就是申请人向党组织表达自己要求加入共产党的愿望和决心。写入党申请书并没有固定的格式，但内容有基本的要求。一般来说，入党申请书的基本格式和内容如下：

（1）标题。一般写“入党申请书”。

（2）称谓。即申请人对党组织的称呼，一般写“尊敬的党支部”。顶格写在标题下的第一行，后面加冒号，表示有话要说。

（3）正文。主要包括：

① 申请入党人对党的性质、宗旨、奋斗目标的认识，为什么要入党，即入党动机和对待入党的态度，并表明自己的入党愿望。

② 简要总结个人在政治、思想、工作、作风等方面的主要表现情况。

③ 今后努力方向以及如何以实际行动争取早日加入党组织。上述内容是入党申请书的主要部分。

（4）结尾。申请书结尾，一般都用“请党组织在实践中考验我”，或是“请党组织看我的实际行动”作为正文的结束。正文写完之后，加“此致，敬礼”等用语结束全文。

申请书的最后，要署名和注明日期。一般写“申请人 ××”，下面写上“× 年 × 月 × 日”。

另外，为了能使党组织对自己有个全面了解，申请人可以另外写一个材料，将个人履历、家庭主要成员、主要社会关系的情况写清楚。如果自己有政治历史问题，或犯过什么错误，受过什么处分，或曾受过哪些奖励和表扬，获得哪一光荣称号，都要如实写明；如果自己家庭成员和主要社会关系中，有人政治情况比较复杂，或者受过刑事或其他重大处分，也应实事求是地写出。

（二）入党积极分子要向党组织作思想汇报

入党积极分子通过向党组织作思想汇报，一方面使组织上能够及时地了解自己的情况，另一方面也可得到组织的帮助、指导。思想汇报主要是个人向党组织汇报自己在一段时间里的思想、学习、工作等情况或重大事件活动中的行为和思想表现。一般应形成书面材料。党组织要认真对待入党积极分子的思想汇报，热情耐心地帮助他们成长进步。

（三）确定党员发展对象的程序

（1）党支部委员会详细听取培养联系人对入党积极分子培养过程的汇报及其意见。

（2）党支部听取党小组的意见，但这不是发展党员必需的程序和手续。

（3）凡是团员准备列入发展对象的要听取团组织的意见。

（4）党支部以公示或其他形式（如开座谈会、个别谈话等）广泛征求党内外群众意见。

（5）党支部审阅入党积极分子档案材料。

（6）支委会讨论通过。支委会形成统一意见，明确发展对象，并报上级党组织审查确定。

（四）预备党员转正申请的写法

转正申请书可交给党支部或党小组，其写法如下：

（1）标题。一般为“转正申请书”或“转正申请报告”。

（2）称呼。顶格写“尊敬的党支部”然后加冒号，另起一行，写正文。

（3）正文。分四部分：第一部分，写明自己是什么时间被批准入党的，到什么时间预备期满。延长预备期的党员，要写明什么时间被延长预备期的，到什么时间延长期满，并正式向党组织申请转为正式党员。第二部分，汇报自己在预备期间的表现，这是转正申请最重要的部分，要尽可能写得详细、具体。既要写入党后的收获、进步，取得的成绩，也要写还存在哪些缺点。第三部分，针对自己的缺点和不足，写明今后努力方向，措施要具体可行。第四部分，如果还有什么情况和问题，在入党时没有向组织上讲明白，或是在预备期间发生了什么应该向组织上说明的问题，也应写清楚。如果没有这方面的情况，这一部分就不用写了。

（4）结束语。用“此致、敬礼”结束。签署自己的姓名，注明日期。

二、坚定共产主义理想信念

共产主义理想信念是党的先进性建设的灵魂，是中共党员先进性的精神支柱，党的先进性是由共产党员先进性体现出来的。先进性教育要解决的问题很多，最根本的还是理想信念问题。如果一个党员连最基本的理想信念都发生了动摇，那就根本谈不上先进性了。共产主义理想信念一点不能动摇，坚定共产主义理想信念的教育工作一点不能松懈，必须长期作战，使广大共产党员牢固树立起不动摇的共产主义理想信念。

共产主义的理想，建设有中国特色社会主义的信念，全心全意为人民服务的根本宗旨，是我们党的根本性质的体现，是我们党始终走在时代前列的思想基础，是对广大党员干部最基本的政治要求，也是我们改造客观世界和主观世界的根本指针和动力源泉。我们只有牢固树立共产主义理想，才能始终保持清醒的政治头脑、正确的政治方向和坚定的政治立场，才能在任何艰难险阻面前都保持昂扬奋进的精神状态，焕发出战胜一切、赢得胜利的强大动力；只有时刻牢记全心全意为人民服务的根本宗旨，才能不为任何腐朽错误的思想所侵蚀，不为一己私利所诱惑，始终把党和人民的利益置于高于一切的位置，团结和带领人民群众为社会主义和共产主义的伟大事业而奋斗。作为一名党员领导干部，我们必须始终把坚定理想信念深深地植根于自己的头脑中，筑起拒腐防变的思想长堤，经受住执政的考验、改革开放的考验和发展社会主义市场经济的考验。

坚定的理想信念，是党凝聚力、战斗力的源泉，也是共产党人安身立命的根本。在党的十九大报告中，习近平总书记强调："要把坚定理想信念作为党的思想建设的首要任务，教育引导全党牢记党的宗旨，挺起共产党人的精神脊梁，解决好世界观、人生观、价值观这个'总开关'问题，自觉做共产主义远大理想和中国特色社会主义共同理想的坚定信仰者和忠实实践者。进入新时代，肩负起新的历史使命，我们必须深入学习贯彻习近平新时代中国特色社会主义思想，始终把坚定理想信念摆在党的思想建设的首位，补足精神之"钙"，永远保持一往无前的勇气和奋发有为的斗志，在进行伟大斗争、建设伟大工程、推进伟大事业、实现伟大梦想中建功立业，努力交出一份经得起实践、人民、历史检验的优异答卷。因此，共产党人要以信念铸魂，用信仰作骨，坚守一名共产党员的追求。

、 共产党员坚定理想信念，必须抓好道德教育这个关键环节。道德教育历来是党提高党员干部道德修养，推动党员干部队伍建设的重要途径，是党的工作的重要组成部分。随着改革开放和社会主义市场经济的深入发展，加强和改进党的执政能力建设对党员干部的道德素质提出了更高的要求。因此，要注重自我的思想道德修养，确定正确的世界观、人生观、道德观，这样才能经得起各种思想、观念、思潮、文化的碰撞，在形形色色的诱惑面前才能立于不败之地。要模范践行社会主义荣辱观，讲党性、重品行、作表率，做社会主义道德的示范者、诚信风尚的引领者、公平正义的维护者，以实际行动彰显共产党员的人格力量。

三、大学生应积极向党组织靠拢

1. 加入中国共产党是当代大学生实现人生理想的正确选择。

（1）中国共产党可以为大学生实现人生理想提供广阔的天空。20 世纪的中国历史表明，中国共产党是一个有着正确指导思想和优良传统的伟大的党，是坚持真理、修正错误，经得起胜利和挫折、高潮和低潮、顺境和逆境的考验。这样的党，是值得青年信赖的。有理想、有抱负，愿意为实现共产主义而奋斗的大学生，只有积极向党组织靠拢，加入中国共产党，才能更好地发挥自己的力量，才能有所作为。

（2）党员标准是青年塑造完美高尚人格的努力方向。共产党人的人格标准是符合社会主义发展规律、具有历史继承性和时代要求的一切美好人格的集合，是人格发展到一定历史阶段的集中体现。青年大学生积极向党组织靠拢，以党员标准作为自己塑造美好人格的努力方向并付出自己的努力，可以发展自我，升华自我。

（3）共产党的指导思想是青年人生的航向指示灯。青年大学生还处在人生观、世界观、价值观的形成时期，在这个时期，大学生的可塑性极强。俗话说，“近朱者赤，近墨者黑”，受什么样的理论左右，就会有什么样的行动。马列主义、毛泽东思想、邓小平理论、“三个代表”重要思想、科学发展观和习近平新时代中国特色社会主义思想是当代中国社会发展和进步的指导思想，也是当代中国人全面发展的指导思想，更是青年大学生培养素质，塑造品格，树立正确的世界观、人生观和价值观必不可少的思想营养、理论武器和动力源泉。

综上，青年大学生积极向党组织靠拢，不仅是大学生自身发展的需要，同时也是确保夺取全面建设小康社会新胜利、完善基层党建、增加党的活力、增强党组织影响力的根本保证。青年大学生与党组织可以相互扶持、夺取双赢。在当今背景下，青年大学生积极向党组织靠拢，是必需的，是迫切的。在此，希望广大青年大学生积极向党组织靠拢，树立牢固共产主义理想，不断坚定社会主义信念，全面增强为人民服务思想，努力提高思想政治素质、理论水平和工作能力，积极投身到夺取全面建设小康社会新胜利的伟大实践中，为实现中华民族的伟大复兴贡献自己的聪明才智。

2. 如何向党组织靠拢

（1）端正态度，自觉接受组织的考察　第一，要经常积极主动地向党组织汇报个人思想状况。作为入党积极分子，一定要经常地主动向党组织汇报自己的思想、学习、生活和工作等方面的情况，总结自己的收获、体会的同时，更要注意找出自身存在的不足。内容一定要深刻，要真实，要敢于暴露自身的不足，使党组织能够真实全面地了解自己的情况，有针对性地、及时地进行有效的帮助教育。通过这些思想汇报，等于向组织更好地展现自己的风采，反映自己的积极性，也为组织更好地了解和帮助你打下良好的基础。

第二，要积极参加党组织的各种有关活动，认真对待党组织的培养教育。党组织不仅会对入党积极分子进行理论教育，而且还经常会要求他们参加一些党的活动，如参加党章学习、听党课、列席党支部大会以及外出活动等。入党积极分子参加党的活动，既可以实际体验党内生活，接受党的教育，增强对党的认识，使自己尽快成熟起来。

第三，要自觉接受并正确对待党组织的考察。作为一个入党积极分子，一定要有积极向上、奋发进取的精神，一定要有持之以恒的态度，一定要有经受党组织长期考验的思想准备。党组织对入党积极分子的考察内容是多方面的。向党组织递交了入党申请，只是表明了有入党的愿望和要求，并不等于已经具备了入党条件，可以入党。是否可以入党，要经过党组织按照规定的程序全面考察后讨论决定，而不是由哪个人的主观愿望决定的，这就需要一个过程和一段时间。

（2）懂得自我增值，提高各方面能力要求入党的大学生掌握了党的基本知识，树立了正确的入党动机，就要把追求入党的正确动机体现到自己的实际行动中来，自觉用党员标准严格要求自己，不断提高自己，努力创造入党条件。

第一，加强理论学习，树立坚定的共产主义理想信念。要注重学习马克思列宁主义、毛泽东思想、邓小平理论、“三个代表”重要思想、科学发展观、习近平新时代中国特色社会主义思想；深刻理会党章中对党员的要求，并且能够在实际工作中认真履行党章的要求，时刻牢记党的宗旨；关心时事政治，了解当今的社会热点，形成正确的世界观、人生观和价值观。

第二，勤奋学习，取得较好学业成绩。刻苦钻研，勤于思考，将课本中的理论联系实际；开卷有益，学习之余，阅读各类书籍，增长见识；培养独立的思想、自我批判精神和创新能力，以及自学能力。

第三，增强管理能力，融洽人际关系。培养组织能力，应变能力，化解矛盾的能力；坚持原则，但不过分苛刻，做到严于律己， 宽以待人。

（3）模范带头，以实际行动争取入党

第一，遵守纪律，努力加强道德修养；首先，要从思想上真正认识到纪律的极端重要性。只有认识到了纪律的极端重要性，并使之成为个人的一种内在要求，大家才能自觉地遵守纪律。其次，要认真学习法律法规和学校的规章制度，树立法制观念和纪律观念，知道哪些是应该做或可以做的，哪些是不应该做或不可以做的。再次，要正确处理自由与纪律的关系，培养自我管理、自我约束的能力，培养严于律己、自控自制的坚强意志，做到在任何情况下，思想上不忘纪律观念、行动上不违反纪律和规章制度。自觉遵纪守法，不仅自己要严格遵守校纪校规，更重要的是还必须督促别人共同遵守。

第二，积极参加社会实践，做一名全面发展的优秀大学生；作为入党积极分子，应当积极投身于丰富多彩的课外活动中去，施展才华。学生党员的先锋模范作用正是通过参加各种集体活动表现出来的，威信往往也是这样建立起来的，群众基础也是这样打下的。争取入党的同学，既要勤奋学习，又要积极主动地参加各种社会实践活动，做一名全面发展的优秀大学生，以实际行动，争取早日成为一名光荣的中国共产党党员。

第三，培养良好的品德，牢记全心全意为人民服务的宗旨。培养良好的道德品质，牢记全心全意为人民服务的宗旨。作为大学生，同学们既要学习改造客观世界，更要注意学习改造主观世界。要懂得做人的道理，培养优良道德品质，造就高尚的人格。二者相得益彰，不可偏废。在一定意义上说，后者比前者更重要。良好的道德品质是事业成功的基础和条件。

四、大学生如何做一名合格的党员

（一）培养合格大学生党员必备的能力

1. 培养学习能力。作为大学生的我们，就是要树立正确的学习目的，要提高自己的学习能力。学习是学生的天职，学习也是社会衡量学生是否优秀的首要标准。要“定量、有恒”地学习，把远大思想融入现实的实践之中，坚持全面发展，做好本职工作。

2. 锻炼自我认识和生涯规划的能力。我们应当通过理论学习和亲身实践来加深自我认识，进一步了解自身的特长和缺陷，为进一步改进和提升做好准备。了解自身也是生涯规划的基础，了解了自己适合什么，喜欢什么，我们才能更好地投入合适、能发挥最大作用的事业中去。生涯规划也决定了人发展的目标和方向。

3. 培养人际交往的能力。为了更好地从群众中来到群众中去，我们应当培养良好的人际交往能力。我们应当成为良好的倾听者，倾听广大群众的心声；要成为良好的沟通者，能了解到周边群众的困难、烦恼。在这个过程中，我们应当以对方为中心，像你希望别人对待你那样对待别人。在不断的交往过程中我们能够学习到很多优秀的思想和知识。

4. 锻炼领导能力。作为一名大学生党员，也作为大学生中一个优秀群体的一员。我们应当具备领导能力，有令人折服的远见和目标意识对目标的追求能表现出一致性和全心投入。同时，我们要做到了解自己的实力，能够影响和感召别人。

5. 提高思维能力。思维方式决定了我们人生的高度。要学会用辩证思维看待事物，把事物一分为二地看；学会运用逆向思维，从相反的方向介入，可以对问题有个正确的分析判断；学会应用换位思维，从他人的角度思考问题，利于问题的解决。

6. 提升应变创新能力、语言表达和写作等能力。创新是得到一个优秀成果的必要条件，而语言表达和写作能力则是基础。

（二）培养合格大学生党员必备的素质

1. 培养责任心。责任心是党员应当具有的首要素质。责任心的形成是一个人成熟的标志；责任心是成就事业的可靠途径；责任心会使人赢得信任和尊重。要多关注身边的人和事物，要觉得这与自己有关，就尽量去做好这项事务。

2. 培养诚信。我们应当做到诚实守信、言行一致。在政治信仰方面，从忠诚报祖国、铭记社会主义荣辱观等角度出发，坚定中国特色社会主义理想信念，勇担政治责任和历史使命，自觉践行政治信用。在学习科研方面，从追求真知、创新学术科研、真实评优评奖、严守考试纪律等角度出发，坚守诚信学习品德，杜绝学术欺诈等不良行为，共同营造良好的学习科研风气。在人际交往方面，从师生交往、同学交往等角度出发，大学生要以诚实守信的人格素养作为人际交往的基础和前提，构建和谐人际关系。

3. 增强时间观念。时间是物质运动的顺序性和持续性。要有时效观念，要以珍惜时间，注重效率为指导思想，确信时间就是宝贵的资源，把最佳的时间用在最重要的问题上，以提高时间的利用效果。要有时机观念，事物的发展变化会在某个时段上给人们创造某种良好的机会，这时就应当审时度势，捕捉时机。

4. 加强意志力和自律。意志力是做成一件事的基础，自律是高效完成的保证。我们应当在实践中锻炼此种素质。

5. 培养先锋意识。先锋意识是一种积极的人生态度。“追求卓越，成功会在不经意间追上你。”这样可以让人做到更加优秀。

6. 培养助人意识。助人是快乐之本，是自我价值的体现，助人是人格升华的标志。全心全意为人们服务，是大学生党员应有的信念。

（三）提高大学生党员的思想理论修养

1. 学习党的相关理论知识，提升理论水平。认真学习党的章程、各个阶段重要思想、党发展的光辉历程、社会主义道路建设历程等相关理论知识，从历史中得到启发，并做到理论联系实际，把党的先进知识运用到广大实践中去。

2. 关心时事政治，客观地看待事物。我们应当做到时刻关心国家、世界发生的大事，并辩证客观地看待事物的发展，做到不迷信、不夸大。

3. 深化党员意识，发挥党员作用。大学生党员应当在学习生活中发挥先锋模范、中流砥柱和桥梁纽带作用，为大学校园建设贡献力量。作为党员，就应当时刻以一个先进个人的标准要求自己，成为群众的榜样，潜移默化地影响周边同学。学生党员要用自己的行动和工作影响、带动同学们共同前进。

4. 勇于开展批评和自我批评。开展批评和自我批评，及时发现自己的错误，及时改正过来，对于自己做错的事要诚恳地承认，这是成为一名合格的党员的基本要求之一。批评与自我批评也是党员提升自我有效的方式之一。我们应当拿起自我批评的武器，把缺点视作错误，在日常学习生活中真正树立党员的旗帜，不断保持先进性。

第三节　规划学涯发展方向

一、大学学涯规划的含义

大学学涯规划是从生涯规划中阶段化而来的，是指导大学生对大学学习生活进行规划和设计，并采取相应的措施，在大学期间通过传授知识、转变观念，或提高技能的手段，来改善当前自身的状况，谋求在大学学习生活中取得更大成功，与今后职业生涯目标相适应的潜在职业能力的过程。

大学生学涯规划，对大学生而言，就是在自己兴趣、爱好的前提下及认真分析个人性格特征的基础上，结合自己兴趣特长，依据自己的兴趣学习喜欢的专业。大学生在走向社会前，将现实环境和长远学习规划相结合，给自己的学习生涯一个清晰的定位，可以明确大学期间的发展目标、发展前景以及发展道路，可以帮助管理时间和精力，以获得该阶段生涯的成功，进而为职业生涯乃至整个生涯做好关键储备和过渡，是求职就业乃至将来学业升级的关键前提。

学业生涯有以下几个特点：

（1）独特性。每个人的生涯发展都是独一无二的，学业生涯也是如此。学业生涯是学生依据自己的人生理想，为了自我实现而逐渐展开的一种独特的学习历程，不同的学生有不同的学业生涯，也许某些学生的学业生涯有某些相似之处，但实质可能是完全不一样的。

（2）发展性。人是生涯的主动塑造者，学业生涯是一个动态的发展历程，学生在校学习的不同阶段会有不同的要求，这些要求会不断地变化与发展，学生也会因此而不断地成长。

（3）综合性。学业生涯以学生角色的发展为主轴，也包括其他与学习有关的角色，如公民、子女等涵盖人生整体发展的各个层面的各种角色。

学业生涯规划的目的在于使每个学生认识自我，明确自己的目标，并为之不断地挑战自我、超越自我，为将来走向社会做好准备。要让学生从进入校门就开始明确自己的职业发展方向，并在这四年内为自己的目标努力。学业生涯规划贯穿于学习生活的始终，涉及方方面面，要不断地督促学生挑战自己，明确学习生活的目标，不断挖掘自己的潜力，切实提高自己的综合素质，为将来的工作打好坚实的基础。

学业规划，是根据自身情况，结合现有的条件和制约因素，为自己确立整个大学期间的学业目标并为实现学业目标而确定行动方向、行动时间和行动方案的过程。大学生学业生涯规划也是做好职业生涯规划的前提和基础。它有助于发掘和激励自己，增强一个青年大学生的主动性，尽早找到人生目标，及早定位，并为之奋斗。在充分剖析自己优缺点的同时，充分地认识自我，明确自己的路往哪里走。因为人生最重要的事：不是你现在站在何方，而是今后你要朝哪个方向，只要方向对，找到路，就不怕路远。从而努力成为一个高修养，高素质，高学问，在今后参加工作的各行各业起引领作用，具有吃苦耐劳，创新精神，实践能力的国家人才。

二、大学学涯规划的必要性

写好一份大学职业生涯规划书，对于当代大学生来说是至关重要的。只有做好规划，做好准备，才能为自己以后的努力确定方向，这样才不会像一头无头苍蝇，到处乱窜。我们知道，只有明确目标，我们的努力才不会白费掉。有针对性地去付出，才能有所收获。

1. 有利于大学生更好地认识自我 进入大学后，学生面对众多必须由自己来决定的选择时往往不知所措。一部分学生目标模糊，对自己没有清醒的认识，不知道自己适合做什么；还有一部分学生目标多变，今天觉得考研有出路，明天又想迅速找工作，缺乏系统规划，导致最终所有目标都没有实现。因此制定学业生涯规划的前提与关键是做好自我认识与自我评估。要从兴趣、特长、性格、能力、道德水准、自我评估等方面深入了解自我，分析自己适合做什么，对什么感兴趣，最想做什么以及自己有哪些性格弱点，然后确定发展目标。只有在充分认识、分析自己的基础上确定的发展目标才是科学的、可行的。既不能把目标定得太低，使学习达不到一定的紧张度，影响成就感的获得；也 不能把目标定得过高， 力所不能及，导致挫折感与自卑感的增强。

2. 有利于激发大学生积极向上的热情。大学生学涯规划是大学生努力的依据，也是对大学生的 鞭策， 激发大学生的使命感、产生积极向上的动力。随着大学生学业规划的每一个具体目标的实现，大学生会越来越有成就感， 大学生的思维方式及心态就会向着更积极向上的方向转变。由于大学生学涯规划向大学生提供了完成学业的清晰图标， 使得大学生对自己的学业的实现过程有了清晰透彻的认识，进而产生信心、勇气，实现自我完善。

3. 有利于大学生提高学习兴趣。缺乏大学生学涯规划，大学生的时间、精力往往处于荒废和散乱之中，很容易进入跟学业无关的琐事中，虚度大学的美好时光。而大学生学业规划对大学生的日常学习具有指导作用，让大学生明白，现在做的每一点都是实现未来目标的一部分。因而让大学生重视现在、把握现在，集中时间、精力和资源于自己选定的学业，进而使大学生更热衷于自己的大学生活。大学生学业规划使得大学生心中的理想具体 化， 更容易实现，对学业的顺利完成做到心中有数、热情高涨。

4. 有利于大学生提高就业竞争力。大学生有远大理想，有较高的期望值，有强烈的独立意识， 但不少人缺乏自律、自控能力，学习缺乏主动性和自觉性。制定好学业生涯规划，学生能清楚自己现在应该做什么，接下来需要达到什么样的目标。它相当于一个约束与激励机制，由一个个阶段性目标组成，能指引学生前进。当学生在达到阶段性目标的时候，会看到自己明显的进步，成就感的获得可以激励学生更加努力地实现下一个阶段性目标。从而更好地完成学业，对就业竞争力的提高也具有积极的作用。

三、大学学涯规划的方法与步骤

1. 制定学涯规划需要遵循以下几个原则：

可行性原则。学业生涯规划是针对学生的实际做出的，所谓可行性，就是指制定出来的学业生涯规划应切实可行，具有现实性、可能性和可操作性，每个阶段的目标以及达到目标的方法应力求科学、合理，是经过努力能够实现的。

可调节原则。学业生涯规划具有发展性的特点，不是孤立的、静止的，应该能够根据社会需求的发展变化与学生个体主观条件的变化随时修正，比如在阶段性目标上，可以根据进展的程度，酌情提高目标或降低目标。

最优化原则。应力求做到身心和谐，使个人的性格、兴趣、知识和能力等与目标和谐统一，实现优化组合。

共性与个性相结合原则。学业生涯规划既要反映学生发展的共性问题，又要满足学生各种需求，有效地培养和发展学生的兴趣、爱好、特长，使学生的先天禀赋和个性潜能得到充分发展。

2. 大学生学涯规划的步骤包括：自我评估、环境分析、确定目标、选择路线、制订计划并实施、评估反馈和调整。

自我评估：自我评估就是对自己作全面分析，通过自己分析，认识自己，了解自己，这是实施生涯规划的重要一步。通常自我评估包括：个人的兴趣、特长、性格、学识、技能、智商、情商、逆商、财商、健商，以及组织管理、协调、活动等能力。

评估的方法很多，主要有：自评法，即自我反省、自我分析；他评法，也就是家长、同学、朋友对自己的分析评价；测试法，利用职业测评软件对自己进行测评。在自我评估时，往往把几种方法共同使用，最终求出交集。俗话说，女怕嫁错郎，男怕入错行。可见职业对人的一生是多么重要。理想的职业要靠科学的规划，科学规划的基础是准确的评估。

环境分析：环境评估，包括对社会环境的评估和对单位环境的评估。环境因素对个人职业生涯发展的影响是巨大的，它为每个人提供了活动空间、发展条件和成功的机遇。

环境包括社会环境和单位环境。社会环境包括：政治，经济，文化，社会价值观；单位环境包括：单位状况和特色，发展战略，管理制度，领导者素质和价值观。

在进行职业生涯规划时，要分析环境的特点、环境的变化趋势，个人与环境的关系、个人在环境中的地位，环境对个人的要求、环境对自己的有利和不利因素等。

环境分析主要是通过对组织环境，特别是对组织发展战略、人力资源需求、晋升机会分析，以及对社会政治环境、经济环境等有关问题的分析和探讨，弄清环境对职业发展的作用和影响，以便更好地进行职业目标的设计和职业路线的选择。

确定目标：大学毕业以后要成为一个什么样的人？这是每个大学生进校时就应该认真思考的问题。哈佛大学有一个非常著名的关于目标对人生影响的跟踪调查。调查对象是一群智力、学历、环境等条件都差不多的大学生，调查结果是这样的：3% 的人有清晰长远的目标；10% 的人有清晰的短期的目标；60% 的人目标模糊；27% 的人没有目标。30 年后的跟踪结果发现：

3% 的那批人，总是朝着同一个方向不懈地努力，后来几乎都成了社会各界的顶尖成功人士，他们中不乏百万富翁、行业领袖、社会精英。

10% 的那批人，不断完成预定的短期目标，生活状态步步上升，都生活在社会的中上层，成为各行业的专业人士，如医生、工程师、高级主管等。

60% 的那批人，他们能安稳地生活与工作，但都没有什么特别的成绩。

27% 的那批人，几乎都生活在社会的最底层，长期在失败的阴影中挣扎，他们的生活过得很不如意，常常失业，并且抱怨他人、抱怨社会、抱怨世界。

可见，确立目标是制定人生规划的关键，目标对人生有巨大的导向作用。一个人能否成就一番事业，很大程度上取决于有无正确而恰当的人生目标。大学时期是世界观、人生观、价值观形成的关键时期，是为自己未来的事业和方向打基础的重要时期。为缩短进入大学后的适应期，尽快摆脱迷茫期，应根据自己的实际情况和社会环境等因素，选择适合自己的发展方向，走一条适合自己的路。

选择路线：通过自我评估、认识自己、分析环境，并且在确定未来职业目标的基础上，就要从自己的价值观、理想、成就动机等对自己以后从事的职业做出选择。选择职业生涯路径，通常有“纵向”“横向”“网络”“双重”这四种职业路径可供选择，其选择因人不同而不同。依据大学生个人的特点,可以选择在变换工作的同时提升在组织中的层级的传统纵向职业路径;也可以选择积累阅历、扩大知识技能面的跨职能边界进行工作变换的横向职业路径；也可以选择纵向、横向相结合的网络职业路径；还可以选择凭自己能力的提高为组织做出贡献，从而赢得更好的待遇、应有的承认，即不必成为管理者而只做技术、管理专家的双重职业路径。当然，职业生涯路线也可能出现交叉与转换，这可以根据自身的情况与环境来决定。

制订计划并实施：一种性格决定一种命运，一种习惯决定一种性格，一种行为决定一种习惯，一种思想决定一种行为。当思想上确定了目标，行动便成了关键的环节。行动计划是指落实目标的具体措施，主要包括工作、训练、教育、学习等多方面的措施。行动计划由长期和短期两部分组成。长期计划有点像人生目标，它的实现有众多不确定因素，我们有必要根据自身实际和社会发展趋势，不断地设定新的短期可操作的目标。大学生们有机会接触很多信息，这就需要在长期计划的指导下，选择出适合自己的信息，每天都向着既定的目标前进。以某个学生为例，他希望成为一个高级管理人员，他可以这样做自己的职业生涯规划。

及时评估反馈和调整：事物都是处于运动变化中的，由于自身及外部环境条件的变化，职业生涯规划也要随之变化。大学生们正处于人生观、价值观的形成阶段，社会的经济、政治、文化也都在发展变化，种种不定因素可能会使得原本制定好的规划设计与实际情况产生偏差，这时就需要对设计做出及时而准确的修订。修订的内容主要包括：生涯机会的重新评估、职业的重新选择、职业目标的修订、计划和措施的变更等。在这期间要做到谨慎判断，果断行动。谨慎判断就是无论变化多大，都要在理清来龙去脉后再做判断；果断行动就是要在判断后立即采取行动，重新修订自己的生涯规划，从而保证职业生涯的健康顺利发展，最终实现人生的职业理想。

四、大学生学涯规划设计书

大学是人生中最为关键的成长阶段。每个人从入学的那一天起，都应当对自己大学四年的学习有一个正确的认识和科学的规划，确立阶段性的奋斗目标，合理规划和分配大学四年的学习时间，努力把自己塑造成为一个有思想、有能力、有理想、有价值、有前途的合格的大学毕业生。如何制定一个适合自身的学涯规划设计书呢？

1. 全面了解自己，确定奋斗目标

大学新生进入学校后，应当全面分析自身条件、专业特点、培养方案和社会状况，全面了解和认识自己，努力做到知己知彼。知己：就是搞清楚自己的能力、兴趣、价值观、性格和生

活习惯。知彼：就是要了解和把握专业方向、课程内容、校园文化、就业形势、社会状况、形势政策、经济形态、人才需求等各种因素。做到知己知彼之后，就要确定学习和奋斗的目标。

具体而言，大学生进入大学以后，最初的目标应该是尽快适应大学阶段的新的学习方法，听懂每一节课，学好每一堂课，做好每一次作业，写好每一篇小论文，争取考好每一次试等。中期目标可以是本学期学习成绩全优，本年度能够拿到专业奖学金，争取成为三好学生或优秀学生干部等。长远目标可以是毕业时能够保送免试攻读研究生或出国留学或考取研究生或进入理想的职业单位等。其实，每一个学习阶段都可以有相应的短期目标，比如到了二、三年级的时候，具体的目标可以是通过大学外语四级、六级考试，参加外语竞赛，参加计算机等级考试等。值得注意的是，确定目标一定要结合自身的实际条件和现实情况来制定。假如制定的目标不经过努力拼搏就可以达到，这样的目标是算不上目标的。相反，如果制定的目标远远超过自己的实际能力，不管怎样努力拼搏也难以实现，那么这样的目标也就失去了意义。因此，制定目标应该等于或高于自己的实际能力，必须通过努力拼搏才能达到，这样对于建立成功的信心是很有帮助的。目标确定后，就要认真去落实，踏踏实实做好每一件事，实实在在把握每一次机会，从从容容珍惜每一分钟，一步一个脚印去实现既定的目标。

2. 制订科学的学习计划

要实现确定的学习目标，必须有周密的学习计划。计划是实现目标的手段，没有周密而可行的计划，目标是难以完成的。因此，在充分认识和了解自己以及总结过去学习经验的基础上，制定出一个科学的学习计划来指导自己大学的学习生活，是很有必要的，也是对大学阶段的学习和未来的发展采取胸有成竹和预见性的总体安排的最佳思路。具体可以参照以下几点去制定:

一是制订学习计划应当突出重点。大学阶段的学习异彩纷呈，内容繁多，大致可分为基础课程的学习、专业课程的学习、社会实践的学习和毕业论文的写作或设计等环节，每个环节都是必不可少的学习阶段，都是获取理论和知识的过程，都有重点、难点和非重点、非难点之别，关键是把握重点，抓住重点，找准重点。比如，大学一年级第一学期，重点在于适应大学的学习生活和教师课堂授课的方式方法；大学一年级第二学期重点在于通过大学外语四级考试等。只有有的放矢，突出重点，才能事半功倍，效果显著。

二是制订学习计划要围绕学习目标。计划是实现目标的步骤，没有计划，目标可能难以实现；没有目标，计划无从谈起。比如，本学期的学习目标是门门课程期末考试都要取得优异的成绩，那么在制订本学期的学习计划时，就要将更多的时间和精力投放到门门课程的学习和掌握上，而且要注意不可偏科。又比如，想在外语学习上和外语四、六级考试中取得优异成绩，那么外语学习计划的制定就应该紧紧围绕学好外语这一目标进行，具体计划内容包括每天、每周和每月何时何地花多少时间背单词、练习听力、练习口语、阅读训练、写作训练，等等。

三是制订学习计划要有适当的弹性。学习计划不宜定得太死，因为在实施学习计划的过程中，有可能会遇到这样那样的问题，需要对学习计划做及时或适当的调整。如果在制订学习计划时，没有考虑到这些因素而把时间绝对地固定化，没有弹性，那么在遇到意外情况发生时，可能会出现手忙脚乱的情况而贻误大事。

四是根据学习计划合理安排好时间。具体应当做到以下几点：（1）制订的时间表不能太烦琐，但应当考虑学习和闲暇的时间比例。（2）要确定好课堂学习与课外预习、复习的时间比例。（3）学习科目要交替时间学习，应当有重点和非重点之别。（4）合理安排双休日、节假日等闲暇时间。比如本周的双休日做什么，是逛街还是去图书馆查阅资料还是去会友娱乐等，每个时段做什么都应该安排妥当。又比如本月或本学期的节假日应当做什么，是旅游还是打工还是学习等都要有所明确。（5）要合理安排寒假和暑假的时间。寒暑假的时间比较长，除了回家省亲外应当考虑参观考察、下乡支教、社会调查、见习实习等具体安排。（6）要制订课余阅读时间表。比如一个学期要读哪些书，大学几年要阅读多少书籍应做到心中有数，尽量列出一个“大学课外阅读书目清单”。清单应结合专业的学习并在体现自己的兴趣、爱好和需要的同时，又要兼顾人文、历史、地理、政治、经济等方面的内容。（7）要合理安排分配学习时间和做学生干部、参加社团活动、课外文体活动、学术科研活动、科技实验活动、外语竞赛活动等时间，做到彼此兼顾，不能顾此失彼。（8）要对大学四年的学习时间有个总体的安排。比如大学一年级、二年级、三年级和四年级分别做什么，达到什么目标，如何安排学习时间等都要有个总体的计划。一般来讲，大学一年级的学习时间安排特别重要。第一学期往往能够决定大学生涯的整个走向。因此大学一年级时就应该思考四年后的目标是继续深造还是就业。深造是考研还是保送，是出国读研还是在国内读研；就业是去国企还是私企，是当公务员还是自主创业，是在大城市还是回家乡或去西部就业等等。这些思考或打算，事关制订和调整大学一、二、三、四年级的学习时间和学习目标。

五是制订学习规划应多方咨询或征求意见和建议。制订学习规划，一定要在结合并搞清楚自己所学专业的特点、培养方案、就业趋势以及自己的兴趣爱好和性格能力后，多方咨询和征求他人的意见和建议再拟定。咨询和征求的对象包括家长、院系领导、专业教师、班导师、辅导员、图书馆老师、博物馆老师、校团委老师、学生处老师、教务处老师、高年级同学、社团同学、同班同学等师友，方能制订出科学而可行的学习规划。

3. 处理好一个关系和协调“三课”投入

大学里专业学习和公共课学习是同等重要的，要处理好专业学习和公共学习的学习关系，两者不可偏废。专业学不好，就像一棵树没有扎实的根基，枝叶长不好或长不旺；公共课学不好，就像一只鸟翅膀受伤了，飞不起来或飞不高。中国特色社会主义进入了新时代，这意味着马克思主义在中国的发展更加具有现代性和创新性，而这一创新发展需要当代大学生来继承与发扬。大学生是未来国家建设的接班人，是马克思主义发展最好的代言人。当大学生将先进的文化知识与马克思主义理论知识结合起来，再借助当今时代的迅猛发展，定能将马克思主义拓展得更加丰富。因此要不断提高学习兴趣，主动克服各种困难和干扰，努力做到直接学习兴趣和间接学习兴趣相结合，顺利拿到所有功课的学分。

需要提醒的是，大学生对公共课的学习积极性、计划投入的学习时间和精力普遍不如专业课，因此，要充分认识到公共课程的实用价值、理论意义和对自己学习及未来发展提高的潜移默化的作用。提倡不论是实用性强的外语课程还是理论性很强的马哲课程都要同专业课程一样去做好学习规划。

公选课也叫公共选修课，是指知识面比较宽厚的人文社会学科，如文学鉴赏、美术史、教育学等等。绝大多数大学生对待公共选修课的学习兴致比较高，投入的时间和精力也比较多，认为公共选修课比较实用，学习要求也不太严，学分相对好拿，而且能够开阔眼界、增长见闻、扩大知识面、培养综合素养和综合能力等，如果能够选上自己感兴趣的课程，学习劲头会更高。不过这种自由对于刚入学的新生来说是最拿不定主意、最难以把握的一种自由，选得不合理或选得集中或选得过多，会影响其他方面的学习和生活。

第四节　身体力行积极实践

一、正确认识理想与现实的关系

1. 理想与现实的辩证关系

一是理想和现实是一对矛盾，它们之间的关系既对立又统一。二是理想来源于现实，是对现实的反映，但它不等于现实，而是现实的升华。理想的材料来源于现实，理想的可能性来源于现实，理想的动机也来源于现实。一句话，“理想只能是现实的某种反映。”三是理想高于现实，是现实的升华，但它并不脱离现实，与现实是相互统一，必然联系的。理想是未来的现实，现实是理想的基础。但理想毕竟不是现实。人们在理想中追求的东西，在现实中还不存在或不完全存在。理想总是美好的，可是现实中既有美好的一面，也有丑陋的一面。理想与现实的这种差别，必然引起理想与现实的对立和冲突。如果理想与现实之间的矛盾冲突超过了人的心理承受能力，就会产生怀疑自己的力量，对理想发生动摇，陷入苦闷和彷徨的境地。四是在一定条件下，理想可以转化为现实，旧的理想实现了，又会有新的理想鼓舞和激励着人们。理想转化为现实，现实产生理想的过程会循环往复，无终无止，由此，人类才会不断发展和进步。但理想转化为现实是有条件的，是一个艰苦奋斗的实践过程，需要人们全身心地去开拓进取。

解决理想与现实的矛盾，实现理想向现实的转变，就要把握理想的科学性，要在正确认识社会现实的基础上，树立符合社会发展客观规律的人生理想。要正确认识社会，必须全面了解社会。既要了解社会存在的弊端，又要了解社会发展的光明前途。面对理想与现实的矛盾和冲突，放弃或降低理想是不可取的，这样做只能使人消极、平庸，不是一个有为青年的选择。只有坚持远大理想，通过变革现实，使现实朝着理想的方向发展，才是解决理想与现实的矛盾的正确办法。

2. 努力走出理想认识上的误区

走出“渺茫论”的认识误区：在认识社会政治理想问题上，“渺茫论”认为，共产主义没有经过实践检验，这是一种可望而不可即的美好愿望，是渺茫的幻想。这种错误认识的产生，原因主要有三：第一，对共产主义的科学含义没有把握准确。共产主义的含义包括三个方面：一是指关于共产主义的科学理论和思想体系；二是指由共产主义科学理论所揭示的社会制度；三是指在共产主义科学理论指导下，以建立共产主义制度为最高奋斗目标的现实运动，即共产主义实践。共产主义的理论和实践从产生到现在已有150多年的历史了，在我国也有80多年的历史。我们正在进行的社会主义现代化建设，就是在共产主义科学理论指导下，以实现共产主义社会制度为最高目标的共产主义运动的一部分。第二，对实现共产主义社会制度的长期性、艰苦性和曲折性缺乏正确的认识，一遇到挫折便动摇、怀疑，失去信心。第三，仅从个人角度出发，认为自己“看不见，摸不着”，就怀疑共产主义实现的历史必然性。人的生命是有限的，实现共产主义理想的社会制度需要几代人，甚至几十代人的艰苦奋斗。但不能因此就否认实现共产主义社会制度的可能性，放弃对共产主义理想的追求。

3. 正确看待理想与现实的矛盾

由于现实生活的复杂性，人们在确立理想和追求理想的过程中，会感受到理想与现实的矛盾。特别是青年大学生刚刚走上社会的时候，往往会更强烈地感受到这一点，从而引起思想上的困惑和情绪上的波动，对理想问题还存在着一些片面的模糊的看法，出现一些认识上的误区。因此，正确看待这种矛盾是很必要的。

走出“以理想来否定现实”的误区：在社会生活中，当人们感受到理想与现实的矛盾时，有时不能正确地看待，看不到二者的统一性，而把二者对立起来。其中一种倾向就是用理想来否定现实。有的人用理想的标准来衡量和要求现实，当发现现实并不符合理想的时候，就对现实大失所望，甚至极为不满。这样发展下去可能会导致对社会现实全盘否定，逃避或反对现实社会。毋庸讳言，我国现实中确实存在着一些消极现象，但同时也要认识到，社会生活的主流是好的，改革开放以来我国社会经济和各项事业蓬勃发展，人民生活水平有了很大提高，可以说我们正处于一个伟大的时代。由于社会生活的复杂性，在我们改革开放、发展经济的过程中也出现了消极腐败和丑恶的现象，但这些毕竟不是生活的主要方面，怎么能因为看到这些，而对社会不满或失去信心呢？我们要努力克服的，应该同这些现象做斗争，而不应逃避现实，我们更不应把对丑恶现象的怨愤发泄到党和国家以及人民群众身上。

走出“以现实来否定理想”的误区：在把理想与现实对立起来的误区中，还有一种偏向，就是用现实来否定理想，有些人当发现理想与现实有矛盾时，不加分析地全盘认同当下的现实，对现实中一些消极乃至丑恶的现象不愤怒、不斗争，甚至与之同流合污。有的学生刚开始走向社会的时候，对社会上的丑恶现象深恶痛绝，但时间长了就习以为常，甚至自己也搞起腐败来，失去了自己的理想，还有的人由于看到理想与现实的矛盾，而对理想失去信心和热情，理想“告别崇高”、热衷于“实惠”，信奉“理想，理想，有利就想”，“前途，前途，有钱就图”，走向拜金主义泥坑。

理想与现实是对立统一的关系。一方面，它们是对立的，比如理想是观念的，现实是客观的；理想是完美的，现实是有缺陷的；理想是未来的，现实是当下的，等等。另一方面，它们又是统一的。现实中孕育着理想，形成着理想，包含着理想实现的条件和因素，并且将来会变成新的现实，因此，不仅要看到理想与现实矛盾冲突的一面，还要看到它们相一致的方面。只有这样才能全面地把握二者的关系，不因为在现实中遇到这一矛盾而产生偏颇的思想认识和态度。

二、理想在人们的实践中形成

理想是人们在实践中形成的、有可能实现的、对未来社会和自身发展的向往与追求，是人们的世界观、人生观和价值观的奋斗目标上的集中体现。理想源于现实，又超越现实，有实现的可能性。大学生要树立远大理想，可以有幻想，但不要空想，空想脱离实际，没有实现的可能性。

人们的理想从结构层次上划分，大致可以分为四个方面：生活理想，职业理想，道德理想，社会理想。

1. 生活理想。即人的理想生活。生活理想并不就是对生活条件的期盼，更重要的是人们期望具有怎样的生活方式、怎样生活得更充实更有意义。

建构正确的生活理想可以从以下几方面着手：

（1）以劳动为基础，劳动和享受相统一。人要获取生存所需的生活资料，正当的途径只有一个：劳动。按劳分配，多劳多得，劳动是前提。生活需求、生活水平应与劳动收入状况相适应，量入为出。离开劳动创造贪图享受就是奢求。只有劳动，人们才能正确深刻地理解生活。现实生活中常可看到，不劳而获的暴发户的生活方式多是腐朽的。

（2）富裕的物质生活与高尚的精神生活相统一。幸福生活本身包含着这两个方面。精神文化生活是人的高级需求。只重物质生活，忽视精神生活，会导致人们消费结构失调，生活情趣庸俗。社会上奢侈享乐之风，物欲型犯罪增多，都与人们的不健康的生活理想有很大的关系。

（3）个人的生活水准与社会的发展程度相适应。社会成员之间生活水平的差别受多种因素制约，将长期存在。所以，对我们每个人来讲，不好去盲目攀比，应当立足于我们自身的获得物质条件的能力，立足于整个社会的发展程度。比较时应着眼于社会上的多数人。工作向低标准看齐，消费向高标准看齐，是比较中的最大误区。

大学生尚未参加劳动为社会创造财富，所以生活上更应注重勤俭节约，防止盲目攀比和盲目消费。养成良好的生活习惯，逐步树立起正确的生活理想。

2. 职业理想。是人们对未来自己所要从事职业的向往和追求。

职业生活是人的社会生活的主要组成部分，是人生旅程中最长、最丰富的一段。如果 20 岁就业，60 岁退休，职业生活就长达 40 年，几乎占人生命的一半。更宽一些说，就业前的学习生活，退休后的休闲生活，也都与职业有紧密的联系。可以说，人生的理想追求、成败得失大部分都体现在职业生活当中。

在我国，随着市场经济的发展，随着高校毕业生就业制度的改革，树立什么样的职业理想对于大学生来讲具有比过去更加特殊的意义。树立正确的职业理想，或者说将来选择职业，应贯彻个人条件和社会需要的有机结合，能力、责任与利益的有机统一。

3. 道德理想。道德理想是指人们所向往的理想人格，是做人的楷模和标准，是人们在道德生活中所希望达到的目标。其实，道德理想有两方面的含义：一是一定社会道德原则和道德规范的概括和结晶；二是一定社会或一定阶级的理想人物的道德品质，人们往往把这种道德上的完善典型称之为理想人格。所以，用简单的话说，道德理想就是要把自己培养、锻炼成为什么样的人，具备怎样的道德品质的问题。

道德理想 + 人生观 = 人生的精神动力。引导人们增强道德责任感、提高道德境界、选择道德行为，从而成长为有德之人，有为之人。

4. 社会理想。或者称为社会政治理想。是人们对未来社会制度、政治结构的追求、向往和设计，对未来社会面貌的预见。这种理想具有鲜明的时代性、阶级性的色彩。各个时代的人都会提出自己的社会理想，而社会的发展进步也是一代又一代人不断提出社会理想并为之奋斗的结果。

三、在实践中化理想为现实

理想是实际中形成的，也只有在实践中才能实现。当理想确立之后，就是该付诸行动的时候了。青年时期，是播种理想、确立信念的黄金时期，是规划未来、设计人生的关键阶段。确立怎样的理想和信念，直接关系到青年大学生度过什么样的人生，从根本上决定青年大学生人生的意义与价值。大学生不仅要有扎实的基础知识和专业知识，还要树立崇高的理想和坚定的信念，正确处理个人与社会的关系，在成才报国的实践中化理想为现实。

1. 探寻实现理想的途径

理想的实现，离不开正确的方法途径。人们常说“方法对，事半功倍，方法不对，事倍功半”。为实现理想，必须探寻有效的方法。理想是对未来的追求，有高远的特点。如果我们只是关注其高远，难免会使理想的实现很渺茫，使理想成为精神慰藉，成为高不可攀，远不可及的空想。理想是来自于实践的，有其注重现 实的要求 ，如果我们只注重现实，强调现实的困难和不足，就会出现畏难情绪或满足于现实，无法实现理想 的情况。因此，实现理想既要考虑理想的高远，又要注重从实际出发，只有把两者统一起来，找到使两者有机统一的方法，才能到达理想的彼岸。理想是一个奔向未来 的整体目标，实现目标，需要从现实出发，把整体化为一个个具体的可以实现的小 目标，脚踏实地向前 迈进。每前进一步，达到一个小目标 ，就会体验到成功的喜悦，发挥人的潜能去达到下一个 目标，最终达成整体目标。心理学家得出了这样的结论：当人们的行动有了明确目标，并能把自己的行动与目标不断地加以对照，进而清楚地知道自己的行进速度和与目标之间的距离，人们行动的动机就会得到维持和加强，就会 自觉地克服一切困难，努力达到目标。

理想是人生的力量源泉，立足现有的条件，积极努力，披荆斩棘，就能在黑暗中见光明，在平凡中见伟大，在困难挫折中见胜利，达成理想。反之，没有理想，浑浑噩噩，就会虚度光阴，一事无成。

2. 在实践中化理想为现实

对于思想活跃和敏感的青年大学生来说，也容易对理想与现实的矛盾产生困惑。这就需要正确认识和把握理想与现实的关系。现实是理想的基础，理想是未来的现实。一方面，现实中包含着理想的因素，孕育着理想的发展。另一方面，理想中也包含着现实，既包含着现实中必然发展的因素，又包含着理想转化为现实的条件。人生路途漫漫，有说不清的驿站，有讲不完的故事。正如雨果所说，生活就好比是旅行，理想是旅行的路线，失去路线，寸步难行。但是一些理想主义者，因为某种因素就对现实大失所望，或者觉得理想很困难，很渺茫，就放弃自己的理想，对现实中一些消极乃至丑恶的现象不愤怒、不斗争，甚至与之同流合污。

有的人因此陷入拜金主义、享乐主义和极端个人主义的泥潭而不能自拔。所以我们必须辩证地看待和处理理想与现实的矛盾。但是脱离现实谈理想，理想就会成为空想。

理想与现实是有矛盾，有区别的。理想不同于现实，不是立即可以实现的，理想是美好的，而现实既有美好的一面，也有丑陋的一面。

勇于实践、艰苦奋斗是成就伟业不可缺少的条件，更是实现理想的根本途径。理想实现的路途是艰难曲折的，远大理想的实现更是需要一代又一代人的不懈努力。经过艰难曲折锤炼出的理想，必定会闪烁出更加耀眼的真理之光。

淮阴侯韩信，宁忍胯下之辱，终万古留名；越王勾践，坚忍卧薪尝胆之苦，终成就千秋霸业。是什么让他们有惊人的毅力为自己的理想而努力？是艰苦奋斗，永不言弃的精神，为了心中远大的目标，委曲求全，逆境奋起。

作为当今时代的大学生，若要实现自己的理想，抵达成功的彼岸，他就要勇敢地面对现实的社会与残酷的生活，磨难是不计其数的，只要坚定信念，勇于实践，坚持人类不屈不挠的本性，并将其建立在科学的理论上，便仿佛拥有一把利剑，能消灭一切困难，成为最后的胜利者，在实践中化理想为现实。

四、架起通往理想彼岸的桥梁

理想是美好的，但它既不能自发地形成，更不能自发地实现。要想拥有理想，就要深刻地认同理想；要想实现理想，就要努力追求理想。坚定的信念，执着的追求，不懈的奋斗，才是通往理想彼岸的桥梁。苏轼说过："古之立大事者，不唯有超世之才，亦必有坚韧不拔之志。"

1. 全面发展，努力成才

我国社会主义现代化建设所需要的人才，应该是有理想、有道德、有文化、有纪律，德、识、才、学、体，全面发展的人。人才的基本要素：德、识、才、学、体五方面。

德指政治思想品质、道德品质、个性心理品质 。识指的是综合运用各种基本知识和基本技能，把握事物发展方向、预测并掌握未来前途的能力。它包括：科学的预见性；决断的准确性；识别的敏锐性；应变的灵活性 。才，才能加速人才的成长、成功，才能包括：智力技能系统；操作技能系统。学指各科知识。非学无以成才；非学无以明识；非学无以充德。

体指健康是事业的前提。德、识、才、学、体兼备，方可成大品。

2. 立志当高远

人无远虑，必有近忧。只有追寻一生最终大目标的人，才能超脱眼前的名利，不放弃前进的努力。个人理想只有与国家的前途。民族的命运结合，才是大志。个人理想与社会理想一致，才能得到最好的实现。诸葛亮："志当存高远" 。"淡泊以明志、宁静以致远" 。立志的问题并不只是中国思想家关注的问题，也为世界上其他国家的学者所重视。法国微生物学奠基人巴斯德明确地论述过立志的意义，"立志是一件很重要的事情。工作随着志向走，成功随着工作来，这是一定的规律。立志、工作、成功是人类活动的三大要素。立志是事业的大门，工作是登堂入室的旅程。这旅程的尽头就有个成功在等待着，来庆祝你的努力结果" 。古往今来的无数事实证明，在青年时期确立起远大志向是此后事业成功的关键。

（1）怎样才算高远的志向？有句话说得不错，"无论从事什么具体、平凡的工作，只要是与这一伟大的事业相联系，是服务于祖国和人民的，就值得我们去做，就是大事" 。我认为，这就是高远的志向。

（2）个人理想与社会理想的关系。社会理想制约影响个人理想、生活理想、职业理想、道德理想。社会理想是人生理想的大厦的最高层次，最高阶段。

个人理想又是社会理想的起点和基础。任何一个社会所提出的任何远大的理想必须成为社会成员行为的内在要素，才有实现的可能。个人理想升华到社会理想，才更深刻、更富有意义。正如英国的哲学家罗素说："只有同这个世界结合起来，我们的理想才能结出果实；脱离这个世界，理想就不结果实。"

（3）立志须躬行立志当高远，立志做大事，但立志须躬行。古人说得好："合抱之木，生于毫末，九层之台，起于累土，千里之行，始于足下。”，实现崇高的理想，要从我做起，从现在做起，从平凡的工作做起。雄心壮志需要有步骤，一步步地、踏踏实实地去实现，一步一个脚印，不让它有一步落空。只有矢志不渝、坚持实践的人，才能达到理想的彼岸。

3. 用实际行动把理想化为现实

理想是在实际中形成的，也只有在实践中才能实现。当理想确立之后，就是该付诸行动的时候了。

（1）崇高的理想信念必须落实在行动上。追求理想的实际行动是理想信念的应有之义。理想信念不是一种封闭的精神状态，而是一种全身心的投入，它总要表现在行动上。离开了追求理想的实际行动，理想也不成其为理想。而且，只有通过追求理想的实际行动，理想才能化为现实。马克思说过，思想本身不能实现什么，为此还需要掌握实践力量的人。美好的理想若是停留在头脑中和口头上，那它只能是一种不结果实的花朵。最终，只有实际行动才能体现和确证一个人的理想信念。看一个人是不是真有理想，主要不是看他主观上是否有愿望和想象，而是看他是否在实际行动上为追求理想而奋斗。一个人想得很美妙，说得很动听，却没有实际，那么这说明他对理想没有坚定的信念，甚至很难说他拥有理想。

（2）追求理想是一个艰苦奋斗的过程。理想实现的长期性、曲折性和艰巨性决定了追求理想的过程是一个艰苦奋斗的过程，在这个过程中，追求者会遇到各种困难和艰苦的环境，不可避免地会吃苦。如果没有吃苦耐劳的精神，没有在艰苦的环境中不懈奋斗的精神，理想的实现仍然是不可能的。贪图享乐、只知坐享其成的人绝不可能实现某种理想，而且事实上这样的人根本不会有什么远大的理想。

（3）追求理想的过程，也是进一步确立和强化理想信念的求和。正是在为了追求理想而艰苦奋斗的过程中，人的理想和信念经受了考验，得到了磨炼，从而变得更加坚定了。只有经历了患难和在逆境中奋斗的人，才知道理想之可贵，才会体会到信念的力量，也才能形成坚定的信念和坚强的意志。对于追求理想的人来说，“苦”是相对的，它可以转化为“甜”。通常所说的吃苦，往往是肉体上的痛苦，是由于缺少物质生活条件而造成的痛苦。肉体的痛苦当然也会造成精神的痛苦，但对于追求理想信念的人来说，物质上的苦会变成精神上的甜。在我国革命战争年代，革命根据地的条件是非常艰苦的，但革命者却洋溢着革命乐观方主义精神，他们在精神上是非常充实而愉快的。因此，为了理想而艰苦奋斗，也是一种充实而愉悦的人生体验。

（4）艰苦奋斗不是孤立的自我奋斗，而是相互配合、共同奋斗的过程。每个人都可以有自己的个人理想，无疑都需要他本人为此而努力奋斗。但即使是个人理想，它的实现也往往不是仅凭个人努力就能实现的，而往往需要他人的帮助和配合。而且，个人理想又是以社会理想为背景的，它的实现往往以社会共同理想的实现为基础条件。因此，追求理想也是一个集体的群众的事业。当代大学生应该把个人理想与社会理想统一起来，积极投身于建设有中国特色社会主义事业中去，在不懈地奋斗中把美好的理想变成现实。

思考题：

1. 大家是否听说过曾轰动一时的“马加爵”事件，就是这个在师长眼中的好学生竟然将同寝室的三名舍友残忍地杀害，在人们百思不得其解的时候，马加爵说了一句话，“我觉得没有理想信念，是我最大的失败。这几年没有什么追求，就是很失败。”这番话有种直指内心的力量，那也是他回首二十多年生命历程所做的最后感悟，每一字都是格外的沉重。针对“马加爵”事件，你有哪些反思？

2. 在一些高校有部分大学生产生信仰危机，对理想抱有偏见，游戏理想，把理想戏称为“利想”，认为“理想理想有利就想”“大目标不如大团结，讲理想不如讲实惠”。

请思考：当代大学生需要什么样的理想？结合自身谈谈您的理想及如何实现理想。

3. 结合自身情况，设计一份适合自己的学涯规划书。

4. 如何认识志存高远与始于足下的关系？

5. 结合实际谈理想信念对大学生成长成才有何重要意义？

第四章　大学生习惯养成

一天，一位睿智的老者与他年轻的学生一起到树林里去散步。老者在四株植物之间突然停了下来，他仔细地看着这些植株。第一株植物是一棵刚刚从土里冒出来的幼苗；第二株植物已经算得上是挺拔的小树苗了，它的根牢牢地扎到了肥沃的土壤中；而第三株植物则是已经枝叶茂盛，差不多与年轻学生一样高大的小树了；第四株植物则是一棵巨大的树，年轻的学生几乎看不到它的树冠。这位老者指着第一株植物对年轻的学生们说："把它拔起来。"年轻的学生很轻松地便把这棵幼苗从土里拔了出来。"现在，请将第二株植物拔出来。"年轻的学生听从了老师的吩咐，略加用力之后，便将树苗连根拔起。"好了，现在拔第三株植物。"学生们先用一只手试了一下，然后改用双手用力去拔。最后，直到学生们累到筋疲力尽才把它拔起。"好的，"老师接着说，"去试一试这最后一棵吧。"年轻的学生抬头看了看眼前的巨树，想了想自己刚才拔第三棵树时已经累得筋疲力尽，于是便拒绝了老师的提议，甚至没有去做任何尝试。"我的孩子，"老者叹了口气说道，"你的举动恰恰告诉你，习惯对生活的影响是多么巨大啊！"

这个小故事中的植物就好比是我们的习惯，是"由小到大"一步步慢慢形成的，在小时候如果你不在意它，等到长大时，它已经扎根于你的体内，成为你的一部分。正如美国著名教育家曼恩说的："习惯仿佛一根缆绳，我们每天给它缠上一股新索，要不了多久，它就会变得牢不可破。"一个习惯在由幼苗长成参天大树的过程中，被重复的次数越来越多，存在的时间也就越来越长。

第一节　培养独立思考的习惯

二十一世纪的国际竞争是科学技术的竞争，说到底是人才的竞争，人的科学素质将起到重要的作用。科学素质反映人们对日常经历的事情充满好奇心，能够提出问题、发现问题和寻找答案，并具备说明、解释、预测自然的能力，理解大众传媒中报道的科学文章的能力，以及参与社会谈论的能力。独立思考是有所发现、有所突破、有所创造的前提。没有独立思考的能力，谈不到创造，只能亦步亦趋，照猫画虎。可以说没有独立思考，社会不能进步，科学不能发展。

就学习过程而言，独立思考是学好知识的前提。学习重在理解，没有经过独立思考，无法很好地消化所学知识，不可能真正深入地想清楚其中的道理，使之成为自己真正掌握的知识。所以，独立思考是理解和掌握知识的必要条件。培养学生各方面的能力，独立思考能力是一个核心。不善于独立思考，各方面具体能力的培养将受到极大影响，在能力层次上不可能达到较高的水平，不可能有效地运用各方面的知识，独立地去分析、解决问题，特别是遇到新的难题。独立思考的习惯和能力的培养，不是一蹴而就的，必须形成习惯，有了它，就有了自我探究的可能。

一、积极思考，打破僵局

凡事预则立，不预则废。这个“预”就是基于思考想象的事前的谋划准备。我们所有的计划制定和目标任务的达成都离不开思考想象这一前提。养成思考的习惯，并掌握思考的方法，一切的创新是源于对现有生产效率或者生活状态的不满足，因此思考是产生创新的充分必要条件。

1. 把思考的权利掌握在自己手里

我们的人生如同一张白纸，可以任我们在上面用不同的色彩描画自己未来的蓝图。我们大可不必把自己的命运交给别人来决定。几乎所有取得成就的人，没有一个不是努力支配自己的命运的。你今天能独立思考，你就能改变你明天的命运。要想成功，就必须有想成功的信念，必须把思考的权利掌握在自己手里。

爱默生曾说过：“坐在舒适软垫上的人容易睡去。”依靠他人，觉得总会有人为我们做任何事，所以不必努力，这种想法就像毒品，会使你在不知不觉中上瘾，最后自我毁灭。依靠他人有时也会上瘾，它对发扬自助自立和艰苦奋斗精神是致命的抹杀。

2. 善于了解，精于观察

一个习惯了解、观察他人的人，会比其他人学到更多的社会经验，为自己的成功赢得更多机会。人除了要在书本上学习知识以外，还要在他人身上及社会中学习经验，只有这样才能丰富自己的学识，使自己更快地取得成功。

学习书本知识需要养成持之以恒的好习惯，而学习社会经验则需要养成善于了解、精于观察的好习惯，这样才能在有效时间内学到更多东西。

3. 摆脱目光短浅的思维习惯

井底的青蛙从未离开过这口水井，更不知道外面的世界有多广阔，每天它抬头看见的便是那片井口大的蓝天，于是它一直认为“天空只有井口那么大”。

直到有一天，长途迁徙的燕子告诉它“天空是多么的广阔”，自以为是的青蛙不但意识不到是自己目光短浅，反而讽刺燕子在说大话。

如果青蛙始终蹲在井底这个狭小的空间里，它永远也体会不到外面世界的广阔，只有跳出井口，它才会真正地见识到原来世界不是他想象的那样，天空也不仅仅是井口那么大。

我们常把只看眼前不顾以后的做法称为短视，而一个短视的人很难正确处理生活中遇到的各种问题，而且也很难有什么成就。在不断前进的人生旅途中，一个人如果总是想一步走一步，那么他一定会碰到很多障碍，所谓“人无远虑，必有近忧”就是这个道理。只有抛弃短视的恶习，多做一些长远打算的人，才能掌握自己的人生，拥有一个美好的未来。

4. 突破思维定式，学会灵活变通

在日常生活中，我们常会为习惯定势所局限，结果得出的结论往往与事实有极大的出入，这就是习惯的障碍，或者称之为思维定式，它常常左右着一个人的思想与行为。每个人都有各种各样的习惯。好习惯、好经验当然是一笔财富，应该很好地珍惜，但不好的习惯却常常会变成前进中的障碍。

克服思维定式没有我们想象中的那样困难，而是完全可以克服的。只要我们养成积极思考、勇于突破的习惯，不拘泥于思维定式，善于变通，就必然能够获得成功。

5. 给自己留些时间用于思考

美国人杜拉克在《有效的管理者》一书中写了一段很有意思的小故事，说的是某份杂志刊载的一幅漫画，画中一间办公室的玻璃门上写着“某某公司业务经理史密斯”，办公室的墙上贴着一个字“想”。画中的经理大人，双脚高搁在办公桌上，面孔朝天，不断向上吐着烟圈。办公室外有两位员工小声嘀咕“天晓得史密斯在想什么！”杜拉克的评点写得很到位：的确，谁也不知道一个领导人在想些什么。“想”正是领导者的本分。

这个小故事对于我们很有启迪：如果你过于忙碌地工作而没有时间去思考你所做的事，那么你将无法充分施展你的才能。减少工作量，留出一定的思考时间来反省已做过的事情，如“这有什么意义？”“怎样做才能更好？”同时还让你有时间思考是否有其他的方式，以及如何增加配合的紧密度，等等，也许会收到许多意想不到的效果。

有了思考空间，才能从司空见惯的现象中有所发现。牛顿把“苹果从树上自由落下”留在了思考空间，启示他探索出了“万有引力”；瓦特把“壶盖被开水顶起”留在了思考空间，引导他发现了蒸汽机；伽利略把“不同长度挂灯的摇摆”留在思考的空间，促使他发现了等时性原理……诸如此类的现象，寻常人熟视无睹，唯有具有探求精神的人，才把它留在思考的空间，并通过孜孜不倦的追求，以至于有所发现、有所发明、有所创造。养成善于思考的习惯，给自己留出足够的时间和空间来用于思考，就会在思考中不断实现自己的人生价值。

二、积极心态，铸就未来

心态，即人的心理状态。正如一位名人所言：播下一种心态，收获一种思想；播下一种思想，收获一种行为；播下一种行为，收获一种习惯；播下一种习惯，收获一种性格；播下一种性格，收获一种命运。可见，心态的改变，就是命运的改变。

1. 好心态是一种好习惯

人的一生就像一趟旅行，沿途中有数不尽的坎坷泥泞，但也有看不完的春花秋月。如果我们拥有坚定的理想信念、一颗健康向上的心，不畏艰难险阻持之以恒的奋斗精神，不断挖掘自身潜在的精神力量，通过精神的力量影响人心，我们的人生轨迹就将会是平滑而不曲折的。

有人说，机会总是留给那些有准备头脑的人。这就说明了一个人总能成功，而且总会有更多更好的机会在等着他，其根本原因就在于他们拥有一个积极的心态，时刻都在为自己创造成功的机会。而那些心态消极的人即使是机会送上门来，也不会好好地利用，所以就很难有什么出色的成就。积极的心态创造价值，而消极的心态拒绝创造价值。抱着积极的心态不断地努力，就可以实现自己的人生价值。而消极的心态往往会使人在即将成功的那一刻与成功擦肩而过。

只有积极的心态才能创造奇迹。只要我们具备一种积极向上的思想，渴望成功的动力，就会不断地取得成功。遗憾的是，大多数人虽然都知道自己想要什么，但由于生活的变化无常，由于一些暂时的失败和挫折，使得自己变得麻木、呆板起来，潜藏在内心深处的能力得不到发挥。

2. 不同的心态决定不同的人生

人生没有幸与不幸之别，有的只是人们对待人生的不同心态。心态消极的人，会觉得自己的人生处处都不如意，总以为自己是不幸的。其实，只要我们的心态是积极的，我们的世界就是光明的。只要我们培养积极的心态，习惯于积极地直面自己的人生，冷静地面对自己当前的处境，乐观地面对未来，我们就能走出相对的困境，改变现状，进而改变自己的人生。

一支舰队正在大海上航行，这时突然遇到了暴风雨，一时间，波浪滔天，舰船在风口浪尖上颠簸。其中有一名第一次乘船的士兵，见此情景，吓得狂呼乱叫，使船上的人心顿时慌乱起来，舰长气得想把他关起来。这时，舰长旁边的一名军官说：“不要关他，把他交给我吧！”

随后，军官命令手下人把那名士兵扔进了海里，在他声嘶力竭地狂呼救命几分钟后，才命人把他拉上船来。说来也奇怪，上船后，那名士兵静静地待在一角，再也不喊了。大家都很好奇，便问这是怎么回事，军官解释道：“在情况变得更加恶劣之前，人们很难体会自身是多么的幸运的。”

决定一个人成功与否的往往是心态，一个人只要养成“用积极的心态改变现状”的习惯，积极地去拼搏，去努力，便没有不成功的理由。只要我们拥有积极的心态，即使当下还在经受着磨难，那也只不过是暂时的事，积极的心态可以帮助我们改变自己所面临的现实，所以我们可以肯定地说，拥有积极心态的人迟早会做成一番事业的。

3. 不要抱怨自己没有机会

天空中掉下来的只有雨点，永远不会有面包，所以成功者从不仰望天空，坐等机会掉进怀里，只有弱者才会等待机会，优秀的人不会等待机会的到来，而是寻找并攫取机会、把握机会、征服机会，让机会为自己所用，这是一个优秀的人的习惯。

只有趴在地上的人，才永远不会摔跤，当然更不会走远。机会是不等人的，不论会与不会，我们都必须立即行动起来，在行动中去学习、去发现。

4. 尝试着改变对待事物的态度

一条路上，因为前面走的人多了，把路弄得泥泞不堪、尘土飞扬。我们为何不选择另外一条路，也许前面会有另外一片天地在等着我们。把握自己的今天，明天会更好。

如果我们因为某件事情而受到了伤害，事情本身或者事情的结果也许并不重要，重要的是我们对待这件事情的态度。在这个时候，如果我们改变不了客观事实，那就改变自己的态度，情况也许并没有那么糟。

一次，一位名人家中被盗，丢失了许多东西。他的朋友听说了，赶快写信安慰他，劝他不必太在意。这位名人给朋友回了一封信“亲爱的朋友，谢谢你来安慰我，我现在很平安，感谢生活。因为，第一，贼偷去的是我的东西，而没伤害我的生命；第二，贼只偷去我的部分东西，而不是全部；第三，最值得庆幸的是，做贼的是他，而不是我。”

对任何一个人来说，被盗都是不幸的事，而故事主人公却找出了感谢和庆幸的三条理由。如何在不利的事件中看到有利的一面，如何发现我们身边很多美好的事物，这是一种处世哲学，是生活中的大智慧。

5. 珍惜眼前的生活

轰轰烈烈是一种生活的态度，恬静淡然也是一种生活的境界，都需要我们用一种坦然的态度去面对。也许我们曾经憧憬着自己能够有一场轰轰烈烈的爱情，如今却发现再浓烈的爱终会归于平淡；也许我们常常带着遗憾，希望自己的人生重新来过，到头来我们还得面对自己的每一天。过去的已经过去，未来毕竟是未来，学会珍惜眼前的生活，我们才能更有准备地迎接未来。

一天，一个家庭主妇决定到森林里去享受一下大自然带来的美好感受。可是到了森林里，她的思绪又游荡开去，考虑起她在家里要关心的各种事情。孩子、买菜、房间、账单，等等，家里一切都好吗？现实就这样的在思虑中流逝掉了，在自然环境中享受现实的一个难得机会也丧失掉了。

积极心态者用今日的行动把梦想变成目标，而悲观消极的人则把梦想当作逃脱责任的托词。我们今天的进步是明天梦想的阶梯。珍惜现在的时光，充分利用现在的时光，不放过一分一秒，担当起每天的责任，认真地过好每一天，我们的梦想才有意义。

三、明确方向，自信自立

自信是成功的第一秘诀，是一个人取得成功的内在驱动力。树立起自信，用信念激发出自己内在的勇气和雄心，是迈向成功人生的第一步。

自立是生存的开始，是成功的保证。要在社会竞争中取胜，就应当“扔掉依赖的拐杖”。自立自强，人生的成功就会向你一步一步走来。

人生在世，靠任何人都不如靠自己。陶行知老先生曾经说过这样一段话：“淌自己的汗，吃自己的饭，自己的事自己干，靠人靠天靠祖上，不算是英雄好汉。”人只有养成自信自立的好习惯，才能在风雨兼程的人生中成为一个有创造性的人，为自己创造一块资源丰盈的天地。

1. 培养独立意识，用意识决定行为

行为是意识的具体体现，培养独立自主的意识，是养成独立好习惯的基本条件。

凡事都以自己为主，以依赖他人为辅。只要是自己能做的事情绝不依赖别人，而对于自己不能及的事，应该积极主动地向他人请教，在别人的指导下自己动手完成。独立自主的意识一旦形成，有利于独立习惯的养成和提高挑战困难的勇气。

要想培养自己独立自主的意识，使之成为一种习惯，可以参考以下几点建议：

第一，积极主动。积极主动是培养独立意识的第一步。人的才能是慢慢培养出来的，任何人生下来都不可能是一个文武全才，各方面的才能只有通过学习、实践才能逐步提高。

第二，激发潜能。人的潜能是无限的，关键是能够得以激发。生活中，许多人本着得过且过的原则度日，没有顽强拼搏的劲头，这就形成了资源浪费，自身潜能无法发挥。久而久之，会对自己的处境感到不满，甚至是厌恶这种平淡的生活。与此同时，依赖、投机取巧的不良思想就会乘虚而入，一旦让它们得逞，后果就不堪设想了，不要说独立好习惯不能养成，就连独立的意识，也不会在头脑中产生影像。

第三，抛弃一切可利用的客观条件。依赖心理人人都有，产生依赖心理的原因是多方面的。而最重要的一点就是外界条件或客观因素可以为你提供帮助。在这种情况下，大多数人会选择依靠别人来完成某项工作，这对培养独立意识百害而无一利。人的能力有时是被逼出来的，当客观条件或外界因素不能为你提供帮助时，一些敢于拼搏的人会靠自己的努力去创造条件，促使成功。

2. 抛开拐杖，消除依赖心理

依赖是摧毁个人命运的罪魁祸首。现实告诫我们，不要心存依赖心理。你或许总是在等待某些人的安抚，如果你觉得必须根据某人的意愿做事情，而且有做了感到怨恨、不会又感到内疚的情绪，那么可以肯定地说，你已经陷入误区。这时，你要做的就是想尽办法走出误区。

要实现心理独立，首先就是要摆脱对他人的依赖。自立精神是个人发展与进步的动力和根源，生活中各个领域都少不了它。依赖别人是人们普遍存在的坏习惯，这种习惯是把希望都寄托在别人身上，而自己不舍得出一点力气，这也是平凡者和成功者的主要区别。要取得一定的成绩就必须抛开“拐杖”，消灭一些依赖因素，做独立自主的人。

3. 少存怀疑，充满自信

生活中，许多人都有怀疑自己的毛病，无论做什么事，第一件事就是怀疑自己的能力，这是没有自信的具体体现。没有尝试怎么知道自己不行？要对自己充满信心，即使能力不足也要大胆地试一试，只有试过了才能得到一个满意的答案。

生活对于任何人都非易事，我们必须要有坚韧不拔的精神，最要紧的还是少怀疑自己，多给自己一些信心，时刻告诉自己“我是最棒的”，相信自己具备解决困难的能力，而且做起事来不比任何人逊色。此时，你会发现，心情开阔了许多、生活丰富了许多、朋友比以前多了许多。

4. 明确方向，找准位置

一个人选择怎样人生之路，完全取决于自己。而对于自己人生目标的规划，又来源于正确的自我评估。

古人云：“人贵有自知之明”，这里的“明”不仅表现在如实看待自己的短处，也表现在如实分析自己的长处。每个人都有自己的缺点，也有自己的优点，人们不能因为自己某方面存在缺陷而怀疑自己的全部能力。不但要看到自己不如人之处，还要看到自己比别人强的一面，这才是正确的自我评价。

生活中，困难、挫折并不可怕，可怕的是人们不能正确评价自己，找不到自己的人生坐标，因为自己的不足而放弃追求成功的渴望。要知道：天生我材必有用，只要清醒地认识自己，放下包袱，打消顾虑，一往直前地去拼、去闯，相信一定能找回信心，给自己一个全新的定位。

第二节 养成文明行为的习惯

一、以礼待人，缔结友谊

人际交往即人与人交往关系的总称。俗话说：“人熟是宝”“多一个朋友多一条路，多一个敌人多一堵墙”“水要流动，人要走动”“朋友亲近靠互动，争取支持靠活动，追求爱情靠主动”。获取好人缘，要乐于交往，善于沟通。

1. 人际交往的原则

一要，以诚待人，不要过于世故。“诚”是人际交往的根本，自古以来一向受到人们的崇尚，交往能做到一个“诚”字，必能老少无欺，从而赢得真诚的回报。反之，世故圆滑，尔虞我诈，永远也不可能得到对方的真诚相待。

二要，言而有信，不要轻易做出许诺。我们如果答应帮朋友做某一件事情，就应认真履行自己的诺言。一个人言而无信，到头来不仅得不到真正的友谊，弄不好还会众叛亲离，使自己成为孤家寡人。

三要，保持适度距离，不要过于亲近。人际关系本是人与人之间的心理上的关系，也可称作心理上的距离。不分亲疏地靠近对方最终难免引起不快，彼此之间还是应该保持适度距离为好。

四要，自尊自爱，不要热衷于接受他人的馈赠。十分要好的朋友，诚心诚意地相互赠送一些小礼物，以联络感情，增进友谊，这是人之常情。但假如仅有一面之交或交往不深的人，最好当面谢绝，尤其是异性间的馈赠，受赠方更需头脑清醒，了解对方的用意，不可来者不拒，以致受制于人。

五要，平等待人，不要盛气凌人。在与人交往的过程中，切记彼此在人格上是平等的，交往的受益者是双方的，一定要平等待人，不可盛气凌人，动辄以恩人、救星自居。

六要，虚心听取不同意见，不要好为人师。要虚心听取真正朋友的忠告，切不可讳疾忌医。而你也可以在可充分尊重对方人格的前提下，提出自己的见解供其参考，不要遇事好为人师，弄得他人无所适从。

七要，善始善终，不要见异思迁。朋友之间也有因误会而产生不快的时候，此时，应设身处地地替对方多加考虑，即使错在对方，也应豁达大度，谅解其过失。

八要，不谄不骄，不要见风使舵。真正的友谊往往经得起时间的考验。对每个人来说，在身份、地位发生变化步步高升时，尤其应记住不要给老朋友造成“人一阔，脸就变”的印象。

九要，宽以待人，不要苛求于人。严以对人，宽以对己是一种有悖于公平原则的双重标准，它只会导致对方反感。相反，如果我们能做到严于律己，宽以待人，不放纵自己，不苛求他人，必能赢得对方的敬重。

2. 如何改变自己的人际交往习惯

生活在这个社会上，人人离不开人际交往，人际交往对每个人的人生成败都起着至关重要的作用。然而，每个人在社交中都有一些错误的社交习惯，这些习惯限制了他们社交才能的发挥，阻碍了人际交往的顺利展开。因此我们必须努力剔除这些坏习惯，只有这样才能处理好同学之间的关系，走向社会也会处理好各种复杂的人际关系。

第一，委婉表达，改变固执己见的谈话习惯

在与人进行沟通和交流时，表达方式是非常重要的，每个人在与别人进行交流的时候都要改变自己固执己见的谈话习惯，学会委婉地表达自己的意思。

巧妙地进行委婉的语言表达，看起来似乎说得轻描淡写，做出了一定让步，或者表现得很软弱，但是实际上却是柔中有刚，往往能说出关键问题的所在，并且使人很容易就接受，从而树立良好的形象。在日常生活中，学会含蓄，委婉表达，可以增强人的交际效果。我们每个人都要养成这样一种有助于个人事业进展的好习惯，但是所有的习惯都不是一朝一夕养成的，这就需要我们在日常生活中逐渐地训练和养成。

第二，言简意赅，改变重复讲话的坏习惯

首先，要培养自己分析问题的能力。一个人要想在很短的时间里将一件事情表达清楚，首先就要有对事物的极强的分析能力和极强的概括能力。因为只有对事物进行深刻的分析，才能真正抓住其本质，对其进行综合的概括，才能表达得准确、精辟、语言才会有力度，才能产生极大的感染力。

其次，培养自己的语言表达能力。语言表达能力已经成为现代人才所必备的基本素质之一。

在现代社会，好的表达能力越来越重要，合理地宣传，别人才能认识到你的能力。

再次，表达时要学会删繁就简。对于我们想表达一件事情来说，最好是要先将事情用简洁的语言表达出来，不要滔滔不绝讲了半天仍然没有讲到点子上，让人不知道你讲话的重点在哪里。说话是否精彩不在于长短，而在于你是否抓住了关键，是否说到了点子上，是否能打动听众。用语简洁也要从实际效果出发，力争做到恰到好处。

第三，发展友谊，改变拓展人际关系的社交习惯

首先，我们要多参加一些校园里丰富的业余活动，养成良好的社交习惯。这些活动不仅可以使人的视野得到开阔，学到一些新兴的科学文化知识，扩充知识面，开发思维，而且能够接触到更多的学友。

其次，塑造良好的个人形象。良好的个人形象是一个人结交朋友的重要条件之一。很多品质良好的人经常因为不注重个人的形象而受到他人误解。当我们与陌生人第一接触的时候，给人留下的第一印象非常重要，给人留下一个好的印象，那么在以后的交往中，对方就会用欣赏你的目光来对待你，会更加注意你的优点，而不是缺点。

再次，与朋友交，要言而有信。诚信是一个人立足于世的最基本的品质，也是一个人结交知心朋友所必须具备的前提条件。人无诚信不立，只有自己有了诚信，别人才会对自己产生信任，而也只有对他人表示信任，别人才会将心比心，予你诚信。只有以诚待人，才会得到朋友的真正帮助，那些虚伪的表象只会使人鄙夷并被友谊所抛弃。

最后，贵在交心，重在包容。朋友之间交往最主要的还是心灵之间的交流。只有真正地进行交心，才可能建立长久的友谊。我们在结交朋友的时候要有一双慧眼，辨识哪些是真正的朋友，哪些是泛泛之交。此外，每个人都有或多或少的缺点，相互交往难免也会产生一些不十分和谐的事情，所以要学会互相包容，多注意欣赏朋友的优点，并要学会包容朋友的缺点。

第四，换位思考，改变我行我素的思维习惯

由于人性弱点的限制，很多人在处理问题或者与人交往的时候，总是坚持自己的立场，从自身的利益和需要角度进行考虑，而很少关心他人的需要，更别提从对方的立场来思考问题了。因此，许多人会常常觉得别人不理解自己，不尊重自己的意见和利益。实际上，我们在抱怨别人不理解自己，不尊重自己，不考虑自己的利益的同时，也没有考虑到别人的感受，他人的利益与需要。所以，就会使事情变得越来越复杂难堪。因此，既然能够想到别人没有考虑自己的感受，那么为什么不想到自己也没有从他人的立场出发进行思考呢？倘若能先行一步，转换一下立场，从对方的需要和感受进行思考，以对方所期待的方式来对待他，那么，就会使人与人之间的关系变得越来越融洽。

二、知情懂礼，塑造形象

礼仪是在人们生活和社会交往中约定俗成的，人们可以根据各式各样的礼仪规范，正确把

握与外界的人际交往尺度，合理地处理好人与人的关系。只有把注重礼节当成一种习惯，走到哪儿用到哪儿，才能给对方或周围的人留下知情懂礼的好印象。

1. 注意仪表，得体大方

有人曾说："成功的外表总能吸引人们的注意力，尤其是成功的精神更能吸引人们的赞许和注意力。"既然如此，为了给别人留下良好的印象，赢得他人的赞许，我们要时时刻刻注意自身仪表。

注意仪表虽说只是一种行为方式，但那需要以习惯为基础，只有养成注意仪表的好习惯，才能随时随地给别人留下一个良好的印象。可见，养成注重仪表的好习惯对于人际交往的重要性。

有些人认为内涵是最重要的，至于仪表只是小节问题，大丈夫就要不拘小节，这样才能获取更大的成就。有这种想法的人就大错特错了，因为，别人不会像你这样想，别人会认为一个人如果连自己的仪表都打理不好，肯定难成什么大事。不修边幅、不懂礼节的恶名会戴到你的头上。这对塑造个人形象，处理问题没有任何好处。如果你注重自己的形象，良好的修饰、讲究卫生的习惯很快就能形成。

首先，要注意着装。俗话说："人靠衣装马靠鞍。"外表可以给别人留下深刻的第一印象。现实生活中，虽然提倡不要以貌取人，可是外貌确实可以决定一个人的成败。当然这里所说的"貌"并不是相貌的意思，而是特指仪表。邋遢的形象不但是对自己的不负责，而且是对他人不尊敬的表现。

其次，保持清洁卫生。人靠衣装佛靠金装，得体的打扮给人一种清新自然的感觉。有一副令人舒服的外表，别人就乐于接近你，与你交往。但是，打扮外表也要以适宜得体为度。除了要注重衣着整洁之外，还要注意保持牙齿清洁、注重手和指甲的清洁、注意不良气味（如：口臭、腋臭、烟味、酒味、鞋臭味等）。

大学校园里，女生化妆要得体，青春就是一种最好的美。淡雅清新，返璞归真、质朴自然都是一种美。

2. 保持端庄的行为举止

一个人的行为举止可以体现出自身修养。而端庄的行为举止则是长年累月培养的结果，是习惯下的产物，如果一个人能随时随地把端庄的行为举止展现在别人面前，这表示他已经将注重自身的行为举止当成了一种习惯，在好习惯的作用下人生将会因此而改变。

在行为举止方面，要想养成好习惯，还需要有所禁忌，也就是常被人称之为"小节"的动作举止。"小节"虽小，但它们不仅是影响人体整体形象的主要因素，而且是构成个人公德观念的重要内容。因此，人们不可将这些视为毫末小事，而应给以足够的重视。

第一，在众人之中，应尽量避免从身体内发出各种异常的声音，如咳嗽、打喷嚏、打哈欠等均应侧身掩面再为之。

第二，公共场合不要用手抓挠身体的任何部位，如抓耳搔腮、挖耳鼻、揉眼，等等。

第三，公开露面前，须把衣裤整理好。

第四，参加正式活动前，不宜吃带有强烈刺激性气味的食物（如葱蒜、韭菜、洋葱等），以免因口腔异味而引起交往对象的反感。

第五，在公共场所里，高声谈笑、大呼小叫是一种极不文明的行为，应避免。

第六，对陌生人不要盯视或品头论足；当他人进行私人谈话时，不可接近；他人需要帮助时，要尽力而为；见别人有不幸之事，不可有嘲笑、起哄之举动；自己的行动妨碍了他人应致歉，得到别人的帮助应立即道谢。

第七，在人来人往的公共场所最好不要吃东西，更不要出于友好而逼着在场的人非尝一尝你吃的东西不可。

第八，感冒或其他传染病患者应避免参加各种公共场所的活动，以免将病毒传染给他人，影响他人的身体健康。

第九，对一切公共活动场所的规则都应无条件地遵守与服从，这是最起码的公德观念。不随地吐痰，不随手乱扔烟头及其他废物。

第十，在大庭广众之下，不要趴在或坐在桌上，也不要在他人面前躺在沙发上；走路脚步要放轻，不要走得咯咯作响；遇到急事时，不要急不择路，慌张奔跑。

以上这些不良的行为举止，除了令人生厌外，还从根本上与良好的个人礼仪相悖。因此，在日常生活中人们不应等闲视之，做到有则改之，无则加勉。

3. 真情付出，笑脸迎人

“真诚的笑”是天底下最美的表情，笑代表友善、真诚，是每个人都希望看到的表情，所以我们要养成微笑的好习惯。

人是感情动物，笑是人的本能，真诚的微笑可以缩短人与人之间的距离，也可以影响他人情绪。当你走在大街上，迎面一个陌生人向你微笑时你的感受是什么？是否感觉到有一种无形的力量在推着你跟他接近？换一个角度讲，如果你看到的不是面带微笑的人，取而代之的是一张阴沉的脸，你的感受又会怎样呢？恐怕原本高涨的情绪也会随之低落下来。此时，你是选择与他接近还是疏远呢？大概会选择后者吧！

自然、发自内心的微笑，才是最美的，自信、善良、可亲等因素才能体现出来，人们才乐于接受，才能对你产生信任感。而牵强、虚假的微笑不但不能表现出微笑的美，反而让人生厌，对你产生看法，失去信任，影响个人整体形象。

4. 礼貌待人，谦让出真情

相互礼让是一种美德，是讲礼仪的重要表现形式，是每个人都应该养成的好习惯。日常生活中，有了谦让，人与人之间将更加和谐，大叹人情冷暖的人，也将体会到人间真情。

做人要有礼貌。路窄人心宽，多一些谦让，少一些争吵；多一些礼节，少一些谩骂；多一些关爱，少一些淡漠。这样，社会就会变得更和谐，人与人之间的关系也就更融洽了。

三、诚实守信，感恩惜福

品质是指人的行为和作风所显示的思想、品性、认识等实质。做人要具备什么样的品质！这里边蕴含着丰富的文化内涵，它是由自身的基本素质和文化修养决定的；与家庭环境的熏陶、与社会环境的影响等诸多因素分不开的。

1. 诚信是人生最大的资本

“诚”即诚实诚恳，主要指主体真诚的内在道德品质；“信”即信用信任，主要指主体“内诚”的外化。“诚”更多地指“内诚于心”，“信”则侧重于“外信于人”。诚信是指诚实无欺，讲求信用。千百年来，诚信被中华民族视为自身的行为规范和道德修养，形成具有丰富内涵的诚信观。诚实的人会得到人们帮助，狡诈的人必遭到人们的唾弃。

2. 把忍让修养成一种习惯

忍让，是大智大勇的表现，它不计较一时的高低，眼前的得失，而是胸怀全局，着眼未来；忍让，是一种美德，它以宽广的胸怀，无私的心灵去容纳人，团结人，感化人。忍让，是一种修养，它面对荣辱毁誉，不忧不喜，平静如水。

在生活中，我们总是有各种不愉快，这就需要培养自己忍让的习惯，如果不忍，任意地放纵自己的感情，首先伤害的是自己。

当你不甘心做命运的奴仆而又未能扼住命运的咽喉之时，必须学会忍让，让所有的痛苦都在忍耐中得到淡化，让所有的眼泪都在忍耐中化作轻烟。

3. 知错就改，善莫大焉

人非圣贤，孰能无过？我们在日常生活中，随时都有可能犯下这样或那样的错误。一个人犯点错误不要紧，关键在于能否及时改正。老话说：不怕你犯错误，就怕你知错不改；更可怕的是不能认识到自己的错误。

古人云，“知错能改，善莫大焉”。所以，年轻人应该不断地告诫自己不要为自己的错误找借口，应当养成知错就改的好习惯。

4. 懂得感恩，学会惜福

感恩是一种处世哲学，也是生活中的大智慧。一个智慧的人，不应该为自己没有的斤斤计较，也不应该一味索取和使自己的私欲膨胀。学会感恩，为自己已有的而感恩，感谢生活给予你的一切。这样你才会有一个积极的人生观，才会有一种健康的心态。

古人云“滴水之恩，涌泉相报；衔环结草，以报恩德。”这是中华民族的优秀传统美德。一个知恩图报的人，其善良品质是可贵的，其道德情操是高尚的。

感恩，是催人向上的动力。懂得感恩的人，人生必将更健康、更完整、更完美；必将是人格更为高尚的人。学会感恩，是善举，是回报，更是我们刻骨铭心的一种感知。学会感恩，常怀感恩之心，是我们安身立命的根本，更是我们在人生中博取成功的必经捷径。

四、包容谦让，控制情绪

情绪是人各种的感觉、思想和行为的一种综合的心理和生理状态，是对外界刺激所产生的心理反应，以及附带的生理反应。

人的情绪无好坏之分，但可以分为积极情绪和消极情绪。由情绪引发的行为以及由行为而带来的后果则有好坏之分。升华自己的情绪，改变不为社会所接受的动机和欲望，而使之符合社会规范和时代要求；将消极情感引向对人、对己、对社会都有利的方向；对情绪进行必要的疏导、有效的管理和适度的控制、使之趋于合理化，是培养一个人良好的情绪习惯的必要措施。

1. 经常调节不良心态

人生道路上，谁都不可能一帆风顺，遇到一些困难、遭受一些磨难是在所难免的。要知道，困难无处不在，磨难无时不有。在这种情况下，许多人都会被一些不良情绪左右，不能客观、理智地分析解决问题，更有甚者会放弃原有目标，甘愿沦为失败的奴隶，平平庸庸过一生。其实，之所以会出现这种情况，是因为他们不能及时调整心态，不能从困难的阴影中走出来。

一个人不可能永远拥有健康的心态，生活中的挫折和烦恼，会给人带来心态的变化。一个心理成熟的人，不是没有消极情绪的人，而是善于调节和控制自己情绪的人。

心态是情绪和意志的控制器，决定着行为的方向与正确性。健康心态就是正常的思维方式和正常的行为方式。要么我们去驾驭生命，要么生命反过来驾驭我们。

2. 少些计较，多些包容

做人就要做个受人欢迎的人，这就需要养成包容的好习惯。生活中，一些人对什么事都看不惯，总喜欢斤斤计较，认死理，因此养成了过于挑别人的坏习惯。没有人愿意与这样的人打交道，这为工作、生活、办事制造了无形的障碍。

做人固然不能玩世不恭，游戏人生，但也不能太斤斤计较、认死理。“水至清则无鱼，人至察则无徒”，太斤斤计较了，就会对什么都看不惯，连一个朋友都容不下，把自己同他人隔绝开。

人生最大的快乐就是有许多朋友，而结交朋友则需要有一颗宽容的，在与人相处过程中少些计较，多些包容，这样才能谱写出快乐的人生乐章。

3. 养成谦虚的习惯

自古以来，我们中华民族就有谦虚的美德，有许许多多这方面的格言警句启迪我们后人“谦受益，满招损”“三人行必有我师焉”“百尺竿头，更进一步”……所有这些都告诉我们要不断塑造谦虚的品格，只有这样才能拥有“海绵吸水”的力量。

世界上有无数的人资质平平，但却能够取得成功，其中关键靠的是他们谦逊的态度与习惯，才使他们处处顺利，事业有成。

谦虚永远不会伤害别人，只能使自己受益。如果不谦虚就更学不到东西，受损害的永远是自己。人外有人，天外有天，认识到学无止境的含义，才能放开眼，不断地吸收新的知识。

谦虚是积极向上的人的特质，只有谦虚的人才能得到智慧。要想做知识的主人，要想使自我不断地更新、不断地成长，要想有所作为，就要永远记住“谦虚”这两个字。

第三节　规范生活作息的习惯

良好的生活习惯对于个人的身心健康是非常有益的，它不仅能体现出个人气质，显现出一个人的品位，而且还会对个人的日常生活产生深刻的影响。

一、参加锻炼，强健体魄

没有人不希望自己拥有一个健康的身体，强壮的体魄。一个良好的健康的身体是做一切事情的基础。没有一个好的身体，所有的一切都是枉然。因此，为了我们能够以饱满的精神投入到学习和工作中，也要加强身体锻炼。事实证明，凡是注重锻炼身体的人，不仅能够长寿，而且在学习和工作中都能取得不错的成就。

很多人都意识到锻炼身体的重要性，也有很多人曾经进行过体育锻炼，但是却没有养成一种检查锻炼的好习惯，也有不少人常常因为自己身体的原因，使自己不能正常地进行学习、工作和生活。所以说，我们要坚持锻炼身体，要将参加体育运动变成自己的一种生活习惯。

二、心理健康，关爱自我

健康的心理是每个人快乐成长，幸福生活的基础。一个人无论拥有多么充足的物质生活，如果在心理上是空虚的，那么也不会有快乐的生活，这样的生活也是不健康的。而相反地，如果一个人有一个正常的心理，健康的心态，那么即使物质生活中略有匮乏，也是生活在快乐幸福之中的。

心理上的问题与生理上的疾病不同，心理疾病需要的是长期的自我调节，而医生所起的作用可以说是相对而言比较小的。但是目前由于各个方面的压力，许多人又很容易患心理疾病。所以，就需要自己学会调节，养成做自己的心理医生，自我维护心理健康的习惯。

三、科学作息，规律生活

所谓的生活规律就是要顺从人体内的生物钟，遵从自然界的各种客观规律。如塞·巴特勒曾说过：“夜晚是人类的安息日，人的肌体和大脑在黑夜中得到休息。”该休息时一定要休息，该吃饭时一定要吃饭，养成一种有规律的生活习惯，不要因为违背了生物钟和自然规律而对身体带来一些不良影响。

首先，作息有规律，保证充足的睡眠。充足的睡眠是第二天能有饱满的精神进行学习和工作的基础。休息不好，学习工作的状态和效果自然也就不可能会好。专家认为，一个成年人一天最少保证七至八个小时的睡眠时间，才能保证第二天具有充沛的精力去学习和工作。医学专家指出，睡眠同营养一样重要。睡眠不足会使人在白天的时候昏昏欲睡、思路无法集中，动作无法协调，无论做什么事情都很容易出错。

其次，一日三餐应定时定量。饮食不规律容易引起肠胃炎疾病，偏食容易造成体内某些营养的欠缺。而暴饮暴食则会使消化系统负荷过重，因而造成不适。所以说，一日三餐不仅要定时，还要定量，不要偏食，也不要一餐吃很多，并且要讲究饮食卫生。此外，每天还要保证2000mL 左右的饮水。

第三，不强求午睡，但午休应平卧休息半小时。研究表明，午休时正常睡眠和清醒的生物节律的表现，是保持清醒必不可少的条件。特别是对大学生等脑力劳动者来说，午休后学习效率和工作效率会得到很大的提高。所以要养成有规律地进行午休的习惯。

午休的几大误区：不是午睡时间越长越好，应控制在 30 分钟以内，如果时间太长醒来时会很不舒服；要注意午休的姿势，千万不要随便选择一个地方就休息，特别是趴在教室课桌上睡觉，这样会压迫神经，并且会使大脑缺氧不适；午睡裸腹要不得，不管天气怎么热，午睡时一定要在腹部盖上点被子，以防凉气乘虚而入；切记午睡不要断断续续，午睡习惯要持之以恒，因为午睡没有规律也会搅乱生物钟，对正常睡眠会产生不利的影响。

第四，每天都要安排放松和娱乐的时间。生活要有规律并不是说就只能按部就班地进行学习和工作，而不参加任何的娱乐活动。相反，我们每天都要有定量的放松和娱乐的时间。适当地放松一下，进行一些有益的娱乐活动，不仅能够消除疲劳，使身体和心情双方面都得到“休息”，还能增进文化情趣，提高个人的修养。所以说，要学会有规律地生活还一定不要少了休闲和娱乐。

四、清洁卫生，创美环境

一个讲卫生的人总会给人一种清洁舒服的感觉，别人在看到他的时候就会有一个很好的心情，而相反地，给别人的印象总是很差。这样不仅对自己的身体不好，对他人也会产生一些不良影响，进而也会反过来影响自己。所以说，每个人都要养成一个讲求个人卫生的好习惯。要想养成一个讲卫生的好习惯，可以从以下几个方面入手：

首先，要意识到不讲卫生的坏处和讲卫生的好处。事实证明，许多疾病都是因为不讲究卫生而诱发的。医学权威专家举例说：“腹泻、沙眼、结膜炎等常见疾病都是由于个人不注意卫生而引起的。”

第二，我们要从日常生活抓起。良好的个人卫生习惯通常是在日常生活中的小事得以表现和养成的。所以我们要注意从日常生活的各种细节小事做起，从日常生活抓起，促进这一习惯的养成。我们要在日常生活中注意以下方面。

睡眠卫生：睡眠对人体非常重要，保持睡眠卫生除了在睡前保持安静之外，还要做到不吃零食，不喝咖啡或浓茶，更要注意不可蒙头睡觉；

皮肤卫生：人体的皮肤是一个很好的保护膜，同时也是一个感觉器官，皮肤里的汗腺和皮脂腺能够排出代谢物，还可以调节体温、保护皮肤。但是如果皮肤不清洁，则会堵塞毛孔，影响排泄，并会为细菌的繁殖提供场所。所以我们要注意皮肤卫生，经常洗澡；

衣着卫生：衣着卫生会给皮肤的感染造成产生“机会”，特别是夏天，一定要注意清洗衣服、保持衣服干净卫生；

用具卫生：个人的清洗用具、毛巾、梳子等等也要保持卫生，不然会感染病菌；

饮食卫生：除了要养成一日三餐按时就餐的习惯之外，特别是在外用餐要注意卫生，最好不要在路边的小摊或者不干净的地方饮食。

第三，注意居住场所卫生。个人卫生习惯的养成与个人身体健康状况，与居住场所（包括家庭、寝室、出租房等）卫生与否有着极大的关系。所以说，我们所居住的场所卫生与个人卫生同等重要。要养成一个注意个人卫生的习惯就必须注意到居住场所卫生的保持。

第四，养成重视个人卫生的习惯。个人卫生不仅是指个人与居住场所的卫生，还要注意保持自己学习和工作环境的卫生。因为每个人白天的大部分时间都是在学习和工作中，而学习和工作的场所也要保持环境的卫生。

第五，卫生习惯的养成要持之以恒。任何一个习惯的养成都不是瞬间就可以完成的事情，都是需要慢慢形成的。而卫生习惯也是如此，所以想要养成这样一个良好的习惯一定要从现在开始做起，持之以恒地坚持下去。

五、爱护环境，珍爱生命

环境的变化极大地影响着我们的生活，给我们的生活带来了极大的不便，对我们的身体造成越来越多的危害。我们所呼吸的空气越来越混浊、河里的水也越来越黑臭，交通越来越拥堵，冬天越来越热，垃圾越积越多，酸雨、噪音、沙尘暴、光污染、雾霾，等等。随着经济的高速发展，人们的物质生活水平越来越高，但是人却生活在越来越差的环境里。因此，保护环境对我们每个人来说都是必需的，迫切的。我们虽然不能像从事环境保护工作的人们对环境保护做出那么大的贡献，我们所需要做的就是在日常生活中爱护环境，做到不污染、不破坏环境，做一个自己心目中的环境保护志愿者。

六、统筹时间，提高效率

鲁迅先生曾说：“浪费别人的时间等于谋财害命，浪费自己的时间等于慢性自杀。”俗话说：“一寸光阴一寸金，寸金难买寸光阴。”以上这两种说法，都告诉我们一个事实，时间一去不复返，抓住时间的“盗贼”，不要让时间在身边悄然溜走，使人生留下遗憾。

1. 合理安排时间

你会安排自己的时间和学习工作的进度吗？对于这个问题有人会不屑一顾，然而决不能小看这个问题。有些人整日忙忙碌碌，却没做出什么事来；有些人看似悠闲自得，做事却井井有条。无疑，前者是不会安排时间和工作的失败者，后者则是统筹时间、安排工作的高手。

其实要养成合理安排时间的好习惯并不是一件多么困难的事情，只要把时间做个规划并且认真去实践就行了：第一，制订一份 24 小时作息时间表；第二，严格按照作息时间生活。其实这就是最基本的时间规划，把一天中什么时间要做什么事列成一张表，按表作息并且一直坚持下去。一开始也许会很不习惯，又因为没人监督，所以很有可能会“偷懒”。如果这样，那么失败会在前方等着你，所以必须坚持下去，即使再困难也不可放任自己。过一段时间后，自然而然会形成一种习惯。

管好自己的时间，养成合理安排时间的好习惯，不管是学习还是休闲，都要有一个合理的安排，要知道时间不留情，它不会驻足等候任何人。

2. 分清主次，提高时间利用率

提高时间利用效率的有效方法就是分清主次，做任何事情都要按照事情的轻重缓急进行合理安排，这样才能在最短的时间里，做最多的事。为了能实现提高时间利用率，应该自觉地养成主次分明的好习惯。

在日常学习和生活中一旦养成了主次分明的好习惯，你就会发现，自己的学习和生活节奏不再像以前那样紊乱，效率也不再像以前一样低下。此时，你会轻松自如地享受好习惯为你带来的幸福。

3. 聚零为整，拼凑时间边角料

要想成为一个时间的富有者，先要学会聚零为整，善于把时间的“边角余料”拼凑起来，加以利用，然后养成珍惜时间的习惯。

任何事物都有它独特之处，时间也不例外。如果你抓住了它的特点，并善于利用它，那你就把握了运用时间的要领。

人们不但要养成惜时的习惯，同时也要注意把零散的时间拼凑起来，如果养成了这种好习惯，你就会发现，它给你带来的好处非常多，不但使自己的生活更充实，工作效率更高，还为自己赢得了更多的机会。

4. 今日事，今日毕

生活中许多人有拖延时间的坏习惯，无论做什么事情都今天推明天、明天推后天，以此类推，事情不但办不成，反而耽误了自己也妨碍了他人。要有好的明天，请从今天开始，摒除拖延时间的坏习惯，养成今天事今天做的好习惯。

康纳勒普说：“今天事，今天做。太阳决不会为你而再升。”

今天你把事情推到明天，明天又把事情推到后天，一而再，再而三，事情永远没个完。只有那些善待今日的人，才会在“今天”奠定成功的基石，孕育“明天”的希望。

5. 珍惜时间，不轻易放过一分一秒

时间是生命中的一大资源，善于把握时间者，时间会为他们留下智慧与力量，帮助他们取得成功。所以，人们必须养成珍惜时间的好习惯，不轻易放过一分一秒，这样人生才能画上一个圆满的句号。

时间具有创造性和毁灭性，浪费时间往往会为人生带来毁灭性打击，是不幸生活的开始，是亲手毁灭幸福的表现；而珍惜时间往往能促使人们在各个领域取得成功，创造美好、幸福的人生，因为机遇与幸福就蕴藏在分分秒秒中。

庄子说：“人生天地间，若白驹过隙，忽然而已。”这是在告诉人们时间消失得很快。要求人们养成珍惜时间的好习惯，把珍惜时间当作一种美德，时刻记在心间。

第四节　培育终身学习的习惯

“人之气质，由于天生，本难改变，唯独不断学习可以改变人。”由此可见，培养良好的学习习惯是多么的重要。不仅能够学到知识，还可以改变一些陋习。当今社会已经进入了一个信息极度膨胀的时期，知识对一个人的命运影响越来越大，学习也就会愈加重要，学习不仅是提升素质、增强能力的重要途径，还应是一种人生追求和生活方式。事实告诉我们，整合、评判和运用各种信息的能力，是现代人应该具备的重要能力，发现或者发明新事物，创造财富，才是人生最有意义的事情。而这一切都是需要不断地学习才能实现的。有人认为，学习知识就像是在画圈。随着知识的不断累积，就会发现自己所不懂的就越多。自己的圈越来越大时，所接触的空白也在不断增加。这就会使人们意识到需要更加努力地进行学习。而要想取得较好的学习效果，养成一些良好的学习习惯是必不可少的。

一、丰富知识，成就人生

知识决定命运，这一观念在现代社会得到了有力的印证。

人的有知和无知永远是相对的，而不是绝对的。因此，即使我们拥有很高的学历，也不要以为自己已经掌握了足够多的知识，从而停止学习。今天的大学生，也许明天就成了文盲。所以那些有成就对社会有贡献的人，从来就没有停止过对知识的追求。

“书山有路勤为径，学海无涯苦作舟。”在这个知识创造价值的激烈竞争年代，拥有知识才华则可以“海阔凭鱼跃，天高任鸟飞”。养成不断学习、不断提高自己知识修养的优秀习惯，必然会一生受用无穷。

二、刻苦求学，发扬精神

孔子曰："敏而好学，不耻下问。"这是一种良好的学习精神，也是一种好学的好习惯。人人都说："学无止境"，因此在学习过程中，一定要培养好学的习惯。

古人说，学习是在磨炼一个人的性格，是完善自我、塑造自我的一个过程。古人曾经形象地将学习比作"书耕"，把写作比作"笔耕"，其意思是想告诉人们：学习要有不怕辛苦的顽强精神。谁都知道农民种田的艰辛与劳苦，无论天气多么炎热，不管农活多么繁重，为了收获庄稼，他们不辞辛苦地在农田里忙碌。其实，学习与干农活有着很多相似点，这就要求人们在学习过程中，要像朴实的农民一样，为了有所收获，坚定不移地付出努力。与此同时，古人还用"学海无涯苦作舟"的名言警句来告诫自己，培养锲而不舍的学习精神。

学习本身是一件苦差事，需要具备顽强的刻苦精神。伟大的思想家、教育家孔子，一直被世人尊封为圣人、贤哲。他之所以能受人尊敬是与他刻苦的学习精神分不开的。司马迁在《史记》中是这样评价孔子的："孔子贫且贱。"而孔子自己也说："吾少也贱，故多能鄙事"，之所以出现这种说法，是因为孔子年轻时的生活方式。他做过送葬的吹鼓手，也担任过几任小官，其他大部分时间都过着颠沛流离的日子。即便如此，孔子却凭借着孜孜不倦的求知精神，成了一代名师，创出了大学问。孔子认为"君子"是可以靠个人努力而达到的。一个人的生死、富贵、命运可由天定，但道德修养、知识水平等还需靠个人努力。孔子说："博学而笃志，切问而近思，仁在其中矣。"意思是告诉人们，只有好学且不断深思的人，才能成为一名有学识、有才德的正人君子。而学问和才能的取得，没有"学而不厌"的好学精神是不行的。

圣人这顶高帽是不容易戴的，可孔子却戴得心安理得。因为他为中国古文化的整理与传播做出了巨大贡献，而这些成果的由来与他的好学精神和非凡人格是分不开的。

三、博览群书，博采众长

"知识就是生产率"已经成为越来越多人的共识。在知识经济时代，所有的经济力量莫不依赖于知识，产生于知识。市场的竞争已经从产品的竞争发展到了知识的竞争，人才的竞争。

德国作家赫尔曼·黑塞曾说过"世界上的任何书籍都不能带给你好运，但是它们能让你悄悄成为自己。"

读什么样的书，不是一个小问题。应提倡读那些健康有益的书。各人根据自己的爱好或口味选读一些书是很自然的，但重点应该选择那些有利于修身养性，有利于掌握某项专业知识，有利于生活和事业方面的书去读，那才算是高品位的读者。

有人抱怨没有读书的时间。然而如果你能把你的学业和生活安排得科学化些，必然可以得到不少的空闲时间。读书可以让自己的大脑得到新的刺激而忘却疲劳，是人的心理上的一种移情作用。我们做事力求秩序化、系统化，以便留出一点时间，用之于多读书。达到"自我改进"与"延长生命"的作用。

一个人在学校学习的知识大概有80%是终生用不上的，我们之所以仍在孜孜不倦地学习，实际上是因为要掌握各种学习的方法。

一生都把读书当作一种习惯，多读书，多读有用的、有利于身心健康的书，我们一定会从中受益。

四、虚怀若谷，取长补短

孔子在《论语·述而》中指出："三人行，必有我师焉。择其善者而从之，其不善者而改之。"意思是说：三个人同行，其中必定有我的老师。随时注意学习他人的长处，并且随时以他人缺点引以为戒，是提高自身修养、完善自我的最好途径。

善于向他人学习，取人之长，补己之短本身就是一个好习惯。在这种好习惯的帮助下，使自己的认知能力、个人修养以及为人处事的方式得到提高，就能形成一种统合效应，促使我们由弱而强、由小而大。只有能充分发挥自身优势并利用他人的优势来弥补自己不足的人，才会在今天的社会中取得成就。

任何人都有自身的长处与不足，如果能取人之长，补己之短，并将这一行为当作习惯运用在日常学习和生活中，必然会不断地提升、完善自己，使自己强大起来。只能看到自己的优点，而看不到自己的缺点、喜欢拿自己的长处与他人的短处相比，是人们常犯的一个通病，常常表现在拿正确的道理当作手电筒，只照别人，却不照自己；严于责人而宽于责己；对优于己、强于己者的不服气；对有缺点错误的人的鄙视和嫌弃，是阻碍我们吸取他人之长、不断提高自己的拦路虎。

五、正视失败，善于总结

有人说，失败并不可怕，可怕的是不再奋斗。失败了能够不气馁，能够继续奋斗值得赞赏，但是如果只是重复失败的过场，只会再次遭到失败，这是可怕的。正确面对失败不仅仅是不怕失败，更是要学会从失败中寻找原因，获得经验，使自己不仅不再重蹈覆辙，而且能够离成功越来越近，真正使失败成为成功之母。一个屡战屡败的人是非常勇敢的人，但是也是一个非常鲁莽的人，不然怎么会一直失败而没有从失败中获得有益的教训，避免失败，走向成功呢？所以，我们要养成善于从失败中总结经验教训的习惯。

首先，我们不要害怕失败。失败并不可怕，几乎每一个成功者都曾有过失败的经历，不经历失败的成功往往难以持久，经受不住风险的考验。失败对每个人来说都是打击，但是这并非不是好事。

其次，我们要善于从失败中学习，不要因为自己一时的失败而自怨自艾，甚至怨天尤人。要学会原谅自己，相信自己所做的每一件事都是有意义的，都会使自己更加成熟起来，能够更快地迈向成功。当遭遇失败时，我们要问问自己：其中有什么好处？有什么机会？我们能够从中学到什么？我们应该如何做才能将损失降到最低？我该怎么做才能达到我的目的并享受其中的乐趣？失败其实就是在为成功打基础。只有能够在逆境中得到教训，就会取得成功。

再次，我们要正确对待失败。在人的一生中，遭遇失败是正常的事。所以，千万不能因为一时的失败而失去了自己的勇气。成功学大师卡耐基曾说过：“人要懂得从失败中培养成功，因为障碍与失败就是通往成功的两块最稳固的踏脚石。”每一个奋发向上的人在成功之前都经历过失败。我们在失败后需要重新奋斗，耐心等待及必要的坚持，只有这样才能从失败中汲取经验，得到教训，获得成功。失败并不是人生的一种浪费。但是，一个人只有学会正确对待失败，才能将失败变为成功的基石，才能取得成功。所以，失败的人要学会正确地对待失败，瞻望未来的成功，把错误和失败当作是一种学习的方法，然后将之逐出脑外。

最后，我们要重拾自信和勇气。要勇于承担责任，不要麻醉自己；要从失败中学习，以免以后再犯类似的错误；要正确看待自己的失败，不让自己永远沉溺于失败之中，多与他人进行沟通和交流，脱离失败阴影；从失败中增加自己的经验和智慧，以便对自己的价值观有正确的理解；坦然地面对失败，并学会用它来激励自己。

六、终身学习，不忘进取

生活中，许多人都可以养成善于学习的好习惯，但是，却不能将这一习惯一直延续下去，认为只要是成功了，自己的梦想实现了，学习的习惯就可以被放弃了。殊不知，这种想法有多么的无知，学习的习惯可以令人受用终生。

知识能使人富有。一个人储蓄知识越多，人生才越充实。因此，零星的努力，细小的进步，日积月累，都是巨大的精神财富。

一个人“优越”与“胜利”的征兆便是孜孜以求的进步精神。大多数人的缺点，就是一心希望在顷刻之间获得渊博的学识。事情是慢慢成就的，因此人们应不断地努力读书自修，不断充实自己的知识宝库，本着活到老学到老的学习态度，渐渐地扩大知识范围。只有这样，知识才会越积越多，力量才会越来越大。

所谓“活到老，学到老”，表明人的一生都是受教育的时期。我们所遇见的人，所接触的事物，所得到的经验，都是这所学校中的教师。只要我们开放耳目，生活或工作的每分钟，都可以摄取许多东西。如果你愿意，知识的无穷力量也会给予你无尽的快乐。

而且你要认识到成功并非终点，它只不过是你一段时间的小结而已。成功是下一个开始的起步，应该准备好，走好下一步，为了下一次的成功再接再厉。从古到今，凡是成功者都不是满足于现状，而是不断为下一次的成功做准备的。

一个真正成功的人，即使每天再累，也绝不埋怨，而且还能腾出时间来“进修”。这种人早已意识到学习的重要作用，并深谙活到老学到老的道理。

思考题：

1. 如何培养自己独立思考的习惯？

2. 如何改变自己的生活作息习惯？

3. 如何改变自己的文明行为习惯？

4. 结合大学生实际，谈谈如何改变自己的学习态度？

参考文献

[1] 李津 . 习惯 . 北京：新世界出版，2012 年 .

[2] （美）史蒂芬柯维 . 高效能人士的七个习惯 . 北京：中国青年出版社，2011 年 .

[3] 孟婆汤 . 习惯的力量 . 厦门：厦门大学出版社，2012 年 .

[4] 何国松 . 习惯决定成败 . 长春：吉林大学出版社，2010 年 .

[5] 张兰 . 养成教育教程 . 福州：福建人民出版社，2013 年 .

第五章 大学生学习与考试

对大学生来说，特别是刚考进大学不久的新生，适应新的学习生活，更为紧迫。由于大学生活环境与中学相比有了较明显的变化，学习目标、学习任务、学习内容、学习形式和学习方法都与中学不尽相同，有相当多的新生不能适应大学教育的要求，都会经历一个从被动到主动，从不适应到逐步适应的过程。在这个从中学到大学的过渡中，每个大学生都面临着生活上的自理、学习上的自主、目标上的自我选择等一系列新的问题。因此，每个大学生都无一例外地面临着一次“学会怎样学习”的新考验。本章就与大学生朋友们聊聊大学的学习与考试的相关内容，希望会让你们的大学生活有更多的收获。

第一节 大学学习的特点与方法

案例：

《北京晚报》2014 年 11 月 28 日报道：根据对部分高校 2013 级新生的调查，51% 的新生遇到了学习问题。其中，“对所学内容缺乏学习动力”的，本科生所占比例为 65%，高职高专为 60%；“缺乏自学方法”的，本科生所占比例为 55%，高职高专为 58%；感觉“学习氛围不浓”的，本科生所占比例为 45%，高职高专为 47%。大学相对宽松的学习环境，方式和中学教学方式之间较大的差异性，都可能是引起这些学习问题的原因。以下几个同学的体会或许能够提供一些说明。

2014 级大学新生小王进入大学以前一直是高中班级的优等生，但进入大学以后学习成绩一直不好。“大学和高中最大的不同就是，再也没有人追在你屁股后面，督促你要学习了，一切都得靠自觉。”小王感觉少了督促以后，自己的学习动力明显减弱，平时经常去网吧打游戏，与朋友聚会吃饭，时间一长对学习也失去了兴趣。

2014 级大学新生、就读于大学城某理工科院校的小张在接受采访时表示，进入大学之后，由于没有升学的压力，只要每学期期末考试通过就行，除了在期末考临近的一个月搞“突击”，平常几乎没有主动学习的想法，时间长了感觉大学学习没什么收获。

小李是某大学 2012 级大三学生，目前已经是大学三年级了，他平时学习很用功，在校期间绝大多数时间都待在教室与图书馆里，但三年来的成绩却一直不理想，这让小李很是郁闷，有时甚至怀疑自己努力的方向是否正确。辅导员老师及时与小李交谈，得知小李的学习方法存在许多问题：他从来不总结学习经验，也不懂得学习方法的重要性，总是希望把书上的内容全背下来，不能触类旁通，从不与其他同学进行学习交流，而且虽然整天在教室或图书馆，但是学习效率很低，这些都是造成他成绩无法提高的症结。

对于任何一个人来说，进入大学学习都是其人生的重大转折阶段，大学的学习生活与其以往的经历相比是全新的。大学生活的重要特点表现为：生活上要自理，管理上要自治，思想上要自我教育，学习上要求高度自觉。这些都远不同于其中学的各个阶段的特点。其中，尤其是在学习的内容、方法和要求上，比起中学的学习发生了很大的变化。要想真正在大学中收获更多，除了继续发扬勤奋刻苦的学习精神外，还应该尽快适应大学的教学规律，掌握大学的学习特点，选择适合自己的学习方法，才能不虚度光阴，从而真正利用好在大学的宝贵时光，为自己未来走入社会做好必要准备。案例中小王和小张的问题就是他们不了解与中学相差甚远的大学学习的特点而直接造成的，小李的问题则体现在没有看到学习方法对于提高学习收获的重要意义。以下就重点介绍大学学习的特点与方法，供各位大学生朋友参考。

一、大学学习的特点

大学的学习既要求掌握比较深厚的基础理论和专业知识，还要求重视各种能力的培养。大学教育具有明显的职业定向性，要求大学生除了扎扎实实掌握书本知识之外，还要培养研究和解决问题的能力。

1. 独立自主性强

大学学习与中学学习截然不同的特点是依赖性的减少，代之以主动自觉地学习。大学的大部分时间是留给学生自学的。因此，培养和提高自学能力，是大学生必须具备的本领。大学的学习不能像中学那样完全依赖教师的计划和安排，学生不能只单纯地接受课堂上的教学内容，必须充分发挥主观能动性，发挥自己在学习中的潜力。这种充分体现自主性的学习方式，将贯穿于大学学习的全过程，并反映在大学生活的各个方面，如学习的自主安排、学习内容和学习方法的自主选择，等等。

2. 专业性与综合性相结合

大学教育具有最明显的专业性特点。从报考大学的那一刻起，专业方向的选择就被提到了考生面前，被录取上大学，专业方向就已经确定了。四年大学学习的内容都是围绕着这一大方向来安排的。从一定意义上说，大学的学习实际上是一种高层次的专业学习，高等教育就是专业教育，学习具有较高层次的职业定向，课程结构、教学内容、教学实践方式和学习方式等都具有专业特点。同时，大学在进行专业教育的同时，还要兼顾到适应科技发展特点和社会对人才综合性知识要求的特点，尽可能扩大综合性，以增强毕业后对社会工作的适应性。

3. 掌握知识与注重能力培养相结合

知识是智力发展的基础，大学生要靠学习和掌握知识来培养自己的能力，发展自己的能力。一个人，即使具有天赋的智力，如果不学习知识，不掌握一定的知识也是无法发展的。但读书再多，而不知道吸收消化，转化为能力，那他只能是“两只脚的书橱”，没有丝毫的价值。学习知识的最终目的，应该是充分运用知识，发展智力，提高创造能力。在通常情况下，知识掌握得越充分，智力就越发达；智力水平越高，也就需要更丰富的知识，获取知识和运用知识的能力就越强。因此，我们大学生在学习中必须正确处理好掌握知识和发展智力的关系，使二者和谐地统一起来，相互制约，相互促进。

4. 全面发展与重视品德修养相结合

大学生的全面发展，即不仅要有良好的科学文化素质、身体素质、思想道德素质，而且还要有能妥善处理人际关系和适应社会变化的能力。我国教育历来都强调德、识、才、学、体五个方面的全面发展，或简称为德才兼备。人才的五要素是一个统一的有机体，五个方面对人才的成长互相促进、相互制约，缺一不可。大学生在全面发展的方针指导下，既要掌握知识、发展智力，更要注意培养良好的道德行为，树立科学的世界观和为共产主义事业而奋斗的远大理想。学习的过程也就是接受良好品德教育的过程，这不仅是由教育的客观规律和学习目的决定的，也是大学生学习阶段的一项基本任务。

二、大学学习的方法

英文里的“方法”——way 源于希腊语的“沿着”、“道路”，指快速达到成功的彼岸，必须沿着正确的道路前进，否则会事倍功半。科学的学习方法是以科学的思想方法为指导的，科学的学习方法是形成学习能力的重要环节，科学的学习方法有助于发挥大学生的潜在能力。现代学习活动中的失败者，不仅是那些没有抓紧学习的人，更是没有掌握科学学习方法、不善于学习的人。掌握学习方法具有重大的战略意义，关系到大学生将来一生事业的成败。

1. 大学生掌握学习方法的意义

首先，掌握学习方法是学习知识的有效途径。笛卡尔曾指出：“最有价值的知识是关于学习方法的知识。”科学的学习方法能帮助学生科学地计划学习；能帮助学生清晰感知知识，深刻地理解知识，牢固地巩固知识，及时有效地运用知识；能帮助学生正确地阅读，准确地计算，精确地实验；能引导学生循序渐进，拾级而上，一步一步地跨入知识殿堂。提高学习自觉性、克服学习盲目性有赖于掌握科学的学习方法。

其次，掌握学习方法是培养学习能力与提高智能的有力武器。学习方法不仅仅是一门学习知识和技能的科学，也是学生学习能力在学习行为上的集中表现。掌握科学知识固然重要，但形成学习的能力更为重要。培养和提高学习能力直接关系到掌握知识的多少，而掌握科学学习方法，是学生形成学习能力的重要环节。

最后，掌握学习方法是提高学习效率的关键环节。有些学生勤奋好学，吃苦耐劳，经常废寝忘食，手不释卷，没有星期日，学习结果仍不佳，学习效率仍不高。究其原因，就在于学习方法不科学。可见要提高学习质量和效率，不掌握学习方法不行。那种认为“只要愿意学就行”，

"只有肯努力就能取得好成绩"，"只要勤奋就能成功"，"只要苦学就能成才"，"只要学习时间长，学习效果就好"等观点都是片面的。只有掌握科学的学习方法，避免走许多不必要的弯路，才能大大提高学习效率，通往学习胜利的彼岸。

2. 大学学习的一般方法

教育家钱伟长曾对大学生说过：一个青年人不但要用功学习，而且要有好的科学的学习方法。要勤于思考，多想问题，不要靠死记硬背。学习方法对，往往能收到事半功倍的成效。以下介绍四种大学较为常见的学习方法供大学生朋友参考。

第一，谈话学习法。

谈话学习法是指学生在与教师或同学等人谈话过程中，向他人学习知识，学习治学经验，学习道德观念的学习方法。这个方法，有利于发展学生的注意能力、思维能力，有利于沟通思想感情。谈话学习法以认真听讲、学习为主，辅助于简短交流以实现答疑解惑的效果。这种方法在大学学习中是最常见的学习方法之一，主要表现形式为听课以及课下师生的日常交流。

运用这个方法要注意下列几个问题：第一，要全神贯注，不要分心。在与别人交谈过程中，要全神贯注，聚精会神，与谈话人不断交换目光，点头称是。随时提点问题，以提高谈话人的兴趣，做一个善于听别人说话的人。不善于倾听的人，常常受到外界的干扰而心神涣散，心情烦躁，甚至做折纸张、掏指甲等动作。这样做是不礼貌的表现，也难于真正学到知识。第二，不乱挑剔，重在其意。在倾听别人讲话时，不要乱挑剔，不要乱插话，比如不要挑剔他人的口才、口音、口气，能够听得懂就行了。要像海绵吸水一样，吸收一切为我所用的知识。第三，听言观色，融会入里。不仅要听其言，还要观其色；不仅要听懂，还要听透。交谈者总是愿意通过自己声调的变化和声音大小快慢，借助面部表情、手势等动作来表达自己的感情和意念。倾听者如果善于听言观色，便能把他人的表情动作和自己的思想情感相沟通，生动而深刻地接受别人所要表达的东西，使一切重要之点在自己头脑里打下深刻的印象。第四，耳手并用，调整思维。据测，人的思维速度，比一般说话要快三四倍，遇到讲话缓慢的人，思维更是大大跑在耳朵的前面。这就需要随时调整我们思维的速度、广度和深度。可以耳手并用，边听、边看、边写。一是记下他人讲话的精髓之处；二是写下自己感受最深之处；三是记下自己有创新思维的见解。这样，便能够倾听别人话音之外的许多东西。

第二，讨论学习法。

讨论学习法是指同学、同行之间，就某一问题，以讨论作为学习手段，交流学习心得，交换不同意见，增进友谊的学习方法。这种方法，有利于交流心得、互相学习、集思广益、取长补短、开拓思路、提高学习效率；有利于激发学习热情、调动学习的积极性、加深印象、巩固已学过的知识；有利于发展思维能力、培养口头表达能力。这是一种带有启发性、研究性的学习方法。

运用这个方法要注意下列几个问题。首先，讨论前要充分准备。这里所指的讨论前的准备是指参加有组织的讨论会、辩论会、研究会而言。为了在讨论过程中正确表达自己的观点和阐明自己的论据，并使人信服和接受，讨论前最好做些文字准备，即把自己要讲的写好提纲。其次，准确精练的口语表达。阿拉伯有一句谚语："舌头是心灵的翻译家。"这句话揭示了思维与口语表达的关系，也反映了口语在表达自己观点时的重要性。如何才能在讨论中准确而又精炼地表达自己想讲的内容呢？第一，言不在多，意达则灵。无论是介绍情况、发表意见、表述问题、提出见解，为了使其他人能领会其基本精神，应用高度概括、准确精练的语言，简短明了、提纲挈领地把问题的本质特征、关键症结，画龙点睛般地说出来。第二，论证要有可靠的根据，既不夸大，也不缩小，如实阐明问题与现象的本来面目以及自己的思想观点和意见，只有这样，才能言重如山，取信于人。第三，叙述要有条有理，层次清楚。讨论时要讲清楚问题，必须在叙述时有条不紊、层次清楚，要考虑讲的顺序，先讲什么，再说什么，最后讲什么都要心中有数。第四，控制讲话的节奏，注意语言的抑扬顿挫。因为速度过快地发言，往往使人家理解你的思想有困难。再次，有效地听，必要地记。一般地说，有效地听，应该做到：耐心地听；集中精神地听；抓住重点内容听；善于听取不同意见。同时在听的过程中，对自己启发大的内容、观点，也做简要的笔记。简单一句话，在听讲时，耳、手、脑并用，就是有效地听讲。最后，讨论后要作自我总结。要想使每一次讨论有所收获，在讨论后要及时进行小结，将在讨论中对自己有启发的观点、思路、方法、意见等记录下来，用以启迪自己的灵感，发现真理。长此以往，积少成多，必然会大有所得。

第三，阅读学习法。

阅读学习法是指通过默读、朗读的方式去获得知识，认识世界，发展智力的一种学习方法。通过这个方法，可以让学生较快地获得人类积累的知识、经验，可以发展学生的思维能力，可以陶冶学生的道德情操，它是一种最广泛、最普遍的学习方法。

运用这个方法要注意下列几个问题。第一，选择阅读材料。世界上的书刊资料是多种多样的，必须有选择地阅读材料。正如别林斯基说："阅读一本不适合自己阅读的书，比不阅读还坏。我们必须学会这样一种本领，选择最有价值，适合自己所需要的读物。"由于每个人的专业不同，从事的工作不同，兴趣爱好不同，因而选择阅读材料也应有所不同。第二，掌握阅读方式。阅读的方式是多种多样的，就阅读速度而言，分精读法与广读法；就阅读内容分量而言，分全读法与部分读法；就阅读形式而言，分朗读与默读。朗读是书面语言的有声化，是化无声的文字为有声的语言的阅读活动，是用声音再现原作的一种手段。朗读要求吐字清晰，发音正确；要正确地把握读物的思想感情；要注意停顿、重音，注意语调、速度，富有音乐感。默读要正确无误地理解读物的内容；要迅速读完读物的内容。第三，注意个人阅读特点。由于每个人的素质、性格、生活习惯、环境的不同，各人的阅读特点也不同。有的人性情好动，总是坐不住板凳；有的人愿意一个人苦思冥想，不愿意请教别人；有的人喜欢清晨读书；有的人喜欢夜深人静时读书。这些差异，就构成了个人的阅读特点。为了克服个人的弱点，发挥个人的长处，要针对自己的实际情况，采取适合个人特点的阅读方法。性情好动者，要集中注意力，有计划地阅读；苦思冥想者，要广交学友，勤于请教别人；喜欢清晨读书者，要发挥精力充沛的优势，安排学习；喜欢深夜读书者，要有节奏地阅读，不能过晚，以免影响第二天的学习或工作。

第四，观察学习法。

观察是自然科学研究的重要方法之一，也是学习的基本方法之一。观察学习法是指通过全面、细致的观察，获得感性知识，广泛观察的客观性。忠于客观广泛搜集资料的方法。观察学习法主要有下列几种方式：第一种是长期观察法。长期观察法是在比较长的时期中，对某种事物或现象进行系统的观察。因为客观事物有自己发展的过程和周期，有的周期长决定了观察的时间长。例如，学习气象知识，长期坚持观测天气，就是属于这种观察方式。第二种是重复观察法。重复观察法是指多次观察同一事物或现象，以求得对所获知识的精确性和深刻性，避免似是而非，以假乱真。对事物的认识不能一次完成，要反复多次观察、认识，这也是符合马克思主义认识论的。比如，有些事物的发展特别突然、迅速，而我们观察的速度却跟不上事物变化的速度，在这种情况下就需要重复观察。另外，有些学生缺乏良好的心理品质，观察不深入，走马观花，忽视了对主要现象的观察，在这种情况下也需要重复观察。第三是比较观察法。比较观察是用比较的思维方式去观察两个或两个以上的事物，加以对照比较，进行认真观察，找出事物的共性和个性，以获得清晰的印象，抓住事物的本质。

3. 大学学习方法的选择

学习方法本身是无形的，但学习方法的运用主要取决于方法的选择。那么如何选择适合大学生自身的学习方法呢？大体可以从以下两个方面着手。

首先，要根据学习任务制订合理的学习规划，选择合适的学习方法。一个学生在每个时期的学习任务不同，学习方法就会有所不同。一般说，一方面要按教学进度安排，多学科齐头并进，交叉学习，或有重点，兼顾全局的学习；另一方面又要按照自学要求，采取计划学习方法，把学习任务和个人要求结合起来学习。其中，学习规划的制订尤为重要。大学学习单凭勤奋和刻苦精神是远远不够的，只有掌握了学习规律，相应地制订出学习的规划和计划，才能有计划地逐步完成预定的学习目标。首先要根据学校的教学大纲，从个人的实际出发，根据总目标的要求，从战略角度制定出基本规划。如设想在大学自己要达到的目标，形成什么样的知识结构，学完哪些科目，培养哪几种能力等。大学新生制订整体计划是困难的，最好请教本专业的老师和求教高年级同学。先制订好一年级的整体计划，经过一年的实践，熟悉了大学的特点之后，再完善四年的整体规划。其次要制订阶段性具体计划，如一个学期、一个月或一周的安排，这种计划主要是根据入学后自己学习情况，适应程度，主要是学习的重点、学习时间的分配、学习方法如何调整、选择和使用什么教科书和参考书等。这种计划要遵照符合实际、切实可行、不断总结、适当调整的原则。学习方法的选择一定要建立在学习任务与学习规划的基础之上。

其次，根据自身情况，创造适合自己的新鲜方法。每个人的年龄不同，生理条件不同，个性心理倾向和个性心理特征不同，知识结构和智能结构不同，奋斗目标不同，能力素质不同。因此，采取的学习方法也不会完全相同。对别人行之有效的方法，对自己可能不大有效。必须在实践中不断摸索，不断创造，才能选择和创造出适合自己的学习方法来。如外向型性格的学生，喜欢提出不同见解，更乐于讨论和交流学习心得；内向型性格的学生习惯独立思考；记忆力强的学生习惯于机械记忆，有的甚至背诵英汉辞典和汉语词典；理解力强的学生习惯于采用演绎法和归纳法，注重思想方法训练等。

第二节　大学学习的环境与资源

案例：

小王进入大学之后，总觉得日子过得很空虚，除了每日正常上下课以外，一副无所事事的样子。按他自己的话说，大学里没意思，学的知识还不如在高中时候学得多。虽然大一的课程安排得较为宽松，但他下课之后就根本不知道该怎样安排自己的时间了，更不知道该在大学里如何利用各种学习环境、汲取各种知识。

小王问题的关键在于忽视了大学学习的环境与可利用的多种多样的资源，像小王这种情况的同学还有很多，大学是大学生学习生活的一座宝库，不了解这座宝库当然就谈不上合理利用这座宝库了，本节重点向大家介绍大学学习的环境与可利用的各种资源。

一、大学学习的环境

人类离不开赖以生存和发展的环境，人类活动需要环境的依托和支撑，大学生的学习活动更是如此。人才学研究表明，一个人能否成为有用之才，是遗传、环境、教育三大主要因素（也有的学者认为还有学习因素，即四因素）相互影响、相互作用的结果，把环境作为影响人的成长发展的要素，足以说明环境的重要性。大学具有比较优越的学习环境，“学在大学”是无数学有所成的大学毕业生的切身感受。以下仅对大学学习环境的内涵、功能以及如何对其加以利用进行阐释。

1. 大学学习环境的内涵

大学学习环境是独立于大学生之外的不以人们意志为转移的“自在之物”。大学生学习只能在一定的环境下进行，这种一定的环境，包括大学生学习所处的社会环境、学校环境和家庭环境。

大学学习的社会环境主要是指学习者所处的社会境况。它包括生活的时代、地区、社会制度、政治、经济、文化、教育、科学技术、社会风尚、风俗习惯、价值观念等因素。每一因素又有着特定的内容，如政治因素，包括影响大学生学习的政治制度、政治体制、社会稳定等状况，以及统治者对此所持的态度和所采取的措施；经济因素，包括经济制度、经济体制、经济实力、经济管理的状况、人民物质生活水平的高低，市场经济对大学学习的影响，等等；文化因素，包括社会文化、文化方式、意识形态、社会的价值和标准，等等；教育因素，包括社会对教育的依靠程度和教育为社会服务的程度，以及教育质量的高低程度；科学技术因素，包括社会科学技术发展水平及其在社会生产力中的地位与作用，等等。

大学学习的学校环境，是指一所大学内部的具体环境，一般包括校园文化环境、学校教育环境、校园群体环境等。校园文化（学校文化）是指在学校环境中，由师生和管理者共同创造和享受的，依托并通过高校这个载体反映和传播的学校各种文化的总和。学校教育环境主要是高校提供的特定育人环境和学术环境。所谓校园群体环境是指由师生员工为发挥高校的三大职能而形成的群体氛围和人际关系环境。这里着重研究的是大学生群体环境，如班级环境、大学生社团环境，等等。此外，校园生活服务环境、治安环境，也与学生的学习密切相关。

学生家庭环境指的是家庭成员的政治观念、经济地位、文化素养、家庭氛围、习惯、家庭教育及家庭人口结构等。这些对大学生的学习也会产生重要影响。

学习环境的内部关系相互影响，相互制约。社会环境和学校环境相互影响是多方面的，其中最直接、最主要的是社会向学校输入生源，学校向社会输出毕业生，社会影响学校培养人才的目标、规格、要求、专业方向、专业设置、教学内容等等；学校培养的人才的质量、数量和毕业生的知识能力结构，又会影响社会的进步和发展。随着大学生自我意识与独立性的大大加强，家庭环境的影响逐渐减少（仅经济影响还不同程度地存在）。总之，社会环境、家庭环境的影响在某种意义上带有自发性质，学校虽不能给予改变，但可对其实行控制，扩大积极影响，抵制消极影响。毫无疑问，对大学生学习影响最大的，还是学校环境。

2. 大学学习环境的功能

大学生与大学学习环境的关系，实质上是在学习活动中人与环境的关系，以下仅从社会环境、学校环境与家庭环境三个方面开展功能分析。

首先，社会环境对大学学习的功能主要体现为以下三点。其一是教育功能。社会环境是一部无字书，是一本隐性教材，是一个大课堂。环境自身具有教育力量：第一方面，社会环境具有直接现实性的品格，它具有真实、客观、具体、形象等特点；另一方面，学生具有接受环境教育的主动性及心理要求。其二是导向功能。社会环境特别是市场经济的社会环境，对于大学生学什么、怎样学都具有较强的导向作用。其三是保证功能。对于学习所需的物质、师资、经费以及毕业就业市场都起到了一定的保证作用。社会环境对大学学习的作用，一般不是直接的，而是通过大学环境体现出来的。

其次，学校环境对大学学习的作用主要体现为以下三个方面。其一是指导功能。大学生的学习是在大学教育环境中，在教师的指导下进行的，教师的指导作用是不可忽视的。教师因学识渊博受到学生的尊敬，很多大学生有意或无意模仿、学习自己的老师，教师的个人品质（尤其是对待科学的态度）、治学方法对大学生的学习有潜移默化的影响。其二是激励功能。教育环境具有调动学生学习积极性的作用，例如，在模型教具挂图展览室中上课，学生看到了大量的实物与图像，他们的空间想象力和表达能力发展得较好；在教室中经常公布优秀制图作业，学生作业的质量就会提高；举行一次学习竞赛，参加者虽是少数，却带动了大多数学生；搞一次生产蓝图的评审，对激发学生学习的责任感起到很大的作用。其三是调节和补充功能。校园文化环境有利于调节大学生在德、智、体、美诸方面全面发展。活跃、自由的学术环境，严谨、紧张的学业竞争，和谐有序的学术合作，会激励大学生智能和学术的发展，对大学生的思维方式和学习活动产生积极的作用。

再次，家庭的环境对大学学习的功能则主要体现为：家庭环境好，能使学生安心学习，免除后顾之忧，促进其学习。父母的文化水平、家庭的和谐程度、父母自身的观念、修养等都会对大学生的学习起潜移默化的影响。

3. 对大学学习环境的有效利用

那么大学生应如何有效利用大学学习环境而使自己的大学四年生活真正获益呢？以下仅从图书馆、实验室、第二课堂、群体环境等方面展开分析。

大学生的知识源于书本（教材、图书资料等）和经验（实验、实习等实践），大学生的能力主要靠在实践中获得。要构筑具有个人特色的符合国家培养目标的智能结构，光靠几本教材是不行的，势必要借助图书、资料信息来扩大知识面，拓宽专业口径；势必要借助实验等实践环节来验证和巩固所学知识，把通过书本得来的间接理论知识建立在直接经验的基础之上，并获得实验方法的训练和独立工作能力的培养。大学拥有藏书丰富的图书馆，它尽可满足学生扩大知识面、拓宽专业口径的要求。大学拥有设备精良的大型实验室，其中有不少国家重点实验室，这里是进行各种实验的最佳场所，是实践教学的一个重要阵地。为了帮助学生利用图书资料，不少大学相继开出了“文献检索和利用”课程。各种类型的图书馆都有各自的特点、任务、服务对象、藏书范围、布局结构。学生新到某个图书馆，可先大致了解该馆的概况，进而了解该馆为读者直接服务设立了哪些机构以及藏书情况，以便充分利用馆藏图书。利用图书馆扩大知识面，拓宽专业口径，实际上是一个根据各人的学习目标如何利用图书馆选择（借阅）图书资料的问题，大学生是图书馆的常客，一般应具备起码的文献检索知识。现在电脑、多媒体及互联网，使图书馆馆藏的容量更大，信息范围更广，知识和信息的传播速度更快，因此，大学生要充分利用图书馆的有利条件进行学习。

实验室在大学学习中的地位是十分重要的。教室是进行理论学习的主战场而实验室则是实践学习的主战场。大学学习要在实验室上三种类型的实验课：基础课和技术基础课实验，如物理、化学、电工等课程，实验一般占课程学时的四分之一；专业课实验，训练动手能力，培养独立工作能力；以实验为主的课程，如有的学校将物理课的实验单列，新开一门物理实验课，使学生得到实验方面的全面训练。在开课方式上，有排入课表的必修实验，也有自选实验；在实验的自主程度上，有基本上按实验指导书进行的实验，也有自行设计的实验。为了充分利用实验室，学好实验课，大学生应在理论联系实际和培养独立工作能力上下功夫。实验前，复习有关理论，明确实验目的，理解实验方案；实验中，按照实验指导书，认真掌握实验方法和步骤，进行实验的基本操作技术训练，提高实验的观察、分析能力；实验后，写出有水平的实验报告。

所谓第二课堂是指课内理论学习和实践学习（含教学计划规定的集中实践学习环节）之外，由学校组织和引导学生开展的学习、实践等活动。第二课堂活动内容丰富、形式活泼，一般有以下四种类型。其一是学术研究型。如横跨文、理、工等学科的多学科协会、学生科学技术协会、社会学会、经济研讨会、科普协会、法学会、现代管理研究会、计算机智能开发社、自然科学小组、英语角、世界语协会、专业学习兴趣小组等，定期或不定期地举行专门知识讲座、报告和研讨会，以及开展社会调查等等。其二是社会实践型。如社会考察（调查）、学生咨询科技开发中心、信息服务公司、无线电爱好者协会、学生誊印社、家庭教师介绍所等等。其三是文学艺术型。如诗社、书画社、散文社、影视协会、杂文社、摄影协会、音乐俱乐部、集邮协会、艺术体操队、舞蹈团、话剧团合唱团等。其四是人生探讨型。如人生系列讲座、道德系列讲座、学生心理咨询组、演讲协会、专题讨论会、论辩会（选题为人生、理想、奋斗、成才等）、党章和马列学习小组、思想文化沙龙等。利用好第二课堂进行学习，首先，要有选择性，根据第一课堂学习的情况，找出专业学习中存在的薄弱环节，有针对性地选择自己要参加的第二课堂活动；其次，要量力而行，根据自己的兴趣、爱好、特长和学有余力的程度，自测接受第二课堂学习的承受力有多大，因材而学，量力而行，切不可因贪多而适得其反；再次，要求有效，第二课堂的作用，只有在充分的利用中才能发挥出来，根据学习目标的要求，一定要在扩大知识面、拓宽专业口径上下功夫，绝不可表面上热热闹闹，实际上一无所获。

此外，还应积极利用群体环境促进学习。大学学习系统是一个学生与知识、信息广泛交流的开放系统，学习是一个不断向外界（如书本、教师、群体环境等）吸取信息、交换信息的过程。我们应增强群体意识，以此来调节个人与集体的关系。利用群体环境学习，应抓住以下三点：其一，利用群体开展学与问，进行讨论式学习。大学群体为学与问创造了很好的条件，每当同学们在学习中遇到难题，相互间的切磋就会使问题迎刃而解。20 世纪初，法国一群十八九岁的大学生，组织了一个名叫“布尔巴基的事业”的数学研究团体，激烈地争论和研究数学问题，被人称为“疯子会”。而正是他们，出版了可与欧几里得的《几何原本》相媲美的《数学原本》，形成了“非欧几里得”新学派之一。其二，加强与群体的交流，使之信息相通。在充满了知识信息的群体环境里，一个人关起门来寒窗苦读，是难以成功的，必须与群体交流，与群体信息相通。美国哈佛医科大学每个月都有举行一次“科学聚餐会”的习惯，各方面的学者和专家都来发表意见并参加讨论。据说，参加这个“聚餐会”的学者和专家，后来都各自在自己的研究领域中获得了相当大的成就。其三，结交学友，如果说前两点侧重群体的面，那么结交学友则是侧重于群体的点。《学记》曰：“独学而无友，则孤陋而寡闻。”其意为：没有朋友之间的互相学习，就必然会知识狭隘、见识短浅。古今中外许多善于读书且颇有成就的人，大都十分重视结交学友。如马克思和恩格斯、李白和杜甫，等等。总之，利用群体环境，要把握住点与面，只有点面结合，才可见实效。

二、大学学习的资源

大学学习的环境固然重要，但如何在这些环境中利用好大学学习的相关资源，真正做到为我所用，则是大学学习成败之关键。以下仅围绕课堂资源、图书馆资源以及网络资源展开阐释。

1. 充分利用好课堂资源

丰富的大学学习生活，虽然比起中小学来有更多的课外自习时间，但课堂教学仍然是大学教学活动的重要形式，尤其是在大学的低年级阶段，花在课堂上听课的时间还不少。而且，在大学的课堂上，老师通常只用一部分时间扼要地讲述课本上的内容，而更多的时间则是强调有关要点，解释难点，补充和介绍大量其他的新观点和材料，引导我们开阔眼界，独立思考，自己分析和研究问题。在这种情况下，要上好一堂课，需要有多种感官的配合，如眼看、耳听、脑想、手记，除了要集中精力听讲外，有时还需要把老师在讲课中提示的难点和疑点及时地记下来，以便好在课后温习。那么，怎样在听课时，既做到听懂老师讲课内容，又能记好课堂笔记呢?

首先，要做好课前准备，做到胸中有数。为做好课堂笔记，在听课前要做好准备。如果对讲授内容一无所知那么听起来必然很吃力，记起来也就很难顺手。听课前的准备主要是预习。最低限度要知道这次课堂讲授的主题是什么。是关于哪个方面的问题、学科或章节。主讲人的讲授方法如何。事先有了底，便至于茫然无知。如果有可能的话，对教材或参考资料还尽可能翻阅一下，大致了解一下要讲的章节内容，思考一下要讲的中心问题、要点、难点或疑点。这样，会使课堂笔记的针对性更强，听课效果更佳。

其次，要听清内容，记住要点。课堂笔记的内容要有取舍。不能不假思索地老师讲什么就记什么，不必要把老师讲的每一句话和在黑板上写的每一个字都记下来，不仅不必要，而且也不可能。一定要寻觅关键抓住要点，有选择地记笔记。什么是课堂笔记的要点呢？是否定义、定理就是要点呢？不是的。这些内容尽管很重要，但不一定在课堂上记，可以留下空白，课后去补，因为这些内容讲义上有。一般说来，老师讲的要点：一是“开场白”。因为人们总是把自己最想说的话放在开头。因此，“开场白”是讲课中的重要部分。这番话，往往被有些同学视为闲话，不注意听，更不注意记，其实，这是一个损失。水平较高的老师，“开场白”往往讲得较多，而且都是讲义上没有的，这些话，要么是承上启下的关键，要么是教学的经验总结，颇值得认真听、认真记。二是老师的“要求”。老师在讲每章、每节时，总是会提出一些要求。这些要求就是要点，它像一面镜子，同学们记下来可以随时照一照自己的理解程度，看达到了要求没有。三是讲课的“结论”。老师把正文讲完后，往往在最后还要总结几句，这种带有结论性的话，也是要点。还要注意把握好记笔记的技巧。其一，文字要力求简略，提纲挈领。其二，字迹要清楚。其三，段落层次要分明。比如，要及时标上页码，以免前后混乱；章节应注明，大小标题要独占一行并留有空间；比较重要的地方可以用红笔作下记号。

最后，要进行课后整理，进而实现融会贯通。大学生课程分量重，一般遗忘速度是先快后慢。有人实验过，听一次报告，一天内能记住其内容的30%–40%，六天之内只能记住20%–30%。课堂笔记可能也是这种情况，不管你的笔记是详细还是简略，如果课后不及时加以巩固记忆，也会逐渐遗忘。因此，记好课堂笔记还应包括在课后及时地进行复习和整理。整理课堂笔记前应先复习一下课堂笔记的内容，以此为纲精读教材，参照有关参考书的某些特定章节或段落，然后修正补充笔记内容，使之系统化和条理化，最后将课堂笔记和补充笔记整理加工而融会贯通起来。一般说来，整理课堂笔记的主要内容是课堂笔记的核实、补充、简化符号的复原；重要语句、名称、公式、定理，概念的完整性；清理课堂未听清未听懂的内容，最后达到概念明确，逻辑系统清楚，语句概念结论正确，重点、难点、疑点获得解决。当然，也有这样的同学，他从来不做课堂笔记，然而学习成绩却一直很好。这除了他天赋的因素外，肯定在他身上还有其特别突出的优点。比如，课前预习很好，听课特别认真等，因而能够把教师讲课的内容，较好地铭刻在脑子里，并融会贯通变成自己的知识。所以请同学们千万不要把不记笔记也能学习好当作普遍现象，并从中得出可以不作课堂笔记的结论。相反，那些不记课堂笔记而成绩优良的同学，如果也适当做一些课堂笔记，可能会得到“锦上添花”的效果。

2. 充分利用好图书馆资源

几年的大学学习过程中，同学们除了在课堂上听课，在教室、寝室里自习外，图书馆还是大家经常出入的重要学习场所，这一点已经在上文中有所阐释。这里要重点谈谈图书馆资源的利用。强调图书馆对学习和研究的重要，并不是说只要天天泡在图书馆里就能成才。图书馆是一个按照科学管理方法组织起来的科学机构，只有了解它，才能更好地利用它。

资料链接：辽宁石油化工大学图书馆简介

辽宁石油化工大学图书馆1950年始建于大连市，馆舍面积只有100m^2，藏书1000余册，1953年随校迁移抚顺市。1981年开始筹划兴建独立馆舍，1985年3月投入使用，面积7000m^2。2003年初开始建设现代化的新图书馆大楼，总建筑面积为32900m^2，2005年底竣工。

现馆内机构设有：采访编目部、图书服务部、期刊服务部、信息咨询部、自动化技术部和综合办公室等六个部门。新馆内主要设施有：四个大型图书借阅室（每个1450m^2，450席阅、习座位），二个大型报刊阅览室（每个1450m^2，490席阅、习座位），二个开放大自习厅（每个1600m^2，360席），以及电脑检索台、大、小会议室、电子阅览室等，此外还有复印装订室、文化茶座等服务设施，大楼圆顶内还设有现代化的学术报告厅。全馆目前可为读者提供座位近4000席。在馆藏资源建设上，新图书馆继承了老馆的辉煌历史和宝贵资源，紧密联系我校教学和科研的实际需要，并注重突出我校的石油化工特色，汇集了大量关于石油加工、油气储运等方面的文献资料，同时对其他相关学科领域如：机械、电子、计算机、自动控制、精细化工、环境工程、生物工程、建筑工程、数理科学和化学等方面的文献，也有比较系统的收藏。为适应我校建设综合性大学的需要，图书馆近年来也开始注意收藏经济、管理、法律、文学、外语、体育等人文社会科学文献。近几年来，除印刷型资源外，图书馆还大力加强电子文献的建设力度，引进了相当数量的中外文网络和光盘数据库，资料类型覆盖期刊、图书、会议论文、学位论文等，主要包括中文科技期刊镜像数据库、书生之家电子图书镜像数据库、CNKI硕博论文数据库、汇雅电子图数据库、万方会议论文数据库、万方标准文献数据库、德国施普林格（Springer-Verlag）、EBSCO学术信息、商业信息数据库、英国皇家化学会RSC数据库等电子文献。目前馆藏资源有纸质文献150万册，电子文献306.3万个。目前新馆的读者服务项目主要有：书刊阅览，书刊外借，参考咨询，内部资料交换，馆际互借，文检课教学，文献复印，电子文献视听，光盘检索，网上信息资源检索、文献传递、馆长信箱等；“视听点播”系统经过几年的发展，已逐步形成以外语教学为主的网络教学平台；还开设了“图书馆月刊”，下设“石化通讯”“书刊推荐”“科技动态”“网络学院”“心情故事”“人生哲理”等丰富多彩的栏目。

图书馆资源按出版形式分为图书、期刊、特种文献、视听资料、电子资料等部门。

图书一般分为两种，一种是供连续阅读用的称为普通图书，如专著，丛书，教科书等，这类书图书馆收藏最多，读者最熟悉，而且它们的复本比较多，读者容易借到。另一种是供查找的工具书，即百科全书、字典、词典、类书、年鉴、手册、目录、书目、文摘、索引、地图、图表等，用图书馆的行话来讲，它们又统称为检索工具，专门用来解答问题或者提供查找途径。特种文献是指科技报告、政府出版物、会议文献、专利文献、技术标准、学位论文、产品样本等类型的出版物，这种类型出版物往往能代表一个国家科学技术发展水平、记叙具体、数据详尽，是重要的情报来源。随着科学技术的发展，特种文献的收藏与利用已日趋重要。

期刊包括杂志与报纸。杂志包含的内容很多，有专业性很强的，也有专供娱乐、指导生活的杂志；有定期的，也有不定期的。这些杂志与图书比较，出版周期短，刊载论文速度快，内容新，信息量大，能及时反映专业科技水平，对读者有较大的启发与参考价值。报纸相对来说，出版周期就更短，内容更新，每积累到一定时候，图书馆就将这些分散的期刊和报纸装订成册，便于借阅和管理。

视听资料也叫直感资料、声像资料。许多人至今以为图书馆只藏书，也就是说只藏以纸做载体的资料。实际上随着时代的进步，图书馆藏书的类型也在发展，朝着信息化图书馆发展，即凡是信息载体图书馆也都收藏。所谓视听资料就是通过视频与音频手段直接记录图像、文字和声音的文献资料，主要包括唱片、幻灯片、光盘等。

电子资料则是随着信息技术的逐渐成熟，图书馆实现了部分纸质资料的电子化，更加易于查询、保存与使用，更加方便读者。如我校学生要查询期刊论文，可以登录辽宁石油化工大学图书馆主页（网址为：http://lib.lnpu.edu.cn/）（见图 1），在右边中文资源与外文资源相关链接中查询相关电子资料。

图 1 辽宁石油化工大学图书馆主页

图书馆的业务部门主要有采编部、流通部、期刊部、阅览部、参考咨询部等。采编部按读者需要将书买进，编目人员进行分类、编目等一系列处理，最后给每本书贴上书标、书袋，送交各个有关部门。这就是采编部的业务范围。流通部就是读者借还书的地方，这儿有彬彬有礼的图书馆员和长长的出纳台，读者在此办理借阅手续。流通部拥有全馆最大的书库，读者目录也常常放在流通部。期刊部专门负责期刊的采购，整理加工，阅览和借阅。阅览部的书库往往也是图书馆的保存本书库，也就是说，它是最全的书库，没有副本，一般这儿只供就室阅览。参考咨询部陈列着各种各样的检索工具。还有一些富有经验的图书馆员，专门解答人们在读书治学中碰到的疑难问题，帮助科技人员收集情报资料。另外图书馆还有视听室和复印室，专供读者利用视听资料和复印文献。随着信息技术的发展，电子资料阅览室也普遍兴起，众多联网的计算机为读者提供充分的网络查询与信息支持。

3. 充分利用好网络资源

随着全球信息化的发展与计算机的日益普及，我们已经全面进入信息化时期，近年来，手机等移动网络的异军突起，都表明了网络对社会与人们生活影响之深远，也意味着我们的生活越来越离不开网络。根据 2020 年 9 月 29 日中国互联网络信息中心（CNNIC）发布第 46 次《中国互联网络发展状况统计报告》显示，截止至 2020 年 6 月，我国网民规模达 9.40 亿，较 2020 年 3 月增长 3625 万。我国手机网民规模达 9.32 亿，较 2020 年 3 月增长 3625 万。网民使用手机上网的比例达 99.2% 目前，互联网的发展也大大影响了大学生的校园学习生活，使其无论学习和生活都与网络息息相关。一方面，网络资源对大学生学习具有重要而积极的意义。其一，网上有丰富的学习资源。学生通过上网查找资料可以快速提升专业技能。在网络如此发达的时代，学生可以不用跑图书馆翻阅厚重的文献资料，取而代之的是在电脑或者手机上轻松查阅国内外的专业资料。其二，网上有丰富的社交资源，可供大学生进行学习交流讨论。进入信息化时代后，我国网络最明显的区别就是各种社交媒体推陈出新，不断涌现。20 多年前出现的 ICQ、MSN 到至今仍然在使用的 QQ，以及人人、微信、微博等各种社交媒体，这些都有助于学生课下交流沟通，学习研讨、组织活动。其三，网上有丰富的实践锻炼资源，现在的大学生找兼职找工作不再是一味地扎堆人才市场，也不再不断赶场招聘会，他们更多选择在网上查找信息、投递简历，甚至在网上进行视频面试。还有很多学生在各种网购平台兼职或开店，这一就业渠道也被众多高校所认可并推荐。另一方面，网络是一把双刃剑，在看到网络资源对大学生学习的重要性的同时，也应该及时看到其存在的潜在隐患。因此，必须在充分发扬网络积极作用的同时，对其消极方面的隐患加以规避，以确保大学生利用好网络资源，完成学习目标。关于网络资源的使用与相关注意问题大学生朋友们可详见第十二章，这里就不再重复阐释了。

第三节 积极应对考试焦虑与实现诚信考试

考试是检查学生掌握知识技能以及运用知识技能的重要手段，也是大学生大学学习生活的重要组成部分，在准备考试过程中，一个学生要克服许多现实困难。本部分重点围绕考试焦虑与诚信考试两个在考试中可能会出现的最常见问题与大学生朋友们聊聊。

一、积极应对考试焦虑

案例：一个大学新生考试焦虑的真实情况

基本情况：陈某，女，19 岁，大学一年级，独生女，无重大躯体疾病史，家族两系三代无精神疾病史。父亲为某小学校长，母亲在某高中担任班主任。家教严格，父母对其要求很高，很舍得在她身上投资，从小到大上过很多培训班和辅导班。同时，父母也对其寄予了很大的期望，该生很听话，学习刻苦，成绩一直不错，顺利考入大学。性格内向，做事按部就班，中规中矩，追求完美。进入大学之后，出现了焦虑、注意力不集中、入睡困难、食欲下降等症状。

本人陈述：我在高中的时候成绩一直很好，爸爸妈妈也都以我为豪。但进入大学以后，我发现跟高中的生活太不一样了，好像一下子没有人管了，授课老师上课也是速度很快点到为止，下课便离开教室，不再像高中那样一点一点地反复为学生讲解答疑，也很少布置作业。加上课程本身也不多，很多空余时间不知道要做什么，看看周围的同学好像都在忙着参加各种学校活动。我想我不能这样，我要保住高中时在同学中的优势，因此我一个社团都没有加入，每天都去图书馆自习。

对于进入大学第一学期的期末考试，我非常重视，想给父母很好的交代。其实考试的这些科目都还好，没有什么特别没有把握的，但是不知道怎么搞的，考试的时候由于担心紧张、焦虑，难以集中精力做题，发挥失常，成绩不太理想，总分不高，没能拿到这个学期的院级奖学金。我觉得有点丢脸，让父母失望了。但父母都安慰我，说下次好好努力就可以了，所以当时我难过了一阵也就过去了。

现在大一的第二学期也快过完了，两周前辅导员通知我们要开始准备期末考试了，我听后就想到了上次的失败，觉得很害怕，然后就睡不着觉了，白天也没什么食欲，出现上课和自习的时候老师注意力不集中。越是这样我越是觉得紧张、着急。马上就要考试了，要是再这样下去我真的害怕又像上次那样，再像那样我就真没法向父母交代了，他们就对我再没有信心了，我也很对不起我高中的班主任，她也不会再像以前那样喜欢我了，还有我周围的同学，他们一定会很看不起我，说我这个人天天看书还不是考成这个样子！这次要是再考不好，就完了！可是越着急越使不上劲儿，效率也越低，怎么办呢?

案例中小陈遇到的问题典型属于由考试焦虑造成，所谓考试焦虑就是通常所说的考试紧张，即由于担心考试失败或渴望获得更好的分数而产生的一种忧虑、紧张的情绪，属于负面情绪反应。考试焦虑在考试前一段时间里就可以表现出来，随着考试的临近而日益严重。适度的焦虑是一种正常的情绪反应，并有着有益的功能；而过度的考试焦虑则对学生的身心健康有很大的危害。首先，考试焦虑过度会危害个体的认知过程，会分散或阻断注意，干扰记忆，使思维陷于呆滞和凝固状态。其次，考试焦虑过度会危害心理健康，长期处于焦虑之中，个体情绪不稳定，自制力差，过分胆怯、敏感，人际关系紧张，社会适应能力减弱，甚至酗酒、犯罪、自伤。第三，考试焦虑过度会危害身体健康。长期的过度焦虑，致使个体形成神经症，导致心血管功能紊乱、消化不良，并可诱发哮喘和甲状腺功能亢进症。

1. 大学考试焦虑的原因分析

大学新生的考试焦虑是由多种因素引起的，当初次面临大学阶段的考试时，由于考前准备不足、成就动机过强、自信心不足，以及来自家庭、他人、社会的压力，自身人格特征的影响等，很容易使新生感到无力应对、恐惧担忧，从而形成焦虑。以下仅从主客观两方面原因加以分析。

造成大学生考试焦虑的主观原因大体有以下三点。第一，考前准备不充分。大学新生对于新的学习环境与方式有许多不适应的地方，刚进校时还能认真学习，时间长了，一些学生对学习的兴趣逐渐淡薄，迟到旷课，甚至沉溺网络不能自拔。还有一些学生，由于学习方法不当，照搬中学时简单的“填鸭式”死记硬背的方法，不善于劳逸结合，平时上课不认真，复习的时候抓不住重点难点，眉毛胡子一把抓，常常事倍功半，虽然疲劳但复习还是不到位，往往引起焦虑。第二，成就动机过强。在之前学习生涯中一直都是名列前茅的学生到了大学新的环境，面对新的竞争对手，他们想要维护别人对自己一贯“优秀”的评价，因而具有强烈的取得优异成绩的动机，不能容忍自己的一点失误，考试前背负着这样的心理包袱，焦虑自然就产生了。第三，缺乏自信。进入大学以后，大家的进校分数相差不大，但考试后成绩出现的差距让很多新生会对自己的能力产生怀疑，特别是之前在高中成绩一直不理想，对自己评价过低，比较自卑的学生面对激烈的考试与竞争往往过于担心，产生焦虑。

造成大学生考试焦虑的客观原因大体有以下三点。第一，家庭因素。为了子女以后能更好地就业，一些家长对大学生子女的要求太过严格，期望值过高，大学一开始就盲目给子女制定目标，如考证、拿奖学金、入党等。如果孩子本身基础不好或本来就对这些目标缺乏兴趣，家长给予的过度关注与过大压力就往往会导致孩子对学习和考试产生厌倦情绪，加剧考试焦虑。第二，学校因素。随着就业率、考研率、通过率等社会对学校教育行为考评模式的设置，很多学校对学生的成绩开始更加重视，这都会在新生当中形成无形的压力。第三，社会因素。长期以来，中国社会形成了一种“考分定成败”的片面的人才评价标准，把考分作为评价人才质量的主要指标，在当前就业形势日趋严峻的情况下，大学生对考试结果的重视更加重了其自身的考试焦虑程度。

2. 大学考试焦虑的克服方法

针对上面造成大学考试焦虑的种种原因，以下介绍四种克服大学考试焦虑的方法，供大学生朋友参考。

（1）心理调节法

第一，保持乐观的情绪，不要紧张焦虑。有位女生认为自己高考成功的秘诀就是能保持轻松愉快的情绪，玩球、野游、唱歌、听音乐照常不误。“快乐得像小天使”，“并没有感受到有什么压力，便像初中升高中一样顺利地进了大学”。考试成败的关键在很大程度上取决于考生是否学会用理智控制自己的情绪，以保持最佳的心境。心理学家曾对焦虑与学习效果的关系进行过实验研究，结果表明，焦虑越深，学习效果越差；焦虑越少，学习效果越好。

第二，不要把思路束缚在“考不好怎么办”的圈子里。很多同学都讲，考试前最担心的是“考不好怎么办。”不但在茶余饭后，小径闲步，睡觉之前纷纷议论这一话题，就是上课与自习时，这念头也总是萦绕在脑海，扰得人心烦意乱。怎样才能排除这种干扰性心理障碍呢？研究与经验表明，除树立正确的人生观与考试观以外，最重要的就是克制自己，跳出原来的思路圈子，不去议论它，不去思考它，锻炼自己的注意力，把更多的空余时间用在学习与文体娱乐上，用在谈论开心愉快的事情上。

第三，想开点，学会安慰自己，获得良好心境。有很多学生是用“走自己的路，不管别人说什么”“对社会贡献的大小不能用是否考上大学来衡量”“这科丢了那科补”“不如我的还大有人在”等等，来自我安慰。往往会有效地达到自我心理平衡。

第四，对于学习成绩曾经优异的学生，应尽可能克服一个危险的信号“我是尖子生”。一位走过弯路的大学生说：“我自小学到中学一直是班里的尖子生，别人都认为我考大学没问题。我自己也想，我必须考上大学；八地区高考前模拟测试，我在全校第一。越临近考期越担心，‘尖子生，考不上有多丢人’。搅得我神情不安，答卷时也总在想‘一旦……’第一年考场发挥失常，名落孙山。第二年也是这样。第三年重新解剖自己，处处自我提醒，我不是什么尖子生，轻装上阵，结果考试反而一帆风顺。”过强的自我意识，转化成了压力是可怕的，应引以为戒。

（2）强体滋补法

毛泽东同志精辟深刻地论述了体育之重要：“体者，为载知识之载而为道德之寓者也。”怎样戒除考试焦虑，可以从强身健体开始，具体来说，其一是锻炼，其二是滋补。

首先，要做好考前的锻炼与休息。一方面，考前锻炼的“8—1”模式较为有效。即 8 个小时的学习时间抽出 1 小时来锻炼，效果要比 8 小时全部埋头学习好。文化学习是大脑高级神经中枢所进行的一种脑力劳动，参加一定量的体育活动，可以使疲劳的神经细胞得到休息，消除大脑的紧张状态，还可以促进大脑神经系统的新陈代谢，提高其活动能力，使大脑更加健康和灵活。另一方面，要保持充足的睡眠，不要开夜车。学习与休息处理好了，两者便会协调、统一，有助于提高学习效率。一般来说，每复习一、两小时后，应到户外散步，活动一下筋骨。有意识地深呼吸、闭眼、眨眼、远望，尤其是感到头昏脑涨时更应如此。在学习一段时间后，无心再学下去时，千万不要再学，此时，可以听听音乐，看看电视，或聊聊天，有助于消除大脑皮层的疲劳，也有助于保持良好的心理状态。

其次，要合理调整饮食及滋补营养。考试之前的高强度的脑力劳动特别需要补充蛋白质等营养成分。蛋白质是脑细胞活动的基础，卵磷脂是构成神经组织和脑代谢的重要物质。蛋黄中含有较高的卵磷脂，大豆含有高达40%的优质蛋白，含卵磷脂也很丰富。复习阶段每天膳食中应配以一定数量的鸡蛋和豆制品。间隔搭配些鱼、瘦肉、猪肝等高营养食品。要多吃些蔬菜和水果，以获得充足的无机盐和维生素，对考生的视觉和脑功能有较大的好处。还能防止由于紧张脑力劳动而引起的便秘。有条件的话，最好每天能吃个苹果。另外，像花生米、核桃仁、葵花籽和芝麻也都有丰富的营养和一些必要的无机盐及维生素，是辅助性食品。同时，还应注意饮食习惯。在注意“早吃好、午吃饱”的同时，还要适当增加晚饭，“晚吃少”对考生是不适用的。晚上不应少吃，学习到夜里如觉得饥饿，还可以适当加一点小餐。

（3）常用应试法

第一，采取及时与科学的复习方法。一方面要及时复习。考前教师所讲的内容比较重要，需要很好地理解和记忆。及时复习老师所讲的内容容易记得住，理解得深。另一方面，结合个人情况，可以采用一些有特色的复习方法，比如，模拟复习法。这种复习方法是按照考试的真实样子，情景去进行模仿性的复习。最常用的形式是在老师指导下的模拟性复习，如考前的模拟考试等。第二，是打好基础。知识的学习必须依靠扎实的基础。任何较高层次的问题的解决总是建立在名词概念、基本知识与基础理论之上的，不可能超越基础。盲目追求偏题、难题、怪题，结果往往在基础问题上吃了亏。同时，切莫把自己埋在参考资料中。现在学生的参考资料很多，良莠皆有，辨不清真伪优劣，一头扎进去，会拔不出来。第三，掌握一定的复习技巧。其一，应该掌握自己的最佳记忆时刻。在最佳记忆时刻里，人的记忆速度很快，记忆质量稳定，理解能力强，判断正确。其二，要知道哪些东西更容易理解。首先，系统性强的知识易于理解；其次，可比较的东西更容易理解；另外，具体的、感性的、公式和具体的实际例子结合起来更容易把握。其三，理解性记忆比机械性记忆效果好。“学而不思则罔”，每位考生都应锻炼自己的理解能力，理解的东西往往会记得牢。因为人脑接受知识往往是以整体的功能出现的，理解的自然就纳入了自己的知识系统中，而不理解的东西是很难塞进去的。

（4）考场运筹法

考场应试是考试阶段最关键的一环，直接决定着考试质量和效果。具体应做好以下三个方面。

第一，树立系统观念。考卷发下来，不要急于答卷，先粗略看一遍，有个整体印象，做到心中有数。要初步算一下有哪些题会答，哪些题不会答，哪些题通过努力可能答上。这样做的好处是能使你紧张而有秩序，忙而不乱。要大致估计一下时间，每类题各用多少分钟。系统科学有一个重要的观点，局部最优可能导致整体的最优。

第二，先易后难。这是一种较好的答题顺序，即先答简单的、明确的、有把握的，而把那些不太明确的或不会的放一放再答。答乙题时可能想起甲题的内容，要不失时机地把这瞬间想起的内容补上去。遇到难题不要抓住不放，其实，各科考试都有不会答的题，这属正常现象，不必惊慌失措。

第三，认真复查。在交卷前二十分钟进行。“智者千虑，必有一失”，任何人眼误、笔误，都是难免的。复查的内容包括：是否漏掉题目，答案是否正确，有无病句、错别字等。注意按时交卷。最后一二分钟要点清试卷页数、排好页码顺序、按要求把试卷放好。同时，答卷时还要注意书写工整。潦潦草草的字迹是不受评卷老师欢迎的。要有一套具体的答卷技术技巧。比如：有的题不会、可用草稿纸专门记住题号；入考场前对准表；考试时既不要总去看表、又不要不看；入场时带一小水壶；有些先须用铅笔简答。

二、努力实现诚信考试

案例：

2005 年 12 月 24 日，遵义某学院 2003 级本科生林某在本校参加全国大学英语过级考试时，涉嫌作弊被开除学籍。她认为学校剥夺自己受教育的权利，向法院提起诉讼。当地法院审理后，称学籍处分系内部管理事务，不属司法审查对象，故予以驳回。根据教育部发出的《采取切实有效措施，坚决刹住高等学校考试作弊歪风的紧急通知》：对考试作弊者，可开除学籍。

案例中林某的行为则属于违反了诚实考试的原则而自食其果。所谓考试诚信，就是考生在考试中自觉遵守考场纪律，根据自己的真实水平回答问题，不试图采取作弊手段骗取“较好”的成绩。努力实现大学诚信考试无论对于学生还是对于高校的发展都具有十分重要的意义。

1. 诚信考试的重要意义

概括而言，诚信考试的重要意义主要体现为以下几个方面。

第一，考试诚信有利于培养大学生的良好品德，提高国民素养。能否做到考试诚信，则是检验其是否具有良好品德的一个重要标志。如果大学生能够自觉遵守考试纪律，自觉抵制考试诚信缺失行为，那么无论对于其自身品德来讲，还是对于整个社会的道德建设来说，都是具有重要的正向价值的。反之，如果大学生不能自觉遵守考试纪律，出现大面积的考试作弊，以作弊取得的成绩来作为自己的“真实”成绩，那无论对于个人道德建设还是作为社会道德建设来说，都将是一个灾难。

第二，考试诚信有利于培养良好的学风，提升学校品位形象。可以说，在很大程度上，是否具有考试诚信是学生学风和学校校风的集中体现和检验，是反映一个学校形象、文化品位的重要显性标志。如果一个高校对学生一直严格要求，每位学生都能够严格遵守各项规章制度，考试中能够自觉杜绝作弊行为，立志于考出自己的真实成绩，那无疑这个高校是有良好的学风的。反之，如果一个高校，考试中出现大面积的作弊行为而不去制止，是很难认为这一高校有良好的学风的。

第三，考试诚信有利于引导社会道德建设，推进社会主义核心价值观的培育。考试诚信问题在很大程度上引导着社会的道德建设。如果大学生行为规范，考试诚信，对其他社会成员自然具有一定的示范和引导价值，达到促进社会道德建设的作用。十八大报告指出要倡导爱国、敬业、诚信、友善，大学生的考试诚信涵盖了人生态度、社会风尚方方面面的问题，体现了社会主义基本道德规范，必将成为引领社会风尚的一面旗帜。大学生考试诚信的缺失，不仅对自身形象有所损害，影响整个社会的道德建设和道德进步，也极其不利于社会主义核心价值体系的形成。

2. 考试诚信缺失的原因分析

大学生考试诚信缺失的原因主要有四个方面，一是学生自身方面，二是学校方面，三是家庭方面，四是社会环境方面。

首先是大学生自身的原因。一方面，从现实原因来看，这和某些大学生进入大学之后对自己有所放松有一定的关系。相对于初中生和高中生而言，大学生在学校很少受到老师们的直接管制，其他方面的约束和以前的中学时代相比也更加宽松。在此情况下，很多大学生便放松了自己，不再像初中和高中那样努力学习知识，而是用更多的时间去做了学习以外的事情，例如玩网络游戏、参加各种社团、谈恋爱，等等。平时学习不努力，到考试时自然遇到问题，为了不挂科，部分大学生很自然地就会想到使用作弊的办法来通过考试。另一方面，从更深层的原因来看，这些大学生考试诚信的缺失是其个人利益价值观至上的反映。对于大学生而言，考试具有重要的现实意义和实际价值，如何顺利通过考试，取得较高成绩，是大学生的一项重要任务。在这样的情况下，部分学生不可避免地会个人主义膨胀，视个人利益为最高价值，进而不惜一切代价，采取一切手段去争取通过考试。于是，考试诚信问题就此发生。

其次是高校教育教学方面的原因。第一，高校教学模式和教育方法不科学。这是导致部分大学生考试诚信缺失的教育教学方面较深层次的原因。当前的高校教育教学机制中又几乎没有为大学生重新选择专业提供机会。在这样的情况下，一些不喜欢自己的专业的学生必然就会产生厌学情绪，由此就可能导致考试作弊。第二，教育评价体系和考试模式不完善。这是导致大学生考试诚信缺失的直接原因之一。作为对“成年人”的高校大学生评价来讲，应该是多方面、全方位的，不能单单以考试成绩，或主要以考试成绩来评价。这样的话，对于一些考试成绩并不是很好，但其他方面比较突出的学生，就会产生比较负面的影响，甚至使这些学生对自己丧失信心、自暴自弃。第三，高校的诚信教育不够，诚信环境不健全，同时对于考试作弊的监管和惩罚也不够严厉。这也是导致部分大学生采取考试舞弊行为的直接原因之一。

再次是家庭方面的原因。一方面，来自家长的压力也是导致大学生考试诚信缺失的原因之一。现代父母望子成龙、望女成凤心切，总是希望自己的孩子在学校能够有较好的表现，能够取得较好的成绩，这样自己脸上也有光彩。而对于很多大学生来说，能够对得起父母，不辜负父母的期望，让父母感觉到自己在学校是有所成就的，也是其基本目标之一。在这样的情况下，一些平时学习不太努力的学生，就会试图采取考试作弊的手段来“取得”较好的成绩，以能够回家时“有颜面”面对父母。另一方面，家长的诚信观在一定程度上也是影响大学生考试诚信的原因之一。当代大学生的成长离不开家庭环境的影响，家长们的世界观、人生观、价值观在潜移默化地影响着孩子，大学生在考试时出现诚信缺失现象也就不难理解。

最后是社会环境方面的原因。第一，用人单位唯证书论、唯成绩论是导致部分大学生考试诚信缺失的重要原因。在实际中，多数用人单位最为重视毕业生的证书和考试成绩。在现实找工作过程中，对于高校毕业生来说，如果在校期间考试有过挂科或是成绩不高现象的，是不符合很多用人单位的招聘要求的，甚至有很多用人单位更是要求毕业生有多证书、资格证书等，这些证书的取得又是通过考试的形式取得的。第二，社会道德标准下滑是导致部分大学生考试诚信缺失行为的原因之一。大学生考试诚信缺失的另一主要原因在于社会上存在一些的道德失准的现象。各种作弊案、替考案等现象时有发生，甚至有些人还利用手机、无线电等高科技手段进行作弊。这些不良的社会行为对社会的公平和正义造成严重干扰，影响了社会的和谐进步。

3. 推进考试诚信的现实举措

针对以上分析，推进考试诚信的现实举措应该包括以下四个方面。

首先，大学生应加强自身建设。具体而言，有以下两个方面。其一，大学生应调整自身学习心态。考试只是检验大学生对知识的掌握情况，大学生不能通过作弊来取得较好成绩，大学期间学到知识固然重要，但更重要的是要学会学习，掌握学习方法，遵循学习的规律，这样就不怕任何难题，面对知识会轻松学会，而不用依赖作弊。其二，大学生应加强考试自律性。一方面，大学生应该积极吸纳社会生活中的正能量，利用奋发向上的积极因素充实自己，服从社会公约，自觉遵守社会公共道德标准，遵循正确的社会舆论和公序良俗，坚持正确的情感和信念，形成对考场行为准则的正确认识，为创造文明有序的社会氛围贡献自己的一份力量。另一方面，大学生应培育强烈的正义感和责任感。大学生应该认识到，考试是检验个人学习效果的手段，考场是展示个人知识能力的舞台，违反道德原则和考试规范，有损自己的尊严。

其次，高校应发挥对大学生诚信考试管理的主导作用。其一，高校应加强对大学生的诚信教育。一方面，高校应将诚信教育摆在高等教育的重要地位。应将诚信教育纳入思想政治教育体系，纳入人才培养方案全过程。同时还应发挥教师诚信的榜样作用。在很大意义上，教师就是学生的人生导师，教师关于诚信的一言一行对学生的诚信培养至关重要。高校要加强对教师的师德教育，发挥教师极其重要的作用。其二，高校应加强和完善考场管理。大学生考试诚信缺失行为的“发生地”是考场，因此，解决这一问题，一个直接的措施就是完善考场管理。具体而言可以采取以下诸多措施。比如，可以采取有效措施防止学生夹带作弊材料。尤其针对一些运用电子设备作弊的高科技作弊手段，可以加大相应的电子监控和屏蔽设施建设，使相关学生的作弊企图不能得逞。还可以进一步加强准考证的防伪功能。对于高校中的一些重要考试，如英语四六级考试，应进一步加大准考证的防伪功能，以杜绝替考现象的发生。还可以采取措施动员学生之间互相监督。具体而言，这种机制创立了一种考生对作弊现象负责的机制，使考生认识到自己的不诚信考试行为不仅给自己带来危害，还会危害到与自己关系良好的人。此外，还可以有针对性地加大对考试作弊的惩罚力度。对于发现有作弊行为的考生，应对其及时提醒，在提醒无效的情况下，进行严厉处理，既惩戒了作弊考生，对其他考生也有震慑作用。

再次，应发挥家庭对大学生诚信考试教育的积极作用。父母在家庭环境中对大学生的诚信教育起着至关重要的作用。父母对工作、对生活、对自己、对他人的诚信意识和诚信行为，对于儿女的诚信道德意识的形成也起着不可估量的作用。家长应该提高对诚信考试的认识。作为父母来讲，应该认识到，诚信对于人的一生是极其重要的，教育子女诚信做人对其将来的发展具有“金子般”的作用，而通过不诚信行为可能一时取得“成绩”，但终将失败。如果父母有这样的意识，并不断地给其子女传递这样的信息，相信学校的诚信环境，以及考试诚信缺失行为，一定能够得到有效遏制。

最后，社会应营造良好的诚信风气。其一，要努力弘扬社会正能量和诚信文化。应该通过各种途径和形式来进行社会正能量和诚信道德的建设，尤其要以建设社会主义核心价值体系为契机，弘扬诚信文化，形成诚信的社会氛围，为当代大学生创建身心健康成长的社会环境和校园人文环境创造良好条件。其二，努力克服社会上一些消极现象的不良影响，这些现象的存在，本身就是不道德、不正义的，是应该被反对和克服的，绝不应该成为其他人所效仿的对象。

第四节　能力与资格证书考试

案例：小赵是某高校大四的学生，在毕业前的求职过程中屡屡受挫，最直接的原因就是许多用人单位都非常看重大学生在校期间取得的各种能力与资格证书考试，小赵由于平时没有注意积累，入学后也不知道各种能力与资格证书考试对自己毕业求职的重要性，甚至都不知道高校常见的能力与资格证书考试都有哪些，后悔不已。

有人说，学生的本职工作就是学习。的确，在大学学习生活期间，大学生们努力掌握科学文化知识与高效学习方法，最终目的除了获得自身能力的切实提升以外，就是取得各种各样的能力与资格证书了。通过自身的努力，参加各种能力与资格证书考试，不仅是学生阶段学习努力成果的证明，也为其毕业前的应聘中为证明自己的能力、高效推销自己而打下坚实的基础。小赵的问题就是典型地忽视了能力与资格证书考试造成的，本节重点围绕大学中能力资格证书考试的相关内容为大学生的奋斗与努力提供方向与借鉴。

一、能力与资格证书考试对大学生的重要意义

能力与资格证书考试对大学生的重要意义主要表现为以下三个方面。

1. 增强大学生自身素质

高校扩招政策引起大学毕业生人数急剧增加，使得就业竞争十分激烈。而竞争的标准在很多方面都需要用考试的方式来证明或者度量。在同等条件下，用人单位会优先录用实践能力较强、具有较为全面技能的学生，而大学期间的各种能力与资格证书则能在一定程度上反映学生的实践能力。因此，各种与毕业生竞争能力考核能扯得上关系的能力与资格证书就成了毕业生证明自身竞争力的筹码。

2. 缓解大学生就业压力

能力与资格证书考试能缓解大学生就业压力，提高大学生就业质量。一方面，报考各种能力与资格证书，通过各种资格考试，通过深造提升个人水平，能够在一定程度上规避就业风险，缓解就业压力，比如大学毕业前的研究生考试就是最好的体现。另一方面，获得各种能力与资格证书也有助于提高学生就业质量。过去，大学生在就业上既争不过研究生，又争不过职校生。大学生考取各种能力与资格证书后，因为在许多方面体现出了特长，就有机会找到专业较为对口，待遇相对较高的工作。

3. 适应人才市场的需要

高校对人才的培养目标的要求一般是高层次的理论型人才，但用人单位对人才的需求往往强调其实践能力，要解决这一矛盾，适应人才市场对专业人才的需求，报考各种能力与资格证书是行之有效的办法。同时，随着我国社会经济的不断发展，社会分工将会越来越细，新的职业不断涌现，各种能力与资格证书将会越来越多。通过获得这些能力与资格证书，可以更好地满足用人单位对这些人才的需求。

二、能力与资格证书考试的分类

由于各类资格证项目信息繁杂，而且各地考证时间和具体标准都不同，所以只能提供一个参考标准供大家了解，具体应以报考要求文件为准。概括而言，大学期间的能力与资格证书考试分为公共考证项目与专业考证项目两大类，以下分别予以简要介绍。

1. 公共考证项目

较为常见的公共考证项目有以下十类。

（1）大学英语四六级考试

是由国家教育部组织的全国性、标准化考试。用人单位衡量应聘大学生英语水平的一个重要标准。报考条件为全日制普通高校专科、本科和研究生中的在校生；全日制成人高校本科、专科在校生。其中六级的报考条件为通过大学英语四级考试。考试时间为每年的6月与12月。只要报名当次同一级别的笔试，即可报名相应级别的口语考试。该证书用于测量大学生运用英语进行口头交际的能力。是大学生证明自身口语能力的有效途径。分为A、B、C、D四个等级。考试时间一般为笔试前一个月。

（2）全国计算机等级考试

全国计算机等级考试（National Computer Rank Examination，简称 NCRE），是经原国家教育委员会（现教育部）批准，由教育部考试中心主办，面向社会，用于考查应试人员计算机应用知识与能力的全国性计算机水平考试体系。该考试是测试应试者计算机应用知识和能力的等级水平考试。分一、二、三、四级。一级考试科目分为：一级 MS Office、一级 WPS Office、一级 B（部分省市开考）。二级考试科目分为：语言程序设计（包括 C、C++、Java、Visual Basic）、数据库程序设计（包括 Visual 、Fox Pro、Access）。三级考试科目分为："PC 技术"、"信息管理技术"、"数据库技术"和"网络技术"四个类别。四级考试科目分为：考核计算机专业基本知识以及计算机应用项目的分析设计、组织实施的基本技能。报考条件一般无特定限制。考试时间为每年两次。

（3）汽车驾驶执照

考试科目分为道路交通安全法律、法规和相关知识考试（交规）、场地驾驶技能考试和道路驾驶技能考试。考试顺序按照交通安全法律、法规和相关知识考试、场地驾驶技能考试和道路驾驶技能考试依次进行。申请机动车驾驶证，交规考试合格后，车辆管理所在三个工作日内核发驾驶技能准考证。驾驶技能准考证的有效期为两年。有效期内已考试合格的科目成绩有效，学车人应当在有效期内完成其他考试。报考无特定条件，考试时间随学员而定。

（4）公务员考试

公务员考试是公务员主管部门组织的担任主任科员以下及其他相当职务层次的非领导职务公务员的录用考试。公共科目笔试是根据公务员应当具备的基本能力并针对职位进行的考试。分为笔试和面试两部分，笔试通过者方可进行面试。笔试部分又可分为行政职业能力测试和申论两部分。报考条件为大四即将毕业的学生可报考参加，考试时间为每年 11 月份（主要为国家公务员考试，省市级公务员考试时间各地不同）。

（5）研究生考试

是指硕士研究生招生考试，一般要求参加考试者具备大专以上学历，通过考试入学后，进行全日制学习，完成学分并通过论文答辩等要求后，即可获得国家认可的学历证书和硕士学位证书。硕士研究生报考一律采取网上报名的方法，报考条件为大四即将毕业的而且能够获得本科学位的学生可报考参加，考试时间段为每年 12 月份到来年 1 月，每年都略有不同。

（6）国家职业汉语水平等级测试（ZHC）

国家职业汉语水平等级测试由劳动和社会保障部职业技能鉴定中心（OSTA）组织研制，主要测查应试者在职业活动中实际应用汉语的能力。成绩合格者可以获得由 OSTA 颁发的《职业汉语水平等级证书》。ZHC 服务于政府机关、企事业单位和学校，服务于各种人力资源开发和培训部门。ZHC 成绩是这些部门人员招聘、选拔、任命和晋升的重要参照依据。报考条件无特定限制，考试时间一般在每年的 11 月。

（7）出国留学相关的外语资格考试

其中包括托福（TOEFL）考试、雅思（IELTS）考试与 GRE 考试等。托福考试是由美国教育考试服务处（Educational Testing Service，简称 EST）举办的，测试母语为非英语的应试者理解北美英语水平能力的考试。每年在全国各地的 44 个考点举办五次考试，中国采取纸笔考试的方式。考试时间为每年五次，分别在每年一月、五月、八月、十月、和十一月举行。雅思考试 IELTS（International English Language Testing System），由剑桥大学考试委员会外语考试部、英国文化协会及 IDP 教育集团共同管理，是一种针对英语能力，为打算到使用英语的国家学习、工作或定居的人们设置的英语水平考试。雅思考试分学术类和培训类两种，分别针对申请留学的学生和计划在英语语言国家参加工作或移民的人士。考试分听、说、读、写四个部分，总分 9 分。截至 2014 年，雅思考试已获得全球 135 个国家逾 9000 所教育机构、雇主单位、专业协会和政府部门的认可；雅思考试作为全球留学及移民类英语测评的领导者，每年有超过 200 万人次的考生参加雅思考试。GRE 考试全称 Graduate Record Examination，中文名称为美国研究生入学考试，适用于除法律与商业外的各专业，由美国教育考试服务处（Educational Testing Service，简称 ETS）主办。GRE 是世界各地的大学各类研究生院（除管理类学院，法学院）要求申请者所必须具备的一个考试成绩，也是教授对申请者是否授予奖学金所依据的最重要的标准。中国、韩国目前执行分开考试的形式。由机考（分析性写作）和笔试（语文、数学）组成。

（8）导游资格证

考试合格之后只颁发全国导游资格证，而不是导游证，导游资格证只能说明你有进入旅游行业的资格，而不能说明你此时就能上岗工作。在通过导游资格考试，取得了导游资格证之后，到当地的旅行社签订合同或是导游服务公司进行挂靠，再申请换取导游证（IC 卡），全国导游资格证在全国范围内通用，进入景点时，免去门票费用。报考条件为凡是具有中专或高中同等及以上的学历即可报名。年龄要求在 18 周岁或以上。考试时间为每年一次，各省的报名时间在六至九月份。

（9）物流师国家资格认证

通过全省统一鉴定考试者，将获得由国家劳动和社会保障部统一颁发的“国家物流师职业资格证书”。该职业资格证书将证明其持有人具备物流专业相应岗位职业资格和担任相应级别专业职务的水平和能力，用人单位可根据工作需要，从获得资格证书的人员中优先录用。该证书全国通用，终生有效。报考条件为本科毕业后可直接报考，考试时间为每年的 5 月与 11 月。

（10）教师资格证

教师资格证是教育行业从业人员教师的许可证，在我国师范类大学毕业生可直接获得教师资格证，但非师范类和其他社会人员需要参加认证考试等一系列测试才能申请教师资格证。必须加试心理学和教育心理学。教师证全国通用，属于地方考试，但是全国通用，任何地方都承认。教师资格考试费由理论考试费与教育教学基本素质和能力测试费二项构成。其中理论考试费包括教育学、心理学考试两门。报考条件为普通话水平应当达到国家语言文字工作委员会颁

布的《普通话水平测试等级标准》二级乙等以上标准。非师范教育类专业毕业生申报教师资格证，必须参加全省统一组织的《教育学》《心理学》自学考试，成绩合格。考试时间为每年 4 月份与 10 月份。

2. 专业考证项目

专业考证项目因专业不同而各异，以下简单介绍不同专业类别的 10 种供大家了解。

（1）微软系统管理员（MCSA）证书（机电类）

MCSA 的中文全称是微软认证系统管理员，处于整个微软认证体系的中级证书，它的更高一级的证书是 MCSE，MCSA 主要为那些工作在以复杂计算环境为媒介的大型组织中的 IT 专业人士所设置的，IT 认证考试资源网介绍 MCSA 主要从事安装并配置系统的部件，管理职责包括管理并维护系统工作。考生通过国际认证考试就可获得 MCSA2003 国际认证证书，并能胜任系统 / 网络 / 技术支持工程师相关职位。报考条件没有任何硬性要求，不限制考生的文凭，任何人都可以报考。考试时间由考生自行决定。

（2）电子工程师资格证（机电类）

全国电子技术水平考试市场对电子专业人才不同岗位需求，将认证由低到高分为三个级别：一级对应能力水平相当于电子助理工程师；二级对应能力水平相当于电子工程师；三级对应能力水平相当于电子高级工程师。参加考试合格后，学员可获信息产业部颁发的相应级别认证证书和成绩单。证书中对该级别考试后所掌握知识和具备能力进行了详细描述，既可作为学员职业能力证明，也可作为企事业单位选聘人才依据。一级（助理）报考条件为专科以下（含中专及同等学历）者均可报名考试。二级（中级）报考条件为专科以上（含专科）者均可报名考试。三级（高级）报考条件为本科以上（含本科）者均可报名考试。在校生只能从一级开始考，达到一级水平 3 年以上可申请参加二级水平考试，达到二级水平 3 年以上可申请参加三级水平考试。

（3）全国计算机应用技术证书考试（NIT）（机电类）

全国计算机应用技术证书考试（National Applied Information Technology Certificate，简称 NIT）是教育部考试中心为推动我国信息技术的普及和发展，继全国计算机等级考试后推出的又一项计算机证书考试。适合各类行业人员岗位培训的需要，也可供用人单位录用、考核工作人员参考，通过考试并合格的考生由教育部考试中心统一颁发证书。获全国计算机应用技术考试证书的学员可根据有关规定向英国剑桥大学考试委员会申请相应的剑桥信息技术证书（CIT）。报考学员不受国籍、年龄、职业、学历及户口所在地等限制，学员只需持身份证、护照、军人

证等有效证件（未成年人可持户口本）报名参加某一模块的培训或考试，由 NIT 培训机构接受报名。该考试周期为每两月一次，每次培训考试报名的具体时间由各承办机构确定，考试可在当地的承办机构或培训机构查询。

（4）土木系职业（造价员、监理员、见证员、资料员）资格证书（建筑类）

每个证设一级、二级、初级及见习，此证相当于上岗证，必须持有该证书方可从事相关方面上岗工作。初级报考条件为：工程造价专业中专及以上学历，在工程造价岗位工作。考试时间为: 资料员证书考核时间在 5 月，造价员证书考核时间在 12 月，监理员证书考核时间在 11 月，见证员证书考核时间在 10 月。

（5）建筑行业五大证书（建筑类）

具体包括施工员证、质检员证、材料员证、安全员证、预算员证。这五个证都分为初级、中级和高级三等。分为省级鉴定和全国鉴定，考试合格者由各省或国家劳动部颁发相应的《国家职业资格证书》，此证书无须年检。此证相当于上岗证，必须持有该证书方可从事相关方面上岗工作。在校大学生可以报考初级、中级。考试时间：考试时间一般是以申报机构的申报时间为主，国家规定一般可以申报的时间是每个月的第 2 周可以申报考试。

（6）注册会计师（CPA）证书（经管类）

注册会计师全国统一考试是根据《中华人民共和国注册会计师法》规定，为了选拔优秀人才加入注册会计师队伍而实施的，全国实行统一考试制度。自 1994 年起，通过注册会计师全国统一考试成为取得注册会计师资格的唯一途径。获得此证书的人员可以申请成为中国注册会计师协会的会员，批准以后将成为中国注册会计师，并可以执行注册会计师业务。报考条件为具有专科以上学历（在读不可以报考），或具有会计或者相关专业中级以上技术职称中国公民。

（7）报关员资格证书（经管类）

主要测试考生从事报关业务必备的基础知识和技能，考试内容包括报关专业知识、报关专业技能、报关相关知识以及与报关工作相关的法律、行政法规和海关规章。涉及内容包括税务、经贸、法律及其他报关基础、专业知识。报考条件为年满 18 周岁，具有大专及以上学历（专科大三、本科大四）的人员可以报考。考试时间为每年 11 月。

（8）专业英语四级、八级（英语类）

英语专业四、八级统测是为检测本科英语专业教学大纲执行情况而进行的本科教学考试。报考条件为高等院校中英语专业二年级（专八为四年级）本科生。考试时间为每年四月的最后一个星期日举行。

（9）广告设计师（艺术类）

广告设计师国家职业资格证书由国家劳动和社会保障部颁发，是按照全国统一标准、统一教材、统一命题，通过全国统一的职业资格鉴定，颁发统一编号、网上电子注册、并具有统一防伪标志的全国通用的证书。该职业共分三个等级，即三级广告设计师、二级广告设计师、一级广告设计师。取得该职业证书要求具有较强的计算机操作能力、视觉表达能力和动手能力。考试时间为每年 5 月与 11 月。

（10）司法考试（人文类）

国家司法考试是国家统一组织的从事特定法律职业的资格考试。初任法官、初任检察官和取得律师资格必须通过国家司法考试。公证员也须通过国家司法考试。报考条件为具有高等院校法律专业本科以上学历，或者高等院校其他专业本科以上学历具有法律专业知识。考试时间为每年举行一次，固定在每年 9 月第三周的周六、周日举行。

此外，大学期间还有很多非等级的能力证书，这些证书虽然大多不是通过考试获得，但也反映了同学们在大学期间的努力与付出，在一定程度上也是个人能力提升的彰显，也可以增强学生在就业时求职的说服力。比如，奖学金、三好学生、优秀毕业生、优秀学生干部等证书；大学里或者社会上的各种竞赛的获奖证书；发表论文与专利的证书等。

思考题：

1. 结合自己的学习情况，谈谈对大学学习方法的认识。
2. 与社会相比，大学期间有哪些独特的学习资源？
3. 如何克服考试焦虑？
4. 试分析考试诚信缺失的原因，并谈谈如何推进考试诚信。
5. 试述能力与资格证书考试对大学生的重要意义及其分类。

第六章 大学生人际交往

确实，人在交往中获得生存，人在交往中获得个性，人在交往中寻求友谊。一个没有交际能力的人，就像陆地上的船，永远不会漂泊到壮阔的大海中去。没有亲人的人，人生是残缺的；没有朋友的人，旅程是孤独的。亲爱的大学生朋友们，你会怎么做？我们永远的提问；你会怎么做，你自由选择的权利。聚焦大学生人际交往，是每一位大学生和每位教育工作者的重要任务，是存在我们身边需要我们直面的真问题。

第一节 大学生人际交往的概述

在哪里找到了朋友，我就在哪里重生。 ——泰戈尔

一、大学生人际交往的定义

认识的根本任务在于对事物的本质与规律的认识。对人际关系这一社会现象的认识也是如此，只有认识了人际关系的本质，才是达到对其“是什么”的科学把握。

1. 人际关系的定义

人际关系是指人们的物质交往与精神交往过程中发生、发展和建立起来的人与人之间的关系。

（1）人际关系的实质是社会关系

马克思说：“人的本质不是单个人所固有的抽象物，在其现实性上，它是一切社会关系的总和。”决定人与动物区别的，决定人本质的是人的社会属性，离群索居的人是无法存在的。

（2）人际关系的核心是人与人之间的心理关系

人际交往是人与人之间通过一定的方式进行物质和精神交换与沟通的动态过程，人际关系则是人们在这种动态过程中形成的一种关系，表现为人们之间的思想与行为的互动，反映的是人们的一种心理状态。

2. 人际交往

人际交往和人际关系既有联系又有区别。人际交往是一个动态的过程，是人的一种行为活动。人际关系是静态的，是人们在现实生活中形成的一种人与人之间的关系。它反映的是一种状态，即交往双方的心理满足状态和心理距离。同时，两者密切相关。人际交往主要反映的是团体内人与人之间联系的过程及形式，而人际关系则侧重于体现人与人之间在联系形成后建立的各种形态的心理关系状态（包括认识、情感及外在行为方面）。

所谓交往，在汉语中指互相来往。交，本意是两者相接触。《易·泰》云："天地交而万物通也，上下交而其志同也。"往，本意是《易·辞下》云："寒往则暑来，暑往则寒来，寒暑相推，而岁成焉。""交往"的拉丁词源是"共同的或使共同的"，"交往"对应的英文单词是 Communication 或 Intercourse，其含义十分广泛，有沟通、传达、通信、交通、传报、联络、交流、交往等含义。

人际交往亦称人际交流，广义的人际交往是指在一定社会历史条件下，个人与 个人、个人与群体、群体与群体之间发生的、相互间来往所形成的一种社会关系；狭义的人际交往指两个人之间面对面的语言或非语言的信息交流（information communication）和感情交流（feeling communication），它是个体间无媒介直接的双向沟通和交流。

3. 人际交往能力

交往能力也可称之为人际能力，包括主体对人际关系的感受能力、适应能力、协调和处理能力三个方面。人际关系的感受能力主要指人们对别人思想、情感、需要、动机的认识与体验能力。人际感受能力的强弱直接影响着人际关系的质量。人际关系的适应能力是指人适应自己与他人、他人与他人人际关系的变化，不断根据变化了的人际关系调整自己的思想、情感和行为方式的能力。人际适应力的强弱也直接影响着人际关系的质量。协调和处理人际关系能力是指人通过自己的行为有意识、有目的地影响人际关系变化与发展方向的能力。协调和处理人际关系能力的强弱更能影响着人际关系的质量。

4. 大学生人际交往

大学生人际交往是指大学生之间及大学生与其他人之间沟通信息、交流思想、表达情感、协调行为的互动过程。大学生人际交往是大学生与老师、同学、家人、朋友之间相互交流信息和情感的活动。它具有沟通信息、交流情感、协调行为、提高人际知觉准确性的作用。人际交往对大学生的个体成长发展有着直接的影响，与大学生素质的提高、人格的完善有着密切的关系。

二、大学生人际交往的方式

1. 根据交往空间分

（1）直接交往

一般运用人类交际手段（生动的语言，面部感情或体态表情）"面对面"的自然心理接触，具有迅速而又清楚的反馈联系系统。

（2）间接交往

一般借助于书面语，大众传播或技术设备所进行的充分的心理接触，其反馈联系有一定困难，而且在时间上比较缓慢。

2. 根据交往对象分

（1）个体间的相互交往

个人与个人之间的交往，一对一，比如朋友、同学之间。

（2）群体间的相互交往

处于一个群体之间，以群体名义与另一群体或个人接触，比如社团活动。

（3）个体与群体间相互交往

个体与群体的交往以及学生与群体的交往较为表面。比如学习小组中个人扮演的角色。

三、大学生人际关系的类型

1. 血缘型人际关系

青少年正面临心理断乳的关键期，与父母有着千丝万缕的联系。这时，青少年与同龄人的交往上升到了主要地位，但在经济上仍依赖父母。尽管有的人住校了，较少与父母接触，但这只是表面上的自立，父母的教养方式仍旧时时影响着青少年的发展。要处理好与父母、兄弟姐妹和亲人的关系。真正的成熟与独立绝不意味着对父母和家庭的冷漠。叛逆，只是成长中的一段风景，要学会分享，跨越代沟，去除定势思维，不要给彼此贴标签。了解父母的特点，注意父母的突然变化，孝敬父母，关心问候，听从教导，践行孝悌，恭敬礼让。掌握与亲人之间的交往艺术，时刻记得，父母永远是我们人生路上的导师。

2. 学缘型人际关系

由于大学生生活在校园之中，其主要任务是学习，所以大学生的人际关系首要的是学缘型人际关系。所谓学缘型人际关系是指以学业或所学专业为纽带而形成的人际关系。学缘型人际关系主要包括舍友关系、同学关系、师生关系等。

（1）舍友关系

大学生寝室人际关系是大学生在寝室相互交往过程中所形成的心理关系。是学缘关系中最不可忽视的内容。有友好型、淡漠型、敌视型三种类型。

室友关系是不同于一般的人际关系，在寝室内部，个性特点会得到完整表现，尤其是一些特性、缺点时间长了难以掩饰，这样更容易爆发一些冲突。当大学寝室关系复杂引发人们紧张情绪的时候，雅安地震中，一位抱 6 台笔记本电脑、3 台单反，手拎 1 只小龟冲出宿舍的“中国好室友”黄昱舟横空出世，给人们打了一针强心剂。湖北省为了深入调查大学生心目中好室友的标准发起问卷调查，“宽容待人，易相处，不斤斤计较”得票最高，而聚会 AA 制票数最低。

（2）同学关系

是指以共同理想为基础，以共同的学业维系的一种人际关系。同学关系是大学生学缘型人际关系的基础内容，是大学生人际交往中最普遍、最广泛的关系。在同学关系中同班同学关系是大学生最主要的关系，因为同学朝夕相处，学业上相互帮助、认识上了解深刻、情感上相互依赖，这种“同窗”关系大多都能保持终生。此外，同学关系还包括同专业、同学校以及校外同学之间的关系。

随着社会主义市场经济的深入发展，大学生竞争意识、开放意识的增强，大学生的同学关系又可以分为合作型和竞争型两种。合作型关系是指同学间形成的相互切磋、取长补短，共同提高的人际关系。竞争型的关系是指同学你追我赶，相互比拼的人际关系。两种类型的同学关系各有长短。

（3）师生关系

是一种业缘关系，即以共同的事业而形成的人际关系。也就是说，师生关系是教师以教育为职业，学生以学习为职业而形成的人际关系。师生关系中的教师包括任课教师、学生辅导员和学校的各级管理人员。

除了少数学生干部外，学生和教师之间的关系通常是在教学活动中自然而然地建立起来的。师生关系的好坏对青少年的学习和成长会有相当重要的影响，那些学识渊博并能以关怀、理解、公正的态度对待学生的老师更有威信，更能促进学生的进步；相反，冷漠的师生关系往往令我们感到失望，敌对的师生关系往往会给学生带来一系列的心理问题。感恩中共同成长，相互尊重是基础，寻找共同兴趣点是方向，平等交往不卑不亢是态度，建立朋友情谊是目标。主动向老师请教，师长会给你带来无形的资产。

3. 地缘型人际关系

地缘型人际关系是指因地域相同或接近而结成的人际关系。大学生的地缘型人际关系就是同乡关系。同乡关系是指由原来居住在共同的区域，以地域观念为基础而形成的人际关系。一所学校、一个学院、一个班级甚至一个宿舍总会有几个来自同一省、地区、市县的同学。由于这些同学生长在相同的地方，有着共同的语言习惯和生活习惯，因而在人生地疏的环境中，他们的心理距离小，容易形成密切的人际关系。同乡关系在刚入学的新生中尤其重要。每当新学年伊始，大学里的“同乡会”就十分活跃，同乡的出现使他们在陌生的异地感到乡情的温暖。平日也会在“老乡群”里诉说困惑和表达欣喜。

4. 情缘型人际关系

情缘型人际关系是指交往主体为满足情感需要所结成的朋友之间的关系。大学生的情缘型人际关系突出地表现为朋友之间，特别是恋人之间的关系。处于青春期的大学生，由于生理上的成熟和性意识的觉醒，产生了对爱情的向往与关注。同时，由于大学生的年龄相仿，学习、生活朝夕相处，交往密切，加之校园交往环境较为宽松，所以有些以“业缘”“地缘”“趣缘”开始的交往，就有可能发展为“情缘”交往，特别是发展为异性间的恋人交往。目前，高校校园恋人的身影随处可见。大学生中的恋人关系一般具有盲目性较大、理智性较弱、不持久等特点。

在时下的大学校园里，那些单身的同学简直凤毛麟角。鉴于当今社会的晚婚晚育，大龄单身男女不断增多，男女之间的正当交往不仅应允许，而且是有益的，但恋爱需要把握好时间、进度和质量。否则双方会在恋爱中受重伤。在此建议大学生的爱情都得以开花结果，因为有一种爱叫“何以笙箫默”。当然我们也必须承认，大学生异性间的接触与交往过程中，虽然双方得到了真挚的友谊和教益，但同时也可能容易遭到一些误解，以致有时不大愉快，这虽然有世俗偏见的一面，但也有我们大学生中对异性间的正常交往注意不够的一面。

5. 趣缘型人际关系

趣缘型人际关系是指因情趣相近、爱好相同而结成的人际关系。趣缘型人际关系在大学中较为普遍，因为大学生正处于精力旺盛期，兴趣广泛，出于对专业的共同兴趣、对艺术和体育的共同爱好等等，使他们中的一些人交往密切，形成了正式的与非正式的群体。大学生在其间交流思想、展示才华、趣谈理想、开阔视野。由趣缘型人际关系为基础而形成的群体，是大学校园里最活跃的群体，承载着校园文化。

6. 网缘型人际关系

网缘型人际关系是指交往主体以网络为纽带，在虚拟的网络世界中发生互动并形成的人际关系。大学生网络人际关系是在虚拟的网络社会中，学生通过聊天室、BBS、文章讨论区、QQ、MSN、手机微信等聊天方式而彼此建立的人际关系。随着信息技术的高速发展，互联网已经成为人类进行社会交往的重要工具，成为现实中人们生存的“第二空间”。越来越多的大学生，他们可以在虚拟空间直抒胸臆，释放个人情感，扩展人际交往范围，寻求自己喜欢的对象。

但是，网络是一把双刃剑，使用不好会重伤自己。网络交往给大学生的心理健康和现实人际关系带来消极影响。如一些大学生沉溺网瘾不能自拔，影响学业，有的对网络依恋，用网络交往代替现实交往，从而疏远了现实的人际关系。更有网络交友不慎而被骗财骗色者。大学生的网缘型人际交往具有虚拟性、关系建立容易、软脆弱、见光死等特点。

四、大学生人际交往的意义

人际关系良好的人要比人际关系不好的人衰老迹象少。善于交朋友的人比独来独往的人顺利的事情要多。有爱情滋润的人比没有爱情滋润的人精神状态更好。这些事情看起来很神奇，但实际上其中的奥秘很简单：即人对人际关系的渴望好比对营养成分的需要。

1. 人际交往是大学生顺利实现社会化的前提

（1）实现社会化

马克思指出：“人是各种社会关系的总和。每个人都不是孤立存在的，他必定存在于各种社会关系之中，如何理顺好这些关系、如何提高生活质量就涉及了社交能力问题。”人的本质属性是社会性，社会性就意味着我们总是不可避免地要与人来往，与人交流，与人协作。缺乏真正的朋友是一种彻底、可悲的孤独，性情上与友谊格格不入的人，他接受的是野兽的性情，而不是人类的性情。处理好人际关系，是个人道德品质修养的重要方面，是使人成为人的必经之路。

（2）找到归属感

美国人本主义心理学家马斯洛提出的需要层次理论指出，归属需要是人的最基本的、高级的心理需要之一。考入大学后，如果有好的人际交往会让大学生找到归属感。人际关系满足个体感情需要、包容需要和控制需要的作用可以有助于解脱大学生的紧张心理状态，稳定情绪。

2. 人际交往是维护大学生身心健康的重要途径

古语云："天时不如地利，地利不如人和。"良好的人际关系对一个人的生理与心理是有益的；相反，不和谐、紧张、消极、敌对的人际关系则对一个人的生理和心理都是有害的。

交往的一个主要成效就是宣泄各种激情引起的心中的憋闷。我们知道憋堵之症对身体最为凶险，对精神也不例外。你可以服铁剂健脾，服硫华舒肺，可是除了真正的朋友，没有一个处方可以让人感到开心。对于挚友，你可以在一种世俗的告解中，倾诉你的痛苦、欢乐、恐惧、希望、猜疑、规劝，以及压在心头的一切。毕达哥拉斯的格言虽晦涩但是是至理名言——"勿食心"。

3. 人际交往是大学生发展自我获取幸福的源泉

良好的人际交往的第一个成效是颐养感情。第二个功效就是助长理智。朋友的忠告一种针对品质，一种涉及事业。最后一种成效是在一切活动和事务中的帮助与参与。古人说朋友就是又一个自己，如果有挚友，身后事有依托。祝一个人幸福，通常采用祝你事业、爱情双丰收的语句。研究表明，结婚的人或有朋友的人能够体验更多的幸福感，尤其是婚姻关系可以是个体感受最大的幸福。友谊可以唤起人们的积极情绪，使个体体验更多的幸福感。通过人际交往，你的位置在哪里和你是谁的解答取决于你周围是谁，你不能决定生命的长度，但可以通过角色的扮演决定你生命的深度和广度。

幸福是得知真相还是沉迷幻想？是与人共处还是离群索居？总有人对此有所预见。人生的终极目标和理想是追求并感受幸福。人类最终追求的社会是和谐幸福社会。汉语"人"字，十分有哲学意味，那就是两个人之间互相支撑。"今日你帮我，明日我帮你。"幸福是正视人生的目标，如人人修养，不管是个人，还是民族，乃至人类，只要以幸福的目标精神去正视人生，就一定会找到获得幸福的基本方法：既帮助自己和任何能触及的人获得幸福！

第二节　大学生人际交往的特点

爱人者，人恒爱之；敬人者，人恒敬之。——《孟子·离娄下》

一、当前大学生的交际心态

1. 择友标准各有不同，考虑角度较为理性

有关调查表明，绝大多数大学生将“有共同的兴趣爱好”和性格因素作为其择友的出发点。共同话题是深入了解对方的关键因素，而性格上的相同、相似或相补又可以打开沟通之门，有助于更好地交流。

2. 人际交往注重平等，个性能力不容埋没

在与朋友深入交往的过程中，每个人都可能扮演着不同的角色，当大学生被问及“最愿意充当怎样的角色”时，75% 的同学希望“能和所有朋友处于平等地位”。有 15% 的学生希望“能够成为朋友中最受瞩目或处于聚会的领导核心地位”。不难看出，不少学生在人际交往中不甘受冷落，希望充分展示自己的个性和能力。

3. 交际困惑不容忽视，解决途径仍需改进

在人际交往过程中，大学生容易遇到一些心理上的困惑，面对这些困惑，大部分同学首选“找朋友诉说”。55% 的同学更愿寻求“家长”和“心理医生”的帮助，心理咨询老师和医生的分析和帮助可以达到事半功倍的效果。但是，也有 25% 的同学选择“憋在心里”，他们觉得人际交往的困难比较私人化，或者认为人际关系的困惑是暂时的，自己有能力克服，但终究不是根治的方法。

二、大学生人际交往的特点

当今时代，每个人都在地球村中广泛地交往，与别人沟通、交流的同时更与人合作。在交往中实现由人格价值、自我价值和社会价值三部分组成的人生价值。认清大学生人际交往的特点，方能游刃有余地掌控人际交往的脉搏。

1. 交往动机的迫切性

大学生渴望友谊与交往，有着人际交往的迫切需要，力图通过交往去开阔视野、丰富知识、学会处世以表现自己各方面的才能，获得情绪的稳定，保持足够的自尊心和自信心。大学生思想活跃、精力充沛、兴趣广泛，有充裕的时间去思考交往，富于理想情感，讲究情投意合、融洽相处。大学里，既学知识又学做人是每个大学必须时刻记得实践的理念，而人际交往是最佳路径。

2. 交往内容的丰富性

大学生以往的交往主要在学校，交往内容多以交流感情、切磋知识为主，如今知识呈爆炸性发展、信息技术发展迅猛，人们视野极大拓展，致使当代大学生的人际交往内容更加广泛深入，当代大学生交往的内容更趋多样化、丰富化，包括兴趣爱好、文化艺术、生活常识、情感交流、思想心理、问题看法、理想信念、经验感受、恋爱交友、饮食穿着、知识信息、求职择业、游览购物等等，可谓包罗万象、应有尽有。

3. 交往媒介的现代性

大学生传统的交往方式主要有面对面的直接交往、书信、参加文体活动、郊游、联欢娱乐、吃喝、走亲访友、各种沙龙聚会、社团活动、同乡会等。但因科技的迅速发展，短信、网络等先进的联系手段逐渐成为当代大学生交往的主要方式。依据调查，当代大学生人际交往的方式如下：短信，80.5%；面对面交流，74.7%；手机通话，50.1%；QQ、MSN，34.1%；固定电话，19.5%；书信，8.8%；电子邮件，6.3%。腾讯公司于2011年推出的一款快速发送文字和照片、支持多人语音对讲的手机聊天软件微信。现在已经以迅雷不及掩耳之势成了最佳沟通方式，充当人与人之间的感情纽带。手机微信的交往媒介俨然已成当今大学生的流行方式。

4. 交往范围的广泛性

市场经济的发展，使人际交往不能局限于亲缘群体之内，人际交往的范围随之扩大，交往能力强的同学交往不局限于同班同学，更多的大学生突破班级、年级范围，发展到同级、同系、同校高低年级可认识的所有同学及外校、社会上的朋友，进入各式各样的校园交际环境。不仅是同性之间的交往，异性交往也很经常。因手机、网络等现代化通讯媒介的普遍运用，使当代大学生的人际交往打破了原有的时空限制，他们的交往的触角还伸向校园之外，越过省际，趋向全国，甚至冲破国界，进行国际交往频繁。从具体的交往对象来讲，因就业和实践的需要，开始走出学校、走向社会。

三、大学生人际交往的倾向性特点

1. 信息网络虚化了大学生的人际交往

使大学生人际交往更自由的网络文化是一种虚拟的环境，比尔·盖茨的《未来之路》一书中有一幅著名的漫画，一条狗对另一条正在上网的狗介绍经验说："在因特网上，没有人知道你是一条狗。"这个问题开始出现：网络中的自我——今天我要是谁？

网络独特的虚拟性，为道德相对主义提供了最适合生长的土壤，从而使一部分大学生产生了对传统价值观的背离。有的大学生利用网络追求所谓"一夜情"，或用网络谩骂、攻击他人。这些网络人际交往行为虽然存在虚拟性，但它们对现实的社会规范无疑会起到某种程度的腐蚀和破坏作用。

在虚拟社区中数字化"隐身衣"的保护下，许多个体在网络社会和现实社会中的表现截然不同，其人格分裂的倾向十分明显，网络成瘾者会产生想要增加使用时间的欲望，并且对网络中的人际交往更加依赖，从而对现实中的人际交往显得淡漠，这样不利于大学生的正常的人际交往。

过度沉迷于网络交往，还可以使大学生的集体与社会归属感消失，心理幸福感降低，孤独感与抑郁感增加，在现实世界交往中产生认知障碍、个性障碍、情绪障碍等人际关系障碍。对青年大学生的社会适应和人际交往能力的培养产生强烈的影响。

除此之外，我们更为担心的是“手机依赖症”的泛滥加剧。从生活起居到工作交际，从生活习惯到个人情感，“手机群侯”对手机的“钟爱”和依赖程度已经远远高于其他活动，无形中将我们传统的交流互动方式逼向了角落，人与人之间的沟通更加无声化，交际能力锐减，人际隔阂陡增。交往的便利性、交往方式的易得性，并没有加深人们之间的联结，反而造就了可怕的孤独。因而，人必须依赖每天写博客、刷微博、上社交网络，来刷存在感。微信变成了一场人际交往的博弈，拒做低头党的呼声你听到了吗！

2. 独生子女特点宅化了大学生人际交往

如今大学生多为独生子女，在成长过程中并没有学会如何更好地与人交往。父母对孩子保护过度，本意是对孩子好，却使孩子失去了人际交往的锻炼机会。大学生又普遍缺少社会的磨炼和生活的磨难，人生观、价值观容易出现偏差，因此许多大学生形成以自我为中心的交往倾向。

这类大学生在人际交往中表现出自私，无责任感，公德意识缺失等特点，与人交往处处以“多占便宜，少吃亏”为出发点，认为他人为我是理所当然的，我为他人是不可理解、难以接受的；遇到问题时只考虑自己的感受，不能设身处地为他人着想，求全责备，怨气冲天，蛮不讲理。这类大学生只能让人敬而远之，难以与之建立和谐、友好的人际关系。

当代大学生大多数是独生子女，他们在成长过程中生活环境的单一性，交往群体的限制性，使他们在社会生活中缺乏人际关系的相关训练环境，表现为难以处理人际关系和融入社会生活，以致逐渐形成了较强的个人情感意识和兴趣意识，变得越来越厌烦和现实中的人交往，尤其缺乏和长辈的必要的交流和沟通。面临社会交往的困难，一些大学生越来越依赖互联网上的社群认同感，越来越爱生活在自己所感兴趣的小圈子里。导致了“宅化”的快速流行，产生了“宅男”、“宅女”现象。调查表明：73%的大学生在业余时间喜欢待在家里沉迷于自己的兴趣爱好中，睡觉、上网、叫外卖构成了他们生活的主要规律，他们完全生活在一个相对孤立的生活环境中，容易形成孤僻、焦虑、感情淡漠等负面情绪。

3. 市场经济体制功利化了大学生人际交往

在商品经济大潮的冲击下，有些大学生滋生出拜金主义、享乐主义的思想意识，在人际交往方面缺乏对“真情”、“友情”的正确理解，把人际关系建立在吃喝玩乐的基础上。为拉关系、结同盟，也为摆阔气、显潇洒，名目繁多的聚会、聚餐在大学生中流行开来，过生日、老乡会面、周末朋友相聚、当选班干部、获奖学金、入党、收到汇款、确立恋爱关系、过情人节、过圣诞节等等，都要吃喝热闹一番，以示庆祝。对此一些大学生互相迎合，你来我往，乐此不疲，使人际关系充满庸俗之气，为大学生正常的人际交往带来极为恶劣的影响。

概括说来，人际交往中的功利主义，通常是指把交往作为手段，把利益作为追逐目的的一种交往方式。当代大学生人际交往较以前，感情层面在减少，而功利主义明显增强，交往急功近利，追求立竿见影。在当代大学生中，少有信奉“路遥知马力，日久见人心”者，更多的是崇尚“一次性”的“快餐”交往。这些正在悄然地侵蚀着大学生人际关系的肌体。

四、大学生人际交往类型

美国著名的心理学家爱利克·伯奈（E Bernc）依据对自己和他人所采取的基本生活态度，提出了四种人际交往心理模式适合当代大学生人际交往的特点：

1. 我好——你也好

相信他人，能够接纳自己和他人，正视现实，并努力去改变他们能改变的事物，善于发现自己和他人的优点与长处，从而使自己保持一种积极、乐观、进取的心理状态，是一种成熟、健康的人际交往心理模式。

2. 我不好——你好

表现为自卑，甚至是社交恐惧。根源于童年的无助感，这种态度如果没有随着年龄的增长而改变，长大以后就容易放弃自我或顺从他人。他们喜欢以百倍的努力去赢得他人的赞赏，或者喜欢与父母意识重的人为友。

3. 我不好——你也不好

不喜欢自己也不喜欢别人，看不起自己，也看不起别人，常放弃自我、陷入绝境，极端孤独和退缩。

4. 我好——你不好

以自我为中心，自以为是，总认为自己是对的，而别人是错的，把人际交往中失败的责任推在他人身上，常导致自己固执己见，唯我独尊。

第三节 大学生人际交往的问题

嫉妒犹如一只苍蝇，经过身体的一切健康部分，而停止在创伤的地方。——查普曼

一、大学生人际交往困难

大学生的人际交往更为复杂，更为广泛，独立性更强，更具社会性。然而，并不是每个大学生都能处理好人际关系。在这一过程中，有相当数量的人会产生各种问题。一旦在这一过程中受挫，就可能表现为自我否定而陷入苦闷与焦虑之中，或因企图对抗而陷入困境，并由此产生心理问题。

1. 适应性困难

大学生人际交往困难的情况是多种多样的，其中，适应性人际交往困难表现得最为突出。大学生人际交往适应性困难主要表现在以下几方面：

（1）初涉社会的不适应

大学是半个社会，同学交往是社会交往的起点。进入大学，开始认识家庭以外的人，但对于中学阶段交往范围小、依赖性强的大学生而言，尤其是新生，他们一时难以适应。

（2）对较为复杂的人际关系的不适应

步入大学后，大学生会形成多姿多彩的人际关系，师生、同学、舍友、网友等。突然面对比较复杂的人际交往，相当数量的学生表现出不适应，不知如何面对。

（3）独立处理人际关系的不适应

大学期间正值人生的青春期。有自己的独特特点，由于生活空间的扩大、交往范围的拓宽使得不少大学生出现了独立处理人际关系的不适应，从而产生了失意、焦虑、恐惧等心理，甚至出现神经衰弱等问题。

2. 选择性困难

大学生人际交往的选择性困难主要体现在人际认知价值选择上的困难。

（1）自我认知困难

自我认知主要是指自我概念，是个体在社会化过程中逐步发展过来的，是个体通过自我观察、分析外部活动与情境、社会比较等多种途径获得对自己生理状况、心理特征、社会属性等多方面的比较稳定的认识和看法。具有正确自身认识的认知是大学生建立良好人际关系的前提，因为对自身认知的客观与否影响着其对人际关的认识与处理。在现实生活中，人们对自己的认识一般有比较客观、过高评价、过低评价等形式。大学生在对自我的认知的过程中需要进行选择。但很多时候选择错误，因此能否正确认识自己是大学生在人际交往中遇到的第一个选择性难题。

（2）对他人认知的困难

只有达到对他人的正确认识，才能在交往中采用恰当的方式与方法。俗话说“画龙画虎难画骨，知人知面不知心。”因此，能否正确认识他人，是大学生在人际交往中遇到的又一个选择性难题。

（3）对人际关系认知的困难

由于大学生刚刚独立面对人际交往，缺乏应有的经验与准备，因而让他们在复杂的人际类型圈中选择起来有些困难。

3. 调节性困难

人际关系主要是处理个人与他人的关系，因此，调节是处理人际关系的一个重要方法。人际关系的这一重要方法也是大学生在人际交往困难中遇到的困难较多方面。

（1）自我调节困难

当代大学生身处多元、多变、多样的社会之中，其思想会受到正确与错误、积极与消极、传统与现代等多因素的影响，思想易矛盾，行为容易遇到挫折，因此，如何提高自身的调节能力，是大学生在人际交往中需要面对的困难。

（2）人际调节困难

在大学里，与各种人打交道，不可避免地出现矛盾，但很多大学生不具有调节能力，激化矛盾，最后请教老师，更有的让家长参与进来，从而使问题扩大化和复杂化。因此，如何调节人际关系，也是大学生在人际交往中需要面对的困难。

二、大学生人际交往障碍类型

人际关系中的心理障碍是阻碍彼此交往的非常态的人际心理现象，它是妨碍人际交往的异动力。它的存在影响人际关系的深入发展和良好人际关系的建立。

1. 人际交往存在观念障碍

大学生交往缺少主题和中心。这种交往作用期待失调的观念表现如下：

（1）“纯愉悦的同创互换”： 社会心理学称之为一种极端的交往作用期待，交往是纯粹为了高兴高兴，一乐方休。交往时兴高采烈，过后感到莫名的空虚。

（2）“纯利益的对等互惠”：在社会上普遍存在的认识，交往者通过交往彼此都想得到某种利益。如果这个作用的期望在心理系数过分加大，就会出现“交往作用期待失调”，出现“只有不变的利益没有不变的朋友”，或者得到是朋友无利时不是朋友，甚至反目成仇。尽管交往互动频率很高，却得不到真正的友谊和朋友。

每个人会由于生活习惯不同，以及个性、性格不同，导致冲突的时有发生，重要的是面对这些冲突，接纳冲突的事实，冷静处理双方的情绪，进一步了解对方，沟通、谈判以求同存异，并学习如何接纳不同的观点、习惯、兴趣、爱好等，这样才能很好地和谐相处。人际交往的观念障碍调节是解决问题的关键和前提。

2. 人际交往存在心理障碍

交往需要一定的手段和技巧，如果掌握，就会高朋满座、嘉宾如云。然而交往到深交则很不容易。因为，常常会在无意间“踩响”心理障碍的“地雷”。 大学生在交往中存在种种不健康的心理，在这里简单介绍几种：

（1）自卑心理。自卑的人悲观、忧郁、孤僻、不敢与人交往，认为自己处处不如别人，性格内向，总觉得别人瞧不起自己。这类人主要是由以下几种原因引起：过多的自我否定、消极的自我暗示、挫折的影响和心理或生理等方面的不足。也有归因不当、自尊不当、比较不当形成自卑感。可以采用联想比较、交叉比较、感情接近、难堪练习法、渐进交往法克服自卑感。

（2）孤独心理。孤独是一种感到与世隔绝、无人与之进行情感或思想交流、孤单寂寞的心理状态。孤独者往往表现出萎靡不振，并产生不合群的悲哀，从而影响正常的学习、交际和生活。这类学生主要由以下几种原因引起：性格、过于自负和自尊、挫折。

（3）嫉妒心理。嫉妒是在人际交往中因与他人比较发现自己在才能、学习、名誉等方面不如对方而产生的一种不悦、自惭、怨恨甚至带有破坏性的行为。特点是对他人的长处、成绩心怀不满，心生嫉妒；看到别人冒尖、出头不甘心，总希望别人落后于自己，嫉妒还有一个特点：就是没有竞争的勇气，往往采取挖苦、讥讽、打击甚至采取不合法的行动给他人造成危害。

（4）报复心理。所谓报复，是在人际交往中，以攻击方法发泄那些曾给自己带来挫折的人的一种不满的、怨恨的方式。它极富有攻击性和情绪性。报复心理和报复行为常发生在心胸狭窄、个性品质不良者遭到挫折的时候。

（5）干涉癖。干涉癖是一种最常见的心理障碍。这种人经常被人称为“长舌妇”，它对良好人际关系的建立和发展有着极其恶劣的影响。干涉癖形成的原因就是空虚无聊，没有理想，没有追求，闲着无事可干，于是就靠打听、传播和干预别人的私事和隐私来获得病态的心理满足。缺乏道德修养。尽管有些干涉癖的直接目的不是损人，但其直接后果却是十分恶劣的，它不仅对他人不利，更重要的是败坏社会风气。干涉癖这种心理障碍对人际关系有百害而无一利。许多干涉癖满足在人们之间制造矛盾，结果伤害了别人，也伤害了自己。

（6）强迫癖。就是将自己喜爱或不喜爱的东西强加于人。有这种缺点的人，使人与其交往时，往往产生一种被剥夺了自由和主动权的感觉，而且弄得不好，还可能不欢而散而告终散结局时，他们就很费解：自己的热情为什么得到不好的结果？要克服强迫癖，正确认识和理解什么是热情；真正懂得了解和尊重他人的需要和情感，不能以己度人；对自己不喜爱的东西千万不能强加于人。另一方面，对自己不喜爱的东西也不能强迫别人不喜欢。

3. 人际交往存在认知障碍

大学时期是人际关系走向社会化的一个重要转折时期，但在交往过程中，处于成长阶段的大学生对自我、对他人、对社会的认知存在一定的偏差，使得人际交往出现障碍。大学生对自我评价方面的失调主要有两种情况：一种是过高地评价自己；另一种是过低地评价自己。

4. 人际交往存在人格障碍

人格是心理学中的概念，它在日常生活中被称为个性。人格是指一个人的整体精神面貌，即惯常表现出来的稳定的行为模式或心理特征，包括人格倾向性（需要、动机、兴趣、信念）和人格心理特征（气质、性格、能力）等方面。人格障碍有很多类型，下面介绍几种常见类型：

（1）偏执型人格障碍：对于他们打交道的人的动机表现出一贯的不信任和猜疑。怀疑别人想要伤害和欺骗他们。他们能够从无害的情境中找出隐藏的不愉快的含义。他们认为朋友或配偶总有一天会不忠实于他们。

（2）表演型人格障碍：特征是过分情绪化和寻求注意。有这种障碍的人希望自己总是注意的中心。如果他们不能成为注意的中心，他们就做一些不适宜的事情去争取成为注意的中心。有时很感情用事，但是往往缺乏证据来支持他们的论断。他们会对很小的事情做出过分的情绪反应。

（3）自恋型人格障碍：有一种夸大的自我重要感，心理被成功或权力的想象所占据，需要持续的赞美。这些人通常有人际关系方面的问题，他们觉得有特权不需要履行彼此的义务，为了自己的利益剥削他人，很难认识和体验他人的感受。当他人不赞美自己或无视自己的存在时，患者会仇视甚至攻击他人，并且对批评、评价和失败表现出过分的敏感。

（4）反社会型人格障碍：这种类型的人喜欢以破坏家庭设施和学校社会公物，以及故意不听话来“显示”自己的反叛性。反社会型人格障碍是最主要、最典型、最具危险性的一种人格障碍，如不及时治疗，患者将来极有可能走上犯罪的道路。

（5）分裂型人格障碍：也称为怯懦与自卑人格。具有这样人格的人，严重内倾、孤僻、胆小、懦弱、自卑、害羞、沉默寡言、不爱交往、不关心别人对他的评价、缺乏知己、行为怪癖（但尚能使人理解）。他们尽管没有丧失对现实的认知能力，但社会活动能力差，又缺乏进取心，常沉溺于幻想之中。

（6）强迫型人格障碍：想得太多，使他寸步难行。典型表现是，行为死板、刻板，对特定的人、物或场景有按捺不住的恐惧、紧张心理，心里明知不对却不能克制。

（7）冲动型人格障碍：一种以行为和情绪有明显冲动为主要特点的人格障碍，又称爆发性或攻击性人格障碍。主要表现为行为不思考后果，具有不可预测性；易和他人冲突或争吵，情绪反复无常，易爆发愤怒和暴力行为；生活无目的，做事缺乏坚持性；人际关系不稳定，几乎无持久的朋友；有自伤行为。

（8）依赖型人格障碍：这种人缺乏主见，没有自信心，过度依赖别人，甘愿处于从属地位，希望别人替自己做出决定。遇事如果所依赖的人不在，常表现出焦虑和抑郁的情绪状态。

人格因素在大学生人际交往中起着至关重要的作用。许多人际交往不良的大学生身上或多或少地存在着一些妨碍交往的人格特征。自我意识太强，不善于“换位思考”，缺乏同理心。自私、自卑、冷漠、孤僻。长此下去，他们就人为地把自己的交往范围限制在父母、家庭这样的小圈子里，有的则会产生厌世心理。

三、大学生人际交往障碍的成因

家庭是父亲的王国，母亲的世界，儿童的乐园。 —— 爱默生

1. 家庭教育的原因

家庭是一个人成长的最初、最重要的场所，也是走向社会的第一站。家庭环境、家庭教育的好坏直接影响一个人的成长，对他们将来走向社会、对他们的人际交往都会产生影响。

（1）家庭经济状况

有研究者认为，“大学生人际关系质量最高的是自评经济状况处于中等水平的大学生，其次是自评经济状况处于上等水平的大学生，而自评经济状况处于下等的大学生人际关系质量最低”。贫困大学生拥有的社会资本少，制约了活动的开展，影响了人际关系的质量。

（2）家庭教养方式

通常，在民主型、权威型的家庭教养方式中，家庭关系与氛围轻松愉悦，生活在这样的家庭中的大学生有良好的人际关系。然而，独裁型和放任型的家庭教养方式则制约了大学生的交往能力。这样的大学生从小缺乏对家庭父母的依恋感和归属感，更容易自卑、孤僻，攻击性强，难以建立良好的人际关系。

（3）家庭结构

社会人口政策发展对家庭生活的影响重大，当代大学生多数是独生子女。溺爱成了普遍现象，这样的孩子在家里是百分之百，难以成为接受社会中的万分之一、亿分之一。多以自我为中心，难以与人合作，在人际交往中对别人的不幸缺乏应有的同情心。最后从物质和精神两方面啃老。3 岁女孩自杀逼父母放弃二胎，怀孕妈妈含泪打胎的新闻已昭然揭示孝悌观念在中国的已然缺少。俗话说得好，好脾气都是磨出来的，坏毛病都是惯出来的，爱挑事都是闲出来的。适时拔出孩子自私的种子，从小加强孩子交往合作能力。

（4）家庭育人观念

由于受到传统观念和教育体制的影响，望子成龙、望女成凤几乎是每一位中国家长的期盼。而很多家长只注重孩子的应试能力，而忽略了其他能力的培养，甚至剥夺了孩子娱乐、交往的权利，给孩子带来了压力。另一方面，父母为制造学习的优良环境，对孩子大包大揽，使孩子丧失自理能力，以自我为中心严重，缺少对他人和社会的责任感。面对新的环境，如果不能及时调整适应环境，就会茫然，造成大学生交往困难，甚至无法与人沟通。

2. 学校教育的原因

目前的中国高校教育主要以面向就业而展开教学。而就业单位招聘仍十分看中分数指标。这就给大学生带来一种误导，大学必须有高分数才有出路。于是继续两耳不闻窗外事，一心只读圣贤书。不大愿意与他人交往，也不懂得怎样与他人交往。

在课程设置方面，也只有大学生心理健康和大学生思想道德修养与法律基础有部分章节内容的提及，缺少专门的课程加以理论学习和指导。

校园文化的建设也缺少人际交往的重视，大学生社团的功能发挥得微乎其微，辅导员也只是在学生出现人际关系重大冲突时加以片面解决。大学生人际交往的实践缺乏现实土壤，交往能力得不到提高。

在辅导员的日常工作中，没有人际交往的系统概念，往往是头痛医头，脚痛医脚。

3. 社会的负面影响

市场经济的发展，一方面推动了我国经济社会的发展与进步，另一方面也助长了一些功利思想的膨胀，这种思想意识也影响了大学生的处世理念和行为方式。近年来，诸如大学生赌博、酗酒、打架等事件屡见不鲜，究其原因，无不与社会环境有着千丝万缕的联系。

（1）大众化教育

当前，我国的高等教育正从“精英教育”进入“大众化教育”。大学已经从培养“天之骄子”变为培养“普通劳动者”的角色。大学生学习压力、就业压力也随之增加。

（2）不良的社会风气

不良的社会风刮入大学校园，社会一些领域存在道德失范，是非、善恶、美丑的混淆，拜金主义、享乐主义、自私主义滋长，这些不良现象很大程度上改变了大学生的观念，使其对社会产生不信任，比如“扶不扶”问题难倒了多少人，也对人际交往产生了负面影响。

4. 个体主观原因

我们听到的和领会的其实只是我们一知半解的东西。——梭罗

（1）人际认知的局限

人际关系是从人际认知开始的。人际关系的调节也与人际认知分不开。人际认知是对自我、他人及人与人之间关系的认知。当上述三种认知出现偏差时，大学生的人际关系就可能陷入困难、遭遇挫折，由此大学生又会坚信“逢人只说三分话，不可全抛一片心”和“害人之心不可有，防人之心不可无”等说法，出现人际交往冷淡和恐惧心理。

（2）人际印象的局限

印象是指在人们记忆中所保留的关于事物的形象。人际印象是通过人际交往而留存在人们记忆中的人际认知的客观形象。故而心理学中的首因效应、近因效应、晕轮效应等都可能出现，从而产生认知偏差，进而影响大学生人际交往的顺利进行。

（3）人际沟通的局限

人际沟通是指“社会中人与人之间的联系过程，即人与人之间传递信息、沟通思想和交流感情的过程”。由于人际沟通的主体主要是个体，所以有私人色彩。人际沟通的有效性受到较多因素的干扰，另外，若个体的价值观、道德观不同，人际沟通都会出现障碍和困难。

（4）人际礼仪和技巧的局限

礼仪反映了一个人的内在素质和修养。人际交往必然伴随礼仪，很多冲突往往出于礼仪细节上的摩擦。人际交往的技巧，更多地强调关注人性，而掌握不当或有所欠缺也可能限制个人发展，影响大学生顺利进行人际交往。

四、大学生人际交往障碍的克服

1. 析病理，表态度，立目标

当你的人生正向既定目标前进时，你就是最强大的。——奥普拉

一个人躺在地上，如果他不想起来，那么十个人也拉不起他来，即使起来了也会马上又趴下。如果你做不到一件事，无论是搞好关系还是寻找爱人，都是因为你还没有真正想做。那种使自己变得生机勃勃的动力是什么呢？没有别人，只有你自己。你可曾体会到种子的疼痛？那种挣开包锁自己的硬壳，顶出板结的土壤的苦难，对一粒柔弱的芽来说，可说是顶天立地的壮举。一个人觉醒时的力量，应该大于一颗种子啊！有些人把梦想变为现实，有些人把现实变成了梦想。关键是，你的梦想是什么？你为你的梦想做了什么？有梦想就不会寂寞，剩下的事，就是琢磨怎样把梦想变成行动了。请记住，所有的动力都来自内心的沸腾。

2. 抓住重点，纠正认知偏差

认知疗法，是障碍者对其重要经验的思维方式来改变他们有问题的情感和行为。有认知行为矫正法（包括自我效能训练）和改变不良信念系统的方法。理性情绪治疗法改变信念、态度、习惯的思维方式。

自我效能感量表

描述	完全不正确	尚算正确	多数正确	完全正确
1. 如果我尽力去做的话，我总是能够解决问题的。				
2. 即使别人反对我，我仍有办法取得我所要的。				
3. 对我来说，坚持理想和达成目标是轻而易举的。				
4. 我自信能有效地应付任何突如其来的事情。				

续 表

5. 以我的才智，我定能应付意料之外的情况。				
6. 如果我付出必要的努力，我一定能解决大多数的难题。				
7. 我能冷静地面对困难，因为我可信赖自己处理问题的能力。				
8. 面对一个难题时，我通常能找到几个解决方法。				
9. 有麻烦的时候，我通常能想到一些应付的方法。				
10. 无论什么事在我身上发生，我都能够应付自如。				

记分方法：

完全不正确 1 分；尚算正确 2 分；多数正确 3 分；完全正确 4 分；分数越高说明自信心越高。

1—10 分 你的自信心很低，甚至有点自卑，建议经常鼓励自己，相信自己是行的，正确地对待自己的优点和缺点，学会欣赏自己。

10—20 分 你的自信心偏低，有时候会感到信心不足，找出自己的优点，承认它们，欣赏自己。

20—30 分 你的自信心较高。

30—40 分 你的自信心非常高，但要注意正确看待自己的缺点。

改变认知应对自我陈述的实例

准备	我可以制定一个计划对付它。
	只要想着我可以做什么就行了，那要比感到焦虑好。
	不做消极的自我陈述，理智一点。

续 表

面对	一次一步；我可以控制局面。
	这种焦虑是大夫说我可以有的；他提醒我去应对练习
	放松；我已经在控制中了。慢而深地呼吸。
应对	当恐惧来临，就停止。
	保持对当前的关注；我必须去做什么？
	别试着完全消除恐惧；让他们可控就行了。
	这还不算最糟的事。
	想点儿别的吧。
自我强化	见效了，我做到了。
	没我想象得糟。
	我对于自己的进步真感到高兴。

3. 突破难点，克服人格障碍

人格的核心是一个人思想中的各种事件（即内心事件），这些事件是产生行为的动机。在佛罗伊德看来，所有的行为都是动机引发的。他将人类行为动机的来源归因于每个个体内都能找到的心理能量。人格冲突不是源于人们之间的竞争，而是起因于外部环境压力与内部奋斗的矛盾。

自我又称自我意识，就是一个人对自己以及自己和他人关系的意识，自我就是一个人对生理我、社会我和心理我的自觉的意识及观念系统，它是稳定的，但它又在不断地发展变化中。自我的稳定性也称为自我的同一性，主要表现为生理我、社会我和心理我的相生、相融、相励的关系，若三个我“打架”，便会造成自我的“同一性危机”，严重的还会导致人格分裂。

优化人格。人际交往中的心理障碍基本都是个人人格的表现，因此，改造不良人格，培养和优化良好性格是建立和发展良好的人际关系的重要方面。通常，具有良好性格特征的大学生，如热情、开朗等，往往具有相当大的魅力，易于使人产生可亲可爱之感，因而极大地促进了人际关系的发展，使这些大学生成为人际交往的成功者。

当你担心自己没有能力完成某种任务时，你也许会采取自我妨碍行为。你是在故意破坏你的任务完成！这种策略是为失败准备托词：这不意味着我没有能力。所以不要沉溺于自我妨碍。心若改变，你的态度跟着改变；态度改变，你的习惯跟着改变；习惯改变，你的性格跟着改变；性格改变，你的人生跟着改变。你怕蛇，你去摸蛇；他不怕蛇，他去摸蛇，谁勇敢，我们的回答是前者。

4. 学习相关知识，培养关键技巧

古希腊戴尔菲城的一座神庙里，镌刻着苏格拉底的一句名言：认识你自己。它是这座神庙里唯一的碑铭，它要求人们在情绪产生的时候，既能觉知它的存在，进而有目的地调控它。谁了解自己的情绪，谁就能充分合理地利用它们，谁就能操控、驾驭它们。谁要是不了解自己的情绪，就只能无助地听它们的摆布，成为情绪的奴隶。

5. 积极开展实践，努力改善交往

仅有知识是不够的，我们必须应用；仅有愿望是不够的，我们必须行动。——歌德

美国心理学家罗杰斯曾是最孤独的人，但当他面对这个事实并化解后，他成了真正的人际关系大师；美国心理学家弗兰克有一个暴虐而酗酒的继父和一个糟糕的母亲，但当他挑战这个事实并最终从心中原谅了父母后，他成了治疗这方面问题的专家……他们生命中最痛苦的事实最后都变成了他们最重要的财富。你，一样也可以做到。

成功去南海的和尚

古时候，有一个和尚，决定要到南海去. 但他身无分文况且路途遥远. 交通又极不方便。但他没有被这些困难所困扰，他只有一个信念，我一定要到南海去。

于是，他便沿途化缘、一步一步往南海的方向迈进。路过一个村庄化缘时他碰到一个比较有钱的人家。当看到这个和尚化缘时，有钱人便问他："你化缘干什么？"和尚坚定地回答："我要去南海！"有钱人不由哈哈大笑起来。"凭你也想到南海，我想到南海的念头已经有好几年了，但还一直没有准备充分。像你这样贫穷的人，还没到南海，就是不累死也会饿死了。还是趁早找个寺庙安稳度日吧！"和尚不为所动，固执地说："我迟早一定要赶到南海。"几年以后，当和尚从南海返回的途中又到这个有钱人家里化缘时，这个富人还在准备他的南海之行。

有志者，事竟成。在我们生活的社会之中，有许多人一切都在计划、梦想、等待、准备之中，磋跎了无数岁月，仍然没有行动。缺乏动力的人永远只是一个可怜的空想家，他一直都在准备、计划之中，但他明天、明年也许永远不会比今天，今年准备得更充分、更好。

人际关系五步脱困训练法

步骤	内容	点评
第一步 困境	我不会处理人际关系	这句话没有时间状语，就好像我永远不会处理人际关系似的，实际情况是到现在为止，我尚未学会处理人际关系。但是，这种负面语句会给大脑发出一个错误的信息，使得我们感到无法突破困境。
第二步 改写	到现在为止，我尚未学会处理人际关系。	通过把"不会"改写为"尚未学会"，意味着现在和过去不会处理人际关系，未来有两种可能：一是可以学会的，二是不可以学会。比改写前多了一种可能性，但还是负面语句。

续 表

第三步 因果	因为，我过去不懂得处理人际关系的重要性，单一地闭门读书，很少与人交往，不注意学习别人处理人际关系的经验，所以到现在为止，我尚未学会处理人际关系。	把尚未学会处理人际关系的原因找出来了：一是不懂得处理人际关系的重要性，很少与人交往；二是不注意学习别人处理人际关系的经验。这两点都具有可变性，而且完全可以由自己进行控制。这两句话仍然是负面语句。
第四步 假设	当我对处理人际关系的重要性有了深刻的认识，能更多地与人交往，并有意识地学习别人处理人际关系的经验，我就能学会处理人际关系。	这句假设把连接词“因为”改为“当”，这个“当”字就暗示一定能学会处理人际关系。这句假设还把第三步的两个负性语句改为正面词语，情况就发生了根本性变化。
第五步 未来	我要深刻认识处理人际关系的重要性，经常与会处世的人交往，在交往的实践中有意识地学习别人待人处世的经验，不断总结自己与人交往的经验教训，我就能学会处理人际关系。	从第一步“我不会处理人际关系的困境”到第五步“我能学会处理人际关系”的未来发生了一个质的飞跃。这个过程完成了三个转变：一是完成了从充满无奈感和无力感的消极心态向充满信心和动力的积极心态的转变；二是完成了从迷茫的困境向目标明确、思路清晰、措施得当的未来的转变；三是完成了从被动守困到主动脱困的转变。

第四节　大学生人际交往的建议

在青藏高原白雪覆盖的山路上，刺骨的寒气伴随着暴风雪，一个男人独自走了好久，遇到一位独行的旅行家，两个人结成旅途上的同伴，默默前行。途中，发现一个老人倒在雪地里，如果置之不理，老人必死无疑。“先生，请你帮帮忙，我们一起带他走吧。”旅行家异常生气，便独自离去了。男人背起老人艰难前行着，不知过了多久，他全身被汗水浸湿，这股热气温暖了冻僵的老人的身体，老人恢复了知觉。两人以体温相互取暖，忘了寒冷天气，信心满满前行。“老爷爷，我们终于到了”看见前方的村庄，男人兴奋地喊道。当他们到村口时发现聚集了一群人。原来男人冻僵在雪地里，没了气息。他仔细一看冻死在距离村子咫尺之遥的男人，竟然是为了自己活命先行离开的那个同伴。

所以，人际关系的核心所在：给予别人关怀便是给予自己关怀，这就是互惠关系定律。

一、构建大学生良好人际关系的方法

1. 大学生个体交往的方法

（1）了解人的心理法则

成功的人际交往需要交往个体具备一定的心理常识，了解人的基本心理规律，也就是我们所说的心理法则。构建良好的人际关系，必须深入把握人的心理需求和心理规律，这是处理好

人际关系的前提。

（2）让自己成为受欢迎的人

人需要他人接纳、注意、恭敬、赞赏、感激、关心。因此了解了人性的基本需求之后，就要学会完善自我，改造自我，让自己成为受欢迎的人。要学会认真聆听他人的意见；要学会赞赏他人的优点和意见，吸收他人长处；要对每个人给予关注，不怠慢，不伤害他的自尊心；要学会感激他人。学会灵活、适度、融会贯通。

（3）善于利用时空环境

人际关系的建立要求具备一定的时间和空间条件，大学生在交往中首先要注意交往时间的选择，学会尊重他人的私有时间，尊重对方的空间。

（4）合理把握频率和深度

一般来说，交往频率越高，人际关系越容易深化并得到巩固和发展。但不绝对，有的人与人之间交往频率不高，但感情很深，这就与交往深度有关了。人际交往中深层次的沟通有益于建立较密切的人际关系。

（5）克服心理障碍

人际交往的主体要克服自身的羞怯、自卑、嫉妒、闭锁等引起交往障碍的心理，才能开启个体建立良好人际关系的大门。

（6）提高认知他人的能力

①认知他人的范围：对人感情的认知，对人情绪的认知，对人能力的认知，对他人倾向的认知，对个性特征的认知。

②认知他人的方法：知人非相，意思是交往中不要以貌取人，晕轮效应会使判断失误。知人善教，社会交往，可使人在生活群体中选择朋友，互相帮助，互相学习。知人善教，社会交往中，自我实现的内容之一就是传授经验和知识。知人善任，通过了解人，给他合适的位置。知人善举，通过认知，把德才兼备的人找出来。知人善谏，知道别人的不足，善于批评。知人善学，向别人学习。知人善助，实行仁德。

2. 大学生社会交往的方法

（1）树立自信

大学生在交往中要采取积极主动的态度，采取正确的方法即自信，对自我进行正确的判断，从而相信自我，认同自我。

（2）尊重他人

在与他人交往中，要得到他人的信任，首先必须尊重他人。要善于了解他人，理解他人，乐于关怀他人。

（3）学习礼仪

礼仪是一种人际交往中约定俗成的行为规法、程序和方式，包括礼貌、仪式、礼节、风俗等内容。体现着交往主体的精神和品性。如约翰·洛克所言，美德是精神上的一种宝藏，但使它生出光彩的，则是良好的礼仪。大学生应认真学习古今中外的交往礼仪，从而提高自身的素养，构建良好的人际关系。

（4）学会沟通

沟通是人与人之间交往的重要方式，大学生要建立良好人际关系，必须学会沟通。要了解沟通的形式，学习沟通的技巧，善于把握沟通的时机，恰当运用沟通的语言，善于倾听。

（5）善于反思

学而不思则罔，大学生要学会在实践中反思，即善于在交往实践中发现自己的优势和不足，善于总结交往成功与失败的原因，善于探寻规律，善于理性及时地调整自己，从而使自己不断完善、成熟，为建立良好的人际关系创造条件。

二、构建大学生良好人际关系的指导内容

1. 正确认识人际关系

正确认识人际关系是大学生构建良好人际关系的前提，因而也是辅导员对其进行指导的重要内容。指导大学生正确认识人际关系主要包括正确认识人际关系的本质、正确认识人际关系的作用、正确认识人际关系的基础三个方面。

2. 正确选择人际关系

正确选择人际关系是大学生构建良好人际关系的基础，指导大学生正确选择人际关系主要包括人际关系选择的基础、正确认识人际关系选择的依据、正确进行虚拟人际关系的选择三个方面。人际关系的选择一般是以人的情感为基础、为依托的。人际关系的选择是一种主动行为，既然是主动的选择，就要有选择的依据。交往目的、动机就是人们选择人际关系的依据。动机应该是善意的。

3. 正确处理人际关系

正确处理人际关系是大学生构建良好人际关系的关键，指导大学生正确处理人际关系，主要包括正确处理建立人际关系与完成学业的关系和正确处理人际矛盾与冲突。为此，要知道大学生正确认识参与人际交往活动与完成学业之间的关系，让两个方面相互促进，而防止顾此失彼。正确处理人际矛盾冲突是一个复杂的过程，也是大学生素质与能力的体现。应引导大学生正确认识人际矛盾冲突的过程与后果；了解解决人际矛盾冲突的方式与步骤；正确判定人际矛盾冲突的性质；采取积极主动的态度对待矛盾冲突，了解和理解他人；选择解决人际矛盾冲突的办法；注意总结解决人际矛盾冲突的经验教训，不断提高自身的素质与能力。

三、学校、家庭、社会要创造有利于大学生人际交往的外部环境

1. 家庭教育的良好熏陶

家长应培养孩子乐观的精神，赋予他们更多的爱。懂得教育的目的是尊重生命。如果你用车的牌子来定义你人生的价值，你的孩子一定也会这么做。言传不如身教，别忘了自己做最好的自己，才能成为最称职的父母。教育一个孩子需要一个村庄，家长不缺抱怨对象，缺的是合作的力量。泰戈尔老人有一句话，“教育的目的应当是向人传送生命的气息。”因此，家庭教育之“育”应该从尊重生命开始，使人性向善，使人胸襟开阔，使人唤起自身身上美好的“善根”。

我们在这方面的教训太沉痛了：留学生机场刺伤母亲；儿子要面子欲乘飞机回家未果，在火车站殴打父亲；母爱迷航的梦鸽；这些人伦悲剧，值得所有家长反思。父母需要放手，明确界限感，那是他自己的生活。当然，有很多人可能会担心，如果我们不把关，那他走偏了、走错了，怎么办？放手不是放任，做父母的可以将每一种选择的利弊摆给他看，让他好好思考，然后再做决定。摆利弊的过程就是父母在发挥引导作用。在孩子成长的路上，父母是引路人和护航人，而绝不是教官和法官，孩子要做自己的主人，而不是傀儡。

习近平总书记强调，中华民族自古以来就重视家庭、重视亲情。家庭是社会的基本细胞，是人生的第一所学校。不论时代发生多大变化，不论生活格局发生多大变化，我们都要重视家庭建设，注重家庭、注重家教、注重家风，紧密结合培育和弘扬社会主义核心价值观，发扬光大中华民族传统家庭美德，促进家庭和睦，促进亲人相亲相爱，促进下一代健康成长。《大学》里讲“正心、然后诚意”，正谁的心，家长的心，然后再正孩子的心。

2. 学校教育的重点指导

（1）校园文化的积极构建

学校应当努力改善校园硬件设施，创设良好的人文环境，丰富社团活动，锻炼和培养学生的组织能力、交往能力和竞争能力。学校可以积极利用活动载体比如志愿服务、实习活动等增强大学生的交往能力的同时开展大学生的能力教育、人格教育和人际交往教育。

（2）同辈的传、帮、带

同辈群体又称同龄群体，同辈交往对于青少年的成长至关重要，其影响有时甚至会超过教师和父母。大学生同辈交往是大学生之间进行的一种交往活动。同辈群体在改善大学生人际交往过程中能够体现出潜移默化、保护和发展的功能。当大学生出现人际交往问题时，可以尝试朋辈咨询。朋辈咨询就是朋辈之间借助心理学的专业知识，给予对方心灵交流和沟通、鼓励与慰藉，从而达到心理咨询的效果。高校可以在班级挑选合适做辅导的学生，接受专业的系统培训，从而通过与有人际交往问题的学生进行日常交流，陪伴其走出交往困境。

（3）“两课”教师的深入指导

“两课”教师可以加大教学改革力度，在课程中大学生人际交往的内容的授课比重，同时可以通过创新教学方法如互动式教学、课外教学加以大学生人际交往的实践和思考。东南大学人文学院学生被布置了一项极为“任性”的作业——在大年三十到正月初五，每人要给五个外班同学打电话拜年，且其中至少有一位必须是异性。“任性”作业重视心理健康，助力人际交往。而对于此次“任性”作业，有学生认为，这是一种很好的体验，也是一种很好的锻炼。

（4）辅导员的细致培育

辅导员是大学生在校期间的“家长”，他们更了解大学生的家庭情况、学习生活情况和思想状况，和大学生的关系更加亲密，能更有针对性地处理大学生人际交往问题。

辅导员可以采用师生对话解决大学生人际交往问题，学会个别谈话（咨询法）更要掌握团体对话方式（实训法）。团体对话围绕着“认知改变”、“行为训练”、“情绪管理”三个方面循序展开。创新班会课程化的方式加以团队的重点问题说明和解决。进行一对多的对话。

3. 社会教育的正面引导

美国学者 A.E.Winship 在 1900 年做了一项研究，对一个有信仰的爱德华兹家族和一个无神论的宗师马克·尤克斯家族 200 年来历史进行了对比，200 年后：

爱德华兹家族：1394 人，其中有 100 位大学教授，14 位大学校长，70 位律师，30 位法官，60 位医生，60 位作家，300 位牧师、神学家，3 位议员，一位副总统。

马克.尤克斯家族：903 人，其中有 310 位流氓，440 位残疾和性病患者 130 位坐牢 13 年以上，7 位杀人犯，100 位酒徒，60 位小偷，190 位妓女，20 名商人，其中有 10 名是在监狱学会经商的。

历经百年，为什么在结果上有那么大的差别。真正的关键是因为爱德华兹家族获得了信仰的力量。信仰的背后，他们种下了两颗重要的种子。第一颗是向善和爱的种子，所以他们家出了那么多的医生，教授和大学校长。第二颗是敬畏的种子。这种家庭里出来的孩子，永远都会记得法律面前人人平等。

美国前总统尼克松写的《1999 不战而胜》，这本书最后一章提到这样的话：当有一天，遥远的古老的中国，他们的年轻人，不再相信他们的历史传统和民族的时候，那个时候，就是我们美国人不战而胜的时候！记得曾经看过一篇名为《雷锋出国了》的文章，上面写到了现在我们社会人情的冷漠，也正是这样的社会阴暗面影响着我们的同学们，他们从不敢相信人到不愿相信人，所以我们要在社会上大力宣传人性的回归，让社会充满爱，在这样的环境下，我们的学生还有不热爱与人交往的理由吗？

四、侧重个人的主观努力

求人不如求己

某人遇到了难事，便去寺庙里求观音。走进庙里，才发现观音的像前也有一个人在拜，那个人长得和观音一模一样，丝毫不差。这人问："你是观音吗？"那人答道："我正是观音。"这人又问："那你为何还拜自己？"观音笑道："我也遇到了难事，但我知道，求人不如求己。"秘诀是成功者自救。

1. 把握成功的交往原则

人际关系虽是一种错综复杂的现象，但其存在和发展是具有规律可循的。处理人际关系所需的原则有六项。

（1）平等交往

平等，主要指交往双方态度上的平等。大学生个性很强，互不服输，这种精神是值得提倡的，但绝不是高人一等，因同学之间在出身、家庭、经历、长相等方面的客观差异而对人"另眼相待"。要正确估价自己，不要光看自己的优点而盛气凌人，也不要只见自身弱点而盲目自卑。

（2）尊重他人

每个人都有自己的人格尊严，并期望在各种场合中得到尊重。坚持尊重他人的原则，必须注意在态度和人格上尊重同学，讲究语言文明、礼貌待人，不开恶作剧式的玩笑，不乱给同学起绰号，尊重同学的生活习惯。

（3）真诚待人

真诚是人与人之间沟通的桥梁，只有以诚相待，才能使交往双方建立信任感，并结成深厚的友谊。坚持真诚的原则，应做到热情关心、真心帮助他人而不求回报。对人、对事实事求是，做到肝胆相照、襟怀坦荡。

（4）互助互利

互助，就是当一方需要帮助时，另一方要力所能及地给对方提供帮助。这种帮助可以是物质的，也可以是精神的；可以是脑力的，也可以是体力的。坚持互助互利原则，就是要与人为善，乐于帮助别人。同时，又要善于求助别人。

（5）讲究信用

信用是成功的伙伴，是无形的资本，是中华民族的传统美德。信用原则要求大学生在人交往中要说真话，言必行，行必果。坚持信用原则，要做到有约按时到，借物按时还，不乱猜疑，不轻易许诺。

（6）宽容大度

大学生在交往中不要斤斤计较，而要谦让大度、克制忍让，勇于承担责任。只要我们胸怀宽广，就能赢得更多的朋友。一滴墨汁落在一杯清水里，这杯水立即变色，不能喝了；一滴墨汁融在大海里，大海依然是蔚蓝色的大海。为什么？因为两者的肚量不一样。不熟的麦穗直刺刺地向上挺着，成熟的麦穗低垂着头。为什么？因为两者的分量不一样。宽容别人，就是肚量；谦卑自己，就是分量；合起来，就是一个人的质量。

2. 掌握人际交往的艺术

（1）语言艺术

语言艺术运用得好，就能优化人际交往。相反，如果不注意语言艺术，往往无意间就出口伤人，产生矛盾。恰当得体的称呼，使人得到一种心理的满足，使对方感到亲切，交往便有了良好的心理氛围。说话注意礼貌。正确运用语言，多说普通话；语音、语调、语速恰当；讲笑话注意分寸、场合、对象；适度称赞对方；避免争论；通过讨论、协商等途径解决分歧。

（2）非语言艺术

一般包括眼神、手势、面部表情、姿态、位置、距离等。要学会倾听。学会控制情绪。掌握和运用好这种交往艺术，是大学生拥有良好人际交往必不可少的因素。

（3）改换思维方式

一户人家有三个儿子，他们从小生活在父母无休止的争吵当中，他们的妈妈经常遍体鳞伤。老大想：妈妈太可怜了！我以后要对老婆好点。老二想：结婚太没有意思，我长大了一定不结婚！老三想：原来，老公是可以这样打老婆的啊！——即使环境相同，思维方式不同也会影响人生。

改换思维

情境	消极的自我暗示	驳斥不合理信念	积极自我暗示
课堂发言回答问题时	不知道我的答案正确的，要是错了就完蛋了！（过分概括化）结果—担心，害怕	即使回答不正确也没什么，不代表我是失败的人	即使这次回答错误，下次再碰到类似的问题我就知道如何答了。结果——自信，不害怕
和同学们一起聊天时	他们聊得好热闹，我的发言不会有价值，大家肯定不喜欢我说的话，我还是不要说话了。（绝对化）结果——自卑，缄默	说吧，大家说不定对我的话题感兴趣呢，也许我的观点对大家有帮助	有可能我说的观点大家都没想到呢！即使我说的话题大家不感兴趣，这也没什么。结果———自信，不害怕
在公众场合演讲前	我一定要准备充分，千万不能紧张，千万不能出问题，否则我就完蛋了！（夸大化）结果——紧张，压力非常大	紧张是很正常的，人不可能不犯错误，只要临场能够随机应变就行	紧张是很正常的，我只要做好准备就行了！结果——自信，轻松应对
在公众场合演讲时	完了，我讲得太糟糕了，大家好像对我的讲话都不感兴趣（夸大化）结果—焦虑，失望	即使讲得不好也没关系，没必要那么完美地要求自己	我讲得还不错了！我不是演讲家，能做到这个程度已经很不错了，加油！结果—充满信心

续 表

和舍友相约出去玩时	大家肯定都不喜欢和我一起玩，我还是不要去了（绝对化，夸大化）结果—怀疑，没信心	大家并没有不喜欢和我玩	去吧，有我在，大家会更开心！结果—充满信心

3. 增强自己的人际吸引力

每个人都有自己喜欢的人，并愿意与之交往；也都有自己讨厌的人，不愿意和他们往来。这种现象就是人际吸引力。大学生如何在人际交往中增强人际吸引力呢?

（1）努力建立良好的第一印象

也叫首因效应，能给人留下良好的第一印象途径有：真诚；微笑；记住别人的名字；做一个耐心的听者；谈别人感兴趣的话题。

（2）提高个人基本素质

大学生应恰当地修饰自己的容貌，扬长避短，保持大学生应有形象的基础上，形成自己独特的气质和风度；大学生应注意追求外在美和内在美的协调一致。塑造良好的个人形象，增进个人魅力。

（3）培养良好的个性特征

良好的个性特征对建立和谐的人际关系有吸引作用，不良个性特征对建立良好的人际关系有阻碍作用。大学生要注意不断培养优良的个性特征，采取办法克服性格的弱点。

（4）加强交往的实践

大学生学习、交往在一起，接触密切，这是建立友情的优越条件，同学们应充分利用，与同学保持适当的接触频率，使自己的人际关系不至于淡化甚至消失。

（5）提高心理素质

人与人的交往，是思想、能力与知识及心理的整体作用，哪一方面的欠缺都会影响人际关系的质量。有的学生在人际交往中存在社交恐惧、胆怯、羞怯、自卑、冷漠、孤独、封闭、猜疑、自傲、嫉妒等不良心理，都不易建立良好的人际关系。加强自我训练，提高自身的心理素质，以积极的态度进行交往。

（6）提高自身的人际魅力

每个个体都有其内在的人际魅力，他是一个人综合素质在社交生活中的体现。这就要求在校的大学生丰富自己的内心世界，从仪表到谈吐，从形象到学识，多方位提高自己。心理学研究表明，初次交往中，良好的社交形象会给对方留下深刻的印象，而随着交往的深入，学识更占主导地位。

4. 培养良好的交往品质

大学的责任是培养社会需要的真正德才兼备的人，使人达到最完善的境界。教育的核心是做人教育，做人教育的本质特征是践行性，让学生“养成”美好的品德和良好的习惯更有效果。自我修养的一种有效方法就是慎独。

人际吸引效应品质表

值得高度喜欢的	有点积极作用与有点消极作用之间的	最不值得喜欢的
真诚	固执	作风不正
诚实	循规蹈矩	不友好
理解	大胆	敌意
忠诚	谨慎	多嘴多舌
信得过	易激动	自私
理智	文静	粗鲁
可靠	好冲动	自高自大
有思想	好斗	贪婪
体贴	腼腆	不真诚
可信赖	猜不透	不友善
热情	好动感情	信不过
友善	害羞	恶毒
友好	天真	讨厌
快乐	闲不住	虚假
幽默	追求物质享受	冷酷
负责任	反叛	邪恶
开朗	孤独	装假
信任别人	依赖性	说谎

5. 提高人际交往能力

曾经自卑

十几年前，他从一个仅有 20 多万人口的北方小城考进了北京的大学。上学的第一天，与他邻桌的女同学第一句话就问他，“你从哪里来？”而这个问题正是他最忌讳的，因为在他的逻辑里，出生于小城，就意味着小家子气，没见过世面，肯定会被那些来自大城市的同学瞧不起。就因为这个女同学的问话，使他一个学期都不敢和同班的女同学说话，以致一个学期结束，很多女同学都不认识他！很长一段时间，自卑的阴影都占据着他的心灵。最明显的体现就是，每次照相，他都要下意识地戴上大墨镜，以掩饰自己内心的恐慌。

二十年前，她也在北京的一所大学里上学。大部分日子，她也都在疑心、自卑中度过。她的一张 18 岁时候的照片，看起来比现在 30 多岁的她还老。她疑心同学们会在暗地里嘲笑她，嫌她肥胖的样子太难看。她不敢穿裙子，不敢上体育课。大学结束的时候，她差点儿毕不了业，不是因为功课太差，而是因为她不敢参加体育长跑测试！老师说，“只要你跑了，不管多慢，都算你及格。”可她就是不跑。她想跟老师解释，她不是在抗拒，而是因为恐惧，恐惧自己肥胖的身体跑起步来一定非常非常的愚笨，一定会遭到同学们的嘲笑。可是，她连向老师解释的勇气也没有，茫然不知所措，只是傻乎乎地跟着老师走。最后老师烦了，勉强算她及格。

他，现在是中央电视台著名节目主持人，经常对着全国几亿电视观众侃侃而谈，他主持节目给人印象最深的特点就是从容自信。她，现在也是中央电视台著名节目主持人，是完全依靠才气而丝毫没有凭借外貌走上中央电视台主持人位置的。

名人的他们也会自卑，彻底摆脱，他们才成为名人。你的自卑也会变为曾经，这过程需要你的努力，增长知识，丰富阅历，提升品质，提高人际交往能力，秘诀就是高度重视并反复练习，从中总结并提高自己的人际感受能力、人事记忆力、人际理解力、人际想象力、风度和表达力、合作能力与协调能力。最终成为人际交往达人。

每一个出口都是进入另一个地方的入口。我们相信，你从本章所学到的东西，将协同它的温暖人性和智力启发性，成为我们看待自我，了解自我的一个重要视角，促进你在人生的又一个阶段的生活。在下次旅程中，希望你能为人际交往学注入新的活力。拥有更睿智、更有价值，更激情充溢的生活。感悟人际交往的意义，把握人际交往的技巧，打破人际交往的障碍，形成良好的人际关系，学会学习，学会做人，学会生活。我相信你会这样做。以积极的态度和行为对待人际交往，建立和谐的人际关系，为提高中国大学生的基本能力做出一份应有的贡献。

思考题：

1. 大学生人际交往的重要意义是什么？

2. 开车上路，人人抢道，路就越走越窄，人人让路，路就越走越宽，你怎么看由此折射出的大学生竞争与合作的关系？

3. 测试你的性格、气质、价值观等全面回答你是谁？

4. 请用人际交往理论分析你自己体会最深的一次人际交往实践。

5. 如何运用你所学的人际交往理论和方法处理宿舍人际关系？

第七章　大学生社会实践

古代圣贤重实践

孔子在古代被尊奉为“天纵之圣”“天之木铎”，是当时社会上的最博学者之一，被后世统治者尊为孔圣人、万世师表。其儒家思想对中国和世界都有深远的影响，孔子被列为“世界十大文化名人”之首。孔子对学生的德、才、智、艺各方面的发展，都能知行兼顾。《述而》记载，子以四教：文、行、忠、信。“四教”，是孔子教学内容的四大方面。对于“行”的教学内容，《学而》记载：子曰：“弟子入则孝，出则弟，谨而信，泛爱众，而亲仁。行有余力，则以学文。”从这则论语中可知“行”，是指遵守伦理规范、加强道德修养、热爱社会以及通过主动的“爱人”的努力以实现仁的实践活动，反映着一个人踏实按照“仁”的生活原则的实践精神。应当说，“忠”“信”“笃”“敬”是孔子对从学弟子的“行”的态度上的基本要求。孔子说“躬行君子”，“躬行”是亲身实践的意思；“君子”则是亲身实践的主体所要实现的人格目标。孔子说“行有余力，则以学文”，显然是把“行”方面的教育放在首位的。

第一节　大学生社会实践的概述

一、大学生社会实践的概念

1. 大学生社会实践的哲学基础

辩证唯物主义认识论认为，实践是人及社会存在的基础。马克思主义哲学认为实践是主观之于客观的能动的活动，实践是客观实在的。首先实践是人类社会存在的基础，人类社会是在劳动实践中形成的，也是在劳动实践基础上不断发展的。人类在实践过程中总是怀有某种目的，使用特定的工具采取特定的方法去改造自然对象，从而满足人的生存和生活需要，区别于动物，人类以一定手段有目的地改造外部世界的能动物质活动就是实践。恩格斯指出“劳动创造了人本身”，人类形成以后，由于自身的实践活动使社会从自然中分化出来形成社会。社会实践就是人类有目的改造世界的感性的社会活动。它包括物质生产实践和精神文化的创造实践。

实践是认识的基础。实践是认识的动力，人们要改造世界就必须认识世界。人类的认识总服务于特定的社会时代需要；实践为认识提供物质条件，实践中的问题只能到实践中解决，而解决问题需要的经验、资料、工具等也只能在实践中获得；实践是认识的来源，“实践出真知”；实践是检验真理的唯一标准。应该说人类认识的发生、发展、检验和归宿的全过程都离不开实践。

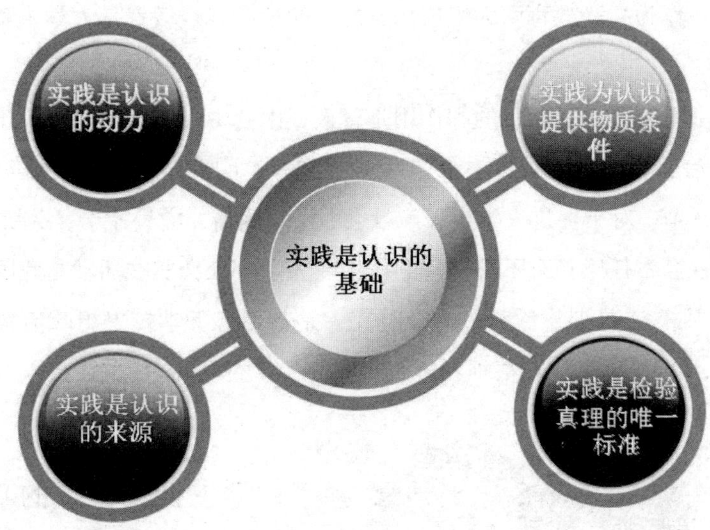

图 1-1 实践是认识的基础

2. 大学生社会实践的理论基础

大学生是现代高等教育的培养对象，高等教育法规定我国高等教育培养的目标为德、智、体、美、劳等方面全面发展培养具有创新精神和实践能力的高级专门人才。这一目标的理论基础是马克思关于人的全面发展理论，关于人的全面发展的本质是劳动能力、社会关系和个体素质诸方面的自由而又充分的发展。其中包含人的劳动活动的全面发展、人的各种能力的充分发展。（人的能力既包括体力，又包括智力；既包括从事物质生产的能力，又包括从事精神生产的能力；既包括社会交往的能力，又包括道德修养的能力和审美能力等。）人的社会关系的全面发展。个人的自我意识及由此形成的个人特有素质、品格、气质、性格、爱好、兴趣、特长、情感等的总和的全面发展。人的需要的全面发展。人类整体的全面发展。实现人的全面发展这一目标的唯一途径就是教育和生产劳动相结合。在马克思看来，正是体力和智力的分离导致了社会分工的出现，而社会分工则直接造成了劳动者的片面发展，只有消灭旧式分工，劳动者将体力与脑力结合于自身，这样才能够适应社会不同类型的劳动要求，从而使人们能够把不同的社会职能，作为彼此互相交替的活动方式和职业行为，只有在这种社会情况下，人的自身才能获得全面的发展。大学生社会实践是脑力劳动与体力劳动结合最完美的形式。马克思关于人的全面发展的理论是大学生社会实践的理论基础。

3. 大学生社会实践的概念

大学生社会实践是指大学生在校期间有目的、有计划、有组织地深入社会实际生活，积极参与经济、政治、文化和社会建设的一系列活动；使知识和实践相结合，使在校大学生在了解社会、服务社会的同时提高整体素质的全部活动的总称。

从概念界定来看社会实践的本质是延伸在校教育，大学生社会实践是一种较为广泛的社会教学形式。同时，作为高等教育两大组成部分之一的社会实践教育是大学生素质教育的重要手段之一。

从概念界定来看社会实践的目的和作用是育人，中共中央、国务院《关于进一步加强和改进大学生思想政治教育的意见》（中央“16号”文件）明确指出：“社会实践是大学生思想政治教育的重要环节。对于促进大学生了解社会、了解国情，增长才干、奉献社会、锻炼毅力、培养品格和增强社会责任感具有不可替代的作用。大学生社会实践活动是我国高等教育的一项重要内容和教育形式. 是课堂教学的有益补充，是新形势下学校思想政治教育的延伸，是贯彻党的教育方针，培养具有创新精神和实践能力的人才的重要途径之一。”

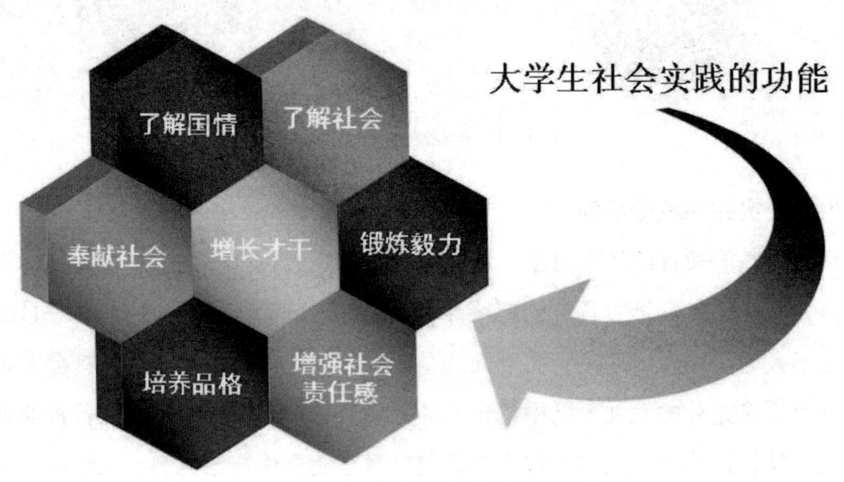

图 1-2 大学生社会实践的功能

二、大学生社会实践的历史沿革

1. 初步发展阶段（1980—1982）。这一阶段的特点是零散、自发、单一地开展活动

20世纪80年代改革开放，人们的思想观念也发生着深刻的变化。这一时期，高校的学生倡导“为人民服务”，走出课堂，到群众中去，积极参加到为人民服务的活动中去，1982年全国开展“五讲四美”活动，北京、上海等地的大学生走上街头为人们提供咨询服务。1982年寒假，原国家农委组织北京大学、中国人民大学、北京农业大学的155名来自农村的学生利用寒假返乡开展了解社会、认识改革的“百村调查”活动，大学生通过调查，亲身感受到了改革开放政策给我国社会主义建设带来的巨大变化，在大学生中逐步掀起了“社会调查热”。

2. 组织规范发展阶段（1983—1991）。这一阶段的特点是实践活动开展逐步制度化、规范化。

借着高校学生走向社会的高涨热情，1983年团中央、全国学联向发出《关于纪念“一二·九”运动四十八周年开展“社会实践周”活动的通知》，第一次提出了“大学生社会实践活动”的概念。得到了广泛的响应。1984年，团中央召开了高等学校社会实践现场观摩会，确定大学生社会实践要以“受教育、长才干、做贡献”为活动宗旨，进一步推动了大学生社会实践的开展。1987 年 6 月 27 日，国家教委、团中央联合发出了《关于广泛组织高等学校学生参加社会实践的意见》，大学生社会实践活动迅速在全国展开。1987 年 100 多万师生参加了以“百县扶贫，学习社会”为主题的社会实践活动。1988 年，全国各高校大学生广泛参加了“国情与改革”系列社会调查征文活动和“百乡千村挂职锻炼”活动。

在之后一段时间党和政府及有关部门，进一步加强了对大学生思想教育的重视以及参加社会实践活动的大力支持，先后出台了《中共中央关于改进和加强高等学校思想政治工作的决定》《关于广泛组织高等学校学生参加社会实践活动的意见》等文件，在文件中对高等学生的思想政治教育工作和大学生参加社会实践活动提出了明确要求，并将社会实践活动纳入教育计划，成为我国高等教育的重要组成部分。1990 年 6 月，中宣部、国家教委、团中央联合发出《关于 1990 年暑期高等学校学生社会实践活动的几点意见》，明确提出把坚定走社会主义道路和向人民群众学习、为人民服务两个根本问题作为社会实践的主题。

3. 深化完善全面发展阶段。（1992—2003）这一阶段的特点是丰富、提高、成熟发展

党的十四大做出了建立社会主义市场经济体制的决定，将我国的改革开放和社会主义现代化建设推向了新的发展阶段。1993 年，团中央提出了社会实践的“三个一致性”的指导思想，即“社会实践教育与教育的改革和发展相一致，与地方经济发展相一致，与学生自身成长的渴求相一致”，为进一步开展高校社会实践活动指明了方向。1996 年，团中央、中宣部、国家教委等部门联合下发了《关于深入持久开展大学生社会实践活动的几点意见》，明确提出了大学生社会实践活动要为改革开放和现代化建设服务，为青年学生的健康成长服务，为地方经济建设和社会发展的实际需要服务等。1997 年，团中央、中宣部、国家教委、全国学联发出《关于开展中国大中专学生志愿者暑期文化科技卫生“三下乡”活动的通知》，将大学生社会实践活动进一步拓展和深化，“青年志愿、社会服务、文明共建”形成了新时期高校大学生社会实践新的发展方向。

4. 科学规范发展阶段（2004 至今）。这一阶段的特点是大学生社会实践科学规范发展

党的十五大将我国社会主义现代化建设事业推向了新的发展阶段。科学发展、构建和谐社会的战略使大学生社会实践站在更广阔的平台上。2004 年 10 月中共中央国务院发出《关于进一步加强和改进大学生思想政治教育的意见》中强调社会实践是大学生思想政治教育的重要环节，2005 年 2 月，中宣部、中央文明办、教育部、共青团中央《关于进一步加强和改进大学生社会实践的意见》颁布，进一步明确了大学生社会实践活动的总体要求、工作原则、活动内容、发展方向。《教育部关于全面提高高等教育质量的若干意见》（教育〔2012〕14 号）则要求：强化实践育人环节，增加实践教学比重，分类制订实践教学标准；加强实验室、实习训基地、实践教学共享平台建设；加强实践教学管理。《国家教育事业发展第十二个五年规划》则进一步强调：要强化实践育人制度，制订高等实践育人办法，建立开放式、立体化的实践教学体系。

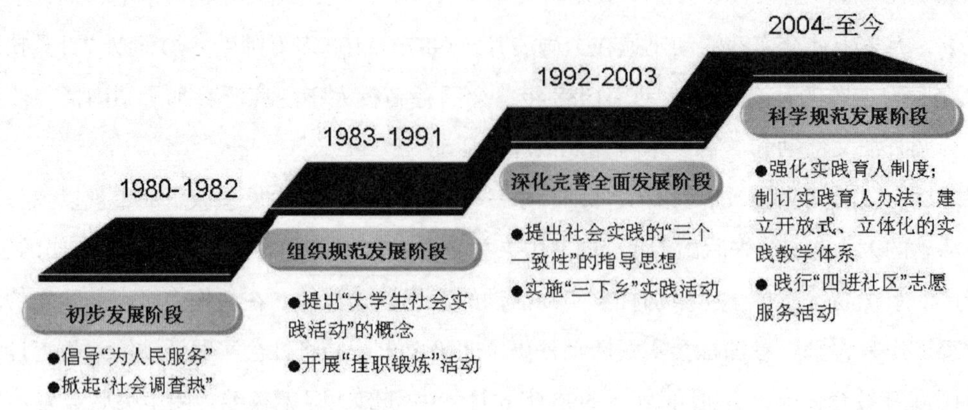

图 1-3 大学生社会实践的历史沿革

三、大学生社会实践的作用及意义

中央“16 号”文件中指出，“社会实践对于促进大学生了解社会、了解国情、增长才干、奉献社会、锻炼毅力、培养品格、增强社会责任感具有不可替代的作用。”

第一，社会实践帮助大学生了解国情、认识社会。青年大学生正处在世界观和人生观逐渐成熟的重要时期，具备独立思考的能力，成长成才需要他们掌握先进的科技文化知识，同时也需要深入了解中国的历史和国情，牢固树立正确的世界观、人生观和价值观，坚定走中国特色社会主义道路的理想信念，在服务祖国和人民的事业中实现人生价值。形式多样的社会实践使大学生走出校园，深入社会，了解经济社会建设取得的成果和遇到的困难，从而帮助大学生端正思想认识，树立忧患意识，增强使命感和责任感。

第二，社会实践促进大学生社会化。大学生是社会化的参与者与受益者，在大学中他们接触社会、了解社会、融入社会才能在以进入社会减少距离感与孤独感、增强对新环境的适应能力。社会实践引导大学生培养承担社会责任的意识，引导大学生服务于社会。大学生通过社会实践，砥砺品质、磨炼意志，运用正确的价值观引导自身的行为，在志愿服务等活动中将自身的价值投入到社会公益事业中，承担自己作为一个社会公民的义务与责任。同时培养大学生适应社会竞争的能力。使学生在巩固知识、创造知识的同时看清自身的能力，重视创新能力的提升，并且在不断地实践、挑战、创新的过程中适应社会竞争。

第三，社会实践是促进在校知识内化的有效途径。大学生社会实践必须通过知识的指导才能完成，在此过程中，大学生不断丰富自身知识，检验其正确性，并通过一系列的内化研究升华为新的知识。社会实践实现了学生与社会的沟通，从而让大学生从简单的 校园向复杂多变的社会迈出了坚实的一步。大学生实习、见习等，使学生们走进工厂、车间 ，走到生产的最前线，不但巩固了自己的专业知识，而且学习了生产技术和生产知识。大学生社会实践能够检验知识通过实践检验所学知识，是实践的重要功能。“纸上得来终觉浅，绝知此事要躬行。”每一名大学生都会抱着“尽信书不如无书”的心态来学习书本知识，学生渴望验证所需知识的对错，以及所学知识的应用范围等。理论与实践的辩证关系决定了知识与社会实践的辩证关系。大学生用知识指导社会实践，反过来，社会实践是大学生所具备的知识的源泉、创新的动力。通过对社会实践活动的总结与概括，大学生能得到更多新的知识。这些知识有些是对知识不完善的补充，有些是对知识错误的纠正，有些是对知识认识的升华。

第四，社会实践培养大学生能力，实现素质拓展。社会实践使大学生的社会适应能力、自我决策能力、独立工作能力、人际交往能力、实践操作能力、语言表达能力、组织管理能力、创新创造能力等得到锻炼和提高。同时学生在社会实践的组织与实施中也锻炼了管理时间与执行能力。大学生参加社会实践，在参与社会生活的过程中通过各种场合、途径逐渐摆脱学生角色，融入社会角色中使自身的能力和素质得到进一步提升。

第五，社会实践是完善大学生人格的有效途径。以社会实践为载体，拓展学生思想政治教育的第二课堂，将学与行很好地结合在一起，让学生在社会实践中树立正确的世界观、人生观、价值观，确立正确的理想信念，提升大学生的思想道德素质。社会实践是学生参与社会、体验成长的重要场所，在此过程中学生能够体会到挫折、压力、磨难、成功、价值创造等各种经历，大学生走出象牙塔，开始真正的独立生活，施展自己的才华。在此过程中学生逐渐学会自主调控意识、情绪、行为等，形成承担社会责任与道德自律的意识，促进了大学生心理健康发展。

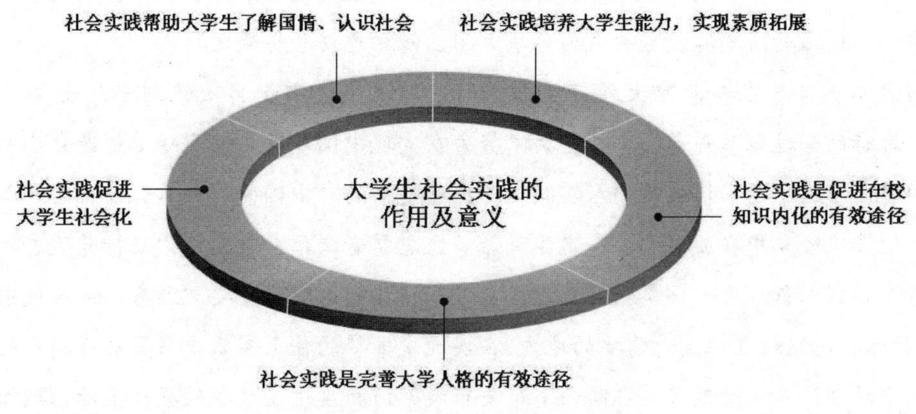

图 1-4 大学生社会实践的作用及意义

从社会实践的作用可以看出，社会实践是符合人才发展规律和高等教育发展规律的，人才成长的规律告诉我们，个体的充分发展只有在集体中才能实现，同时集体的生存、发展和进步，是通过每个个体的存在和发展而实现的。实现人的全面发展，是要在社会实践过程中得以实现和不断完善的。社会的发展会不断对人的全面发展提出新的目标和具体要求，而人的全面发展也会不断促进社会的新发展。就教育规律的角度讲，学校课堂教育和实践教育是高等教育体系的两个基本组成部分。高等教育的根本目的在于育人，人才只有在不断的实践中才能得到全面发展，这也是高等教育的基本规律。社会实践活动可以将书本知识与社会知识的学习有效地统一起来，有利于学生深入了解社会，有利于提高能力。因为社会实践有利于开拓学生的视野.增强他们的社会责任感和使命感；有利于培养学生的专业兴趣，增强他们的就业能力，“学以致用”，学生在使用所学知识解决实际问题的过程中会产生成就感和愉悦感，从而激发他们对本专业学习兴趣，更好地学好专业知识。同时，大学生在参加社会实践的过程中，接触社会，了解就业形势，能使学生认识和发现自身素质和能力的不足，帮助大学生找准的自己社会角色和价值，更好制订自己的职业生涯规划；有利于激发学生的创造性思维，提高大学生的创新能力，社会实践使学生走出了课堂，投入到丰富多彩的社会实践中去，在解决实际问题时，需要学生动手、动脑，这在无形中调动了学生的主观能动性，激发大学生的创新思维。

案例：重视大学生社会实践活动

习近平总书记站在新的历史背景下，先后十余次与青年座谈、给青年群体回信，从方法、目的、要求等不同侧面论述了青年为什么要在实践中成才、如何在实践中成才，习近平总书记指出：“我们的学习应该是全面的、系统的、富有探索精神的。既要向书本学习，也要向实践学习；既要向人民群众学习，向专家学者学习，也要向国外有益经验学习。有理论知识的学习，也有实践知识的学习”。强调既扎实打牢基础知识又及时更新知识，既刻苦钻研理论又积极掌握技能，要学以致用，在改革开放和社会主义现代化建设的大熔炉中，在社会的大学校里，掌握真才实学，增益其所不能，努力成为可堪大用、能担重任的栋梁之材。

2014 年 5 月 4 日在与北京大学师生座谈时，习近平总书记再次谈到当代青年是“两个一百年”目标的全过程参与者，“希望大家努力在实现中国梦的伟大实践中创造自己的精彩人生。”同时，习近平总书记强调个人实践要与民族复兴的“中国梦”和热心公益的“奉献行”相结合，他多次给华中农业大学、保定学院等高校志愿者回信，肯定他们坚持开展志愿服务活动，坚持与祖国同行、为人民奉献的正确成长方向，指出当代青年要“到基层和人民中去建功立业,让青春之花绽放在祖国最需要的地方,在实现中国梦的伟大实践中书写别样精彩的人生。”

习近平总书记青年时期曾经在陕西省延安市梁家河村度过了 7 年的插队生活，期间积极参加生产劳动，“扛 200 斤麦子走十里山路不换肩”，被村民们誉为“好后生”。他多次以亲身经历指出劳动实践是宝贵的人生财富，是成长和进步的起始，引导青少年“生活靠劳动创造，人生也靠劳动创造，通过劳动播种希望、收获果实，也通过劳动磨炼意志、锻炼自己”，勉励青少年养成爱学习、爱劳动、爱祖国的优良品格，并在十八届三中全会的报告中提出要“形成爱学习、爱劳动、爱祖国活动的有效形式和长效机制”。

第二节 大学生社会实践的内容与特点

一、大学生社会实践的类型

社会实践具备培养大学生个人能力、群体能力、服务社会发展等功能。为服务于社会实践的功能，社会实践的内容和形势日趋丰富和多样化。发挥社会实践相对于单一的“育人”作用，社会实践形式与内容的设置更需要实现政府、学校、学生与社会的共赢。实现个体与整体素质和能力的提升，提高教学水平和学校教育教学质量，改善社会福利，促进经济发展等等。

（一）按照大学生社会实践的组织者其内容有：1. 高校教务处组织的教学性社会实践，主要指纳入教学计划的实践环节。如教学实践、专业实习、军政训练等。2. 有共青团组织开展的以“挑战杯”为代表的科技创新活动和一系列如社会调查、志愿服务、“三下乡”等一系列的大学生暑期社会实践活动。3. 由学生处等主管的有偿性社会实践。如勤工助学等。4. 以学生个体或者群体为主要实施者的自主性社会实践。如就业实习、创业实践等。

（二）按照大学生社会实践育人功能其内容分为：1. 感知社会型。2. 服务社会型。3. 学习研究型。4. 主题教育型。5. 素质拓展型。

（三）按照实践对象的客体性和主体性。客体性质“为主体创造对象的活动”，包括改造自然、改造社会的活动。主体性实践活动则是“为对象创造主体的活动”，是以改造主观世界为目的，如调查研究等。

（四）按照社会实践时间的集中程度，可以分为集中性社会实践活动和分散性社会实践。集中性社会实践活动如大学生暑期社会实践，时间集中，内容丰富且组织有保障，学生能感受到深刻教育。分散性社会实践活动，时间虽然分散，但在日常容易接触。

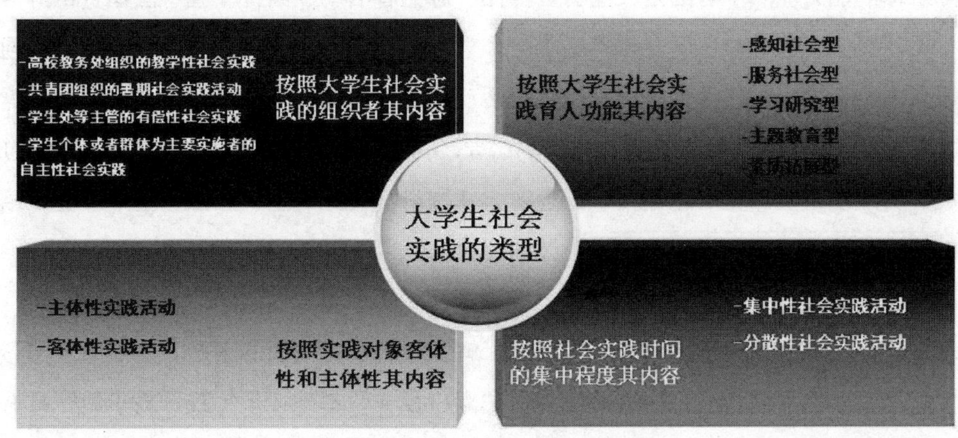

图 2-1 大学生社会实践的类型

二、大学生社会实践的内容

大学生社会实践内容是构成大学生社会实践活动的内在诸要素的总和，根据《中共中央国务院关于进一步加强和改进大学生思想政治教育的意见》，社会实践活动要包括“三下乡”（科技、文化、卫生下乡活动）、“四进社区”（文体、科技、法律、卫生进社区活动）、教学实践、专业实习、军政训练、社会调查、生产劳动、志愿服务、公益活动、科技服务和勤工助学等。

（一）“三下乡”活动。大学生以志愿者的身份深入农村，以农村为载体，结合课堂专业知识教育与思想政治教育，拟定主题，按照博士、硕士为指导，本科生参与，专业组和服务团队组成。三下乡活动涉及的面广，内容丰富，主要传播先进文化和科技，体验基层民众生活，调研基层社会现状。活动可以是单人形式，也可以以小组的形式进行。三下乡是要引导大学生运用自己所学的知识和技能服务农村，为农民解决实际问题，为群众办实事、做好事、解难事。培养大学生为人民服务的观念，发扬艰苦奋斗的精神。目前“三下乡”活动主要集中在调研、宣传、文化活动和支教。在农村，文化活动相对缺乏，建立以学生团队为主体，结合法律宣传、先进文化传播、环境保护等方面，在丰富广大农民娱乐生活的同时，达到建立环保型、知识型新农村的目的。对于不发达地区，组成义务支教团队，服务农村教育，达到服务农村建设的目的。广大的农村需要大学生去发挥聪明才智，大学生也需要到农村去，在服务农民群众的实践中接触社会，了解国情，增强社会责任感和历史使命感。通过“三下乡”活动，大学生可以改造世界观、价值观，把农村建设的需要和青年学生的成长很好地结合起来，走正确的成长成才道路。

（二）“四进社区”活动。是“服务学习”的一种模式，服务性学习应该说是教育和劳动结合的一种方法。学生参与到有组织的服务行动中以满足社会需求并培养社会责任感，同时获得知识和技能。通过学用结合，对大学生进行生动活泼的思想政治教育，增强社会责任感、增加实际工作的能力。其中有的是关注弱势群体、志愿者活动、岗位体验、法律宣讲等等，到基层去，关注民生。这种与三下乡相同的服务性学习，组织者需要与农村及社区做好沟通，明确实践服务内容，真正做到根据需求安排实践活动。

（三）教学实践是高校提高教学质量的必要环节，是教学体系中不可缺少的重要组成部分。通过教学实践使学生深化对理论教学的理解，掌握科学研究的基本方法和基本技能，培养学生科学的思维方法，提高分析解决实际问题的能力。

（四）专业实习是专业教学的重要组成部分，是一种实践性教学环节。通过实习，接触实际，增加感性认识，加强学生对专业知识的了解，弥补课堂教学的不足。加强专业实习是强化学生实践能力、培养创新能力的重要环节。“宽口径、厚基础、重实践、高素质”具有创新精神的复合型人才是当前高校学生的培养目标，而“重实践”的实现需要靠一定的专业实验、实习教学来保证。

（五）军政训练。养成型的社会实践，大学生军政训练是高等学校教学工作的一个重要环节，是对在校大学生进行有目的、有组织、有计划的国防形势政策教育和军事理论与军事技能教育的主要形式，是由学校和驻地部队共同完成的一项贯彻思想政治教育要求、培养大学生综合素质的实践性教育活动，是实现高等教育目标、培养社会主义合格建设者与接班人的重要载体。爱国主义精神是大学生国防教育的核心，军训是对大学生进行爱国主义教育，增强爱国主义思想的最好的途径。

（六）社会调查。开展社会调查研究，形成调研成果，提出解决问题的意见和建议为经济社会发展献计献智。社会调查是实现理论与实际相结合的重要途径，它有利于树立大学生正确的世界观、人生观和价值观，培养科学的思维方式，教会大学生正确做人、适应社会的本领，全面提高大学生的综合素质。同时，社会调查还具有很强的操作性，被实践证明是符合当前高校实际、行之有效的社会实践形式。通过这些社会调查，促进广大学生深入了解社会主义初级阶段的基本国情，正确认识各种社会现象，不断提高发现问题、分析问题和解决问题的能力。通过有组织的社会调查活动进一步激发大学生爱祖国、爱家乡的朴素情感，积极参与地方经济、政治和文化建设，实现地区经济、政治和文化的繁荣发展，推动区域经济发展，并在实践中增长大学生的才干和实战经验。

（七）公益活动。公益活动是指涉及科学、教育、文化艺术、体育、医疗卫生、环保、社会福利、社区服务，以及其他一切关心社会的活动。通过公益活动，教育大学生树立热心公益、自觉承担社会责任的观念，培育市场经济环境下的公益意识。

（八）科技创新与科技服务。大学生科技创新以挑战杯竞赛为重要平台。挑战杯是“挑战杯”全国大学生系列科技学术竞赛的简称，“挑战杯”竞赛在中国共有两个并列项目，一个是“挑战杯”中国大学生创业计划竞赛，另一个则是“挑战杯”全国大学生课外学术科技作品竞赛。这两个项目的全国竞赛交叉轮流开展，每个项目每两年举办一届。在培养复合型、创新型人才，促进高校产学研结合发挥着重要作用。科技服务大学生利用假期，运用所学知识，从事一些技术服务工作，目的是在学生中形成热爱科学、相信科学、运用科学、勇于创新的学术氛围，锻炼学生的科学研究能力。

（九）勤工助学。是一种有偿服务形式，在校大学生利用课余或假期时间，自校内或者校外运用知识和劳动换取一定报酬。勤工助学可以是劳动性的、服务性的。有利于学生自强、自立。

（十）挂职锻炼。组织大学生骨干到城市社区、农村、企事业单位进行挂职锻炼、调查研究，在参与实际工作中深入了解国情、了解社会，经受磨炼，丰富经验，增长才干。真正提高在校大学生的职业素质、实际操作能力，为大学生走向社会，为今后的就业奠定基础。

（十一）就业见习与创业实践。就业见习，不完全等同于专业实习，企业或者已经签约的学生自身要求，利用假期到相关企业进行的适应性活动。对于有创业要求的学生来说，创业教育也是高校教育应该提供的有效平台。创业教育相对于理论的传授，实践被认为是更重要的培训环节。高校应该在创业教育实践方面进行了有效尝试。目前高校的创业实践尝试多是依托导师科研项目平台，由教师带领学生进入工作室，以教师的横向课题所在单位为他的背景支撑，大学的创业教育功能大多定位在校内创业孵化的作用，对大学生就业能力的提升，以及为大学生未来职业生涯奠定创新创业的基础。

（十二）其他。目前随着大学生社会实践的广泛开展，其活动方式及内容日趋丰富、多样化。除了志愿者活动，如奥运志愿者、走进社区等不计报酬，服务社会及如志愿服务辽西北、志愿西北等在偏远、贫困地方实现自我价值。也有“红色之旅”参观考察这样品牌项目，结合学生党员建设，组织学生到博物馆、纪念馆、烈士陵园及革命圣地及老区等爱国主义教育基地学习参观，了解中国革命。

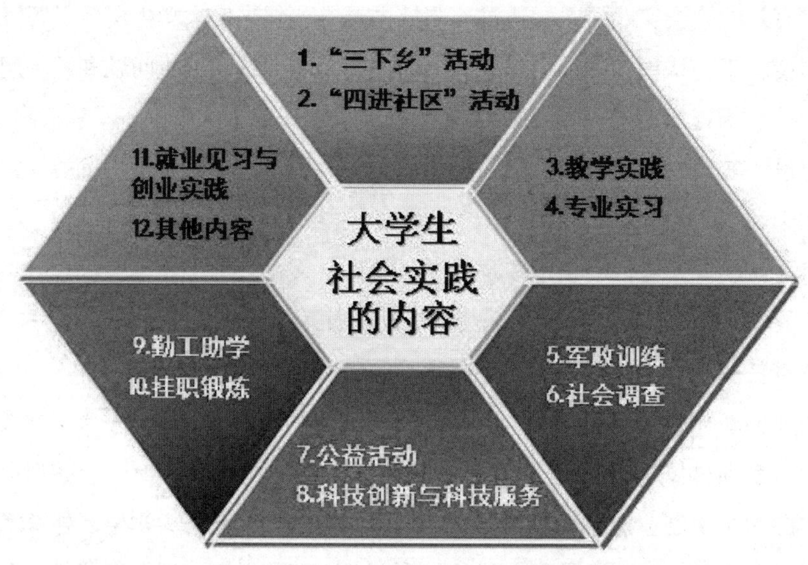

图 2-2 大学生社会实践的内容

了解中国共产党的光辉历史，增强对中国特色社会主义的热爱，增强实现中华民族伟大复兴的历史责任感。还有利用拥军优属、走访英模、追访校友，参加抢险救灾等活动的有效实践活动载体，实现自身政治思想教育保持党员先进性。

三、大学生社会实践的特点

大学生社会实践，是大学生走出校园，促进大学生深入实际接触社会，全面了解国情，实现育人目标。大学生社会实践的特征首先是各种因素的特征，即作为实践主体大学生的特征，大学生处于身心发展成熟阶段因而他们的社会实践具有学习性、成长性和社会化的特征。也具有人类社会实践的特征，即实践活动的客观物质性、自主能动性和社会历史性等。作为高等教育的组成部分之一的社会实践，具有学习体验性、多序列性、多迁移性等教育活动的特征。

其次是作为高校培养人才的社会实践活动具备其基本特征：

1. 大学生社会实践的目的是培养人才，完善大学生自身的能力与人格。大学生社会实践是连接学校教育和社会教育的纽带，大学生社会实践使参加主体在社会实践的过程中检验、深化并内化其在课堂中学到的知识，运用所学的理论知识指导实践，同时在这一过程中发现新的问题。一般实践表现为人类生存和发展的形式，它是活动主体在不断认识、探索客观世界的过程中进行的对世界的改造。这二者不完全相同，大学生社会实践从最终的效果来看，主要表现为大学生在社会实践中增长了见识和才干，完善了品格修养，并改造了学生自身。例如大学生深入工厂、田间主要是为了了解生产的程序和技术，明白工作的艰辛与甘苦，树立劳动意识和服务意识，并不是仅为了生产出产品；大学生参加军训也是为了体验军营生活，掌握基本的军事常识和技能，激发爱国热情，立保家卫国之志，并非就为了上战场。

2. 大学生社会实践的内容具体且有定向性。大学生社会实践带有特定的教育目的，实践活动的内容也经过精心的选择。不论是大学生在暑期进行各种形式的主题实践活动，如考察革命老区，参观历史遗迹，进行科技服务、智力扶贫等，还是学校组织的统一的专业实习，活动的目的性都是很明显的。就其内容看，大学生社会实践主要进行以下几方面内容的教育：思想政治教育、国情民情教育、劳动技能与专业技术教育、科学人生观教育等。这些内容的选择既是培养社会主义事业建设者和接班人的需要，也是大学生全面发展、健康成长的需要。定向选择的内容保障了社会实践活动的持续、稳定、有效地开展。

3. 组织形式灵活多样。社会实践活动组织形式灵活多样，从选题来看，围绕某一部门确定的主题活动开展实践活动与针对不同地域与实践服务对象而开展的解决实际问题的专题实践活动并存。从组队方式来看，可以是大学生自愿报名组成的综合性团队；按专业组成，解决实际问题的专业团队；有按照地域组成的团队；有按兴趣组成的团队；可以按照项目要求设置团队；也可以是按照博士、硕士组成专家团队。不同的团队构建，满足了不同的社会实践需求，有利用社会实践活动的开展。

4. 以点带面、点面结合的协同参与方式。大学生社会实践是一项系统工程。社会实践既是高等教育的组成部分又承担着社会教育的任务，需要国家、高等教育部门及社会各方的重视，需要全社会的共同参与，协同合作。只有各级党政领导、教育部门和高校共青团及各部门的齐抓共管、相互配合、形成合力，才能实现大学生社会实践的顺利完成。

5. 大学生社会实践具有双重性的特点。作为学校教育与社会教育的联结点，具有学校教育与社会教育的双重属性。大学生在社会实践的过程中既是高校的学生又是实践的主体，既是学习者又是生产者，是双重身份。大学生参加社会实践既是为了学习业务知识也是为了接触群众、了解社会、提高思想觉悟，具有双重任务。社会实践是育人的环节，也是实践的过程，所以既要遵守教育规律又要遵守生产规律。

6. 大学生社会实践活动具有开放性。大学生实践活动是学生自身组成团队，按照主题开展活动。改变了传统以教师为中心的教学观念，引导学生以理论知识为指导，开展实践活动，了解社会，全面发展。在实践活动过程中，内容开放、过程开放、效果评价开放等，促进了实践活动的创新。

再次作为教育与劳动的完美结合方式，大学生社会实践活动越来越受到重视，参与的人数越来越多，活动的规模越来越大，活动的内容越来越丰富，活动的形式日益多样，活动的组织更加完善，活动的设计更为合理，考核和评估的指标越来越科学。社会实践的日趋发展必然呈现新特点：制度化、教育基地多样化。

案例：大学生自主创业的精彩历程

黄佳喜欢《赢在中国》节目的口号 “励志照亮人生，创业改变命运”。几乎所有大学生创业者都被这档节目所吸引。对于热血澎湃的大学生来讲，这已超越出电视节目的范畴，它更像是一面旗帜，是展示激情和梦想的舞台。

当黄佳的同龄人还沉浸在网络游戏和QQ聊天时，他已经穿梭于校园、企业、政府部门，为他心目中的创业积极努力。入学前他告诉自己：一定要好好学习，积极参加各种社会实践。大一刚入学，他在院系领导的支持下创办了“上海理工大学创意社”。社团创办之初，他就制定了校园创意、策划、创业三步走的发展目标，开展了一系列颇具影响的校园活动。随着社团活动的深入开展，创意社成员在承办校园活动的同时，逐步与校外企业开始合作，他们帮助企业作策划、搞宣传。在此过程中，黄佳深刻地体会到了人脉关系对于大学生发展的重要性。为了进一步扩大人脉资源，黄佳组织了上海市大学生人脉联谊会，整合了上海40所高校的100多个社团，并举办了首届上海市高校社团高层论坛。

一系列的社团活动，为黄佳积累了丰富的社会经验，他认为自己创业的时机已经成熟。很快，他就召集了几位在社团活动时认识的计算机、市场营销、法律等专业的朋友，创办了上海瑞琦旅游信息咨询有限公司。他提出了公司发展战略：以崇明生态旅游、农家乐为起点，开发上海郊区的旅游资源，并同时发展整个华东地区的生态旅游和农家乐，不断丰富旅游资源和信息，逐步完善网站和服务水平，努力建设成为国内最大的生态游、农家乐旅游信息服务网站。

黄佳再谈起创业时的感受时，他说“大学生在校的实习和社会实践，可以积累创业的经验，了解公司运作的模式，也为自己将来创业熟悉了人脉。大学生一定要珍惜每一次社会实践的机会，因为，社会实践不仅能提升你的专业技能，还能让你学到很多行业内的必备知识，这是课堂上、课本上学不到的；做事情一定要脚踏实地，要有闯劲儿。后来我的项目得到了上海市大学生创业基金的资助，创业项目初期启动资金得到了部分解决，在学校就业指导中心和上海理工大学科技园的帮助下，我们对创业项目的经营理念、方向、方式等做出了比较系统可行的计划和设计。公司渡过创业发展的瓶颈期，通过几年的发展，现在公司的发展形势也越来越好。”

创业成功者高调亮相，失败者悄然退场，莘莘学子的眼前全是创业奇迹。但现实中去创造财富、去创业，却远非只需大声说出理想那么简单，也并不是人人都有机会、有能力去创造神话。大学生创业成功不可能一蹴而就，因此应遵循“社会实践—创业尝试—自主创业”三个过程循序渐进地发展。大学生利用课余时间进行社会实践，培养创业精神和合作能力，初步积累工作经验。文中的主人公在学校里担任过学生管理工作，又有过多次实践经验，因此勇敢地进行了一些尝试，不断总结成功经验，汲取失败教训，最后在有所积淀之后使创业有了飞跃。大学生社会实践活动为大学生就业和创业提供了一次实地演习，同学们应抓住这次演习机会，汲取就业和创业的有利因素，以便在激烈的竞争中占有利地位。

第三节 大学生社会实践的组织与管理

一、大学生社会实践组织应遵循的原则

加强指导原则。学校要设置专门的，由学校分管领导在内、校共青团组织等相关部门参与的大学生社会实践领导机构，保证了对各项实践活动的有利领导，确保了实践活动的效果。同时依托学院组成由专业教师、团组织老师及辅导员教师组成的实践领导小组，保证全程参与培训、指导。遵循“三贴近”原则，即贴近实际、贴近生活、贴近学生。实现思想政治教育功能的原则。

二、大学生社会实践的组织

大学生社会实践活动，可以引导青年学生了解社会，了解国情，坚持走有中国特色社会主义道路的信念；引导学生增强责任感和使命感，树立正确的世界观、人生观，价值观，提高学生的综合素质；充分发挥学生的知识和智力优势，为人民群众生产和生活基本需求服务，培养学生的劳动观念和奉献精神。活动组织得好坏直接关系到活动的最终效果，直接影响学生参加的热情和积极性。好的组织策划是实施成功的保证，实践活动组织的科学化、规范化是大学生社会实践活动长足发展的必然要求。

1. 宣传动员阶段

社会实践是以高校学生为主体的,学生的积极性和主动性是社会实践取得实效的前提条件。一次成功的社会实践活动必然是学生发挥主体作用的活动，这就需要调动学生的积极性、自觉性和主动性。这与前期的宣传与动员是分不开的。首先作为学校应将实践指导思想融入学校教育、改革与发展的全过程，使学生意识到社会实践的必要性，社会实践不仅能培养他们理论联系实际的能力，运用他们所学的专业知识，发现问题、分析问题、解决问题，同时还能锻炼他们的其他的社会能力，提高他们的综合素质。其次作为组织管理大学生的主要指导者的高校共青团组织，要制作宣传海报、发布实践主题，使学生了解要做什么；要召开实践动员大会，明

确社会实践的目的和宗旨，使学生从思想和心理上做好充分的准备，激发学生参与社会实践活动的热情和积极性。

2. 策划筹备阶段

筹划阶段是整个活动的关键，指导思想明确、筹划周密、准备充分才能保证实践活动取得实效。

（1）选题：选题要遵循一定原则，确定主题及实施方式。

（2）组队：大学生社会实践的主体可以是个体行为，也可以是群体行为也就是团队。应考虑人数，要具有相对统一的课题意向，建议安排指导教师，采用制度化、规范化管理模式。

（3）培训：主要包括保证社会实践活动顺利展开的常规性基础培训和针对社会实践活动实施方式的针对性培训，有常规性培训，还有针对不同社会实践实施方式的技能培训。

（4）准备：在做实践活动前期准备前，要有可行的实践方案，要召开团队会议，细化方案，在方案中要做好详细的经费预算。在方案做好，通过学校审批后，要进行实践活动的前期准备工作。要有明晰具体的实施计划，要做好活动前的思想动员，要建章立制严格纪律，联系实践单位，物品准备，要有应急预案。

3. 组织实施阶段。

“纸上得来终觉浅”，真正的实践活动当中，大学生主体是异常活跃的，现实情况也是复杂多变的。保证实践活动的顺利开展，要做好引导、精心组织、做好过程调控、最后要做好总结等注意事项。

（1）做好引导。大学生的思想活跃，但是缺乏社会经验，在观察问题时，难免缺乏全面性，流于表面，甚至被一些表面的现象引导产生错误的认识，形成负面影响。这不利于大学生思想政治教育。同时由于学生已经身处实践过程中，单靠说教反而使学生更不能接受。要避免说教式的教育，首先要使学生全面了解国情、社情，熟悉党和国家现阶段的政策，同时要让学生深刻了解构建和谐社会的深刻内涵，既看到成绩也不回避存在的问题，利用事实的客观性循循善诱，因势利导，学生自己要能从辩证唯物主义和历史唯物主义的角度思考问题，自己得出正确的结论。在实践过程中，关键的作用是做好引导，学生自己要去发现问题、分析和解决问题。

（2）精心组织。对于活动开展，进行周密的思考、规划以利于实践的顺利开展。首先，队伍的组织要合理，在组建团队时要考虑到队伍的年级、专业梯队，指导教师要兼顾到专业指导和思想政治工作的开展，团队学生干部的安排要考虑其指导作用的发挥，每个团队成员要合理分工，充分发挥其聪明才智，及能调动个体热情与积极性，又能发挥集体的合力。其次，是在实践单位的选择，选题与当地需求的结合方面要做到有的放矢。再次是精细安排实施环节，从深入实践，从礼仪到活动的安排，以及应对突发事件的预案都要有详细的安排。

（3）做好调控。虽然前有实践方案，后有应急预案，但是活动的过程是灵活的，围绕主题，全程指导实践，与学生保持沟通和交流，与实践单位应建立良好的互动平台，根据学生的意见和实践单位的反馈信息，及时解决问题。

（4）做好实践备忘。主要是在实践过程中，对于收集到的资料、数据、照片等要注意保存。对电子类的照片、录像、录音等要及时备份，对于访谈记录、会议记录、日志等纸质的材料要做好保管。

4. 总结评估阶段

实践活动结束后要及时总结，总结经验教训，把感性认识上升到理性认识，完成一次主观世界的改造。

（1）上交资料。个人总结，每个实践成员参加实践活动的感想和体会。团队总结，是对整个实践团队的实践活动的具体内容和取得成果的综合性评述，包括团队实践的实际经费明细及票据。调查报告（附调查问卷等）。

（2）对实践活动效果进行评估、表彰。对实践活动的评估，多是从学生参加的态度，学生参加活动的能力，主要指学生在实践中将理论知识运用于指导实践的能力，学生参加活动的收获等方面进行评估。指导教师、团队成员之间、媒体报道、实践对象及单位评语多是参评的主体。对社会实践评价的最终目的是总结和提高，重在鼓励学生在实践中不断提高分析、解决问题的能力。组织单位应设立奖项对表现优异的学生及团队进行鼓励。

（3）成果转化。主要途径有撰写的报告进行公开发表；科技发明可以参加竞赛、申请专利；还可以举行论坛等，互相交流经验等。

三、大学生社会实践的管理

社会实践是高校对学生进行素质教育、培养学生创新精神和实践能力、加快大学生社会化进程的重要形式。随着教育环境的深刻变化，大学生社会实践在高等教育中的作用和地位愈显突出。充分发挥社会实践的育人功能，着力加强和改进大学生的社会实践，增强大学生社会实践的针对性和实效性需要加强对大学生社会实践活动的管理。根据大学生社会实践活动要求前期计划准备充分可行，组织实施要科学严格，总结评价要及时客观，对于大学生社会实践活动进行科学、规范的管理，需要建立制度完善、保障有力、运行机制合理、评价体系科学、激励机制健全的合理的管理体制。

1. 制度建设管理

以制度规范为基本手段协调组织集体协作行为，是提高效率的一种管理方式。目前，高校已经纷纷将社会实践工作纳入教学计划，给予必修或选修学分，在制度上为社会实践工作提供了必要的保证。但在实行过程中，规范化程度较低，组织管理不够系统全面。例如团委、学生处、院系等多头管理缺乏统一的协调和指导，重暑期社会实践，其他日常实践，不能根据不同学生的知识结构、兴趣爱好安排实践活动等都是组织管理制度不完善影响的。从组织管理来看，在高校要构建校、院两级组织领导体系，指挥有力、分工明确，实施得力。兼顾团队和个人、寒暑假和日常社会实践活动、学生的专业和兴趣、社区实践和基地实践的组织方式，有利于学生多元化选择，调动其参加实践的积极性。规范高校社会实践课程化，协调教务科研等职能部，加强社会实践课程化的制度建设。

2. 保障机制管理

为保障的学生社会实践活动的顺利进行，加强对其保障机制的管理。社会实践是大学生受锻炼、长才干的重要途径，需要学校认真组织、大学生积极参与、教师认真指导、社会大力支持。

（1）组织管理，学校要广泛争取社会各界的支持，学校要与地方政府、企事业单位共同协调社会实践活动的开展，在科技服务、人才培养、资金支撑等方面达成协议。学校要成立以分管领导在内的，共青团为主导的，宣传部、教务处、学生处等社会实践领导机构，负责对内指导和对外联络，齐心协力、团结合作。学校要建立课程教学与实践教学的协调机制，实现实践活动课程化的制度化。社会实践应根据各门课程的不同，由任课教师组织学生开展社会实践活动。学校还要注重将社会实践活动与思想政治教育结合起来。

（2）资金管理，大学生社会实践的开展需要经费来保障。大学生参加社会实践的经费，要通过国家、地方、学校、接收单位、个人自筹等多渠道解决。各级政府要支持大学生参加社会和教学实践，加大投入。高校要增加社会实践的经费投入。多方面筹措社会实践资金，加强社会实践成果的转化，取得一定的报酬。资金的使用，在社会实践经费方面一定要建立科学、合理的预算。做好实践活动总结阶段的费用报销工作。

（3）基地建设管理，实践基地就是高校整合各方面因素、为我所用建立起来的、对学生实施实践教育的环境条件。稳定的、健康的实践基地有利于实践成果的应用和推广，有利于实践理论的创新和发展，有利于实践经验的总结和积累，这是有针对性地深入、持久、有效开展社会实践活动的一个保障，是适应社会实践活动社会化、专业化发展的内在要求的；同时，在目前就业形势日益严峻的情况下，良性的实践基地能打通学生与社会的就业屏障，拓宽就业渠道，增强就业机会。要明确目标、突出特色、较好地整合实践资源，完善各类基地资源的共建共享机制，社会实践教育基地要承担起德育教育功能。实现学生的素质拓展，通过社会实践基地的发展可以让这些教育与社会实践变得更加地贴合。大学生实践基地需要在协调好基地各方权利以及义务的基础上，完善基地的管理体系，让教育的时效性得到全方位的落实，校企以及校地之间需要加强各方合作力度，将所有的资源能够做到最优惠利用，共同目标是创建起有利于大学生发展的环境。

3. 运行机制管理

创新大学生社会实践运行机制，引入项目管理等管理模式，将项目化管理的理念引入到大学生社会实践工作当中，以学校层面为龙头，由学校面向各级团学组织和广大学生提出社会实践项目规划，以项目团队为主体，学校与各社会实践团队签订社会实践项目责任书，推行社会实践的项目化运作，以学科专业优势为依托，以社会需求为导向，以社会实体为支撑，形成联合、共享、互补、开放的社会实践格局，有力促进了高校科技创新与服务社会两大功能的发挥。社会实践实现项目化运作，既保证了实践项目的目的性、计划性，又能使经费、实践基地等有限资源发挥最大效益。

4. 评价体系管理

社会实践评价是总结，不能简单地评价学生的实践活动的能力，目的在于鼓励学生继续进行社会实践的热情，提高学生的能力。

（1）评价主体。评价的主体应该包括参与者即学生的自我评价、组织者即学校或指导教师的评价、实践对象即实践单位、社会评价和聘请的专家评价。

（2）指标体系的设计。指标是设立时为了评价效果，社会实践学校评价的是，态度，包括准备、参与情况、思考和总结；实践能力，包括学生的创新能力、团队合作能力、解决问题的能力、语言表达能力、交际能力等；收获，包括对问题的认识、理解情况。

（3）态度可以从“团队合作”“爱岗敬业”“主动性”三个观测点来评价。收获主要从实践总结是否科学、实用、有创新，其他材料的情况，包括实践日志，指导教师评价，实践单位评价，媒体报道等方面进行评价。

第四节　大学生社会实践的方法与技能

一、大学生社会实践的方法

大学生社会实践，学生利用自己的专业知识，指导实践，同时学生与社会接触和互动过程中了解、感知和学习课外知识作为校园知识的补充。社会实践对新时期的大学生的世界观、人生观和价值观的树立起到重要作用。大学生社会实践的目标实现“了解社会、了解国情，增长才干、奉献社会、锻炼毅力、培养品格和增强社会责任感”等。大学生社会实践通过收集资料、分析资料、得出结论从而实现知识的获得。也可以通过实践过程中的体验，形成感受，实现主观世界的改造。根据社会实践目标、组织方式的不同，大学生实践的方法有：

1. 观察法

观察法就是大学生在实践过程中，实地进行，有目的、有计划地运用中积极的感觉器官或者借助科学观察工具，能动地了解社会现象，是观察者有目的、有计划地自觉认识活动。这种方法，操作简单易行，只要到达现场就能获得感性认识，直观。其优点是，组织方便，灵活性高，人员可多可少，时间可长可短。其缺点是受时间、空间等客观条件限制，需要花费较多的人力和时间，获得的资料不利于进行定量分析。

大学生社会实践中，有主要采用这种方法的活动，如学习参观类等；也有适用实践过程的活动，如社会调查的收集资料阶段、红色之旅等实践活动过程中。

2. 访谈法

访谈法，主要是适用于社会调研类型的社会实践活动，是通过与被调查者谈话的形式进行活动的一种方法，可以是面对面的，也可以是电话、网络等借助一定媒介的，可以是对个体的，也可以是对团体的。这种方法的优点是回复及时，过程可控。其缺点是会受环境因素影响，会受主观影响。

访谈法的使用要注意做好前期准备，要提前预约，要努力与受访对象建立良好的关系，要明确主题，要做好过程控制。

3. 问卷调查法

问卷调查是社会学研究的重要调查方法，主要是为收集必要数据而设计一系列问题的综合。问卷调查要做好问卷的设计，确定发放飞途径，做好数据的统计分析。

问卷的设计，首先要了解一份好的试卷要能提供必要的信息。问卷的主要作用就是提供管理决策所需要的信息；要考虑到是符合被调查者自愿、真实回答的问题，因此，问题的表述要清楚、简明、易于回答；要便于数据处理，一般封闭式较开放式更便于数据的处理。其次，要保证问卷的规范和可行，在设计问卷前要确定研究目的、调查范围、相关的背景信息；根据数据收集方法选择调查形式；根据需要确定问题形式，是开放式或者封闭式；设计问卷的逻辑性编排；预测和修订。再次，问卷的结构内容，标题要清晰、明了；说明使被调查者了解这个调查的目的、填写要求、和注意事项，便于被调查者填写问卷；主体是问卷的问题和答案，主要考虑被调查者的心理，在个人情况的设计时尽量不要涉及个人隐私；编码号要方便计算机统计分析；要有致谢语。

4. 实践体验法

实践体验是以“体验教育”为理论基础的，“体验教育”是倡导以体验为核心的学习方式的教育派别，它旨在唤醒、开掘与提升学生的潜能，促进学生的自主发展；它着眼于学生的全面成长，促进学生认知、情感、态度与技能等方面的和谐发展；它关注学生的生活世界和独特需要，促进学生有特色地发展；它关注学生终身学习的愿望和能力的形成，促进学生的可持续发展。实践体验，就是大学生在实践中，参与到实践主体中，作为其中的角色，参与活动，获取知识、增强能力、升华情感的一种方法。

体验，首先是感知与实践，通过感知与实践，个体增强了对外在客观世界的了解，丰富了头脑中客观事物的表象，增强了自身的社会适应能力。其次，在感知的基础上产生情感。如果个体仅仅有对客观事物接触，而没有相应情感的变化，我们只能说个体有“体”无“验”。当然，如果个体仅仅依靠从书本上学习知识，并产生了相应的情绪与情感。我们也可称之为体验，但这种体验属于再体验或间接体验。因为个体之所以能够在学习书本知识的过程中产生体验，是由于书本知识与个体生活经验发生了碰撞。再次，个体过去的体验能够在新的情景中被重新激活或获得升华。如成人在回忆自己的童年生活时，产生幸福感与对儿童世界的新理解。由此角度而言，这种体验是一种反思体验。

大学生社会实践的挂职锻炼、就业实习等都属于实践体验，例如，大学生职业实践体验，在这个过程当中，了解自己理想职业的国家战略需求、社会需求、行业需求、职业需求以及职业环境基本状况，树立科学正确的职业价值观、就业观和职业发展观。强化职业化水平，规范职业化思想、职业化语言、职业化动作等职业化行为，提高职业道德、职业意识和职业心态等职业化素养。

二、大学生社会实践的技能

1. 常用文书写作技能

（一）应用文

大学生社会实践中在组织、宣传、联络、总结等方面会应用到各种应用文，包括介绍信、证明信、海报、启事、倡议书、聘书、工作计划等。

（1）介绍信。有题目，联系单位称呼，被介绍人的姓名、身份、人数，正文，最后有“请接洽”等字样，单位名称和日期，公章。

（2）证明信。是以行政机关、社会团体、企事业单位或个人的名义凭借确凿的证据证明某人的身份、经历或某件事情的真实情况的凭证。有标题，正文：需要证明的事项等，结尾一般写“特此证明”，落款和日期：单位或个人，单位和时间与证明内容之间不要距离太远，公章。

（3）海报。海报是一种广告，用于发布消息，即广而告之的张贴形式。一般有标题：大多为“海报”二字，有时也可写为“好消息”等，正文：以简短、生动、准确的文字介绍海报的具体内容，介绍活动的要写明是什么活动，活动举行的时间、地点、参与方式等。

（4）启事。启事是指将自己的要求，向公众说明事实或希望协办的一种短文，通常张贴在公共场所或者刊登在报纸、刊物上。机关、团体、企事业单位和个人都可以使用。有写明启事的名称：这主要由启事的内容决定，如内容是征文，则名称写明“征文启事”，名称字体应大于正文字体，居中，正文：具体内容，即要向大家说明的情况，启事者的落款和启事日期。启事的内容要完整，语言具体明确，如果内容多，要分条。

（5）倡议书。由某一组织或社团拟定、倡议、发起某项活动而写的号召性的公开提议性的专用文体。有标题：可以在第一行正中用较大的字体写“倡议书”三个字，也可以是由倡议内容和文种名共同组成的，称呼：可以根据倡议对象选用适当称呼，如“广大的青少年朋友们”等，也可以不用称呼，正文：包括倡议的背景原因和目的、具体内容和要求，结尾要表示倡议者的决心和希望或者写出某种建议。倡议书一般不在结尾写表示敬意或祝愿的话。最后写上发起倡议的单位、集体或个人的名称或姓名，署上发倡议的日期。

（5）聘书。聘书是聘请书的简称。它是用于聘请某些人完成某项任务或担任某种职务时的文体 。标题：聘书往往在正中写上“聘书”或“聘请书”字样，称谓：聘请书上被聘者的姓名称呼可以在开头顶格写，然后再加冒号，也可以在正文中写明受聘人的姓名称呼，正文：交代聘请的原因及所要去担任的职务、写明聘任期限、聘任待遇，结尾可以写上“此致——敬礼”“此聘”等，落款和日期，公章。

（6）工作计划。对一定时期的工作预先做出安排和打算。一般来讲一个完整的工作计划要包含，做什么（WHAT）、怎么做（HOW）、谁来做（WHO）、什么时间做（WHEN）四方面的因素。具体的格式是，计划的名称：包括订立计划单位或团体的名称和计划期限两个要素。

（二）事务性文体

（1）日志。为做好总结和资料收集，在进行实践过程中，及时记录、总结好实践过程中采集到信息。

（2）会议记录。在会议过程中，由记录人员把会议的组织情况和具体内容记录下来，为保证社会实践的顺利开展，要做好会议记录。格式并不复杂，一般有会议名称。会议基本情况，基本情况包括：时间、地点、出席人数、主持人、缺席人、记录人。会议内容，这是会议记录的主要部分，包括发言、报告、传达人、建议、决议等。要求是真实准确、要点不漏。一般来说会议记录的技巧有四条：一快、二要、三省、四代。记得快，字要写得小一些、轻一点，多写连笔字。在记录中择要而记，正确使用省略法，用较为简便的写法代替复杂的写法。

（三）社会实践常用文体的写作

（1）社会实践方案的编写

基本情况：

①课题简介：名称、参与人员、地点、时间

②背景与意义：背景资料，课题的现实意义与应用价值

③预期目标及成果

实践内容：

①实践的主题、组织方式、主要内容

②人员配备和分工

③日常安排：筹备时间、出发时间、实践时间、返程时间、总结

可行性分析：

①筹备是否充分，组织是否科学、团队建设是否合理，后勤保障是否有利

②应急预案是否周全

③经费预算是否合理

（2）调查报告

调查报告是对某项工作、某个事件、某个问题，经过深入细致的调查后，将调查中收集到的材料加以系统整理，分析研究，探索规律，总结经验形成书面报告。

标题。

确立标题要遵循以小见大的原则，调查报告的标题形式比较灵活，有单行标题，对于单行标题可以采用规范化的写法，如关于 ×× 的调查报告，也可以采用陈述、提问等自由式的写法，如为什么大学生择业更倾向于北上广地区等。有正副标题结合的双行标题，一般正标题是调查的中心问题或者最终结论，副标题一般是对正题的补充和说明。

正文。

正文是调查报告的核心内容，是对调查研究主要结论和观点的详细叙述。正文的写法，可以先提出中心论点，然后分别从几方面进行论证；也可先从几个方面进行比较分析，然后进行归纳，得出结论；可以采用逐层递进的、由浅入深的论证方法；也可以边分析边论证。无论采用哪种论证方式，都要观点鲜明，结构合理，能提出建设性的意见和建议，对实际工作起到指导和借鉴作用。

结论。

作为文章的结束部分，这一部分可长可短，写法也不尽相同，但主要要包括总结性的内容和开放性的内容。

参考文献。

附件。

可以是方案，媒体报道、队员日志、相关的影像资料等等，主要发挥支撑观点或结论的功效。

（3）社会实践的新闻稿

学生在实践过程中，为了便于学校了解实践进程和阶段性成果，新闻稿是经常采用的手段，同时起到扩大宣传的效果。新闻消息，基本要求要真实、客观、及时，原则上发稿时间与活动时间之间间隔不能超过三天。内容要完整，一篇完整的新闻稿应包括标题、主体、背景、和结尾；行文要规范，排版要合理。

2. 人际技能

人际技能是管理者与他人一起工作或作为一名小组成员而展现出来的能力 . 具体表现为管理者与他人的关系，其中包括政治和文化意识、领导力、决策、激励、团队建设、协调、沟通、谈判和解决冲突的能力等。人际技能是采取特定行为，达到预期效果，大学生社会实践活动中需要大学生具备良好的人际技能，特别是引入社会实践活动项目化管理后，人际技能更是项目化管理应具备的能力。以团队建设、沟通和谈判能力为例：

作为大学生实践的载体，团队建设，强化团队建设：获取高层管理者的支持，鼓励团队成员的责任感，引入适当的奖赏、认可和道德规范，建立团队归属感，有效管理冲突，促进团队成员之间的信任和开放式沟通，以及提供有效的领导等。

谈判，谈判是指与利益相同或相悖的人进行会谈以期达成妥协或协议。主要的技巧是分析形势；区分想要的与需要的，包括他们的和你自己的；关注利益和问题，而非立场；索取高、给予少，但要符合实际；当你做出让步时，要表现得好像是在退让某些有价值的东西，而不是简单放弃；一定要保证双方都感觉自己赢了。这是一种双赢的谈判。永远不要让对方在离开时觉得自己被占了便宜；

沟通的目的是让对方达成行动或理解你所传达的信息和情感，沟通技能，指具有收集和发送信息的能力，能通过书写、口头与肢体语言的媒介，有效与明确地向他人表达自己的想法、感受与态度，亦能较快、正确地解读他人的信息，从而了解他人的想法、感受与态度。 沟通技能涉及许多方面，如简化运用语言、积极倾听、重视反馈、控制情绪等等。

大学生在参加社会实践过程中，会面临的挑战：运用有限的资源在规定的时间内完成规定任务，建立团队，与队员协同完成任务，与政府、实践单位及其他可能的社会团体及媒体的沟通。

在实践过程中，团队的协同合作，团队成员之间在沟通中，以维护对方自尊，增加对方的自信为底线，要做到真诚地赞扬对方、避免损失对方尊严的事情和语言、对事不对人、真诚微笑。在实践过程中与人交谈过程中，如做访谈等，要保持眼神交流、不要轻易下结论、善于挖掘言外之意、点头与微笑等。

3. 生活技能

社会实践离开学校、离开家庭，到了不熟悉的环境，要能适应环境，精神饱满地参加到实践活动中去，真正拓展自身各方面的素质。

（1）基本的生活技能。服装准备充分，薄厚搭配合理，注意防雨、防晒，根据天气变化及时增减衣物。合理安排饮食，饭菜要清淡、要多吃瓜果、蔬菜，一定要多喝水，如果在夏天，要适当补充盐水。在行程中，要保证充足睡眠，颠簸中注意不要饮食过量，注意通风等。

（2）基本的卫生保健知识。由于环境变化，天气变化，要注意身体健康，强化卫生常识，注意水土不服，吃饭时要吃一些蒜、生姜等，要注意晕车、感冒、中暑、外伤、肠胃疾病、传染病等准备好常用的药品。掌握基本的安全急救方法。

（3）基本的安全意识。不要私自游泳、攀爬等，注意防范危险，注意交通安全、财物安全 、人身安全、野外安全。注意了解实践地的风俗、禁忌等。

思考题：

1. 大学生参与社会实践的理论与实践意义是什么？

2. 大学生社会实践如何强化在拓展领域中的实效?

3. 社会实践服务团队工作计划包括哪些内容?

4. 社会实践过程中应注意哪些安全问题，如何防范?

5. 社会实践所感所思贵在真实和启迪，如何在社会实践中凝练启迪心灵的智慧?

参考文献：

1.《马克思恩格斯选》(第三卷). 人民出版社，1972 版.

2. 共青团中央办公厅主编. 党的十一届三中全会以来共青团重要文件汇编. 中国青年出版社，1999 年版.

3. 陈志尚主编. 人的自由全面发展论. 中国人民大学出版社，2004 年版.

4. 陶然等主编. 大学生社会实践与社会调查指南. 吉林大学出版社，1992 年版.

5. 冯艾，范冰. 大学生社会实践导读. 社会科学文献出版社，2005 年版.

6. 王小云，王辉. 大学生社会实践概论. 中国经济出版社，2005 年版.

7. 张子睿. 实用文写作理论与方法. 清华大学出版社，2004 年版.

8. 张子睿主编. 大学生社会实践教程. 国防工业出版社，2012 年版.

9. 陈曦. 大学生社会实践教程. 北京机械工业出版社，2006 年版.

10. 倪福全，李昌文主编. 大学生社会实践教程. 中国水利水电出版社，2011 年版.

11. 应金萍. 高职院校大学生社会实践教程. 经济科学出版社，2009 年版.

12. [英] 涂尔干. 社会学研究方法论. 胡伟译，华夏出版社，1988 年.

13. 韩明涛. 高校社会实践论纲. 山东人民出版社，2002 年.

14. 胡树祥等. 大学生社会实践教育理论和方法——高校辅导员专业化丛书. 人民出版社，2010 年版.

15. 杨波，邱建国. 大学生创新教育实践活动指南. 兵器工业出版社，2003 年版.

16. 华北庄，胡文宝等. 中国产学合作教育探讨. 武汉大学出版社，2005 年版.

第八章　大学校园文化

第一节　大学校园文化的发展与现状

案例：人民大学程天权书记谈校园文化建设：大学——文化的激荡与创新

凡是到过人大校园的人，一定会对人大多姿多彩的校园文化氛围留下深刻的印象。无论是学生社团招新时的"百团大战"，还是教二门口五彩缤纷的社团活动广告；无论是频繁地与国内外大师对话的学术活动，还是自娱自乐的周末文艺演出……如火如荼的学生活动，彰显出人大学生积极的进取精神和参与意识。在这座充满青春活力与蓬勃朝气的校园里，有荣获"全国十佳志愿服务先进集体"的青年志愿者协会；有被誉为"业余团体、专业水准"的全国一流的学生艺术团；有在全国高校中极具影响力的学生媒体——青年人大报社；有勇夺首届"中国大学生男子篮球超级联赛"总冠军的学校篮球队和获得世界大学生男排冠军的校排球队；有"文化助残""青春健康之旅""爱心桥"等一大批大学生志愿实践的品牌活动。此外，一年一度的学生艺术节、五四文化节、服饰文化节、歌影年华、"一二·九"大合唱等一系列耀眼夺目的传统品牌节目，以及全国高校学生媒体论坛、"青春·中国"全国大中学生纪实DV作品大赛、首届首都大学生创意文化节动漫设计大赛等一大批新创的学生文化活动……积极向上、别具一格、特色鲜明的"人大文化"，铸造出人大学子求真务实的精神气质。

"思想的交换与物质的交换是不一样的。"程天权书记十分鼓励同学们进行思想交流，"校园文化建设，促进同学们讨论一些看似与自己的切身利益联系不太紧密的事情，并在讨论的过程中，针对这些事情，将就好的选择与坏的选择进行对比，并最终促进好的选择，从而促进人类的思想和行为不断向前推进。"程天权书记认为校园文化对学生的才能锻炼很大，"校园文化特别是社团活动，有大量出彩、光鲜的部分，但也有幕后默默奉献的部分，这就有了两种分工，一是从宏观上组织、调配资源，二是弥补、缝合资源并且做好后勤保障。在校园文化中的锻炼，有助于同学们对自己有进一步的理解和定位，为以后的就业埋下伏笔。"

（资料来源：中国人民大学新闻网，2009年6月12日）

大学是知识的殿堂、科学的园地，自其产生以来，就一直是精英荟萃的象牙塔，居社会生活中的特殊地位。经过长期的发展和积淀，如今的大学校园在时空上呈现出一种特殊的人文、自然景观和生活模式：这里大都有优美雅致的景色、清新幽静的环境、典雅别致的建筑、浓郁悠远的文化积淀，成千上万的大学人栖息在这里追求着大学的理想与目标，追求知识和真理，广大师生教学、科研活动以及他们特有的工作、生活、交往、休闲等，使这里成为一块永不枯竭的文化源流地，形成了一种意味浓郁而特殊的文化——大学校园文化。

一、大学与文化

1. 文化概说

《易经 . 贲卦》对“文化”解释是“观乎天文，以察时变；观乎人文，以化成天下”，为典型动词。文化终极成果非是著作，是人、是集体人格；《中国文化课》认为“文化”是“一种成为习惯之精神价值和生活方式”。非自然力量中“文化”最软、最强；文化无界，最是跨越障碍之桥梁。

习近平总书记在 2016 年“七一”讲话中，首次将文化自信与道路自信、理论自信、制度自信并列，扩展成为“四个自信”，并强调“文化自信是更基本、更深沉、更持久的力量。”

当前对“文化”有广义和狭义之分。广义的“文化”，又被称作“大文化”，是指人类与一般动物、人类社会与自然界的本质区别。它着眼于人类卓立于自然的独特生存方式，其涵盖面非常广泛，因而将人类社会历史生活的全部内容统统摄入“文化”的定义域。与广义“文化”相对的，是狭义的“文化”。狭义的“文化”，又被称作“小文化”，是指人类的精神创造活动及其结果。它排除人类社会一历史生活中关于物质创造活动及其结果的部分，专注于精神创造活动及其结果。本书中所指的“文化”，主要是从狭义的角度来进行论述。

2. 大学文化

大学文化是社会文化的一部分，它既受制于社会文化，又受制于大学自身的发展规律。大学文化是一所大学长期以来在社会文化的影响下，在广大师生的共同努力下，创造、传承和积累而成的物质成果和精神成果的总和。它是历史积淀和现实环境交互作用的产物，是大学在长期办学实践的基础上，经过历史的积淀、自身的努力和外部环境的影响，逐步形成的一种独特的社会文化形态。作为新思想、新文化的策源地和传播、交流中心，大学文化对社会文化的发展有着积极的引领作用。从内容上说，大学文化可以分为物质文化、精神文化、制度文化、行为文化四个层面。大学文化是四个层面文化的有机结合，四者形成一个彼此相互依存、相互补充、相互强化，共同对学校立德树人成效发生影响的文化同心圆。

3. 大学文化与校园文化

大学文化是社会文化的亚文化，归属于社会文化，它体现的是大学的理想、宗旨和目的。校园文化归属于大学文化，它是大学文化的具体化和表现形式。大学文化是内在的，它体现的是一所高校的内在精神，更体现在大学的办学思想及广大师生对它的认同中；它是在历史的积淀中形成的一种文化场，是一种文化氛围，是有个性的，它体现着一所学校的学科和专业特色以及依托其专业而形成的学术精神等。而校园文化是外化的，它是指环境、活动和仪式等表层方面的内容。大学文化侧重的是办学理念。而校园文化侧重的是如何贯彻办学理念的一种手段和措施。不同的大学，因其在国家高等教育体系中所处的层次不同或科类结构不同，必然表现出不同的大学文化。即使同一层次、同一学科类型的大学，也会因其不同的办学理念和定位、不同的发展历史、不同的地理位置等原因，使得各自的文化迥异。

二、校园文化的内涵与分类

1. 校园文化的内涵

校园文化作为人类社会文化的一种，是学校教育的伴生物，已有很久远的历史。校园所特有的学生构成、师生关系、学习内容和学习目的以及学校生活特有的节奏、规制、环境及氛围等等一系列独特的事物和现象，构成了校园文化的主要方面。

2. 校园文化的分类

依据不同的标准，人们可以对大学的校园文化做不同的分类。最常见的分类方式是依据文化现象的不同形态，将校园文化划分为校园物质文化、校园制度文化、校园行为文化和校园精神文化等四种存在形态。

校园物质文化是指学校教学、科研、生活所需要的物质设备和物质环境条件，这是精神文化结晶方式的实体存在。校园物质文化作为校园文化外显的物质形态，能为人们的感官所直接触及，具有直观形象的特点，这是校园文化的表层部分，是形成制度层和精神层的条件，物质层中往往可以透射出办学思想、教育方针、价值观、人才观、道德风尚、校风学风等，是校园文化的物质载体和凝聚。

校园制度文化是指依据党和政府的方针政策和学校实际情况，根据培养目标的规格要求，为完善师生管理而制定的各项规章制度以及相应形成的严密的组织机构，具有强烈的规范性、组织性和秩序性，它包括学校传统、仪式和校规、校纪、教学及管理等规章制度，是维系高校正常秩序必不可少的保障机制。

校园行为文化是指学校教师员工在教育实践过程中产生的活动文化，是校园文化在学生和教师身上的具体表现，主要指师生员工的行为习惯、生活方式、各类群体（社团）的活动等，是学校作风、精神风貌、人际关系的动态体现，也是学校精神、学校价值观的折射。

校园精神文化主要是指师生员工共同的价值体系、道德风尚、审美情趣、思维方式、心理倾向、人生态度、政治观念等。大学精神文化是一种隐性文化，既不独立存在，而又无处不在。它是高校在长期的文化演化中，对各种优秀文化要素的选择、抽象和积淀，并最终成为高校师生内在精神力量的源泉。它是形成校园文化制度层和物质层的前提和根源。

三、校园文化的特征

1. 鲜明的教育性和明确的规范性

学校是有目的、有计划培养人才的场所，它必须根据社会进步的要求来培养和教育学生，这决定了校园文化的教育性。而校园文化与其他文化形态在教育性上的区别，主要表现为校园文化的教育性是有意识的，具有明确的目的性。

2. 严密的系统性和有限的开放性

校园文化是根据学校教育的既定目的，按照与之相适应的系统，精心设计和严密组织营造起来的。无论是获取知识、培养能力的文化氛围，还是灌输正确思想、陶冶良好情操的思想道德文化氛围；无论是规范行为、统一意志的制度文化氛围，还是发展个性、培养情感的精神文化氛围等等，都在各自的内部构成了一个十分严密的系统。

3. 内容的集合性和形式的多样性

教育作为文化的重要载体，具有继承和传播文化的功能。这决定了校园文化内容具有集合性的特征。从纵向看，校园文化汇集着人类历史优秀的文化遗产和当今人文与自然科学精华。从横向看，校园文化融合着中与外、校园与社会丰富多彩的文化精华，校园文化是智能型知识文化、素质型心理文化、情感型审美文化、协同型文体文化、技术型物质文化建构而成的文化集合体。

4. 触角的敏感性和时间的超前性

校园文化触角具有的敏感性，各式各样的思想观念、科技新潮、文化热点、生活信念、行为方式都快捷地或理性或直观地在校园重现、展示、兴起和交换，既相互冲突，又相互渗透；既相互排斥，又相互融合。学校培养的人才是属于未来的，是未来中国现代化建设的生力军。

5. 吸收的选择性和释放的辐射性

校园文化对古今中外的各种社会文化并非是全盘吸收的，它必须根据社会对人才培养的要求，从而对社会文化进行必要的过滤和选择，不断吸取自我所需的社会文化精华；在此基础上，内化、提炼成自己特定的文化内容，形成富有个性的文化系统，并且不断调整、充实、丰富和发展，以适应社会文化的时代要求和校园主体的内在需求。

四、校园文化的功能

大学校园文化是“校园人”在长期地以“知识”而展开的学术活动、管理活动以及服务活动中创造的，不仅是“校园人”本质力量的外化，同时又确证、表征着“校园人”的本质力量，并确证着大学这一实施高等教育的社会组织与社会其他组织的本质差异。大学校园文化自身的功能是通过“校园人”存在和发展的状态而体现出来。

1. 教育功能

当我们走入一所大学，时时处处都能够感受到校园文化的力量：一场精彩的学术报告能够让人茅塞顿开、受益良多，一个激动人心的英雄事迹报告会可以使人热泪盈眶、经久难忘，一部优秀的爱国主义影片能够使人感慨万分、热血沸腾，一个经典的校园文化雕塑能够使人流连忘返、心灵净化。这些都充分说明健康有益的大学校园文化可以使人们的情操得到陶冶，思想得到净化，情感得到升华，审美情趣得到提高，对人们的奋发向上，积极进取具有潜移默化的教育激励作用。

2. 导向功能

大学校园文化的价值取向总是将校园主体——“校园人”导向这样一个境界：具有忠于人民、热爱祖国、迎接挑战、走向世界、成就一番事业的品格形象；具有崇尚科学、追求真理、把握人生之舵、创造人生价值、做命运主宰者的品格形象；具有勤奋扎实、虚心好学、思想活跃、充满创新意识的品格形象；具有注重实际、联系群众、多思慎独、自我纠正的品格形象。这既是大学校园文化的价值取向，自然也是整个学校的价值取向，大学就是要通过校园文化这一特定的管理手段，引导学生树立正确的价值观。

3. 激励功能

大学校园文化的激励功能主要是精神激励，是指它能够强化“校园人”的工作、学习动机，满足“校园人”的高层次需要，调动“校园人”的积极性、主动性和创造性，激发和推动“校园人”保持高昂的情绪和奋发进取的精神去完成工作目标和任务。大学校园文化能够满足“校园人”的各种精神需要，激发“校园人”产生并维持积极的行为机制。校园文化对积极因素起到一种宣传激励作用，如领导的热心教育、教师的严谨治学、学生的勤奋上进等。

4. 约束功能

大学校园文化的约束功能包括两个方面，一方面是指依法治校，一方面是指以德治校。大学为了确保学校管理在法制轨道上运行，总是要制定许多规章制度来规范和约束，比如民主议事制度、教代会制度、校务公开制度等。依法治校之“法”是大学校园文化之制度文化的主要组成部分，是大学为了保证正常的教学工作、生活秩序得以维护，对“校园人”的行为予以规范和约束的一种工具。

5. 辐射功能

社会文化千姿百态，林林总总，由众多文化组成，包括社区文化、企业文化、城市文化等等。这些文化都存在着一种双向辐射现象，一种是内辐射，产生向心力，发挥凝聚功能；一种是外辐射，产生发散力，发挥融合功能。开放性是所有富有生命力的文化的共同特征，因为只有开放，才能在继承传统的同时紧跟时代的潮流，在反观历史的过程中融于现实生活，不断吐故纳新，生机盎然。

6. 创造功能

大学校园文化的创造功能就是指“校园人”按照客观规律，在传承社会文化的过程中所进行的文化再创造活动。它可以不断地孕育出新的思想观点、理论学说和文化食粮，可以为社会提供新的文化规范和模式，可以为社会文化建设输送具有高层次、高素质的人才。

7. 协调功能

大学校园文化是由不同层次结构及结构要素构成的一个大系统，系统结构与结构要素之间体现出内在的必然联系，表现为大学校园文化这个大系统的要素之间的协调发展、相互作用。大学校园文化的协调功能，主要表现为三个层次：一是学校中“校园人”个体相互配合，从而产生最佳绩效。二是局部工作上的协调，主要指学校各部位的相互配合与支持。三是指精神上相互协调，相互认同，互为精神支柱。

8. 陶冶功能

大学校园文化的陶冶功能，首先表现在它为“校园人”创造了一个陶冶人们心灵的精神环境，以校风、学风、文化传统、价值观念、人际关系等方式表现出来的一种高度的观念形态的文化。它是一种无形的推动力，对学校的各个方面起指导性的作用，给置身于其中的“校园人”以深刻而深远的影响。其次表现在它为“校园人”创设了一种与其观念形态相适应的优美和谐的物质环境，对生活于其中的“校园人”起着陶冶情操和规范行为的作用。

第二　校园文化建设的原则和途径

一、校园文化建设的原则

优秀的校园文化是高校发展中不可替代的引擎,是我国高校校园文化传承与开拓的助力剂,在当今高等教育中发挥着积极而重要的作用。

1. 坚持主旋律与尊重多样性的统一

高校的校园文化是一种区域性的社会亚文化，必然要受到社会主文化和高校办学特色的影响。由于地域文化和各高校办学特色的差异，各高校校园文化的特点也不尽相同，体现出多样性特征。首先是校园文化内容具有多样性，既包括心理和价值取向，也包括风俗礼仪和伦理制度，其中所包含的生活、学习、生理等方面内容，表现在文化方面就是要通过校园文化建设将文化的多样性与对学生成长的诸多方面关联起来；其次，校园文化形式具有多样性，丰富的内容，多样的形式，必须保持新鲜感，才能持久引起学生的兴趣。

坚持主旋律与尊重多样性相统一，就要求高校既要在稳定的主旋律的指引下夯实校园文化主基调，这是必然要求；更要在多样性的带领下搞活校园文化，这是有效方法。只有如此，才能使得多样性的校园文化不偏于主旋律，符合社会主义核心价值体系的范畴，从而更好地建设校园价值追求，把握高校的发展方向；更好地培育大学精神，提升学校的核心竞争力；更好地激发创新活力，增强学校的科技创新能力。

2. 坚持精神层面与物质层面的统一

大学校园自身向人们传达着丰富多彩的文化意蕴。在人们的心目中，校园既具体，又抽象。从广义的文化概念看，大学校园文化同样既是意识形态的，又是物质的；既有精神文明的综合效应，又有物质状态显现出来的校园风貌；既是现实的存在，又是历史的积淀。校园文化是高校全体师生员工共同创造的物质和精神的成果，即包括物质文化和精神文化，集中体现出学校的办学风格、总体价值观、文化传统以及全体师生员工的精神面貌等。

坚持精神层面与物质层面相统一，就要分清形、神之别。需要注意的是，所谓校园物质文化是大学物质态的文化，但并非只指单纯的校园实体存在，也包括精神文化结晶方式的实体存在，是大学精神文化的物质基础和大学综合实力的重要标志。校园精神文化包括校园历史传统和被大多数师生认同的文化心理、价值观念、生活信息等。但校园作为物质与精神的文化复合实体，物质与精神实际上并无明确的界限。因此，校园物质环境具有既具体又抽象的二重性。建设大学物质文化不仅要重视外延的投入，更要注重内涵的提升、精神的培育。

校园文化的完美建设，形、神皆不可缺失，只有形神有机地结合，在形神兼备且相得益彰的情况下，才能发挥核心与基础的作用。高校在物质文化和精神文化的建设中，在内容和形式上融和并蓄，才能做到二者的切实统一。

3. 坚持积淀传承与创新发展的统一

高校校园文化总是产生于一种深刻的历史文化背景中。构建现代高校校园文化必须植根于历史，必须尊重历史，必须在积淀传承中发扬优秀的校园文化，这是高校精神之源。优秀而厚重的校园文化，先进的教育理念，争先的拼搏精神，熏陶了一代代高校师生，深刻滋养了师生的心灵，铺就了一批批德才兼备的人才的成功之路。这些极其宝贵的精神财富，是传承、发展、创造现代高校文化的依托之本和动力之源。对于高校，不论发展历史长短与否，发展的历程都是一笔财富，都是一种不可再生的教育资源。因此，高校的优秀传统文化必须传承、必须要经历经岁月淘洗的文化经典和文化传统滋养师牛心灵。文化总是在一定传统基础上发展，并不断打破旧的传统、建立新的传统。

随着社会的不断进步和教育改革的不断深入，发展和创新高校校园文化是提升高校竞争力的关键，但创新不能建立在空中楼阁的基础上，必须与传承优秀校园文化统一起来。高校有其自身的光荣传统和文化精神，有其引以为豪的辉煌成绩，有一代代继承传统、不断改革创新的先驱者，而高校的这些光荣的传统和改革创新的精神已贯穿在学校的整个发展过程中，又使得学校在各方面不断地取得优异的成绩。如何将优秀的传统校园文化在创新发展过程中加以积淀传承，体现“兼容并包”、“和而不同”的校园文化风格和韵味，成为高校校园文化建设过程中首先应面对的一个重要问题。

4. 坚持立足国情与面向世界的统一

立足国情进行校园文化建设是学校教育工作的重要组成部分，是培养学生民族精神的有效途径。它在养成大学生的世界观、人生观、价值观、审美观，陶冶大学生道德情操，提高他们的思想政治觉悟和文化素质等方面都有着非常重要的作用，只有通过立足国情开展教育，才能使青年了解自己国家的历史和现状，懂得自己肩负的历史使命。我国悠久的传统文化是无价的民族财富，是社会主义核心价值体系的源泉。高校必须对传统文化中大量积极而道德规范予以借鉴和吸收，赋予优秀传统文化以新的内涵，使其充实和丰富我们的校园文化。校园文化可以反作用于社会文化，校园文化有塑造流行文化、引领社会文化的作用。

多元文化的共处和交流是文化发展的巨大动力，我们需要汲取世界上各种文化的有益成分，以建设有中国特色的社会主义文化。国家的文化建设如此，校园的文化建设亦然。所以，尊重和承认文化多元化的态度，使各种文化相互学习和借鉴，互为补充和吸收，是我们对待校园文化向国际化发展所必须持有的基本态度。多元文化因素构成的大学就像一幅织锦，它们必须被紧紧地编织在一起，每一根丝线，既是整体图案的一部分，又都保持着各自的鲜明特色。

二、校园文化建设的途径

1. 校园文化组织建设

新形势下，大学校园文化建设表现出许多新的特点，高校党委应认真研究并把校园文化建设列入重要事项，紧紧把握校园文化建设的方向，认真组织校园文化建设的各项工作。学校党政主要负责同志要亲自参与拟定校园文化建设的政策，抓好校园文化建设的总体规划，形成在学校党政领导下，学校宣传部、学工部（或学生办）、工会、团委等部门共同参与、齐抓共管的管理体制。这样，才能更好地理顺各方面的关系，共同搞好校园文化建设。同时，各高校之间要互相取长补短，注意吸收大学校园文化建设的先进经验。在校园文化建设的总体设计中，要注意从师生价值取向趋于一致的良好的校风建设、表扬和宣传公认的模范人物、和谐的人际关系、浓厚的学术气氛、文明的生活方式、优良的传统、丰富的文化生活等方面全面考虑，保证大学校园文化的平衡发展。

2. 校园文化队伍建设

校园文化队伍的建设就是建立一支专兼结合的占主导的教师队伍和处于主体地位的学生队伍。在校园文化中其主流文化是在学校的指导和组织下开展起来的，其活动的内容和形式要受老师的主导。因此，建立一支高素质的、有强烈事业心和奉献精神的教师队伍非常重要。这支队伍的组建应该是以部分精干的专职干部为主和更大范围的有专业特长的兼职教师为辅的方式组成。领导机构组成应该包括党务宣传部门、教学管理部门、学生管理部门、工会和团委等群众组织以及其他机构和部门。这支队伍在校园文化建设中要体现目标一致、形成合力，达到最优化组合，取得最好教育效果。广大同学既是校园文化建设中受教育的对象，又是校园文化建设的主力军，他们对校园文化建设有着极高的热情和参与意识，同时，在他们中间蕴藏着巨大的潜力和创造力。建立这样一支校园文化建设的学生骨干队伍意义非常重大。

3. 校园文化设施建设

校园文化设施主要包括校园里的教育设施、文体设施、服务设施等。关于校园文化设施（如会堂、舞厅、乐器、音响设备、闭路电视等）、校园文化建设的经费问题，可以广开门路，扩大投资渠道。通过学校投入，或争取社会赞助、企业支持，师生集资或师生借款等办法来解决。只有在校园文化设施建设上狠下功夫，确保各类设施齐全、先进，才能为进一步发挥校园文化作用、传播多学科文化知识以及开展寓教于乐的文化娱乐活动，打下坚实的物质基础。建设好服务于学校师生员工生活的学生宿舍、学生公寓、教职工住房、食堂、附中、附小及幼儿园等基本设施，保证师生有一个安定、舒适的学习、工作和生活环境，解除他们的后顾之忧，促使他们努力学习，努力工作，为学校的教学、科研多做贡献。各种纪念碑、纪念堂、博物馆等等，有各色各样的寓意深刻的造型、标志……这一切，镶嵌在校园的主体建筑中，构成了校园文化的一道道亮丽的风景线。

4. 校园文化机制建设

校园文化运行机制的制度是校园文化组织机构的工作规范。只有建立一套切实可行的工作规范，才能使校园文化活动有章可循。在每学年或每学期开始，学校党政和院（系）党政以及各级职能部门要把校园文化活动的建设纳入自己的工作计划之中，包括主要任务，开展这些活动所需要的设备、物资及经费来源、具体措施、检查总结、奖励或处罚的激励机制等等。建设一套管理制度，特别是作为校园文化活动的主体力量共青团、学生会都应该有完备的工作规范，才能使校园文化沿着健康有序的方向发展。采用激励机制，调动各职能部门和群团组织的积极性，形成不同层面的、有自己特色的校园文化活动。作为学校领导，应对在校园文化活动中做出突出贡献的人或有教育意义的事给予大张旗鼓的表彰、奖励，对遵纪守法，开展活动突出的社团给予奖励，而对那些校园文化活动中不和谐、不文明甚至违纪、违法的行为给予处罚，以引导校园文化活动向健康方向发展。

5. 校园文化载体建设

校园文化的内容丰富多彩，其载体的形式也多种多样。一种校园文化内容可以有多种形式的载体，一种形式的载体也可以承载多种校园文化内容。同是传播一条校园消息，可以通过广播，也可以通过宣传栏、校园网或学生组织系统等。同是一个礼堂、舞台，可以进行学术报告，也可以演出文艺节目等。多样性的校园文化载体，其时空形态是不同的，有的是经常性的，较确定的，有的是短时间、游离、多变的。校园文化载体按其内容可分为学术性的、宣传教育性的、娱乐健身性的、实践技能性的和综合性的等等。学术性的文化载体有课堂、图书馆等；宣传教育性的载体有校报、广播台、宣传栏等；娱乐健身性的校园文化载体主要是体育馆、游泳馆等；实践技能性的文化载体主要是大学生进行的公益劳动、勤工助学等活动形式；综合性的校园文化载体主要是指具有学术性、专业性、娱乐性、教育性、实践性等多种特点的校园文化载体，包括学生宿舍、学生社团和校园网等等。

6. 校园文化活动建设

高校校园文化活动是大学校园文化建设的主要载体，也是校园文化中最活跃、最丰富、最多样化的部分。有生命力和一定水平的校园文化活动有利于激发学生的学习兴趣以及认知作用的发挥，同时也是培养学生高尚的道德情操、精神境界以及健康的评价和判断观念的必要手段。各高校积极组织开展丰富多彩、大学生喜闻乐见的思想政治、学术科技、文娱体育等校园文化活动，并把德育、智育、体育和美育渗透到校园文化活动中，从而使大学生在活动参与中受到润物无声、潜移默化的影响。以活动的内容来分类，丰富多彩的校园文化活动可分为思想品德教育活动、学术科研创新活动、文艺体育活动、社会实践活动、志愿服务活动等。校园文化活动需要多渠道、多途径进行，既要利用校内资源，又要开发校外资源；既要吸收国际文化资源，又要在整合的基础上推陈出新，扬长避短，形成有自己特色的校园文化活动。校园文化活动的开展既丰富了高校学生的精神文化生活，又为广大学子提供了展示自我风采、锻炼综合能力的广阔舞台。

第三节 校园的物质文化 制度文化 精神文化

一、宁静圣地：校园物质文化

现代高校校园的物质文化，是校园文化的空间物质形态。高校校园文化的外部载体是高校的各方面物质基础，而高校校园文化又内化于校园的每一个物质存在，成为真实可感的文化形式。高校校园物质文化，是学校内物质范围的文化层，它涵盖教学、科研、生活、环境、设施等方面的物质条件，同时赋予这些物质内容以文化内涵，是校园文化的物质基础。

1. 校园物质文化的地位与功能

在校园文化建设中，物质文化建设既是推进校园文化建设的必要前提和条件，又是校园文化建设的重要途径和载体。其建设状况在一定程度上影响着校园文化的质量和整体水平。

首先，高校校园物质文化是现代大学精神文化的物质基础。高校校园物质文化既是校园内具体文化活动的物质性载体，也是构建校园文化的物质基础。高校校园物质文化包含了其设计者与使用者的价值观念、审美观念及其他社会寓意，这种沉淀了一定文化观念的物质存在物，不仅具有形象、直观的特点，而且具有持久性。不论是别具艺术风格的建筑物，还是布局合理、优雅别致的自然景观，都起着美化环境、装饰校容和陶冶学生情操、净化学生心灵的作用。

其次，高校校园文化陶冶熏陶功能，在于它创设了一种与其观念体系相适应的优美和谐的物质环境。而这种环境对生活于其中的每个人起着陶冶情操和规范行为的作用。优美的校园环境，可以使学生受到启发和感染，激发其产生一种自觉的内在驱动力，主动地去完善自我，塑造完美高尚的人格。

在知识的传承过程中，高校培养人才强调启发性思维。在知识的创新过程中，启发性的思维起着首要的作用。高校校园的建筑布局，环境的绿化、美化，人文景观的设置，思想教育娱乐设施等物质环境，在与师生无声的交流中，既给人以感悟，又给人以思考。它让受教育者在不断地思考中启迪智慧、陶冶情操、提升思想境界。

2. 校园物质文化的特征与载体

大学的物质文化与人类社会历史文化一样，具有明显的传承性和延续性特征。人类文明历史发展表明，人类在改造自然环境过程中，总是给改造的自然打上主观的烙印，并通过这种物化的烙印影响后人对世界的进一步改造。大学的一楼一馆、一草一木也带着深深的烙印，记载着大学的发展历程，体现着大学的精神和品位，述说着它的理念、主张和价值；并以其携带者不灭的物质特性，在崇尚知识的莘莘学子中间代代相传，在社会变迁的洗礼中不断积淀、明晰、延续并发展。

校园物质文化地域性表现在两个方面：第一，自然条件的地域性，地理位置不同、地形地貌不同、自然环境不同都影响着校园空间观念、建筑布局、景观风格和精神风貌，校园物质文化建设必须因地制宜、因形造势；第二，文化上的地域性，不同的地域构成不同的地域文化，不同的地域文化为大学物质文化涂上了底色。大学物质文化应主动适应并充分体现出地域文化的特色。

大学作为教育机构是教育生态系统中的一个生态位，与教育系统内各个因素有密切的联系，教育生态系统中的各个因素之间相互影响、相互作用、和谐发展，促进了教育生态系统的平衡和发展。高校校园是高度人性化的环境空间，是大学生根据办学理念和价值追求，按照美的规律，创造出来的自然美和思想美和谐融合的场所。校园里的交通、通信、购物以及供水、供电、供气等物质条件也体现出人性化特点和教化育人的功能

高校物质文化在表现形式上具有明显的展示性、标志性。曾任清华大学校长的梅贻琦先生认为，大学是由“大师”和“大楼”组成的。这里的“大楼”，当指承载开展知识传承与创造活动的大学校园建筑、设施、环境等物质基础。大学的校园、建筑在人们的心里总是以“大楼”这种“物”的形式，标志性地时时展示在人们的面前，虽然其承载的理念、人文、观念等文化不全写在大楼上、草坪里，却始终洋溢于校园的每一个角落。

大学校园物质文化所蕴含的价值取向，总是以不同的方式直接或间接地影响师生的心理倾向和心理状态。因此，各种有形的校园物质文化实体就具有相应的育人功能与文化意蕴。

（1）雕塑与造型

作为雕塑艺术中一种特殊而重要的类型，校园雕塑与造型是可长期置于校园空间中供师生观赏的实体造型艺术，因而有着特殊的置放环境和欣赏对象，是校园物质文化环境不可或缺的建构要素。

（2）环境艺术

校园环境艺术是以校园物态环境为建设对象的物质文化建设艺术。校园环境作为高校

学生的立体的、多彩的教科书，其艺术建设不应仅仅停留在美化、绿化、净化的层面，更重要的在于强化它的教育功能，将自然和谐的布置与教育功能完全融合为一体，产生潜移默化的育人效应，达到“以美立校、以美启智、以美促德、以美健体、以美育人”的教育目的。

（3）装置艺术

与环境艺术相比，装置艺术是在空间中更有秩序地摆放物件和各种材料，在这个空间里可以允许观者进入，也可以作为整体被从外面来观看。围绕一个中心意念展开创作是装置艺术强调的最大前提。艺术形式只是辅助手段，突出作品的中心思想才是最终目的。

（4）景观艺术

高校建筑是建筑、文化和教育的有机结合。它是高校建筑群体及其周围空间所体现的整体布局、形态设计、意蕴风格、艺术品位，技术含量、美感享受和情感归属等文化因素的总和，是物质实用性与精神思想性的统一。

二、创新园地：校园制度文化

作为校园文化的重要组成部分，高校制度文化是在高校校园这个特定的制度环境中，经广大师生员工长期的实践形成的对其思维方式、举止言行和生活习惯等具有引导、约束和规范作用的制度规则以及遵守规则的价值观念。

1. 校园制度文化的地位与功能

高校制度文化是高校校园文化的重要组成部分。制度文化既不是纯物质的，也不是纯精神的，它是一定的物质活动和一定的精神活动相结合的有机系统。高校制度文化既是适应物质文化的固定形式，又是塑造精神文化的主要机制和载体，在校园文化建设中发挥着不可替代的作用。

高校制度文化是适应物质文化的固定形式。物质文化具有直观、形象的特点，通常能为人们的感官直接感知，它蕴含设计者、建设者和使用者的价值观、审美观。一方面，物质文化是制度文化存在的前提，一定的物质文化只能产生与之相适应的制度文化。尽管高校精神文化有着丰富的内涵，但也无法直接被人们触及。

高校制度文化之所以能够在学校建设、发展中发挥重要作用，是由其自身所具有的功能决定的。

2. 校园制度文化的内容与要素

通常，规章制度都是人类历史经验经过去粗取精的总结和由表及里的升华后形成的。而制度在制定、实施过程中对人的行为价值观念的引导和对其心理的内化是制度文化建设的最终目的。学校制度文化体现了学校的办学思维，反映了学校的治理和学校管理的规范程度，对于高校校园文化建设乃至学校的长远发展都有着不可忽视的重要作用。为了更好地进行学校制度文化建设，我们就要弄清楚高校制度文化的内容与要素。

（1）制度规则。为确保高校良好运行和长足发展，学校贯彻执行的各种规章制度，既有党和国家颁布的教育方针、政策、法律、规章，也有政府主管部门制定的各种章程、规则、指令、命令等，更多的是学校结合自身实际而制定的大量有关教学、科研、学习、日常管理等规章制度。这些制度是具体的、可见的、易把握的。

（2）制度意识。高校各种制度的贯彻实施的过程，即制度对广大师生员工，特别是学生的价值取向、行为方式、舆论导向上进行的引导，也就是制度内化为个体符合制度规范的自觉要求的过程。通过制度的宣传、贯彻、执行，把外在要求转化为内在的需要而形成一种良好的制度文化氛围。相比于外在的规章制度，制度意识要求并不直接显现。制度意识内在的导向作用，要求个体对制度规范的遵守不是强制性的，而是自觉的，原因就在于校园制度文化会内化为个体的价值观。

所谓要素，指的是构成事物必不可少的因素。制度文化以文化为底蕴，以物质文化为外在，其构成要素主要有以下几个方面：

（1）办学理念。高校办学理念是指在高校办学过程中，高校成员经过长期的办学实践、理性思考及文化传承与创新而形成的教育价值取向和理想追求。它关系到一所高校总体运行的方向、效率和效益，决定着一所高校的思维方式、办学水平和办学特色。办学理念贯穿于高校办学的整个过程，渗透到办学的各个环节，是一种具有相对稳定性、延续性和导向性的观念体系。它对教师、学生的价值指向和理想追求具有引导作用，对高校的教风、学风、校风也具有潜移默化的熏陶作用。有什么样的办学理念就会形成什么样的办学特色和风格，进而影响着人才培养的质量和水平。正确的办学理念有助于人们更好地把握高等教育的本质和规律，形成符合时代发展的制度文化。

（2）价值取向。价值取向是指主体对价值追求、评价、选择的基本态度，即一个人以什么样的态度理解自身价值和社会价值，并做出相应的认同。高校主导性的价值取向集中体现了广大师生员工的价值评价和观念，是高校精神文化的核心，也是形成高校制度文化的前提。它通常表现为高校成员关于学习、生活、工作的是非、善恶、好坏的价值评价。新世纪特别是党的“十八大”以来，高校为实现国家和社会赋予的神圣使命，正通过大力弘扬正确的价值取向，营造主流的校园文化，规范和影响着师生员工的思想、行为。

（3）大学精神。大学精神是高校在长期办学实践中逐步形成和发展起来的稳定的共有的内在气质、精神品格、行为理念和文化氛围。大学精神是大学文化最核心的部分，是大学文化的灵魂。大学精神一旦形成，就会不断地浸透到高校文化的行为主体和各种文化载体中，既内隐于校园制度规则，又外显于校容校貌；既潜藏于师生员工之心，又体现于师生员工之行。然而，只有当大学精神外显为校园文化的具体产物时，才能被深刻地领悟。制度文化是最先物化的价值观念，因此也是最先把大学精神的价值指向从潜在转变成显在，变成人们可以理解和把握的形态的途径。大学精神是校园制度文化形成的基础，而校园制度文化则是大学精神的重要体现。

（4）管理体制。大学内部管理体制是学校内部领导分工、机构设置、管理权限以及相互关系的根本组织制度，直接支配着学校的全部运作体系，具有整体性、全局性的特点。制度形态的校园文化是维护高校良好运转的重要保证，它调节着高校内部各个组织、成员的行为和关系，也协调着高校与国家和社会的外部关系，是高校实现科学管理的重要手段。高校制度文化建设应紧紧围绕学校办学宗旨，不断开拓创新，积极探索符合时代发展要求的管理模式和管理理念，建立高效、充满活力的教学、科研、人事管理等一整套运行体制，形成自己独具特色的文化传统，不断提高学校管理者科学管理的能力和依法治校的水平。

（5）行为规范。每一社会都必定有一套自己的规范，用以确定人与人之间的相互关系，以及他们每个人的行为范式。这一整套规则系统，在内容上包括准则、章程、条例、程序等成文的规定和风俗、习惯、伦理、道德等不成文的规范。同样，在高校这个独特的环境中，学校行为规范调节的是师生员工之间及师生员工与国家和社会的关系，用以引导广大师生员工在学习、工作以及生活实践中应当怎么做、不应当怎么做，以及如何做才是最好，从而确保学校各方面的工作在健康有序的环境中开展。学校的行为准则是高校制度文化形成的直接来源。

3. 校园制度文化的特征与载体

高校制度文化具有规范性、系统性、连续性、稳定性、创新性的特征。

（1）规范性。制度文化的规范性作用在于告诉人们什么是允许的，什么是不可以做的，做了不该做的事情将会承担什么样的后果，从而使社会生活变得更有秩序。同样，为维护学校的良好运行，高校成员根据学校实际情况制定了各种制度规则，并形成遵守规则的制度意识。它和其他社会制度文化一样，也具有一定的规范性和强制力，是师生员工日常行为的参照标准。高校师生员工基于制度本身的规范性以及对学校各种制度的认同,其行为必须接受一定的约束，否则将受到一定的惩罚和制裁，如纪律处分、经济制裁等。

（2）系统性。所谓系统性，是指高校制度由相互联系、相互依存的多分支、分层次的校园制度规则构成比较完整的有机体系。既包括学校的章程、行为规范和传统习惯，又包括各职能部门、院系的规定，甚至各种社团、协会内部的规则、约定等。有些是正式制度，有些是非正式制度，两者虽约束力不同，调整范围也不一样，但都从总体上系统体现了学校的办学理念、办学宗旨以及学校的校园文化和学校的未来发展方向。

（3）连续性。高校制度文化是在学校长期的实践过程中积累、沉淀形成的，无论成文的、刚性的制度，还是非成文的、柔性的制度心理、制度意识，都有一个较长的产生和发展过程。它的形成建立在对过去实践经验总结的基础之上，同时对以后学校各项工作的开展发挥着示范作用。高校制度文化具有的传承功能，使得学校各项工作保持持续性。如果制度规则没有连续性，制度意识心理、制度意识、制度观念没有继承性，学校校园文化难以塑造，学校正常秩序也很难维持下去，更不要说学校的长远发展了。

（4）稳定性。高校各种规章制度是高校长期教学管理实践经验的总结，反映了高校教学管理的内在要求。其一旦形成即具有相对的稳定性，并在同等条件下可以反复运用。随着学校制度的颁布、贯彻、执行，逐渐形成一个相对稳定的校园文化现象，广大师生员工共同遵守着约定俗成的习惯、传统、心理、意识。这些在一定的时空条件下保持着相对稳定状态的传统、观念，成为学校无形的巨大财富，影响着一代又一代师生员工的精神风貌。

（5）创新性。当社会物质生产、生活环境变化时，制度文化赖以生存的基础将不复存在，也有必要对其进行适当的调整和创新。制度文化是社会文化环境的产物，受制于社会物质经济基础。高校制度文化的稳定性是相对的，并不是一成不变的。当教育的外部环境发生了变化时，校园制度就会进行必要的调整，并在继承传统的基础上补充新的内容。在当前的高校改革和发展进程中，制度文化创新是推动高校进步、建设先进校园文化的有效途径之一。

三、厚重殿堂：校园精神文化

高校校园精神文化是指学校全体成员认同并尊奉的价值观念、思想意识、道德规范、发展目标等校园精神的综合，包括大学理念、大学传统，校风、教风、学风，以及校训、校徽、校歌、校史、大学形象识别系统等。高校精神文化集中反映了一个学校的特殊本质、个性及精神面貌，体现了学校的办学宗旨、培养目标及其特殊风格，是校园文化的核心和灵魂。校园精神文化虽然看不见、摸不着，但它一旦形成，就建立起自身的行为准则、价值取向、生活习惯和规范体系，以此来引导高校师生乃至整个社会群体的行为、心理，使其在潜移默化中接受共同的思想引导、情感熏陶、意志磨炼和人格塑造，对于大学生成长成才、高校可持续发展和社会进步具有重要的意义和作用。

1. 校园精神文化的地位和功能

（1）高校精神文化是社会主义和谐文化的重要组成部分

高校精神文化对于社会文化具有引领功能。高校精神文化既是社会文化的重要组成部分，也能够以其特质影响社会文化和其他亚文化系统。一方面，高校精神文化的先进性和超前性，能够使其作为文化传播的源头，以直接或间接的方式与社会文化及相关亚文化产生关系，对每个参与或者关心高校教育的人产生影响。另一方面，校园精神文化能够通过向社会输送人才，并将科学理论转化为生产力的方式，对社会发展和社会主义和谐文化的构建产生积极的作用。

（2）高校精神文化是校园文化的核心

高校精神文化是广大师生员工所认可的一种积极的思想成果和精神力量，是学校宝贵的精神财富，是校园文化的核心。大学是认识未知世界、探究客观真理、为人类解决面临的重大课题提供科学依据的前沿阵地，是知识创新、推动科学技术成果向现实生产力转换的重要力量。

（3）大学精神是高校精神文化的最高层次

大学精神是一种校园精神文化形态，是高校精神文化的最高层次。大学精神赋予大学以生命和活力，反映了大学的历史传统、观念形态、社会声誉、人际关系、师生心态、校风校貌、学校特色等。大学精神内涵丰富，主要体现在三个层面：一是整个大学文化形态的精神凝聚，集中体现着一所大学的价值观念、发展理念等，对大学文化的各个层次起着统领和引导作用。二是时代精神在一所大学的反映，是大学为谋求发展和实现既定目标而长期实践并为大学生所认同的一种群体意识，即大学精神的时代性内涵；三是大学价值观体系的外化，体现出大学在一切行为、观念中的主导意识和价值取向。

2. 校园精神文化的内容和要素

校园精神文化是由大学理念、校园传统和教风、学风和校风共同组成的有机整体。高校传统是校园精神产生、发展的基础，大学理念则指校园精神文化的精髓和指南，是对校园传统的提炼与升华。大学理念和校园传统都通过教风、学风和校风显示出来。

教风是教师在长期教育实践活动中形成的教育教学的特点、作用和风格，是教师教育理念、道德品质、文化知识水平、教学技能培养等素质的综合表现。优良教风是创建优良校风的关键。教风是校风中最具影响力的因素，它不但对学校教育教学效果起到直接的决定性的作用，而且对学校办学思想的形成、培养目标的实现和管理水平的发挥都起到促进和推动作用。不断加强、提高教师素质，加强教学管理、深化教学改革是校风建设的重要途径和关键环节。优良教风是创建优良学风的先导。教师作为教育的主体，教育质量从根本上取决于教师的整体素质。特别是大学生处于塑造自身人生观和价值观的重要时期，教师的一言一行，无不对大学生发挥着教育引导作用。优良教风是校园生存与发展的基础。

学风是指学生集体学习过程中表现出来的治学态度和方法，是学生在长期学习过程中形成的学习习惯、生活习惯、卫生习惯、行为习惯等方面的表现。学风建设是建设校园精神文化环境的重要举措，优良的学风有利于健康积极的精神文化氛围的营造，能够对大学生的世界观、道德观、价值观起到锻炼和提高的作用，它用无形的、丰富的精神养料滋润学生，并通过鼓励学生参与校园文化建设而更好地接受环境的熏陶。学风同时也是校风的一个重要标志，透过学风这个窗口能清楚地看到学生的精神面貌，看到学生的综合素质状况，看到学校的教育教学质量。学风建设是高等学校育人工作和精神文明建设的一个重要组成部分，优良的学风是保证和提高教育质量的重要条件，也是教育质量的重要内涵。

校风是全校师生共同努力、在长期教育管理中逐步形成的、相对稳定的精神状态和作风，是学校道德风尚、学习风尚、工作态度等的综合反映。作为校园精神文化的核心构成因素，校风既是师生良好思想行为的土壤，又是校园文化赖以存在的支柱。教风和学风是校风的主要内容。校风的形成和建设是一个长期过程，但良好的校风一经形成，在校园内就是一种巨大的教育力量和价值导向，时刻给人以潜移默化的影响，使校园主体不断调整自己的世界观、人生观和价值观，自觉改变与校风不适的言行举止，由不自觉地顺从到自觉融入再到积极参与，成为校园主体重塑自我的“无形熔炉”。校风也是一种巨大的管理力量，它从价值准则上规范着师生的行为和习惯，具有强大的约束力和震撼力，这种无声的命令产生持久的凝聚作用，使校园主体为了共同的目标顾全大局，无形中步调一致，形成了校园教育任务的“心理契约”，引导广大师生员工为实现学校发展目标和人才培养目标而努力奋斗。

3. 校园精神文化的载体

校训、校徽、校风是高校精神文化的显性载体，校史是高校精神文化的内在载体，大学形象识别系统是高校精神文化的外在表现。它们通过文字、图像、声音和历史具体化了高校精神文化，是高校精神文化作用于人的重要桥梁，在高校精神文化“空气育人”中发挥了重要的作用。

（1）校训

校训是一所大学特性的体现，是大学长期治学过程中形成的特点、精华的文字概括，是这所学校的精神所在，是高校精神文化的文字表现形式，为高校师生所熟知，使外校人士很容易通过校训了解学校，把握住它的特征。它蕴涵了校园文化建设的重要内容，体现了大学精神的核心与精髓。

（2）校徽

大学校徽是设计者根据学校办学理念、办学特色以及在办学过程中沉淀和积累起来的人文精神，通过巧妙的构思和设计，将具有象征意义的图像、色彩和文字组合在一起，构成的具有深刻寓意的图形。大学校徽是文字、意象、寓意的结合体，一经设计出来就被赋予了丰富的文化内涵和精神底蕴，在很大程度上代表了学校的精神和价值取向，象征了大学的人文科学精神，隐喻了大学的文化内涵和精神底蕴。

（3）校歌

校歌一般通过歌词反映学校的精神风貌，传达学校的历史传统与办学宗旨，表现师生自强不息、创新有为的理想追求，具有很强的鼓动性和教育意义。

（4）校史

校史，即学校的历史，是对一所学校发展轨迹的真实记录。它主要包括以下几个方面的内容：学校的历史沿革、办学理念、学校重大改革决策的实施情况，有杰出贡献的学校领导和教师的事迹，历届学生在校时为学校赢得的荣誉，学生对社会作出的突出贡献，学校教学、科研、管理、服务的特色和学校的文化、传统、精神等等。

第四节　校园行为文化的重要载体

研究大学校园行为文化就要从大学校园行为文化的概念入手，了解校园行为文化的特征和作用。校园行为文化的建设依托各种载体来实现。其中，学生社团是校园行为文化实现的主要载体。

一、校园行为文化的特征

1. 行为习惯的持续性

校园行为文化产生和根植于学校的教育环境之中，对学生具有教育、激励、凝聚、陶冶、娱乐等方面的积极作用。它对学生个体的影响是通过它所创造的良好精神氛围和与之相适应的和谐的物质环境，在潜移默化之中感染人的情绪，陶冶人的情操，美化人的心灵，完成对理想人格的塑造。大学校园行为文化的内容、方式和行为文化所形成的文化环境和文化氛围，对大学生有着直接或潜移默化的导向作用，影响着广大师生行为规范和生活方式的选择，具有水滴石穿的力量。

2. 生活方式的文明化

校园行为文化作为一种环境教育力量，对学生的健康成长有着巨大的影响。校园行为文化建设的最终目标就是要创建一种优良的文化氛围，陶冶学生的情操，构建学生的健康人格，全面提高学生的综合素质。高等学校作为社会主义精神文明建设的坚强阵地，是培养社会主义事业建设者和接班人的重要场所，广大师生应有文明、健康、科学的生活方式，而这种校园生活方式主要由科学的学习生活方式，健康的消费生活方式和文明的闲暇生活方式等方面构成。

3. 参与主体活动的普遍化

大学校园主体人群包括学生、教师、管理者，涉及不同年龄层次、不同知识水平与不同职业，他们的参与意识和参与能力都比较强。因此，大学校园文化具有明显的参与成分和广泛的内容。学生、教师、管理者三方面人员构成“校园人”这一有机的整体，任何一方都是校园文化的创建者、参与者和受益者。因此，这三大群体不仅是校园文化的主体，更是校园行为文化最主要的参与者。校园行为文化既包括丰富多彩的各种具体文体活动，又包括更深层次的教书育人、管理育人、服务育人和环境育人等各种教育活动等。因此，校园行为文化主体参与的内容是丰富的、广泛的，参与主体的活动呈普遍化趋势。

二、校园行为文化的作用

1. 校园行为文化建设有利于校园文明的形成

所谓校园文明，就是指学校发展中各种相互关联的原则和特征的总和，它体现着校园生活不断发展，不断进步的状态。它包括明确的培养目标、良好的学校风气、和谐的人际关系、健康的生活方式和优美的校园环境等。

行为文化建设是校园文明的关键。行为科学认为，需要引启动机，动机支配行为，行为的方向则是寻求目标以满足需要。加强校园行为文化建设，建立“校园人”合理的求知需要、交往需要、情爱需要和自我实现的需要等需要体系；建立“校园人”积极正确的近期目标、远期目标、理想和信念等目标系统和健康有效的激励机制，从而促进校园文明的形成。

2. 校园行为文化建设有利于促进广大师生的全面发展

人的身心是一个和谐发展的整体，人的认识、情感和意志应该相互支持、协调发展。智力因素是学生发展的基础，非智力因素是学生发展的动力。加强校园行为文化建设是使大学生全面发展的一个重要途径。加强校园行为文化建设要从每个学生的个性特长、知识特点出发，面对有差异的学生，承认并尊重学生的个性差异，多施以有效教育。从哲学的层面讲，学生的全面发展和个性发展是共性与个性的范畴，这里所说的共性是对所有学生的共同要求。但每一个学生具有的认识程度、兴趣爱好、欲望要求、价值取向、创新潜能的不同，铸成了每一个独特的学生，也就是个性的差异。校园行为文化就是要求全面发展与个人特性的较好结合，既坚持共性的标准又重视多样性即个性的发展。

3. 校园行为文化建设有利于促进高校管理

以信息为载体的知识经济开始占据统领地位的新形势，不仅影响了人们的世界观、人生观、价值观，也给大学校园文化建设带来了新问题和提出了更高的要求。我们可以这样说，越是形势发展快速，越要注意加强校园行为文化的建设。校园文化群体中的个体之间产生一种他人影响或群体效应，出现一种类化现象，表现在思想的认同上。从社会心理学的角度看，也是个体社会化的过程，是通过周围环境的潜移默化，对他人行为的选择、顺从实现的。加强大学校园行为文化的建设，可以借助于“理性”水平，起到事半功倍的效果，提高高校管理的水平。

三、校园行为文化的重要载体——高校学生社团

1. 高校学生社团的概念和特点

高校学生社团的定义。从词源释义看，“社”是“古代一种居民组织。二十五家为一社”。如“自莒疆以西，请致千社”（《左传·昭公二十五年》）。“团”是指“军队的编制单位”。如“又步卒八十队分为四团，团有偏将一人”（《隋书·礼仪志三》）。同时，“团”又作为量词，用于成团的事物。“社团”总体来说，就是“各种群众性的组织，如工会、妇女联合会、学生会等”。大学生社团是大学生根据各自的兴趣、爱好、专业特长，为增长知识、锻炼能力、丰富和活跃校园文化而自愿组织起来的群众性团体。

2. 高校学生社团的类型和功能

（1）学术类学生社团。高等学校的专业教育模式与中学的基础教育模式截然不同，它更注重学术性和科研性。进入高校的大学生多是依据自己的兴趣爱好选择自己专业的，因此，除了课堂学习以外，许多同学都愿意将课余时间应用在对专业知识的进一步学习上，一些学术类

社团便应运而生。参加学术社团的同学们，围绕自己的专业课程，或对教师的教学内容进行研讨，或对学科前沿动态加以了解，或创造机会进行实践，并以专业为中心，辐射到对其他相关学科知识的学习上。如社会工作协会，就是社会工作专业类的社团。这类社团，提升了参加者的专业素质，开阔了他们的视野，对第一课堂教育形成了有力的补充。

（2）政治理论类学生社团。结合高等院校开展的思想政治教育工作。一些有着共同政治态度和政治观点的大学生集合在一起，组成了这些政治理论类的社团。他们共同学习政治理论知识、探讨形势政策，结合学生关注的热点、难点问题开展讨论；以各种形式开展一些主题鲜明、时代感强的思想政治教育活动，帮助会员树立正确的世界观、人生观、价值观。这类社团已成为高校思想政治教育工作的得力助手。例如：马克思主义研讨会、邓小平理论学习社等。

（3）体育类学生社团。正值青春期的大学生体力充沛、精力旺盛，而大学的教学机制又给了他们更多的业余时间，因此，许多大学生都喜欢在业余时间里进行一些有组织的体育活动。所以这类社团在高校学生社团中所占的比例也较大，参加的学生也较多，存在时间也较长。如各种球类协会、棋牌类协会、健美协会、太极社等等。它们的存在与发展，为大学生身体素质的提高起到了举足轻重的作用。

（4）文艺类学生社团。脱离了高中学习的紧张状态之后，被埋藏了许久的文艺爱好在大学生中又活跃起来。特别是一年级的大学生，尚没有就业压力和其他精神负担，因此，在大学这个相对轻松的氛围里，他们总是渴望了解别人，同时尽情地展示自我。文艺类社团正是给他们提供了这样一个合适的平台。他们在这里唱歌、跳舞、创作、演出，把已有的作品或是原创的作品，用自己的方式展现出来，不仅愉悦了他人，也使自己获得了精神上的满足。这类社团有文学社、诗社、书画摄影协会、舞蹈协会等等。

（5）社会实践类学生社团。注重理论与实践相结合是大学生的一个重要特点，实践类社团正好为他们提供了这方面的锻炼机会。这些社团在对成员充分了解的基础上，与社会广泛接触，为成员提供了许多实践的机会。例如：大学生科技服务中心、家教协会、汽车爱好者协会等。

3. 高校学生社团的管理和建设

高校学生社团要坚持以下管理原则：

（1）坚持学生社团自我管理的原则

学生的自我管理也即学生自我教育，是要求学生对社团的发展负责任，应该管好自己，通过学生的自我管理促进自身发展。学生可以从对社团的自我管理中学到课本上无法获得的知识，这是大部分学生加入学生社团的初衷。社团运行的好坏体现着学生自我管理能力的高低；学生对社团的管理越科学，学生社团就越能够真正发挥学生社团在校园行为文化建设中的作用，管理者就越能有效地通过学生社团开展教育活动。

（2）坚持完善管理制度的原则

坚持对管理制度进行完善是要求管理者在对学生社团的管理和指导方面要有相关的制度，管理要规范化，增加科学性。这一方面是对坚持“以放为主”原则的进一步补充；另一方面是学生社团进行自我管理的硬性要求。学生社团的自身建设要通过章程进行制约，对管理者而言必须有一套纲要性文件或者管理制度，这种制度必须是符合学生社团发展规律的。对学生社团管理制度的制定既不能是临时性的、突击性的、非科学性的，也不可以一成不变、照搬照抄。对学生社团的制度管理既包括社团产生的准入程序和社团消亡的退出程序的规范化，也包括对学生社团的激励和监督制度的规范化。完善学生社团制度的关键在于管理者对学生社团运行规律的科学认识。

（3）坚持注重培养社团学生干部的原则

学生社团干部是促进学生社团发展的一个关键性因素，因为学生社团自我管理的主体是社团的学生干部，没有社团干部的社团管理就谈不上学生社团的自我管理。对管理者而言，坚持学生社团的自我管理是培养学生干部的有效途径，从完善学生社团制度的角度和管理科学性的角度看，管理者必须加强对社团学生干部的培养；在高校学生工作领域，学生干部在自我管理方面往往具有示范性。管理者的主要任务不仅仅是“出主意、用干部”两件事，更加重要的是培养干部的问题，这是教育的本质决定的。

（4）坚持加强对学生社团品牌建设的原则

加强品牌建设也是管理者管理水平和教育目标的体现。在社团的建设方面，基层团组织所属的社团中应该有一定比例的优秀社团，我们将这些社团称之为“品牌社团”。品牌社团代表着团组织对学生社团的指导方向和管理理念，对管理者而言，品牌社团的建设本身既是一个教育过程，也是一个管理科学化过程。品牌社团的建设对学生进行自我管理和自我教育有示范作用，对于品牌建设的深层次要求是，相关的学生社团应该有自己的“成功案例”。我们把成功案例称之为社团的“品牌项目”。

随着国内外形势的发展、社会主义市场经济体制发展的不断深入，以及大学生社团活动内容的多层次、多渠道、高品位和全方位的发展，加强对大学生社团的管理，使其沿着健康的轨道发展具有十分重要的意义。要加强高校大学生社团的建设和管理，必须从以下几个方面入手：

（1）统一管理，提高大学生社团活动的质量

社团由校团委管理。共青团组织作为高校社团的管理部门，要对大学生社团采取积极扶持的态度，帮助其迅速发展队伍，指导社团开展活动。与此同时，还要严格管理，健全和完善社团管理制度，使大学生社团沿着健康向上的方向不断发展。校团委积极参与社团组织开展的各种大型活动，掌握并监督社团活动的方向及发展趋势，形成有效的管理，在具体的管理工作中，校团委除了在大方向上对社团组织进行审时度势的宏观管理外，还应做出一些实实在在的工作。

比如，校团委要积极为社团活动的开展聘请指导教师，为社团活动的开展给予适当的经费支持等。

（2）突出社团活动重点，注重社团活动形式多样化

加强社团建设有利于优化高校的育人环境，创造一种奋发向上的氛围，形成良好的校风、教风、学风；有利于培养学生的集体观念和自我教育、自我管理、自我服务、自我约束的能力；有利于学生扩大知识面，发挥兴趣爱好，热爱艺术，陶冶情操，培养良好的人格。因此，要充分发挥社团的积极作用，突出社团建设的重点。在突出重点的同时，活动形式应力求不拘一格、丰富多彩，尽量符合大学生的心理需求、社团活动的趣味性和可接受性，使每个大学生都能参加一个或几个适合自己、有利于自身发展的社团。

（3）加强团队建设，提高社团领导的素质

加强对社团的管理，首先要抓好社团的领导者，要把一些文化素质高、业务能力强、在同学中享有较高威信的学生选拔到领导者的岗位中。同时，注意培养和使用相结合，教育和管理相结合，多途径、多方式提高他们的思想政治素质和组织管理能力，培养他们克难进取，勇于开拓的精神和团结友爱的合作精神。

思考题：

1. 校园行为文化的特征是什么？
2. 校园行为文化的作用有哪些？
3. 什么是高校学生社团？其特点是什么？
4. 高校学生社团有哪些类型？
5. 高校学生社团的功能有哪些？
6. 如何加强高校学生社团的建设与管理？

第九章　学生组织与学生干部

大学校园内有各种不同类型、不同性质的学生组织。这些学生组织，是学生温暖的集体和心灵的港湾，也是学生干部开展工作的重要依托。高校学生组织是由一定数量、按一定条件和程序严格挑选的学生组成，在一定的物质和技术基础上，为实现某项目标，按照自愿原则、有意识结合起来，并遵从一定规章制度的具有层级结构和角色分配的相对独立的社会组织。它具有可塑性、流动性、自律性等特点，具有满足学生需要、维护学生权益、辅助学校工作、参与社会等功能。高校学生组织最早产生在中世纪的欧洲，后来逐渐发展起来。我国真正意义上的高校学生组织出现于近代社会，新中国成立后，尤其是恢复高考制度之后得到了蓬勃发展，形成了比较完备的学生自治体系。在高校学生组织的发展过程中，组织模式也经历了一个演变过程，欧洲、美国和我国的学生组织模式都有自己的特点。当前，我国的学生组织包括党团系统、各级学联和学生会、学生社团和班委会等主要形式，它们各自承担着不同的职能，形成了分工合理、功能齐全的组织体系。

第一节　高校学生组织的发展与现状

一、高校学生组织的内涵与特点

大学校园内有着各种不同类型、不同性质的学生组织。这些学生组织，是学生温暖的集体和心灵的港湾，也是学生干部开展工作的重要依托。每一位学生干部，都应当认识和了解学生组织、重视发挥好学生组织的功能。那么，什么是高校学生组织呢？我们不妨从一般意义上的社会组织概念入手。我们现在所说的社会组织，通常解释为人们为了合理有效地达到特定的目标而形成的一个社会整体。社会组织有正式和非正式之分。正式的社会组织结构比较紧密，必须具备一定的组织要素。第一，拥有一定数量的、按照一定条件和程序而严格组合的成员，这是社会组织得以建立和存在的基本条件；第二，有特定的目标；目标代表着一个组织的发展方向和存在理由，没有目标，社会组织的存在毫无意义；第三，有一个规范性的章程；任何一个社会组织都有组织活动的规则体系，一般具有文字的形式，它是组织一切活动的依据和准则；第四，有一个权威的领导体系，具体负责组织的各项工作；第五，有一个特定的物质条件。它是社会组织存在和发展的基础。上述五个方面是构成正式社会组织的基本要素，这些基本要素在正式社会组织中缺一不可。但由于各种社会组织的具体作用有所区别，其各要素在社会组织中所处地位有所不同。有的社会组织可能某几个要素突出一些，另一些要素则相对淡化一些。相对来说，非正式的社会组织结构比较松散，构成组织的要素也不如正式的社会组织那么严格。

高校的学生组织属于社会组织，具备社会组织所必需的条件。学生组织和其他社会组织一样，有自己的章程、纲领及组织规范体系，它有自己的权力执行机构，并拥有一定的物质设施。高校学生组织作为一种社会组织，除了具有社会组织所具备的一般特点外，还具有一些自身的特性。

首先，学生组织具有自律性。学生组织中的每个成员都是在校的学生。他们管理的对象与其他组织不同，是自己的同学，彼此间均处于平等的地位，享有一样的权利和义务。其作用的发挥是通过自我管理、自我教育、自我服务的功能来实现组织目标的，表现出一定的自律性。

其次，学生组织具有一定的可塑性。这不仅表现在年龄上，更重要地体现在社会阅历、知识结构和管理水平的不成熟性上。这就需要学校相应的组织（如党、团组织等）给予支持和指导。一方面给予必要的正确的方向指导，另一方面给予物质与经济的支持，保证其健康的成长和工作的顺利进行。同时，学生组织也必须有目的地加强同各方面的联系与沟通。沟通一般有上行、下行和平行三种渠道。上行沟通即学生组织将自己的意见和思想反映给上级领导组织；平行沟通也称横向沟通，是学生组织的横向联系，可以加强组织成员之间的密切合作精神，提高组织的凝聚力；下行沟通是向下级组织中收集和反馈信息。三种沟通不是孤立的，而是彼此联系，构成一个完整循环的体系。

二、学生组织的产生和发展

（一）欧美学生组织的产生和发展

高校学生组织的发展与社会政治经济有着密切的联系。最早的欧美学生组织出现在中世纪的欧洲。从政治角度来分析，欧洲在基督教成为主宰之后，教育落入了教会之手，开始是修道院执掌学校，后来到 11 和 12 世纪是大教堂执掌学校，主教直接监督当时意义的“高等教育”。当时的教师和学生，对这种教育体制持强烈的反对态度。波伦亚模式①的出现就是代表了学生对教育自治的要求。这也是学生组织发展的最早模型。

美洲最早的学生组织产生于 15、16 世纪。比较有代表性的如宾夕法尼亚大学、哈佛学院、耶鲁大学、普林斯顿大学等。这些学校中的学生组织多是根据学生自己的兴趣和意愿组织起来的，具有较强的政治性特征。

随着世界政治经济的发展，欧美学生组织在保持政治性的同时，服务性和自主性、交流性等特征也逐渐增强，出现了跨地域甚至是跨国际的学生组织。如 1948 年成立于瑞典斯德哥尔摩的国际经济学商学学生联合会（AIESEC），该组织建立的宗旨是要发挥学生这个思维活跃潜力巨大的群体为世界的和平做贡献。西欧、北美、南美、非洲、澳洲、日本、东南亚、中国都相继加入了这个国际组织。当前该学生组织已经成为各国青年学生传播本国文化以及了解他国文化的重要平台。

（二）我国学生组织的产生和发展

我国真正意义上的学生组织出现于中国近代社会。产生于留日学生中的中国青年会，是我国第一个具有年龄特征和革命倾向的学生组织。“五四运动”前后，学生组织如雨后春笋般发展起来，具代表性的有少年中国学会、新民学会、觉悟社和互助社等。这一时期的学生组织特点比较明显，数目较多，具有强烈的社会责任感和鲜明的爱国反帝情绪，但是组织规模较小，组织的思想基础薄弱。

中国共产党的成立，为学生组织的发展创造了条件。先进的学生组织在党的领导下，积极参加革命，并不断发展壮大。新中国成立后，特别是恢复高考制度以来，学生组织进入了历史上最好的发展时期。

1. 形成了比较完善的党团系统

目前，我国绝大多数高校都设立了基层的党组织和团组织，组织系统结构健全。如党组织系统，在学校党委下设党委办公室、宣传部、组织部、学工部等部门；院（系）一级设有分党委或党总支；学生党支部设在年级或班级。学校的团组织一般与党组织相对应，校团委一级设有团委办公室、宣传部、组织部、监督部等；院系一级设分团委或团总支，班级设支部。

2. 建立了完备的学生自治体系

学生自治组织是高校学生中最活跃的组织形式，也是开展活动最丰富的组织形式。它包括我们熟悉的学生会，它的上级分别是中华全国学生联合会和省（市、自治区）以及地级（区、县、市）的学生联合会。高校的学生会一般分为两个层次，第一级是校级学生会、第二级是院（系）级学生会、校级学生会对院（系）级的学生会具有领导的职能，两者的设置相互对照。其次是学生社团。学生社团是学生自发组成的，隶属于学校团委，其建立和发展必须有校团委的允许。各高校根据自身的特点和需求，可以建立各种学生社团、如文学社、英语协会、舞蹈协会、志愿者协会、红十字协会等。学生自治组织是大学生为实现内自我教育、自我管理、自我服务而形成的，它是学校管理的一种变相的延伸，是连接和沟通学校和学生之间的重要桥梁和枢纽。

第二节　学生组织的职责与作用

学生干部的组织系统包括党组织、团组织、学生会组织和社团组织。这些机构是学校党政领导联系广大同学的桥梁和纽带。通过它们贯彻落实党的方针政策，维系正常的教学秩序，了解学生思想动态以及对学校工作的意见、要术和建议，为学校进行针对性的教育教学工作提供决策依据。因此，加强高校学生组织的建设，建立一支素质高、能力强的学生干部队伍。充分发挥学生自我教育、自我管理、自我服务的潜能，是高校做好学生工作的前提。

一、党组织

青年大学生是祖国的栋梁，是将来社会主义现代化建设的主力军，代表着祖国的未来；是有新时代中国特色社会主义事业的接班人；是“四化”干部的主要来源。但同时他们又是社会主义与资本主义两大思想阵营争夺的“焦点”，能否保证我们的社会主义事业千秋万代，永不变色，不断地乘胜前进，关键是靠有知识的年轻一代，所以高校培养出的人才素质如何，党员的质量如何，将直接关系到社会主义现代化建设的成败，这一艰巨而又光荣的任务就落在高校学生党组织身上。高校在社会主义现代化建设中的地位与作用，决定了高校学生党组织存在的必要。目前，我国绝大多数高校都设有中国共产党的基础组织。一般情况下，校（院）一级设有党委，院（系）设有党总支或党支部，由于学生党员占在校学生人数的比例较小，除高年级个别班级可以单独成立党支部外，一般学生党支部均设在年级。

学生党支部是校党委、系党总支领导下的最基层的党组织，它对所在年级或班级的学生行政和团的工作起指导、监督、保证作用。其主要职责范围是：

1. 紧密结合学生的思想实际，对学生加强马克思列宁主义、毛泽东思想、邓小平理论、“三个代表”重要思想、科学发展观以及习近平新时代中国特色社会主义理论教育，党的路线、方针、政策教育，理想与信念教育，法律法规教育，世界观、人生观、价值观教育，社会主义、集体主义、爱国主义教育，教育学生学会用辩证唯物主义和历史唯物主义的观点分析认识问题，坚持四项基本原则，坚持改革开放，同各种错误观点、腐朽思想作坚决的斗争。

2. 理顺共青团系统和学生会系统的关系，充分调动各方面因素，发挥各种组织的作用，加强对学生的思想政治教育工作。

3. 根据校（院）党委的工作布置，动员学生党员和学生中入党的骨干分子积极完成党组织交给的各项任务，充分发挥学生党支部的战斗堡垒作用和党员积极分子的先锋模范作用。

4. 加强党组织的自身建设，做好学生中积极分子的培养和党员的发展工作。学生党支部要以主要精力研究学生的思想状况，结合学生学习、生活情况，抓好思想政治工作。同时要把培养社会主义建设者和接班人作为学生党支部思想政治工作的出发点和落脚点，积极为培养青年马克思主义者做贡献。学生党支部不包办学生行政和团的工作，但要给予必要的指导和监督；要关心学生的学习、生活、文化体育活动，积极向上级党组织或有关部门反映学生的意见、要术、建议；对学生中带有倾向性的思潮和动态要认真做好疏导工作；对于学生行政组织和团的组织系统工作中有不符合党的方针、政策的情况，要耐心做好思想工作，指出问题并帮助他们加以改正。

二、团组织

从高校团组织的地位和作用看，它在高校的学生管理和学生的思想政治工作中起着相当重要的作用。因此，高校团组织的机构和设置应该比较完善和切合实际。高校团组织一般的机构和设置为校团委、系分团委（或系团总支）、班级团支部和团小组四级。

（一）校团委

校团委是全校团的工作的领导机关，接受上级团委和校党委的领导，负责全校共青团工作的计划、实施、监督、检查、总结等工作。具体职责：

1. 组织开展全校团员、青年的思想教育工作。进行党的路线、方针、政策教育，进行形势与任务教育，进行世界观、人生观、价值观教育，进行理想、信念、纪律、民主与法制教育，以及进行做一个合格团员的教育。

2. 负责制定每学期团的工作计划，并组织实施、检查和总结。

3. 负责召开团的会议，传达上级指示精神；负责团的对外联系接待工作；接管组织关系，保管有关文书档案。

4. 负责团干部培训和考核工作。推荐优秀团员做党的发展对象，向各级党政组织推荐优秀团干部。

5. 负责团的组织建设，健全团内“三会一课”制度；负责团费的收缴、管理和使用；负责对违纪团员进行教育和处分；负责发展团员和退团工作。

6. 负责指导学生会和研究生会的工作，关心学生思想、学习和生活，维护和反映学生的正当利益和要求，协同有关部门解决学生实际生活中存在的具体问题。

7. 负责团委办公室内部管理工作，负责团的活动经费的计划、管理和使用。

8. 负责年度先进团总支、先进团支部、优秀团干部、优秀团员的评选工作。

9. 经常向上级党组织请示、汇报工作，完成上级党团组织交给的任务，并配合有关部门做好相关工作。

（二）院分团委

院分团委受校团委和系党总支领导，一般设专职书记 1 人，专职（兼职）副书记 1 人，聘任兼职学生团干部若干人。对于一些学生数量较少的系（部）可设团总支。院团委（团总支）聘任学生团干部（一般为院团委委员）担任院分团委（团总支）的办公室主任、组织委员、宣传委员和文艺委员，具体负责系分团委的各项工作。对于学生数量比较多的系，为了加强团的建设和管理，也可在年级设立团总支。团总支书记一般由其系团委委员兼任，其团总支的成员可由各班团支部书记担任。具体职责：

1. 按照系党总支和校团委要求，组织开展团员、学生的思想教育工作。

2. 负责本单位团的工作计划、实施、检查和总结工作。

3. 负责落实团的“三会一课”制度。

4. 负责发展新团员，办理离团手续，收缴团费，接转组织关系，对违纪团员进行教育和处理等工作。

5. 开展先进团支部、优秀团干部、优秀团员的评选工作，向党组织推荐优秀团员。

6. 加强团组织的基础建设，建立“三簿一卡”制度，即：分团委委员会记录簿、团支部书记例会记录簿、团的活动记录簿和团员登记卡。

7. 严格团内工作信息反馈制度，经常向上级团组织和党总支汇报工作。

（三）班级团支部

班级团支部受系分团委（团总支）或者年级团总支领导。具体职责：

1. 负责团支部工作的计划、实施和总结。

2. 做好团员的思想教育工作，举行团员资格认定工作。

3. 负责非团员的思想教育工作，不断吸收新团员。

4. 坚持“三会一课”制度。

5. 表扬先进、批评帮助后进，开展向党组织推荐优秀团员和团员的教育评议工作。

三、各级学联和学生会

（一）各级学联

学联是学生组织的一种主要形式，它是广大学生面向社会、走向社会的一种有效渠道。目前，各级学联组织已经形成了一个稳定的层级体系，共同构成一个相互联系、相互连接的学生组织网。当前，最大的学联组织是中华全国学生联合会，地方各级学联以团体成员的形式加入全同学联组织并接受它的领导。地方各级学联组织，以省级、市级为单位，团结和带领各地高等学校学生会、研究生会和中等学校学生会开展各种培养学生、服务学生的活动。

1. 全国学联

中华全国学生联合会（简称全国学联）是中国共产党领导下的中国高等学校学生会、研究生会和中等学校学生会的联合组织。它的基本任务是：遵循和贯彻党的教育方针，促进学生德、智、体全面发展，团结和引导同学成为热爱祖国、适应有中国特色社会主义现代化建设事业要求的合格人才；发挥作为党和政府联系同学的桥梁和纽带作用，在维护国家和全国人民整体利益的同时，表达并维护同学的具体利益；倡导和组织自我服务、自我管理、自我教育，开展健康有益、丰富多彩的课外活动和社会服务，努力为同学服务；增进各族同学的团结，加强与台湾和港澳同学的联系，促进中华民族的团结和伟大祖国的统一；发展向世界各国、各地区学生和学生组织的友谊与合作，支持各国，各地区人民和学生的正义事业。

目前，全国学联拥有团体会员 10 万多个，团结和联系着全国 8000 多万人。全国学联按照民主集中制的原则，在中国共产党的领导下和中国共产主义青年团的指导下，依照国家的法律、法规和《中华全国学生联合会章程》，独立自主地开展工作，全国学联的最高权力机构是代表大会，每 5 年召开一次。由全国学联代表大会选举产生出的全国学联委员会是代表大会闭会期间的最高权力机构。全国学联委员会举产生的全国学联主席团作为全国学联委员会闭会期间的常设机构。全国学联秘书处由全国学联主席团聘任，由秘书长、副秘书长组成，是全国学联主席团领导下的日常工作机构。全国学联会员团分别在所在省、自治区、直辖市组成该省、自治区、直辖市的学生联合会，为全国学联会员团体的地方联合组织。

2. 地方学联

地方各级学联组织的学联代表大会、主席团和秘书处的职权与全同学联保持一致，只是负责的范围相对较小，只负责其所处的区域。除此之外，有些地方学联组织还设有工作委员会。所谓工作委员会就是地方各级学联主席团任命的会员单位派出代表担任，设主任和副主任主持工作。主任和副主任由被主席团任命的单位派出代表担任。地方各级学联主席团每年对其一部分成员进行调整。选派单位有权对所派代表进行更换。各工作委员会受学联主席团的领导，如北京市学联组织就没有工作委员会，其委员会的责任主要是：组织各自领域内全市性的活动，开展各自领域内的日常工作；联系各自领域内的会员单位，及时了解反映广大同学和学生会的意见和要求，积极创造条件争取党、政府和社会各界的支持，为同学排忧解难；进行调查研究，对重大问题向主席团提出决策建议．并组织实施主席团决议；行使主席团赋予的其他权力．完成主席团交办的各项任务。

（二）学生会组织

1. 学生会组织的性质与任务

高等学校的学生会组织是在学校党政组织领导下，在上级学联和学校团组织指导下的全校学生的群众性组织，是全体学生利益的代表，是学校党政组织联系全体学生的桥梁和纽带，是学校管理系统的重要组成部分。学生会的主要任务是：团结全体学生，认真贯彻执行党的路线、方针和政策，贯彻执行学校的各项规章制度，坚持四项基本原则；带领全体学生努力学习，促进德、智、体全面发展；发挥好学校同全体学生间的桥梁和纽带作用，经常深入了解、掌握和反映学生的思想状况，协助学校做好学生工作；代表并维护学生利益，参与学校的民主管理和民主监督。在学校的思想教育、学生管理和学生的学习、生活、娱乐等方面，听取多方意见，并向上级反映学生的正当意见和要求，争取院校有关部门经常为学生多解决一些实际问题，同时协助院有关部门对学生进行宣传教育和解释工作；积极组织开展健康向上的文化体育活动，丰富学生的业余文化生活，陶冶学生的情操，锻炼和提高学生的各种能力；组织学生参加各种社会实践教育活动，引导学生深入了解社会、正确认识社会，提高适应社会的能力。

2. 学生会组织的设置

高等学校的学生会一般分为三级，即校学生会、系学生会和班委会。校学生会是全校学生的最高组织，接受校党委、行政机关的领导和校团委的指导。学生会的人员和机构设置如下（以辽宁石油化工大学为例）：院（系）学生会接受校学生会领导和系团总支指导。班委会是学生的基层组织，由辅导员、班主任老师的指导帮助下开展工作。

3. 学生会组织的职责

校（院）学生会负责全校（院）学生会工作的计划，并组织实施、检查和总结。发挥学校（系）党政领导与学生之间的桥梁和纽带作用，代表和维护学生正当利益，反映学生正当意见和要求，协助校（院）做好学生工作，组织全校（院）学生的大型文娱活动。

班委会组织全班学生按时参加各项政治活动和学习，开展理想教育、纪律教育，帮助学生提高思想政治觉悟和道德修养水平，引导和帮助学生有效地学习科学文化知识，及时地反映教学情况和学生的意见、要求，负责课堂的考勤。

（三）其他学生组织的设置

根据高等学校的特点，为了加强某一方面的工作，有时还需要成立一些其他的学生组织。

1. 学生自律委员会。这是一个学生逐步实现自我管理、自我教育的组织。其职责主要是维护学生的正常学习和生活秩序。协助学校有关部门调查学生中出现的一些问题，调解学生之间的矛盾，对学生的违纪现象提出处理意见。

2. 学生治安委员会。这是学生实现自我保卫的一种组织，其职责主要是配合学校有关部门保卫学生的自身和财产安全。

3. 学生公寓管理委员会。这是学生参与公寓管理的一种组织。其职责主要是配合学校公寓管理部门，对学生宿舍的纪律、卫生、安全等方面进行管理。

4. 学生伙食管理委员会。这是学生参与监督和改善学生伙食，配合学校做好学生饮食方面工作的一种组织。其职责主要是代表学生参与学生食堂的民主监督和管理，维护学生正当利益；配合食堂加强就餐秩序的管理，引导和监督学生爱护公物，文明就餐。

四、学生社团组织

高校学生社团组织是高等学校的学生根据各自的兴趣和特长，自发地组织起来的群众性组织。在组织上接受学生会的领导和团组织的指导。

（一）学生社团组织要有坚定正确的政治方向

学生社团组织成员具有目标的一致性，兴趣的共同性。这种动机、信念、理想和兴趣的一致性，不仅可以满足其成员的精神需要，而且可以成为其成员个人行为的内在动力和奋进源泉。但由于社团组织的松散性，导致在社团生存过程中，有许多不稳定的因素。这些因素，可能导致社团组织在方向上的盲目性和偏激性。所以，社团组织在发展过程中要时刻把握其方向，使社团组织健康发展。

1. 社团组织开展活动必须坚持四项基本原则。坚定正确的政治方向是保证社团组织生存和发展的关键，特别是在当前学生思想比较活跃的状况下，让团组织更应把握好政治方向，组织和引导社团成员自觉地坚持四项基本原则，反对和抵制资产阶级自由化思想和其他不健康思想的侵蚀。通过开展积极的、有益的、健康的活动，提高其成员的思想政治素质，陶冶学生的情操，起到社团组织应该起到的积极健康作用。

2. 社团组织开展活动必须有利于安定团结，必须有利于维护和保证学校稳定的学习和生活秩序。社团组织要引导和教育其成员明确在维护学校稳定中应尽的义务和承担的责任，学生社团组织还有经常向学校有关部门反馈本社团成员思想状况的责任和义务，并配合学校有关部门做好社团成员的工作。

3. 社团组织开展活动必须有利于学生的学习。学生社团要注意引导其成员处理好社团活动与正常专业学习的关系，做到相互补充、相互促进。开展活动要注意结合专业，提高自学能力、动手能力和专业技能。

（二）学生社团组织要主动接受管理和指导

根据国家教育行政部门的有关规定，高校学生社团组织要从以下几个方面接受管理和指导：

1. 学生成立社团组织必须提出并阐明社团宗旨、章程以及活动内容、形式和负责人的书面申请，报院校有关部门批准。跨校成立社团必须按国务院颁布的《社团登记条例》办理有关手续，否则均为非法组织应予取缔，同时追究组织者的责任。

2. 校内学生社团组织接受团组织的指导，日常管理工作由学生会负责。学生社团每学期到学生会注册一次。并将上学期的工作情况、本学期的工作计划和所需经费预算一并交学生会审查备案。

3. 学生社团须按本社团章程规定的内容、方式进行活动。学生社团或个人举办的面向校内的刊物，须经校有关部门批准，并接受管理。禁止非法活动和出版非法刊物。

4. 学生社团可在其会员中收取一定会费，但收取标准须经批准。各社团的会费收支情况必须建立账目，并接受学生会的定期检查。同时在一定时期内，向本社团成员公布，接受会员的监督。

5. 未经同意，任何社团和个人均不得擅自邀请校外人员参加学生社团的一切活动。

6. 学生社团要建立完善的管理制度。其主要负责人要由会员大会民主选举产生，报校学生会备案。负责人任期一年。

第三节　学生组织的建设与管理

一、学生组织建设的主体方向

（一）完善制度，规范体系，优化学生组织结构

每一个学生干部的工作理念是有差别的，做事风格也不尽相同。这就造成了换届前后的学生组织在校园文化的理解、活动的侧重、工作的具体要求上都会有差异。古语云：没有规矩难

以成方圆。在这样的前提下，为了保证学生组织长期目标的实现和价值观念的传承，保证组织运作的效率，规范化管理是不可或缺的保障。

首先，建立完善的管理制度和规范的工作体系，使学生组织每一阶段的工作重心明确，有章可循，有据可依，能够在学生组织换届时保证各项工作的平稳过渡和组织精髓的良好传承。例如学生组织的章程、会议制度、监督考核、奖惩制度、学生活动管理办法等等，能够保证学生组织工作高效有序地进行。

其次，为了保证学生组织制度化、规范化管理的实效性，要特别注意制度出台的需要性、科学规范性、公正合理性以及制度执行的严肃性。

再次，随着社会变革速度的加快，每一届学生的特点也越来越突出，学生组织的制度化管理要注意以学生为本，调动学生的积极性和创造性，挖掘其潜力。明确各学生组织的工作职责和功能定位，保证各学生组织工作的协调，使组织各部门的作用能够得到充分发挥，也保证组织内学生干部有足够的锻炼机会和成长空间，积极性提高，便于组织和管理。

（二）构建信息传递与互动的平台

在学生管理工作上，可以以学生组织为媒介构建信息传递与互动的平台。学校可以通过学生组织进行“自上而下”的信息传递，同时也可以通过学生组织获得“自下而上”的基层意见。因此，作为学校管理，在校园文化方面的建设有必要通过学生组织的媒介作用，来实现学校与学生之间的互动。比如，学生组织通过论坛、学生活动、调查等形式获取学生方面的信息为学校决策提供管理的依据。而学校在校园文化方面所做的相关努力，可以通过学生组织来达到宣传、解读与反馈的功能。

（三）整合资源全力打造品牌学生活动

学生活动是开展爱国主义教育的载体，是促进校园文化建设的重要手段，更是学生锻炼自我的良好平台。如果学生活动缺乏统筹、没有特色，不仅会牵扯学生过多精力，影响学习成绩，也会影响活动质量，无法得到学子的广泛参与和认可，不仅打击学生干部的积极性，更无法实现通过主题鲜明、内容丰富的活动培养人、教育人的目的。通过建设品牌学生活动，能有效地解决这些问题。在校园文化建设中应主动出击，有鲜明的主题，突出的特色和较高的文化内涵，弘扬主旋律，开展学生喜闻乐见的校园文化活动，调节学生的精神生活。注意不同层次的学生需求，注重活动中科学教育与人文教育的“兼容并包”，积极引导学生树立高品位的审美情趣。

另外，还应该抓住一些纪念日，如：国庆、“一二·九”“五四”等，开展一些健康向上，生动丰富的纪念活动，加强对学生的爱国主义、集体主义的教育，坚定学生“高举团旗跟党走”的信念。

品牌活动一旦形成，不仅能够扩大学生组织的影响，锻炼学生干部队伍，更能让学生干部从广大同学对这些活动的喜爱和参与中获得认同感和成就感，进而极大地调动工作的热情，积极主动地去开展工作。

（四）积极引导着力培养学生骨干的创新能力

学生骨干是各学生组织的核心和关键，他们的思想素质和业务水平直接影响到学生组织的形象和作用的发挥。但当前很多学生的人生观、价值观越来越复杂，学生骨干也受到影响，出现工作热情不高，创新意识缺乏等问题。学生骨干是否具有创新意识和良好的执行能力，是否能积极主动地去思考工作方法，有创造性地开展工作，是学生组织充满活力的基本保证。培养学生骨干的创新思维和创新能力，要营造一个鼓励创新的良好氛围和民主自由的宽松环境，尽量消除可能阻碍创新的思维惯性和固定模式。在坚持大方向正确的前提下，积极鼓励学生骨干们改变陈旧的活动形式，用新形式展现经典活动，用发展的眼光看问题，从时代和同学的需求出发，不断开拓学生活动的新领域。

另外，要根据每个学生的特质挖掘他们的优点和长处。在平时的日常教育管理和具体活动的指导中，对学生骨干高标准、严要求，通过培训、参观、讨论等多种形式加强学生骨干基本知识和技能的储备，要求他们在工作中努力学习新知识、发现新情况、开动新思维、运用新方法、解决新问题，使在积极思考的基础上有创造性地开展工作，成为学生干部高度认同和拥护的工作准则，使学生组织成为有生命力的创新团队。

二、学生组织日常管理

（一）学生组织问题分析

随着全国高等院校招生数量的不断增加，规模不断扩大，学生整体结构也向复杂化、多元化方向发展，在新的历史形势下，高校学生组织管理工作面临着许多新的挑战，存在着一些问题，现从外部环境、内部主体、工作内容及服务对象等四个方面就学生组织所存在的问题进行简要归结如下：

1. 外部环境

（1）重使用，缺乏指导、培养。学生干部普遍缺少职业培训，在对学生干部的管理中，只知选拔干部、使用干部，而对其中的重要环节——培养学生干部有所忽视，以致学生干部不甚了解工作环境、工作情况，更谈不上理清工作思路了；或者对有些学生干部培训不够，只知其一，不识其二，对自己的专项工作虽有所认识，但不知整个学生工作系统如何运作，造成有的学生干部上岗很长一段时间后才适应工作，不少学生干部对自己的工作也缺乏系统科学的规划，常常是应付任务，工作中缺少创新和主动。

（2）缺乏对学生组织干部队伍建设的规划。学生组织干部队伍作为一支人才资源队伍，应当予以科学的人才资源规划，我们往往只注重对在岗的学生干部的使用，却忽视了对后备人员的培训工作，忽视了学生组织干部人才梯队的建设，以致在整个延续的过程中出现断层现象。

（3）学生组织干部的招聘和选拔机制不够合理和科学。学生组织干部的选拔大致可以分为四种：一是组织推荐；二是竞选；三是他荐；四是自荐。由于自荐和他荐的干部未能得到组织的推荐，也未能参加竞选，组织推荐和竞选方式也存在弊端。竞选则只是对当时的演讲口才和即席表现出来的风度评判，而对其本身的思想素质和工作能力一无所知，这样选出的学生干部经不住时间的考验，在以后的工作中暴露出不少缺点，加上还有人情关系作祟，使得对学生干部质量把关不严。

（4）缺乏对学生组织干部有效的激励措施和工作绩效评价体系。学生组织干部的工作特点是权力小，任务重，责任大，不少学生干部常常牺牲大部分课余时间从事学生工作，而不少政工管理干部平时对学生干部要求较为严格，学生干部犯了错误，过多地批评，取得了成绩有时也仅仅口头表扬一下，这都不利于激发学生会干部的工作热情。此外，缺乏对学生干部工作的有效的绩效评价体系，常常是在学生干部工作任务的布置和分配方面非常重视。但在学生干部的组织管理制度和工作制度的建设和实施上却重视不够或措施不力，以致因组织机构职责不明，分工不清，制度不全，运作不畅，无严格章法可依等而导致一些学生干部的工作积极性低，相互协调差，效率不高等。

2. 内部主体

学生组织和学生组织主体——学生干部自身存在着各种各样的问题，当然这些问题体现在个别少数学生干部身上，但在很大程度上影响了学生组织和学生干部在学生中的威信，影响了学生工作的开展，也影响了学生干部自身的成长。主要问题有：

（1）学习与工作关系处理不当，严重影响学业。作为大学生中的佼佼者，学生干部不能正确处理工作与学习的关系，不能合理分配工作与学习的时间，片面理解工作能力培养及其在今后择业过程中的决定作用，于是放松了对学习上的要求，有的甚至一学期有几科补考，有的则采取了作弊的手段，这使他们在学生中的威信大受影响。

（2）作风不正。有的学生干部受社会上不正之风的影响，用送礼、请客、吃饭等不正当的手段解决入党、竞选等问题；有的学生干部不能严于律己，违反校规校纪，考试作弊等等，不但起不到模范带头作用，反而造成了不良的影响。

（3）动机不纯。少数学生干部没有端正参选学生干部的动机，他们做学生干部的出发点不是为集体服务，为同学服务，而是认为做学生干部能获得不少好处和实惠，比如可以提前解决入党问题、可以通过加分来获取奖学金等，表现出较强的功利色彩。

（4）经费花销缺乏监督，缺乏透明度。学生组织尤其是大多学生社团靠收取会员费作为活动经费，而这些经费只被社团中的个别人掌握，会员们是不可能知道会费的花销去向的。学校对社团的经费没有相应的监督机制，社团内部也没有真正意义上的监督。于是会员费的去向也只有掌管人才清楚，以致大大降低了社团的吸引力。

3. 工作内容

（1）学生组织开展的活动偏离了成立之初的宗旨，缺乏积极奋进的组织文化。比如学生社团，都是为了实现一定的宗旨而审批成立的，但是部分社团的活动成立后偏离了最初的宗旨，做起了不相干的事情。比如，以文学为宗旨的社团做起了商业代理，实践性质的社团搞起了体育赛事……社团追逐起了商业利润，并已拉到了商业赞助、和某某著名企业合作举办了活动为荣，背离了自己的宗旨。由于社团的负责人更替较快，学生社团总是缺乏一种能够持之以恒的社团文化，或者叫作社团积极向上的氛围。

（2）盲目举行活动。学生组织开展活动时，没有进行调查，根据具体情况制定活动组织计划，而是主观臆断，不能针对学生实际需求开展学生喜爱的活动，有些活动得不到学生的喜爱和参与，不能保证学生活动面广、点深，起不到扩大学生组织影响力，达不到广泛参与，也不能真正锻炼学生干部的组织、协调与社交能力。

（3）部分学生组织有名无实，组织活动处于停滞状态。社团在刚招纳新会员的时候，活动连接不断，过一段时间后什么活动也没有了，而下年招新后又是如此循环。学校也存在一些社团根本就没有社团活动，但是每学年都在招新，仍然在收取会员费，从某种程度上讲产生了一定的负面影响。

4. 服务对象

（1）缺乏工作技巧，工作方式方法不当。学生组织在日常工作中特别是在与普通同学进行互动中，由于学生干部对自身的定位认识不正确，不能贯彻“群众路线”，做到“从群众中来，到群众中去，密切联系群众”；在工作方式方法上存在着偏差，在安排工作和组织学生活动时，不是以“服务者”，而是以“管理者”的身份自居，造成了普通同学对学生会的抵触与不满，对一些活动不给予支持，学生组织与普通同学脱节，“干群紧张”。这样给学生组织带来了不良的影响，同时在组织活动方面得不到学生的支持和积极参与。

（2）脱离学生社团的实际，盲目追求会员的数量。大多学生社团以会员多少论社团的成败，以人数众多为荣。学生社团想方设法增加其会员数，部分社团盲目地自我夸大甚至虚假宣传以扩大自己的影响。此外，社团盲目追求人数的很重要的一个因素是为了增加社团经费。招收的会员多了，交纳的会费就多了，社团的活动也就有了丰厚的资金支持。

（二）学生组织管理问题的解决途径

1. 规范管理，加强领导

高校团委是学生组织的管理机构，要指派专人负责学生组织管理工作。在学生组织的成立、审批、工作考核、评优评先、财务管理和监督、队伍建设等重点环节，明确管理内容、目标和办法，督促学生组织制定、执行章程和内部工作制度，对学生组织及其成员的行为加以规范，保证其按照既定的目标，健康、持续、稳定地发展；把管理的重点放在思想政治教育的宏观调控上，把握方向，正面引导，防止消极负面的协会出现；对学生组织的大规模社会调查、举办的哲学社会科学讲座和报告会等活动，要严格把关，并加强监督，不使违背宪法和党的路线方针政策的错误观点和言论通过学生组织或活动得以散布、传播。

2. 做好学生干部的教育培训工作

通过多种形式，培养学生干部树立“以人为本”的工作理念，通过网络平台搭建培训基地，建立干部教育培训机构评估机制，进一步加强学生干部教育培训工作。将团校培训班、学生干部培训班、党员培训班等各类学生干部培训班与学习理论知识相结合，将新老干部交流会、优秀学生干部座谈会等培训与学生干部大局意识、服务意识和创新意识的培养相结合，通过开展公文写作、公关礼仪、活动组织等培训与学生工作业务水平相结合。如果学生干部有较高的素质，则成为工作者强有力的助手，协助工作者贯彻落实学校及院系的各项工作任务，把学生工作开展得有声有色。学校通过学生干部将各项教育管理工作落到实处，又通过学生干部了解学生思想动态，掌握学生学习、生活规律，从而制订出正确的管理措施。因此，抓好学生干部的培养和教育，不仅是加强学生素质教育的需要，也是搞好学校教育管理工作的需要。

3. 重视学生组织学术氛围的营造，提高学生干部素质

每个学生组织要根据自己特点，培养成员的探究意识、研究意识以及动手能力，以提高学生活动的层次，加强对第一课堂学习内容的衔接和深化。学术组织可以有定期的学术讲座、学术研讨、学术论文写作；其他组织可以写调查报告、研究报告、分析报告，或者活动创意和策划。论文及报告要请相关老师和专家评价，并留存档案。成员参加活动的情况以及论文报告的成绩可以与学分挂钩，指导老师把成员的情况填写到《大学生素质拓展证书》上，给予学生公正客观的评价。

4. 建立激励创新机制，建立学生干部考核制度

学生工作者在开展学生干部工作中，要不断鼓励学生干部提出创新的意见、建议，使他们尽情实施心中的抱负，把心中的想法说出来，满足学生干部强烈的自我意识，从而激发学生干部极大的主观能动性。

在学生干部管理上，由于缺乏相应的监督和奖惩机制，致使一部分学生干部认为干好干坏一个样，工作热情不高，工作积极性不强。尝试建立“学生干部档案”“学生干部考核细则”等制度，半个学期或一个学期考核一次，作为评优及任免的依据。奖惩分明，奖优罚劣。

案例：一个特色的学生组织

我校 2011 届毕业生康榅雯，入学以来一直担任校团委学生干部，并在大三担任我校“百家讲坛”的负责人。任职以来她一直注重发挥学生组织自身特色，拓宽宣传渠道，加强学生干部管理。据此，康榅雯一直注重打造“百家讲坛”的文化特色、业务特色。“百家讲坛”以举办各类讲座为载体，起到宣传思想、传播文化的作用，成了我校校园文化建设的重要平台。虽然百家讲坛活动形式单一，但钻研深刻，传播的思想为同学们所接受，在校园中引起强烈反响。

第四节　高校学生干部的责任与使命

一、高校学生干部的责任

高等学校的教育正致力于实施素质教育，学生在大学的主要目的不再是单纯地接受知识，而应该是接受知识、培养能力、全面提高自身素质。担任学生干部，有更多的锻炼机会，能够使自己在组织管理、人际交往与协调、工作作风等方面得到锻炼的机会。是否得到真正的锻炼，其关键并不在于机会，而在于认真做好学生干部。这就需要学生干部对自己有清楚的自我认识，能够对党的教育方针、政策有清楚的了解，懂得如何有效地调动同学们的积极性，能够发扬民主与科学决策，对工作中出现的问题能够及时总结与改进。学生干部的工作实践对同学们素质的提高具有重要的影响，只有在自身锻炼的同时不断地为同学们提供锻炼与提高的机会，创造条件促进大家共同进步，才是现代意义上名副其实的学生干部，才能得到同学们的支持和拥护。因此，高校学生干部肩负着比较艰巨的任务，要认真履行自己的职责，必须清楚自己的工作目的与主要任务。

（一）努力学习专业文化知识和掌握一定的现代社会科学知识

学生干部首先是学生，因此，要完成相应的学习任务，而且要努力使自己掌握良好的专业知识，这是大学生的主要职责，也是自己在同学中树立威信的必然要求。同时，由于学生干部肩负一定的教育管理职责，管理者必须先接受教育，因此，要学习和掌握一定的社会科学文化知识，不仅是建立合理知识结构的基本要求，也是完成管理任务的需要。要学习有关管理学、社会学、心理学等社会科学知识，并善于运用这些社会科学知识指导工作实践，以提高对工作实践的分析判断、组织管理、决策等方面的能力，促进自身素质的全面提高。

（二）努力培养现代意识

现代意识是反映时代本质、符合时代要求、代表未来发展趋势的思想和观念。我国正处于社会主义现代化建设的重要时期，现代化不仅仅是科学技术飞速发展和经济指标的增长，也是思想观念的现代化。美国社会学家英格尔斯曾指出，人的现代化与其心理素质有着重要关系。他认为：“落后和不发达不仅仅是一堆能勾勒社会经济图画的统计指数，也是一种社会心态。”学生干部是学生群体的骨干，对大学生的素质培养具有重要的影响，因此，学生干部要主动加强自身现代意识的修养，培养适应时代要求和有利于社会发展的创新意识、开拓意识、竞争意识、实效意识、市场意识等现代意识。

（三）健全个性心理品质

健全的个性和心理品质是大学生心理健康的重要标准，也是一个人成功必不可少的重要因素。大量的研究表明，健全的个性和心理品质对人才成功具有比智力因素更为重要的影响。学生干部要努力健全自身的个性，在工作中充分培养乐观向上、坚强自信、不怕困难和挫折、善于自我调控的个性心理品质，并用自己健全的个性和心理影响其他大学生的健康成长。

（四）积极探索学生干部工作的新途径和新领域

现代社会要求人才具有高水平和多方面的素质，要实现这个目标，就必须努力学习，而这种学习决非传统意义上的知识学习，必须进行学习方式方法的革命。学生干部应该树立现代学习观念，充分利用学生干部工作的机会与实践，积极开拓创新，努力创造和寻找有利于提高大学生综合素质的途径和方式方法，拓展学生干部工作的空间和时间，使学生干部工作对新时期素质教育实践显示强大的生命力，为提高大学生们的综合素质切实发挥作用。

二、高校学生干部的使命

不同的时代对人才规格有不同的要求，作为学生干部必须了解时代特点，认清时代要求，这是成才的重要条件。在我们所处的新时代中，作为一名大学生，不但要对新时代特点具有清醒的认识，更重要的还在于深刻理解这样一个新时代对我们自身的要求。对高校的学生干部，这种要求更深入了一个层次，这是由学生干部的地位和作用所决定的。每一个学生干部都应该清楚地意识到新时代的要求，并把这种要求内化于自己的行动之中。具体来说，在学好专业知识的基础上，时代对于学生干部的要求是：

首先，学生干部必须具有坚定的政治立场。这是对学生干部首要的也是基本的要求。它既不是一些人所认为的条条框框，也不同于极左时期选拔干部时可代替一切其他因素的“红”，而是总结现实社会中正反两方面的经验所得出的一个必然结论。在中国这样一个经历过漫长的封建社会时期、殖民地半殖民地时期的国家中，它的出路只有一条，就是必须走中国特色社会主义道路。“只有社会主义才能救中国”是几代人浴血奋战所求得的答案，是历史做出的结论。坚持马克思列宁主义、毛泽东思想、邓小平理论、“三个代表”重要思想、科学发展观以及习近平新时代特色社会主义思想，坚持中国共产党领导，坚持人民民主专政，是坚持社会主义道路的理论保证和组织保证。改革开放是我们的既定国策，是坚持中国特色社会主义道路下的改革开放，是社会主义制度的自我完善，也是社会主义制度生命力的保证。在当今世界多极化、经济全球化的趋势下，关起门来搞社会主义是不行的。但是改革开放绝不是对社会主义的否定，不是用资本主义来代替社会主义。高校的学生干部必须清醒地正视这一严峻的现实，决不能放松应有的警觉。要从本质上理解四项基本原则，在大是大非的问题上站稳立场，这是我们事业取得胜利的根本保证，是我们国家永不变色的根本保证。

其次，必须有锐意进取的创新意识。创新精神从来没有像今天这样迫切需要，在当今这个变化迅速的时代，创新就意味着生命力，它包括创造和接受新思想、新观念、新知识，也包括摒弃和改造旧思想、旧观念、旧知识。这一切不是每个人都能全部做到的，对于缺乏责任心、使命感的人来说，锐意进取的创新精神永远与他们无缘，他们必定要在科技革命的挑战中败下阵来，每一个有所作为的学生干部都应该认真思索一下这个问题，做好充分的思想准备。儒家文化统治中国几千年，其中明哲保身的思想和中庸之道影响了一代又一代中国人，“木秀于林，风必摧之，堆出于岸，水必湍之”，“枪打出头鸟，雨淋出头椽”就是这种思想的写照，不少人甚至把此奉为做人处事的信条。改革开放以来，一直存在这样一种社会现象，改革者事业上的成功一直伴随着自身承受的巨大压力。有的人对改革者指手画脚，说三道四，把创新之举讥讽为出风头，这样的一种氛围会严重挫伤人们的创新意识，经不住考验的人往往改弦易辙，重新修正自己的观点。有个别大学生经过一段时间的工作，把从学校到社会的这段经历总结为：“在学校时我们是从山上刚开采出的石头，棱角分明。走上社会则犹如被世俗的海洋包围，迟早会将有棱有角的山石变成又圆又滑的鹅卵石。”这一结论未免有失偏颇，但不能不说明这样一个严肃的问题：青年人必须敢于向世俗挑战，敢于毫不留情地抛弃传统习惯中那些过时的东西，要敢为天下先。总结中国近百年的发展历史，我们可以清楚地看到，在历史的紧要关头，总是那些被称为中华民族脊梁的人奋起呐喊，向世俗挑战，向旧秩序挑战。谭嗣同为变法视死如归；孙中山领导辛亥革命晃动了行驶几千年的中国封建航船；毛泽东带领人民推翻了半封建半殖民地社会，确立了社会主义；邓小平领导大家实行改革开放，开辟了建设有中国特色社会主义的道路。今天，在中华民族面临一次新的腾飞的历史关口，祖国的建设者理所当然地要用锐意进取的创新精神，去实现中华民族的伟大复兴。

第三，必须树立全局观念，具备协作精神。过去外国人曾送给中国两顶屈辱的帽子，一顶是“东亚病夫”，另一顶就是“一盘散沙”。新中国成立后，亿万人民紧密团结在党中央周围建设社会主义国家. 用铁的事实昭示世界：一盘散沙的时代一去不复返了。但是，在微观上仍然存在着缺乏整体意识和协作精神的现象，这是不容否认的事实。当今的世界，政治风云变幻无常，经济联系更加密切，科技进步日新月异。这一切充分表明，现代化建设者必须具有的全局观念和协作精神，是整个国家、民族屹立于世界的根本保证之一。缺少了这一点，就无法适应这个充满变化的世界。今天的大学生，是二十一世纪中国的主力军，要完成肩负的历史使命，必须牢记团结就是力量，“人心齐，泰山移”，“万人一条心，黄土变成金”。学生干部更应在工作中有意识地培养自己的协作精神，把广大同学团结在集体主义的旗帜下，为将来适应社会、适应时代打下坚实的基础。

作为新世纪的一代青年，抓住机会迎接挑战的历史重任责无旁贷地落在了我们的肩上。面对养育我们的祖国，这是一种不可推卸的历史使命，每一个有志青年都应该毫不犹豫地承担起来。作为高校的学生干部，比同龄人更早地感受到担子的重量，因为学校工作的实践，给我们提供了这一机会，我们要考虑比其他同学更多的问题，从而也经受更多的锻炼。毫无疑问，不是每一个学生干部都能成为历史责任的承担者。大浪淘沙，优胜劣汰，只有那些深刻地认识到自己肩负的责任，并且在实践中运用自己的理论、修正自己的理论的人，才能经得起时代的选择。

案例：学生干部的努力

我校2009年实现“社团活动学分化”，出台了相应的各类文件，激发了学生参加活动的热情，推进了学生社团活动的深度，为建设更加富有生机和活力的大学文化走出了坚实的一步。“社团活动学分化的实现”与我校团委学生会的学生干部滕裕薇、张旭、刘元鑫等努力的工作有着密不可分的关系。他们深知自己肩上担子的重量，自己的工作就影响着辽石化在校学生的课余生活。为此，他们常常放弃个人的课余休息时间和社团战友们一起研讨活动、撰写文件、交流意见，在学生工作办公室总能看见他们忙碌的身影。为了加快实现“社团活动学分化的实现”，曾经有5个晚上，他们都成宿地奋斗在办公室中。

思考题：

1. 分析我国学生组织的产生与欧美学生组织的差异。
2. 分析党组织、团组织和各级学联之间的关系。
3. 如何解决学生组织管理出现的问题？
4. 如何做好一名学生干部？

第十章 大学生安全教育

生命只有在安全中才能永葆活力，幸福只有在安全中才能永具魅力，美好家园只有用安全构筑。安全是人类关注的重点，对大学生来说，安全更是其完成学业的保证，是其思想进步、健康成长和立志成才的基本条件。然而，近年来，关于大学生安全事故的类似报道，屡见不鲜。一次次沉痛的教训警示着我们建设平安和谐校园任重道远。

我们先来看看这个案例：

案例：2008 年 12 月 7 日位于南京靠龙蟠路路边上的一幢 10 层楼高的学生宿舍楼发生火灾，大楼东侧八楼的 801 房间内，向外喷着浓烟，浓烟如长龙直向天空。三四米高火苗直蹿楼上九层，宿舍楼上的窗户玻璃被大火烧烤得“噼噼”响。从四楼向上住着女生，只见这些女学生中，她们有的穿睡衣外面裹着大衣或棉衣、有的脚上穿着拖鞋，甚至还有少数学生裹着被子站在寒风中，而这些女学生们手上，几乎人人都拎着一台手提电脑。据了解，事发时 801 宿舍内无人。经初步调查，起火原因可能是私拉插座，引起的电器短路所致。大学生在宿舍内私拉电线、使用违章电器屡禁不止，导致火灾频发，引人深思。

依常理，必备的安全常识应当是青年大学生立足社会的基本条件。然而，现实中不断发生在大学生身上的各类伤害事件和犯罪现象，却时刻提醒我们：加强安全知识和防范技能教育，安全意识和安全责任的培养是大学生综合素质体系不可缺少的重要组成部分，是大学生自我完善、社会稳定的重要保证。对当代大学生来说，最急需的是增长安全知识，增强自我保护能力，该怎样做呢？通过本章学习旨在使大学生们熟悉身边环境里的各类风险，知道如何避免危险发生，遇到危险能够从容应对。

第一节 大学生面临的安全形势

安全就是人和物受到保障而免受伤害、威胁的状态。安全是人类生存、生活和发展最根本的基础，也是社会存在和发展的前提和条件。正如美国著名心理学家马斯洛所说：“安全需要是人类的重要需要之一”。随着社会的发展，对人类安全的影响除了自然因素以外，还有人为因素、社会因素、环境因素等多种因素。

近年来，社会安全形势总体基本稳定，校园安全防范力量较强，学校安全环境不断改善，高校校园安全状况总体上好于社会整体水平。但是随着我国经济发展与社会转型的逐步深入，以及教育事业的发展和教育管理体制改革的不断深化，社会形势发生了巨大变化，大学生的安全环境也在不断地发生变化，大学生面临的安全形势引起社会的普遍关注。

一、国际社会安全形势

1. 国际环境复杂多变

当今世界正处在大变革大调整之中，和平与发展虽然是时代的主题，但影响和平与发展的不稳定、不确定因素在不断增多，我国面临着复杂严峻的国际安全形势。2020 年发生的新冠肺炎疫情给全球政治带来全方位冲击，国际安全形势出现明显的波折起伏，各种风险交织叠加、挑战增多，各主要大国竞相调整和强化安全战略布局，使正在变化的世界格局明显加速，大国实力分布、世界安全和发展形势与国际斗争方式正在发生重大变化。西方一些国家奉行的单边主义和强权政治使全球安全形势明显恶化：全球动荡源和风险点进一步增多，传统安全问题与非传统安全问题相互影响、相互转换，国际安全秩序和不确定性进一步显现。同时，国际恐怖主义活动的新态势新动向使国际安全格局动荡加剧，不稳定不确定因素增多。对此严峻的国际环境，不少大学生缺乏清醒的认识。此外，随着国际环境的巨大变化和科技革命的深入发展，传统的国家安全观已不再局限于主权独立、领土安全和政治稳定等，而是扩大到了经济、文化、信息、科技、人才等诸多领域，对这些非传统安全问题，大学生缺乏危机意识，对新领域的安全问题没有防范意识，不自觉地对国内外敌对势力的破坏活动放松了警惕。

2. 西方腐朽文化思想冲击

进入 21 世纪以来，全球化已经成为现代社会发展的普遍潮流，以经济全球化为核心，涉及文化、生活等诸多领域。文化全球化对世界各民族的原有文化产生了巨大冲击，大量的西方文化思想传播渗透，形成各民族的思想文化互相碰撞与交融的局面。大学生思想不成熟，接受新事物的能力强、速度快，但是对事物尚缺乏理性的批判与鉴别能力，在拜金主义、自由主义、享乐主义等不良思想的侵蚀和蛊惑下，较易陷入价值判断与选择的困境，对正确的世界观、人生观、价值观的形成均产生了不利的影响。一些大学生由于思想过于激进，国际格局变迁中涉及国家利益的重大政治事件极易激起强烈的民族情绪，引发高校学生政治抗争以及群体性突发事件。有的大学生价值观失窃，价值目标选择功利化，甚至一切以自己为中心，把对国家、民族的责任抛之脑后，使社会主义信仰面临严峻的考验，对国家安危漠不关心。

二、国内社会安全形势

1. 国内社会治安总体形势

高校安全稳定与社会安全稳定相互作用、相互制约、相互依存。高校的安全稳定与社会安全形势息息相关，没有稳定的政治和社会环境，安全也就无从谈起。改革开放以来，在党和国家的正确领导下，我们顺利度过了经济转轨的敏感时期，面对国门的打开，面对全新世界和社会利益多元化的复杂形势，我们没有发生像世界上某些国家那样的社会动荡和社会治安问题，国家的安全形势总体较好。但在改革与发展过程中，中国经济由计划经济向市场经济体制转变，社会结构、经济结构和人的思想观念都在急剧变化，不可避免地存在不少困难和矛盾，产生了不少新的社会问题。一方面，利益关系的调整，产生大量诱发犯罪和治安问题的因素；另一方面，原有的社会管理机制不适应新的形势，而新的社会管理机制尚未完全建立，社会管理上存在不少漏洞，让不法分子有了可乘之机；加之市场经济负面效应的冲击、外来腐朽思想和国际犯罪的渗透影响等，致使一些人金钱欲望膨胀。这些问题相互交织、相互影响，使社会的治安问题错综复杂。这些都会直接影响社会稳定，局部社会治安问题也时有发生。教育作为社会的重要组成部分，它服务和服从于社会的进步与发展，也会受到来自社会各方面安全稳定形势和压力的影响。

2. 国内社会安全具体表现

目前，我国仍然存在着诱发、滋生违法犯罪的消极因素，而且抑制、消除这些消极因素需要一个较长的过程。突出表现为贫富差距拉大、社会群体间矛盾加剧、社会成员行为失范以及社会主导价值观缺失。这些问题往往成为高校师生关注的热点，对大学生产生消极影响，导致高校成为不法分子作案的重点目标。社会上不法分子对高校的滋扰时常影响校园的秩序，给校园带来很多安全隐患。校外人员针对大学生的人身和财产而直接引发的案（事）件越来越多。

（1）诈骗犯罪现象屡有发生

大学生虽然有较高的文化知识，但缺少社会经验。社会上的一些骗子就利用学生的单纯和善良骗取学生的钱财。大学生中有的学生在校期间想入党、想考研、想留校或出国求学，不愿通过自身努力实现，妄想走捷径，这些情况给校外的不法分子可乘之机，一些学生在不明真相的情况下就把钱交给别人，结果拿钱后旋即人间蒸发。2005 年，海淀区某高校保安人员抓获一名专门在高校行窃的犯罪分子，她在供述中谈到，她之所以到高校作案，一是高校门卫看守不严，进出方便；二是上午 8 点学生老师上课，治安防范薄弱，容易得手；三是大学生有钱，现金和手机等贵重物品多，得手后收获大；四是大学生丢东西后不及时报案，容易脱身。因此，她先后在海淀、朝阳等地区的高校作案 30 余起，获得赃物、赃款数万元。

（2）盗窃案件有增多趋势

高校校园内，除了校内少数学生会发生“内盗”外，校外的不法之徒也把黑手伸进了校园。随着生活水平的提高，现今大学生的消费水平也水涨船高，不少大学生拥有笔记本电脑、高档手表、手机、数码相机、贵重首饰等，这让校外的不法分子容易产生非法占有的动机，同时高校的大学生在校园里对自己的财物保管不严，警惕性不高，防范意识不强，高校的管理工作也存在一些疏漏，这给不法分子创造了可乘之机。于是不法分子经常性地进出校园，盗窃学生和学校的财物。

（3）凶杀、抢劫等恶性案件时有发生

高校的快速发展日益显现出了社会化的共性，一些不法之徒看中高校这片净土，伺机作案，甚至当他们的犯罪行为被发现、被制止或违法犯罪行为不能得逞时，有的犯罪分子就可能暴露出凶残的本性。北京某大学外语专业的一名女学生在不够深入了解的情况下同一社会不良青年交朋友，当该女生拒绝其性要求后，道德不良的青年强行施暴，女生竭力反抗，结果被残酷地杀害。

（4）流氓滋扰不同程度地存在

社会上的一些流氓地痞也会经常性地把目光瞄准高校内的大学生，他们有的把大学生作为“饭碗”——经常让学生请吃饭；有的把学生当作自己的“银行"——经常找他们“取”点钱或“借”点钱用；有的把高校的女大学生当作自己消遣的“猎物”——寻找各种机会接近并提出一些非分之想。面对地痞流氓的滋扰，许多大学生不懂得如何保护自己，忍气吞声、听之任之，更有甚者与其同流合污。这些流氓行径使大学生的学习和生活受到严重的影响，也给学校带来了不稳定的安全隐患。

（5）将大学生引出校外实施犯罪

每逢大学生打工的旺季，一些非法中介公司抓住学生急于打工赚钱、做家教锻炼的心理，收取高额的中介费却不履行合同，造成不少大学生受骗上当。例如，小李是北京某大学大三学生，2006 年 7 月初，他通过一家中介公司找到一份推销员的工作，预交 200 元中介费后，中介公司还让他交纳产品抵押金 1000 元，他一时无法交纳便返回中介所想协商另换岗位，却发现该中介已是人去楼空，中介门口已经围着十来个要求退款的求职者。此时他才知道遇到了“皮包公司”。

三、大学校园安全形势

1. 大学生校园安全总体现状

高校校园安全问题得到了党和政府的高度重视，对大学生的安全教育已纳入社会主义法制轨道。1996 年颁布的《普通高等学校安全教育管理若干规定》明确指出：“高等学校应将对学生进行安全教育作为一项经常性工作，纳入学校工作的重要议事日程。”此外，在《高等教育法》等法规中，也都明确了高校在大学生安全教育管理中的权利和义务。这从法律层面将开展大学生安全教育、依法治校确定为高校的法定义务，推动了高校法制安全教育的发展。同时高校对学校安全工作日益重视，尝试采取各种有效措施，加强学校安全工作，探索出了集“教育、管理、服务、协调”于一体的安全管理新模式，为维护校园平安和谐做出了积极贡献，并取得了一定的成效。

2. 大学生校园安全形势表现

由于受资产阶级自由化和无政府主义思潮的影响以及享乐主义、拜金主义和个人主义思想的侵袭，大学校园中有少部分学生追求享受，看重物质利益，好逸恶劳，少数人缺乏法制观念，随意违规违纪，个别学生甚至走上犯罪的道路。

（1）大学生盗窃、敲诈违法犯罪有上升趋势。大学生中有少数学生贪图享受，爱慕虚荣，自己的经济条件无法满足时，就打起其他同学的主意，乘他人不备，盗窃其他同学的钱物。也有的学生模仿社会上黑社会向其他同学收“保护费”，对他人进行敲诈。据有关部门统计，全国 1000 多所大学，每年因盗窃、诈骗违法犯罪而受判刑、拘留、开除学籍等处罚或处分的学生有数千人之多，并且有上升的趋势。

（2）打架斗殴时有发生。现今大学生中的绝大多数都是独生子女，个性鲜明。一些大学生的个人主义色彩强烈、法律意识淡薄、责任意识不强，对公共利益漠不关心，自我为中心，我行我素，随心所欲，总是想凌驾于他人之上，于是总希望别人都顺从他的意愿，稍有不如意就争吵谩骂，甚至动刀动棒。某重点大学法律系三年级多名学生发生纠纷，不是理智协商，相互忍让，而是动用武力解决，结果两败俱伤，一个被匕首刺入胃部，另一个也被拉力棒击断右臂，双双昏死于厕所。2004 年 12 月 28 日，长沙某学院两个班男生在教室发生集体械斗，其中一个班的男生全部参加，并且每个人都带了棍子，另一个班也有学生带了两把斧子，结果是 6 名受伤缝针，4 名住院。

（3）性违法犯罪令人担忧。改革开放后，资产阶级思想和生活方式也侵袭了大学生中的部分人，少数人的道德观念发生了变化。一些大学生鼓吹和效仿西方的性解放、性自由，甚至把模仿西方的生活方式作为新潮。极少数男大学生不满足于从网络色情、黄色音像和书刊上寻求刺激，而走上违法犯罪的道路。北方某大学二年级学生常某，因受黄书、黄片的影响，终于控制不住自己，在一天晚上欲对一名女青年施暴的时候被抓获，因强奸未遂罪被逮捕。

因此，在社会治安形势严峻、高校周边治安环境复杂、校园治安形势不容乐观的情况下，加强大学生安全教育，提高他们的安全防范意识，减少和避免发生在大学生中的各种安全问题已成为迫在眉睫的工作。

第二节　大学生面临的安全问题

随着科技的高速发展，信息化时代的到来彻底改变了人类的生活方式乃至思维、学习、工作的方式，影响人类社会安全环境，产生各种安全问题。作为新时代的大学生，应该学会如何面对新经济时代，如何面对飞速发展的社会，如何面对错综复杂的安全环境及安全问题。所以提升大学生的安全防范意识和法制观念意义重大。

一、安全的本质

1. 安全的含义及分类

随着人们对安全认识的不断深入，并从不同角度诠释安全定义。“安全”一词在希腊语、梵语中分别有“完整”和“没有受到伤害”；在古代汉语《周易·系辞下》中有“君子安而不忘危，存而不忘亡，治而不忘乱，是以身安而国家可保也”表达了现代汉语中“安全”的意义。在《国策·齐策六》中“今国已定，而社稷已安矣。”体现出“无危则安，无缺则全”的意思。

安全是人类生存、生活和发展最根本的基础，也是社会存在和发展的前提和条件。正如美国著名社会心理学家马斯洛所说：“安全需要是人类的重要需要之一”。他在《人类动机理论》中提出了著名的需要层次理论，认为人的需要有轻重缓急不同层次，它们依次是：生理需要、安全需要、社交需要、自尊需要、自我实现需要，只有低一层次的需要得到满足时才能产生高一层次的需要。其中，将安全的需要视为人的第二层次需要，认为人除了生理需要之外，其他高层次的需要都是建立在安全需要得以保障的基础上的。马克思认为人的需要可分为生存需要、享受需要和发展需要三大需要，其中生存需要是人最根本的需要，而安全则是生存、享受、发展需要的共同基础，也是必不可少的需要。

二、大学生面临的安全问题及分析

我国经济体制的转换、社会结构的转型、文化氛围的变换、思想观念的更新等构成了当代大学生成长和发展的现实生活环境。因此，许多大学生具有这样的一些特点：生理发育基本成熟，但心理发育滞后；个性趋向定型，但可塑性大；虽然接受大致相同的教育，但个性十足。个体素质差异性大，抵御腐朽思想和利益诱惑的能力不同。部分大学生不同程度存在人生缺乏规划、思想麻痹、安全意识差、纪律观念薄弱、容易冲动、贪图享受、喜欢社交、社会经验不足等现实表现，导致他们实际生活中不注重道德修养，疏于自身安全防范；忽视法律知识学习，法律观念淡薄。这些特点及现实表现决定了他们必然会面临诸多安全问题的困惑。大学生面临的安全问题具体而言主要包括人身安全、财产安全、交通安全、消防安全、学习安全、国家安全、饮食安全、反恐安全、社交安全等问题。

1. 珍惜生命，人身安全

人身安全是人类最重要、最基本的安全。随着各种社会矛盾的出现和高校的不断社会化，危害大学生人身安全的因素也随之增多，再加上大学生生活空间和交流领域的不断扩展，高校大学生人身安全也会遭遇不法侵害或意外伤害。常见的高校大学生人身伤害事件分为两类，一类是高校大学生人身伤害事故，包括高校群体性活动、违反学校安全规定等造成的大学生人身伤害事故，另一类是人为侵害造成的大学生人身伤害案件，包括故意伤害、抢劫、抢夺、滋扰及性侵害等形式，此外还有因种种原因而轻生和自残。

案例：校外租房隐患多

大学生刘某痴迷上网，因学校夜间限电和断网不能长时间上网，于是私自在外租房，学校发现后，辅导员对其进行了批评教育，三次要求搬回学校宿舍，但他置之不理。某晚下雨，刘某匆忙回到出租房去收挂在阳台上的衣服，不慎摔到楼下，当场死亡。原来该出租房是违章建筑，栏杆很低，不具备安全条件，收衣服时，由于雨天地滑，不慎直接摔下楼，造成悲剧。

评析：刘某在外租房，脱离了校规校纪的约束，满足网瘾，没有意识到潜在的危险，造成伤害事件。校外租房隐患多，大学生切莫轻易尝试，应严格遵守《大学生公寓安全管理规定》，以免人身财产受到损害。

2. 物品保管，财产安全

财产安全是大学生学习生活的基础保障，也是最普遍、最多发的安全问题。大学生财产安全是指在校学习期间个人财物不受侵犯或损失。由于大学生集体生活的特殊性、校园的开放性、防范意识薄弱和社会经验不足，大学生成为不法分子侵害的重点对象。通常情况下，大学生财产被侵犯的主要形式是盗窃、诈骗、传销、抢劫抢夺、敲诈勒索、火灾等，财产是否安全会直接影响大学生的精神状态，一旦财物受到侵犯，首先会产生急躁、伤心的消极情绪，影响正常的学习和生活。校园内发生盗窃的案件非常普通，约占所有案件的80%，根本原因在于安全防范意识淡薄，警惕性不高。

案例：轻信他人，祸及同学

无业青年王某在火车上遇到某高校回家度假的学生杨某，故作热情大方。攀谈中，杨某轻易讲出了自己的全部身世及在校情况，并说出自己同班好友龙某假期留校的情况。王某听后暗自高兴，随即下车，返身乘车来到这所高校找到龙某，声称自己是某大学学生，是杨某最要好的“中学同学”，此次特意利用假期来找杨某，一同出去搞点“社会调查”，为撰写一篇论文搜集资料。龙某深信不疑，告诉对方杨某“刚刚离校”，并热情提供食宿。王某趁机盗窃了该栋宿舍楼的8个寝室，盗窃物品包括电脑硬盘、内存等，使同学损失严重。

评析：作为在校大学生，正常的社会交往是必不可少的，但要学会交往、善于交往，不要盲目交友。杨某就是缺乏必要的辨识能力，轻易向陌生人透露自己的个人信息，结果被对方“有心”利用。龙某也缺乏应有的警惕，轻易就被王某蒙骗，给了犯罪分子实施盗窃的可乘之机。本案告诫我们：大学生只要提高警惕，抵制诱惑，一切骗局不攻自破。

3. 出行平安，交通安全

交通出行是大学生学习生活的一部分。在我们享受便利交通的同时，也时时受到交通安全事故的威胁，交通事故几乎每天都在发生。许多大学生并未意识到 交通安全隐患乃至生命危机就潜伏在自己身旁。高校扩招，校园内人流量、车流量急剧增加，使得校园交通状况复杂，交通安全事故在大学校园内也呈逐渐上升趋势。

案例：一失足成千古恨

2005 年 5 月 23 日 11 时许，在西安市东二环一高校门前，一名女大学生嫌走 200 米外的人行过街天桥麻烦，便直接横穿马路，结果被一辆疾驰而来的小货车撞倒，不幸当场死亡。同行的一名女生泣不成声，“刚才还跟我有说有笑呢，怎么才几分钟就……”

评析：乱穿马路的现象在高校大学生中十分普遍。200 米外就有人行过街天桥，如果这名女大学生不贪图方便，多走几步路，这场悲剧还会发生吗？这起事故主要是该学生安全意识淡薄，违反交通规则，乱穿马路引起的。生命只有一次，应该格外珍惜。大学生是社会的骄子，应该学会“走路”。

4. 防火用电，消防安全

在我们周围处处都潜伏着火灾危机。大学生宿舍等场所人员密集，实验室等场所易燃可燃物集中。如不注意防火用电安全，极易引发火灾，造成人身财产安全。高校发生火灾，客观上存在着一定的火灾隐患、电气线路老化等因素；主观上则是由于部分人员消防安全意识淡薄，疏忽大意，缺乏基本的消防安全常识。造成火灾的主要原因包括违章用电、乱接电线、引起线路短路；违章使用大功率电器使供电线路过载发热，加速线路老化而引发火灾；实验室用电设备引发火灾；电器照明、取暖引燃可燃物发生火灾；使用假冒伪劣电器引发火灾等。

案例：私用电器致火灾

2004 年 10 月 2 日晚，某高校一学生公寓 301 宿舍发生一起火灾事故，致使箱子架、物品柜等设施因火灾被损，另有价值 5000 余元的学生个人财物被烧毁。经查，这起火灾事故是有同学违反学生公寓管理制度在宿舍内私自使用大功率电器时而造成的（寝室当时无人）。具体原因是：插在主接线板的电热杯水烧干后自燃并引燃临近的易燃品。

评析：学生公寓安全无小事，也许就在我们不经意的那一刻，已经种下了安全隐患的祸根，“隐患险于明火，防范胜于救灾，责任重于泰山”。上述发生在大学校园的火灾案例，旨在提醒同学们一定要遵守学校安全规定，增强消防安全意识，警钟长鸣。

5. 爱国守法，国家安全

维护国家安全是大学生的责任。大学生是国家的未来和希望，也是境外敌对势力拉拢利用的目标。大学生维护国家安全既是应尽义务与职责，同时也能保护个人利益免受损害。大学生应该树立国家安全意识，应该充分地认识到国家利益为最高、最根本的利益，每个公民都负有维护国家安全的责任和义务。大学生是社会主义事业的建设者和接班人，是国家的未来和希望，大学生必须面对和思考国家安全，提高国家安全意识，树立正确、系统的国家安全观，成为国家安全和利益的自觉维护者。

案例：国家利益高于一切

北京某重点大学国际政治系四年级学生李某在毕业前夕，希望能够找到一份理想的工作，或者能够出国继续深造，被在校任教的美籍英语教师、美国中央情报局间谍约翰·德雷克斯策反。约翰以帮助李某毕业后找工作，担保出国等手段为诱饵，将其拉下水，发展为情报人员。李某不惜出卖国家，为其收集我国的各类情报，危害国家安全，锒铛入狱。

评析：毕业后找到一份理想的工作或者能够继续出国深造是每一个大学生的梦想，而面对国内日益严峻的就业形势，大学生们难免会想尽一切可能的办法来达到目的。国外间谍组织也正是利用了大学生的这种需求心理，许以各种诱惑，用各种手段进行腐蚀、拉拢，把一些意志薄弱、国家安全观念薄弱、经不起诱惑的学生拉下水，成为谍报组织服务的工具、牺牲品。

6. 遵规守纪，学习安全

在大学生求知成长过程中，学习安全不容忽视。虽然各高校都制定了相应的学习管理制度和操作规程，但各种违规操作、疏忽等因素导致大学生人身和财产损害的事故屡见不鲜。学习安全问题包括实验室安全、实习安全、社会实践安全与体育运动安全。大学生在学习与生活过程中注意安全，提高安全意识，时刻警惕安全事故发生。

案例：态度决定一切

2016 年 4 月，某高校女生陈某在校内金工实验室实习时，没按规定戴工作帽，实习过程中因戴耳机听歌，头发不慎被车床转轴卷入，陈某慌忙自救，却将衬衫袖也带入转轴中，情况危急，所幸当时车床转速不高，指导老师及时将电源切断，才没有酿成悲剧。

评析：实验、实习对着装都有严格要求。本案例中造成事故的直接原因就是该同学没有按照金工实验的实习规定佩戴工作帽，也没将头发盘起，衣袖上的纽扣也没扣上，上课听歌，做与实验无关的事，无视课堂纪律；陈某因缺乏实验安全常识，没将指导老师的要求和叮嘱放在心上，没有意识到事情的严重性，所以才酿成此次事故。所幸抢救及时、正确，否则后果不堪设想。当然，现场指导老师和身边的同学都有义务提醒和督促她遵守有关规定。

7. 饮食卫生，食品安全

民以食为天，食以安为先。在日常生活中，每个人每天都离不开食物。“身体是革命的本钱”，健康的饮食对大学生的成长和学习意义非同小可。大学生应该了解饮食卫生方面的知识，掌握食品安全的基本常识及食物中毒发生后的处置方式和方法。现在越来越多的大学生不愿天天到学校食堂吃饭，而钟情于外卖和校园周边的小吃店，食品卫生没有保障，造成食物中毒等安全隐患。

案例：街头烧烤存隐患

一个夏日周末，某高校学生王某与同宿舍三名好友相邀去校外“打牙祭”，在一露天烧烤摊吃了一顿丰盛的晚餐后回宿舍就寝。午夜 11 点，王某突然感到肚子不舒服，并伴有轻度恶心，不久开始冒冷汗，疼得翻来覆去。其他 3 人也陆续出现腹泻、腹痛、恶心、呕吐等食物中毒症状。其中一名还出现血压下降、脉搏缓慢、休克等现象，所幸抢救及时，未造成严重后果。

点评：街头烧烤，在一些人看来是美味的休闲食品，但是它的危害却很少有人意识到，即使意识到也会抱有侥幸心理。缺乏饮食卫生常识和基本食品健康知识是造成大学生食物中毒的主要原因。上述案例告诫我们，不能贪图便宜，食用没有卫生保障的街头食品和外卖。同学们应珍爱自己身体，注意饮食，保持健康的身体状态。

8. 公共事件，反恐安全

大学生在校学习、生活或参加社会活动期间，遭遇爆炸、绑架、投毒、恐吓威胁等恐怖活动的案例也有发生，反恐已成为不可回避的现实问题。突发的公共事件主要有自然灾害、灾难事故、公共卫生事件和社会安全事件。

案例：2003年2月25日中午，福建籍青年黄某为了达到实施爆炸活动制造个人影响的目的，先后来到清华大学荷园教工餐厅、北京大学农园餐厅放置定时爆炸装置。造成两食堂建筑炸毁，9人不同程度的身体伤害。2014年3月1日晚，数名暴徒持刀在云南昆明火车站广场、售票厅等处砍杀无辜群众，造成多名无辜群众死伤。经查，这是一起由新疆分裂势力一手策划组织的严重暴力恐怖事件。

评析：从2003年校园爆炸案到“3·1”云南昆明火车站砍人事件，频繁发生的暴力恐怖事件严重威胁人民群众的生命财产安全和社会稳定，给大学生的安全带来威胁。大学生在校园学习生活、参加社交活动，或者身处人员密集场所时，对某些异常情况要有足够的警惕，同时必须具有一定的应急知识和自我防护能力。

9. 预防犯罪，法制安全

极少数大学生参加违法犯罪活动，受到了司法机关处理，部分学生因此丧失学籍，教训深刻。违法犯罪，法制安全问题主要包括非法传销、诈骗财物、黄赌毒等违法犯罪行为。非法传销手段有：以双赢制、框架营销等形式进行传销；假借专卖、代理、特许加盟经营、直销、连锁、网络销售等名义进行变相传销；采取会员卡、储值卡、彩票、职业培训等手段进行传销和变相传销，骗取入会费、加盟费、许可费、培训费等其他传销和变相传销的行为。高校诈骗作案的主要手段有：收集资料，行骗家长，求助为名，骗取信任，套取密码，偷梁换柱，虚假身份，借钱行骗；冒充学生，推销诈骗；部分学生涉嫌黄赌毒等犯罪行为。

案例：传销骗钱害人

2006年2月16日，清远市公安局刑警支队接报：舒某，四川省成都市某理工大学在校学生，1月26日被在清城区活动的传销团伙实施抢劫、勒索、伤害。经查，舒某被大学同学邀到清远来找工作，一到清远便被拿走手机等物品，并被控制人身自由。传销分子对其进行威胁、恐吓甚至常用铁丝抽打他，舒某只好多次给亲戚打电话要钱。2月15日，得到汇了钱就放人的“许诺”后，舒某的姐夫汇了3000元。但舒某并没有被放走，反而被逼迫每天至少打5个电话，骗人过来。

评析：不少大学生社会阅历少，容易轻信他人，而且渴望证明自身价值或是幻想一夜暴富，是上当受骗的根本原因。有的大学生误入传销陷阱，不及时醒悟，越陷越深，结果把罪恶黑手伸向自己的亲人或朋友，害人害己，以致滑向犯罪的深渊。这表明大学生安全意识淡薄，缺乏法律意识和自救能力，更不懂得利用法律武器进行自我保护。

10. 其他安全

大学生在学习生活中可能遇到的安全问题除上述内容外，还有传染性疾病预防安全、旅游出行安全、求职就业安全、网络安全、心理安全等容易造成大学生人身财产遭受损害的问题，由于在其他章节有详细解读，不在此进行分析介绍。

三、正确认识安全问题

通过对上述安全问题案例的分析，我们注意到，这些安全问题的发生固然与复杂的外部环境有关，但大学生自身原因是根本原因，决定安全问题的发展变化。大学生内部原因主要表现为：大学生与其他社会群体相比，普遍年龄比较轻，社会阅历比较浅，自我保护意识与社会协调能力弱；应对各种安全问题的经验不足，承受问题的能力有所欠缺；大学生的安全意识和安全技能普遍有待提高；法律知识有待深化，法制观念需进一步强化。

安全是不会自然产生的，也不是人与生俱来的本能反应的结果。安全是人内在的主观能动性和积极行为所追求的结果。所谓的安全防范就是主体基于自身安全需要，积极采取防范措施，确保自身安全的行为过程。安全防范是以防范为手段、以安全为目标而主动实施的一系列行为措施。要避免可能受到的伤害，必须提高安全防范意识，认识到一些行为的潜在危险和危险性，提前采取防范措施；学习安全防范知识和技能，学会在灾害事故发生时能够采取正确的行为保护自己的安全，能制止灾害事故的发生，减轻灾害事故的危害。我们不仅要认识到学习安全防范知识和技能对于保障个体健康成长的重要性，还要明白只要认真学习并参加技能训练是可以掌握安全防范知识和技能的。我们通过提高安全防范意识，有针对性地学习安全防范知识，积极参加安全技能训练，就能掌握基本的自我保护、自我救治技能。

第三节 校园安全应对办法

我国古代教育家和思想家荀子提出：“先其未然谓之防，发而止之谓之救，行而责之谓之戒。防为上，救次之，戒为下。”其意思是说，在事情没有发生之前未雨绸缪是为预防，事情或其征兆刚出现就及时采取措施加以制止，防止事态扩大是为补救，事情发生后再行责罚教育称为惩戒，预防为上策、补救次之、惩戒为下策。这段话非常恰当点出了如何应对安全问题，即安全工作的重心应放在预防事故发生上。

一、掌握安全知识，树立安全意识

1. 大学生应掌握的安全知识

知识就是力量。安全知识是维护安全的重要力量。缺乏安全知识，在面临影响安全的因素面前，就会缺少办法和措施，就不容易规避危险，容易遭受损失。相反，掌握和具备一定的安全知识，在学习、生活和社会实践中，就能够未雨绸缪，预先采取防范措施，防患于未然。在面临突发的影响安全的事件时，就能依据和运用法律和安全知识，千方百计避免遭受损失。当身处灾害和事故中时，也能够想方设法争取逃生、自救互救，最大限度地减轻损失。

大学生需要学习的安全知识内容多、范围广，主要掌握以下几方面的安全知识：

（1）维护国家安全、维护校园稳定的法律知识。大学生需要学习国家的法律法规和校规校纪；掌握关于国家安全、保密工作和大学生应遵守的政治纪律，坚决反对西方敌对势力、民族分裂势力、非法宗教势力破坏我国政治稳定的政治目的和活动方式；了解国家的宗教政策，崇尚科学，态度鲜明地坚决反对邪教；掌握校规校纪具体内容及违反校纪校规的处理程序等。

（2）防范恐怖活动、应对突发事件的知识。包括恐怖活动的现状、恐怖活动的主要形式以及应对各种恐怖活动的方法；公共突发事件的类型及应对方法等方面的知识。

（3）防范火灾、交通事故的知识。包括火灾事故产生的原因和条件，火灾的预防，常用的灭火方法，学会正确使用常用的灭火器和火灾中的逃生方法；与大学生有关的交通事故的主要类型和教训，应遵守的交通法规，发生交通事故的处置等方面知识。

（4）维护人身财产安全方面的知识。人身安全包括引导学生牢固树立正确世界观、人生观和价值观，培养大学生尊重生命、爱惜生命的态度；普及生活中的安全知识：用电、用火、用气安全，防止溺水、防止踩踏、防抢夺、防抢劫、防诈、防盗、防事故伤害以及发生人身财产被伤害或侵害后如何处置等方面的知识。认识“黄、赌、毒”对社会和人身安全的危害，了解如何远离“黄、赌、毒”。

（5）保障教学安全方面的知识。包括实验、实习、社会实践和体育运动等方面的安全知识。

（6）预防违法犯罪方面的知识。包括大学生违法犯罪的主要形式、原因以及大学生违反学校纪律的主要表现和原因等方面的知识，认识和遵守异性交往的道德规范，了解如何避免受到性侵害、防止性骚扰。

（7）日常生活中的安全常识。包括预防传染病、食物中毒和旅游、登山安全，发生案件、事故和疾病的报警求助、自救互救以及人身保险等方面的知识。在做好安全防护前提下，学会健身和防身的方法，养成健康的生活方式和生活习惯。

（8）应急与救护知识。应急知识包括学习《中华人民共和国突发事件应对法》，了解国家和地方突发公共事件应急预案体系，公共事件的分类分组；了解突发公共事件应急组织体系和突发公共事件应急运行机制；了解各类常见灾害、灾难和公共突发事件的应对和避险知识；

开展逃生和急救等演练，学习常见的人身损伤紧急救护知识和技能。

二、加强法制学习，树立法纪观念

大学生的法律行为是在一定法制观念支配下进行的，法律知识的学习固然重要，但是领会法治精神，培养现代法治理念，则是提高大学生法律素质的关键。大学生法制教育的重点应该是法纪观念的正确引导，尤其应重视培养他们遵纪守法的习惯养成。

1. 大学生违规、违纪原因分析

大学生违纪违规的现象屡屡发生，其原因也是多方面的，有社会客观方面的影响，但主要的原因在于大学生自身。下面从大学生自身因素方面进行分析：

（1）法纪观念薄弱

随着社会的发展进步，我国各项法律不断健全，各种规范不断完善，全民的法律意识不断增强，依法治校的法规也得到完善。在这种情况下，大学生更应该培养较强的法律和纪律意识，树立牢固的法治观念，成为全社会遵纪守法的楷模。但是，少数大学生不注意自身综合素质的培养，放松或漠视法律、法规的学习，表现为法律知识缺乏，法律意识淡薄，法律观念薄弱，纪律观念不强，因此，一些学生出现不同程度的违法、违规、违纪行为。

（2）道德规范欠缺

在少数大学生中出现不同程度的道德偏失、行为失准是与时代要求相悖逆的。在学生违纪行为中，50% 以上是考试作弊，这凸现了大学生存在着“诚信危机”。诚信是中华民族的传统美德，公民的基本道德品格，是参与国际竞争与合作及社会录用人才的道德“通行证”。大学生的诚信道德现状，不仅关系到大学生的自身发展，而且关系到中华民族传统美德的传承，更关系到中国未来社会的发展。

（3）责任意识淡漠

大学生应具备强烈的责任感和崇高的使命感，将来走上工作岗位才能更好地担负起时代所赋予的历史重任。责任意识的培养应从小做起，从点滴做起。大学生在校期间应有意识地培养和锻炼自己的责任意识，只有走出自我的小圈圈，才能成就未来国家的大事业。学生违规、违纪的行为，从另一角度也透视出少数学生对社会、学校、家庭和他人缺乏应有的责任意识。

（4）世界观、人生观不成熟，理性思维和自我控制能力较差

大学生从中学进入大学，对大学的学习、生活特点不能很快适应。在中学阶段受到家长、老师的严格管教和约束，而大学是一种宽松式、引导式的教育管理，老师不可能深入到每个环节，所以学生有一些“放任”。导致部分同学世界观、人生观不成熟，遇到一些事情往往缺乏理性，不能控制自己的情绪，容易发生违纪行为。这些学生在事后经过冷静、理性的思考，经常表现出后悔莫及的特征。部分学生由于世界观、人生观迷茫导致学习目的不明确，学习动力不足，失去奋斗目标，很容易受网络迷惑，学习、生活比较散漫，缺乏上进心和竞争意识，所

以考试作弊、旷课等违纪事件屡禁不止。

2. 遵规守纪，树立正确的法纪观

所谓法纪观是指人们对国家法律制度和组织纪律的看法和态度。法纪观包括法制观和纪律观。前者作为国家法律制度的反映，主要包括对法的本质、作用的看法，对现行法制的评价和解释，对公民权利和义务的认识，对法律制度的了解和掌握以及对行为是否合法的识别等。后者作为组织纪律的反映，主要包括对纪律作用的看法，对纪律规范的了解和掌握以及行为是否符合纪律规范的识别等。从内容结构上看，完整的法纪观应包括法纪知识、法纪意识和践行法纪的能力，这三者都是靠后天的教育、锻炼和培养而得来。

三、防微杜渐，提高自我安全保护能力

古语有云："君子不立于危墙之下。"这句话讲的是做人的道理—君子要远离危险的地方。它包括两方面，一是防患于未然，预先觉察潜在的危险，并采取防范措施；二是防微杜渐，一旦发现自己处于危险境地，要及时离开。现实生活中，这一防患未然、防微杜渐的观念是十分必要的。自我安全保护能力，是指自己通过学习和掌握一定的法律、安全知识和防范技能，使自己的生命、财产避免危险，消除威胁，防止事故。或者说一旦自己的生命和财产遇到危险、受到威胁、发生事故时，能使自己的生命、财产得到恰当的保护，使损失减少到最低程度的本领。

第四节　校园安全防范常识

求木之长者，必固其根本；欲流之远者，必浚其泉源。大学生在学好专业知识的同时，应主动接受必要的安全教育，积极参与学校安全管理，正确认识所面对的安全环境及安全问题，努力学习和掌握基本的安全知识和安全防范常识，增强防范意识，提高防范能力，以保证身心健康地完成学业。

所谓"安全教育"，就是教育者对受教育者进行的对突发事件应急应变能力、安全知识及安全意识、安全防范防卫能力、法制观念、健康心理调适和抵御违法犯罪等能力的教育。校园安全防范常识是大学生安全教育的重点内容，通过校园安全防范常识学习，帮助大学生提高安全防范认识、掌握安全防范知识，加强自我保护目的。

一、开展安全教育的必要性

大学生社会阅历较浅，独立生活能力较差，缺少对社会复杂性的认知，缺乏必要的安全知识，在复杂的违法犯罪和不断增多的安全事故面前，缺乏应对能力，以致屡屡发生被盗、被抢、被骗、被侵害和被伤害的案件和事故，影响和损害了大学生个人财产安全、身体健康和生命安全。因此，通过高校系统地、有针对性地开展安全教育，不仅使大学生掌握必要安全知识，增强安全意识和法制观念，提高安全防范能力，而且能够使大学生健康成长环境不断改善，危害大学生身心健康的安全隐患不断减少，影响高校稳定的各种不良事件的发生概率不断降低，建设和谐校园的任务必将指日可待。

二、开展安全教育的原因

从高校安全事故统计数据的分析来看，高校学生自觉安全意识普遍不强，大多数当事学生对事故的发生没有任何心理准备和自我保护意识，面对伤害不知所措。以针对消防安全的调查为例，52%的大学生曾在寝室违章使用电器，71%的大学生不知道如何使用灭火器，43%的大学生对安全防范怀有侥幸心理。

从近年来高校中发生的惨痛案例来看，校园安全问题原因主要在于学生安全知识缺乏、安全防范意识薄弱、缺乏对社会消极因素的抵御能力和安全自救能力等方面。少数学生对是非、美丑、善恶辨别能力不强，道德法纪观念薄弱；部分学生对安全基本知识和基本规范了解甚少，生存自救能力差，特别对灾难事故没有任何心理准备和自我保护意识，应变能力差、不知所措。因而，近年来涉及大学生人身和财产安全方面的案件有上升趋势，给高校的安全稳定工作带来了很多负面影响。加强大学生安全教育，掌握校园安全防范常识势在必行。

三、校园安全防范常识

据统计，造成大学生意外伤害的事故中，80%是可以预防的；在非法侵害案件中，大学生缺乏安全防范意识是遭受非法侵害的一个重要原因；大多数学生往往在事故发生之前，毫无“危机”意识，而是抱有侥幸心理，在遇到紧急情况或突发事故时，又普遍不知所措。根本原因在于安全防范知识、自救能力的缺乏和安全意识薄弱。现针对高校校园大学生可能遇到的几种常见的安全现象、大学生安全防范常识作简要介绍，目的在于帮助学生提高安全防范认识、贴近实际掌握安全防范知识，练就自我保护本领，积极参与学校安全管理，共同维护和营造学校安全环境。

（一）防火

火灾是在时间和空间上失去控制地燃烧所造成的灾害，具有极大破坏作用。大学校园人员密集、建筑物多、易燃物多，加之学生的防火意识淡薄，火灾也就成为威胁大学生安全的重要因素之一，给大学生生命财产造成严重损害，教训深刻。

1. 校园火灾发生的主要原因

不注意用电安全，在教室、宿舍乱拉私接电线，使用电水壶、电饭锅等大功率电器使电线过载变热起火；在教室、宿舍擅自使用煤炉、液化炉、酒精炉、蜡烛等明火引发火灾；在教室、宿舍及公共场所吸烟，乱丢烟头、火种引发火灾；在宿舍存放易燃易爆物品或在楼道堆放杂物引发火灾。

2. 校园防火常识

要防止火灾发生，关键是要做好火灾的预防。大学生在教室、实验室、研究室学习和工作时，要严格遵照学校各项安全管理规定、操作规程和有关制度；涉及使用易燃易爆危险品时，一定要注意防火安全规定，按照规定一丝不苟地进行操作；在校园，应自觉遵守学校消防规定，严格做到不要私自在教室、宿舍乱拉电线，不使用电炉子、电吹风、电热杯、电热毯等大功率电器和劣质电器；不要躺在床上吸烟，不要乱扔烟头；台灯不要靠近枕头和被褥；不焚烧杂物；使用过的废纸及时清扫，以免引起火灾；点蚊香应采取有效的防火措施；严禁存放易燃易爆物品；室内照明灯、电源等要做到人走灯灭，人走断电；嗅到电线胶皮煳味，要及时报告，采取措施；要爱护消防设施和灭火器材，不能随意移动或挪作他用。

3. 遇到火险如何逃生与自救

在实施自救行动之前，一定要强迫自己保持头脑冷静，不要惊慌失措，盲目乱跑，要根据周围和各种自然条件选择自救方式。具体如下：

（1）平时就要了解掌握火灾逃生的基本方法，善于观察熟悉所处环境逃生路线；

（2）平时要熟悉校内一些主要场所（如宿舍、教学楼、图书馆、俱乐部、实验室、食堂、高层楼等）的逃生、自救、互救路线；

（3）当火势初起时，要保持冷静，立即用灭火器、自来水、湿毛巾灭火并报警，当火势已大，要迅速疏散逃生，不要贪恋财物；

（4）当受到火势威胁时，要当机立断披上浸湿的衣物或裹上湿毛毯、湿被褥勇敢地冲出去，但千万不要披塑料雨衣；

（5）在浓烟中避难逃生，应做好简易防护。同时要尽量放低身体，使身体贴近地面，并用湿毛巾捂住口鼻；

（6）身上着火，千万不要奔跑，可就地打滚或用厚重衣物压灭火苗；

（7）遇火灾不可乘坐电梯，要向安全出口方向逃生；

（8）室外着火，门已发烫时，千万不要开门，以防大火窜入室内。要用浸湿的被褥、衣物等堵塞门窗，并泼水降温；

（9）当被大火围困又没有其他办法可自救时，发出信号，寻求救援。可用手电筒、醒目物品不停地发出呼救信号，以便消防队及时发现，组织营救；

（10）不要盲目跳楼，可利用疏散楼梯、阳台、排水管等逃生，或把床单、被套撕成条状连成绳索，紧拴在窗框、铁栏杆等固定物上，顺绳滑下，或下到未着火的楼层脱离险境。

（二）防盗

盗窃，是指一种以非法占有为目的，秘密窃取国家集体或他人财物的行为。近年来，以大学生为侵财目标犯罪案件不断上升，在高校发生的各类案件中，盗窃案高达 90% 以上。

1. 校园盗窃的方式及手段

纵观以往发生在校园的盗窃案件，可以看出盗窃分子在作案前或作案过程中往往有种种活动，供我们识别。

（1）借口找人，投石问路。外来人员流窜盗窃，首先要摸清情况。包括时间、地点、治安防范措施等。往往以借口找人为由打探虚实，一旦有机会就立即下手。

（2）乱闯乱窜，乘虚而入。有些犯罪分子急于得到财物，根本不“踩点”，而是以找人、借东西为由，不宜下手就道歉告退，如有机会立即行窃。

（3）见财起意，顺手牵羊。有些偶然的机会，使盗窃分子有机可乘。看见别人的摩托车、自行车没锁，顺手盗走。趁宿舍内无人，将他人放在床上的钱物窃为己有。

（4）伪装老实，隐蔽作案。个别人从表面看为人老实，工作、学习积极，实为用此作掩护，作案后不会被人怀疑。

（5）调虎离山，趁机盗窃。有些人故意提供虚假“信息”诱你离开宿舍，然后趁室内无人行窃。

（6）浑水摸鱼，就地取“财”。宿舍内发生意外情况或学校组织大型活动时，乘人不备，进行盗窃。

（7）里应外合，勾结作案。学校学生勾结外来人员，利用学生情况熟的特点，合伙作案。

（8）撬门拧锁，胆大妄为。不法分子趁学生上课、假期宿舍无人等时机，大胆撬门拧锁，入室盗窃。

2. 被盗原因

（1）混编宿舍，人员较乱、互不了解。因上课、外出时间不统一，容易被盗窃分子钻空子。

（2）马虎大意，缺乏警惕。宿舍每人一把钥匙，外出时互相依赖忘了锁门，夏季休息不关门窗，给盗窃分子可乘之机。

（3）随意留宿外人。有的同学在社交中认识一些校外人员，带回学校，随意留住。由于了解不深、情况不明使窃贼乘机作案。

（4）宿舍钥匙随意借给他人，钥匙管理混乱，容易发生财物的丢失。

（5）新生入学，毕业生离校及节假日时，人员较乱且流动较大，容易发生被盗，并且此时学生手中现金较多，损失相对较大。

（6）有些同学在上课或到教室自习时，携带手机、平板、笔记本电脑等贵重物品及现金，课间休息，下课后，自习睡觉时将上述钱物随意放在教室书包内。因人员较乱或教室无人，发生丢失。

3. 如何防盗

对于大学生来说，最重要的是做好以下几点：

（1）妥善保管好贵重物品。贵重物品要放置带锁的抽屉、橱柜等安全保险的地方，或随身携带，室内无人时要锁门、关窗。

（2）平时要养成随手锁门关窗的习惯，晚上睡觉不要将贵重物品和衣物放于窗前、窗台。

（3）现金存入学校银行，银行卡加密。密码、银行卡、身份证等要分开存放，不要将密码告知他人，丢失后要立即挂失。

（4）严格落实《学生公寓管理规定》，不随意留宿他人，对外来人员要提高警惕、加强防范。

（5）保管好钥匙，不轻易借人。

（6）在公共场所，保管好随身携带的挎包、衣物。

（7）发现可疑人员时要提高警惕，加以询问，必要时拨“110”电话报警。一旦发生盗窃案件，同学们应立即报告学校保卫部门，注意保护现场，并积极配合学校保卫部门做好案件调查工作。

（8）同学之间搞好团结，互相关心、互相帮助、相互提醒。发现异常情况，及时向有关部门报告。

（9）不要随意将手机、平板、笔记本电脑等贵重物品及现金放在教室，课间休息随身携带，以防被盗。

（10）下课后将书包背回宿舍，不要图方便放于教室内，以防物品丢失。

（三）防骗

诈骗，是指以非法占有为目的，用虚构事实或隐瞒真相的方法骗取款额较大的公私财物的行为。提防和惩治诈骗分子，除需要依靠社会的力量和法治以外，更主要的还是大学生自身的谨慎防范和努力，认清诈骗分子的惯用伎俩，以防止上当受骗。高校诈骗作案的主要手段有：

1. 诈骗者常用骗术

（1）假冒身份，推销诈骗。诈骗分子利用虚假身份、证件等与学生交往，推销产品，骗取财物后迅速离开。

（2）投其所好，引诱上钩。诈骗分子利用新生入学，学生人地生疏、毕业生择业心切等心理，以帮学生找熟人、拉关系为学生办事为由行骗。

（3）招聘为名，设置圈套。诈骗分子利用大学生家住农村、贫困地区、家庭困难等条件。抓住学生勤工俭学减轻家庭负担的心理，以招聘推销员、服务员等为诱饵，虚设中介机构收取费用，骗人财物。

（4）以次充好，恶意行骗。诈骗分子利用学生社会经验少，购买商品苛求物美价廉的特点。到宿舍或私定的场所销售伪劣商品，骗取钱财。

（5）虚假家教，实为掠“色”。诈骗分子利用假期学生担任家教之机，以虚请家教为名，专找女学生骗取女生的信任，骗财又骗“色”。

（6）精心策划，网上行骗。诈骗分子利用学生上网时机，在网上用假名交谈一些不健康的内容。之后打印成文找你恐吓：拿钱了事，不然就交 ×× 地处理进行威胁，诈骗财物。

（7）收集资料，行骗家长：利用学生防范心理差，通过攀谈，获取信任，套取学生资料，谎称学生老师或同学行骗家长。

2. 受骗原因

俗话说："贪小便宜吃大亏"。在发生的诈骗案中，受害者都是因为谋取个人利益，贪占便宜，轻信他人，而上当受骗。犯罪分子就是抓住了这些人的心理特点，进行诈骗的。

（1）爱慕虚荣的心理。一些学生有攀高枝的心理，在对方向自己讲述虚构身份和令人羡慕的话语后，就"顶礼膜拜、相见恨晚"，这样很容易成为诈骗的对象。

（2）贪图小利的心理。有些人见钱眼开、唯利是图，被蝇头小利吸引，眼睛只盯在"钱眼"上，警惕全无。

（3）封建迷信的心理。轻信"神""鬼""命运"等歪理邪说。不相信客观实际，价值观迷茫，是非不分，轻易相信对方。

（4）崇洋媚外的心理。贪图享受，追求奢靡生活，上当受骗。

（5）明知故犯的心理。明知道有些事情是不可行的，但防范意识不强，心存侥幸，盲目听信。

3. 如何防骗

古人云："君子爱财，取之有道。"尽管各种骗术层出不穷，花招屡屡翻新，但只要我们能够谨记"莫贪小便宜"，就能最有效地防备各种骗术。大学生是祖国的未来，要树立正确的物质观和金钱观，不要企图通过捷径发财。同时，大学生要做好对校园诈骗的预防就必须提高防范意识，不要轻信陌生人，学会自我保护；交友要谨慎，避免以感情代替理智；同学之间要相互沟通，相互帮助；服从校园管理，自觉遵守校纪校规。

4. 防抢劫抢夺

抢劫是指以非法占有为目的，以暴力胁迫或者其他方法施行将公私财物据为己有的一种犯罪行为。抢夺则是指以非法占有为目的、乘人不备公然夺取他人财物的一种犯罪行为。近年来，针对大学生抢劫抢夺案件时有发生，使大学生的生命与财产受到威胁，校园防抢刻不容缓。因此，了解和掌握一些必要的防抢技巧，对保护大学生的人身财产安全具有现实意义。

大学生要注意做好抢劫抢夺防范：

（1）不要单独到昏暗偏僻的地方行走，应结伴而行。

（2）外出时不要轻易与陌生人交谈，不要随便食用陌生人提供的饮料、食品等。

（3）独自一人外出时，提高警惕，妥善保管自己的随身物品。

（4）不要外露或向人炫耀随身携带的贵重物品。

（5）夜间尽量不要单独出行，即使出行尽量选择有人有灯光的地方行走。

（6）沉着冷静不恐慌。利用有利地形和身边的砖头、木棒等与犯罪分子对峙或攻击，使犯罪分子无法近身。理直气壮地对犯罪分子进行说服教育，晓以利害，造成其心理恐慌，迫其自动放弃。

（7）巧妙周旋不畏惧。与犯罪分子说笑斗口，巧妙麻痹作案人，看准时机进行反抗或逃脱其控制。

（8）快速撤离不犹豫。采取默认方式交出财物，使作案人放松警惕，看准时机向有人、有光的地方奔跑，不法分子由于心虚，一般不会穷追不舍。

（9）大声呼救不胆怯。只要有可能就大声呼救，或故意高声与作案人说话，引起周围人注意。

（10）留下印记不放过。注意观察，准确记住作案人身高、体态、发型、衣着等特征，并尽可能留下记号，记住逃跑方向后及时报警，提供破案线索。

5. 防打架斗殴等校园暴力

打架斗殴是一种不良行为或有害行为，是行为人双方在失去理智和自我约束情况下的一种外部激烈的冲突。打架斗殴等校园暴力发生的主要原因在于学生思想道德素质不高，法律意识淡薄，看问题片面肤浅、自控能力差，产生纵容心态，以暴制暴心理，容易产生偏激和冲动，导致暴力事件发生。大学生要预防打架斗殴，必须做到：

（1）内强素质，外塑形象。要有法制观念，不做违法违纪的事，不侵害他人利益，不酗酒，不影响他人正常学习与休息，远离黄赌毒，内强素质。克服老乡观念和哥们义气，不参与团伙，不参与打架斗殴，做文明大学生。

（2）冷静克制，学会容忍。学会正确处理人际关系，同学间提倡相互理解、忍让、冷静和理智。

（3）自我约束，遵章守纪。要积极参加学校的安全教育，认真学习了解安全知识、学校规章制度，提高法纪意识，用法律保护自己，抑制自己的暴力行为。

（4）严于律己，宽以待人。远离寻衅滋事人员，不为小事与他人纠纷，遇到别人的挑衅，不予理睬，不感情用事，可以报告公安保卫部门，避免受到进一步伤害。

（5）加强沟通，减少猜疑。对同学间产生矛盾时，应加强沟通，减少猜疑，化解矛盾。对同学矛盾和纠纷发生斗殴，不能置之不理，应及时劝阻制止，控制事件发展。

6. 防意外事故

意外事故是因剧烈活动、外出实习、外出旅游活动、饮食卫生等不当引起的事故。防意外事故发生，大学生平时要注意做好以下几点：

（1）外出遵守交通规则，须在人行道内行走，没有人行道的靠路边行走，不要几个人并排走，不准在道路上扒车、追车、强行拦车或抛物击车。

（2）穿越马路要走人行横道线、天桥和地下通道，集中注意力，看清来往车辆，不要边走边接打手机或随意招呼出租车。

（3）不坐超载或无证经营的车辆，不催司机开快车。

（4）不携带易燃、易爆等危险物品乘坐公共汽车、出租车和长途汽车。

（5）骑自行车不要载人，超车时注意前后车辆，不要互相追逐或曲折竞驶。

（6）参加体育锻炼和体力劳动以及教学实验时要提高安全意识，严格规范动作，有特殊体质和特定疾病要告知学校和老师，并办好相关手续。

（7）不违反校规，私自外出租房、游泳、登山。

（8）养成科学合理的生活习惯，不酗酒、不吃街边无证摊点食品，防止食物中毒。

（9）搞好个人与环境卫生，同时，加强体育锻炼，增强体质，提高免疫力，预防传染性疾病。

只有拥有防患于未然的意识，大学生们才会真正去留意身边的安全隐患，才会了解安全是可以控制的。涉世未深的大学生如果连基本的安全知识都不懂，不具备自我保护能力，将很难面对成长道路上的困难和考验。因此，大学生应积极参与学校安全管理，主动掌握安全防范常识，树立安全意识，实现“我要安全”向“我会安全”转变。

总之，大学生的安全教育是一项长期性的系统工程，需要社会、学校、家庭的紧密配合和教育行政部门的高度重视，更需要高校部门间的通力合作、齐抓共管，提高对大学生安全事故的预知能力，把大学生安全教育工作做在前面，不断增强大学生安全意识，提高安全防范能力，为国家培养更多具有良好安全意识、法制观念的高素质合格人才。创建平安、和谐校园，让大学生活健康而精彩。

思考题：

1. 安全是什么？大学生面临哪些安全问题？

2. 大学生应该具备哪些安全知识和安全意识？

3. 在学校的安全管理措施中，找找哪些是针对财物安全的，你的管理措施有漏洞吗？

4. 谈谈大学生应该怎样树立正确的法纪观念？

5. 谈谈在校期间，你准备如何做好自我安全防范？

6. 通过本章的学习，说说在学习生活中有哪些安全问题需要注意？

安全图书链接：

1. 常用安全知识：

彭锐，吴强华主编.《远离危险 珍爱生命：大学生安全教育读本》. 北京体育大学出版社.

2.典型安全案例:

陈建存主编,《醍醐集 大学生安全纪律教育读本》.中山大学出版社.

参考文献:

[1] 中共北京市委教育工作委员会编.《大学生安全知识》第二版,机械工业出版社.

[2] 林金水.大学生安全教育.上海交通大学出版社.

[3] 史保国,年亚贤.大学生安全与法制教育.陕西师范大学出版总社有限公司.

[4] 朱亚敏.预防与应对:大学生安全教育读本.东南大学出版社.

[5] 凌雪峰.大学生入学教育.广西人民出版社.

第十一章　大学生心理健康教育

小吴是大学二年级的学生。进入大学以后，家境贫寒的他又因为自己的父母都是农民而感到自卑。其实在中学时期，小吴是学校的尖子生，老师和同学对他都寄予很大希望，贫穷也并没有给他带来什么样的影响，但是毕业后却有了变化。家里为了给小吴支付大学期间的各项费用，欠了很多债，小吴进入大学后，又为了掩饰自己的家境，向别人借了不少钱。他原本以为，大城市里遍地是机遇，自己通过勤工俭学一定可以还清债务，而现实却不是这样。进入大学后的小吴的学习成绩也远不如中学时期，和在城市中长大的同学相比，他渐渐感受到自己的适应能力、交际能力等各方面都不如别人，对自己的未来也看不到希望，每天意志消沉提不起精神。

像小吴这样的大学生还有很多。更多的类似报道无法一一转述，上述的数字已触目惊心，大学生的心理状况令人担忧。我们不禁要问：为什么大学群体中会出现这么多心理问题？为什么正值人生花季的大学生要走上不归路？社会、学校、家庭和个人如何应对大学生的心理问题？

“关注心理，走进心理，拥有健康”是本章节的宗旨，让我们一起努力。

第一节　大学生心理与心理健康

2008 年，中国矿业大学徐海学院机电系 06 级学生常某因对同班三名同学心存不满，产生了报复之心，趁同学上课之机，将溶解后的硝酸铊注入三名同学的杯中，致使三名同学中毒。

2008 年 10 月 28 日 18 时 43 分，中国政法大学政管学院大四学生付某在课堂上用菜刀将法学院教授程某砍死，后自己报警，并自述是为了报复和杀一儆百。

2009 年 1 月，河北大学工商学院 06 级学生朱某，将爆炸物塞进一只流浪猫嘴里，然后引燃，流浪猫头部被炸裂。

曾几何时，大学生是一个多么令人艳羡的群体，可谓象牙塔中的天之骄子，象征着学识与青春的完美结合，意味着未来发展的美好前程。进入二十一世纪，大学生的精英光环日渐黯淡。曾经的“上大学就是端上了铁饭碗”的时代一去不复返，当大学生就业已成为社会关注的焦点问题时，今天的大学生们怎能不油然而生几多感慨？

一、心理健康概述

1. 心理健康的基本含义

“心理健康”指的是人的心理健康状况，代表着人在适应周围环境过程中主观体验以及相应行为模式的水平与状态。

2. 心理健康的两重标准

从林林总总的心理健康标准的界定中，可以概括出两个层次的心理健康标准：

基础性心理健康标准。基础性心理健康标准是通过比较个体在群体平均水平上的相对位置来判断个体是否达到基本的心理健康水平，其基本要求如下：有充分的个体安全感；有恰如其分的愉快感；有与事实相符的满意感；有适度的情绪发泄与控制；相对和谐稳定的个性；有把握事物的基本能力；有积极稳定的环境接触；有符合实际的生活目标。

拓展性心理健康标准。拓展性心理健康标准是在达到基础性标准的前提下，衡量个体潜能发挥和自我提升程度的指标，是心理健康的高一级标准。具体包括：有现实的、客观的自我形象，并能完全接纳；有高度的自主性；对环境有广泛的兴趣，能够客观地知觉现实和接纳现实；有以积极情感为基础的稳定的社会关系；有在社会生活中充分有效展现个性的能力；有高水平的胜任工作和适应生活的能力；有长远的生活目标和相应的具体计划，并能稳步实施。

3. 心理健康的三级指标

心理学工作者一般会从以下三个指标综合考虑：

（1）内心体验。内心体验是心理健康状态的基本要素之一，心理健康状况良好的个体的内心体验往往是积极的、正向的。心理健康状况差的个体的内心体验往往是消极的、负向的，个体难以体验到快乐与满足。

（2）社会适应性。社会适应性是指个体的行为与社会规范或一般行为准则的匹配程度。心理健康状况良好的个体，其社会行为往往符合一般的社会规范，能够和谐地融入周围社会之中。心理健康状况不良的个体，其行为常常与周围的社会规范形成冲突或者不相容，难以形成良好的社会适应。

（3）心理发展的趋向性。健康状况良好的个体从总体上看，其心理发展趋向是积极的、发展性的，最终能够履行其社会功能，胜任社会角色。心理健康状况差的个体的情况则恰恰相反，他们的心理趋向通常是消极的、停滞的，甚至是倒退的，会伴有明显的社会功能削弱。

二、大学生心理发展的阶段、特点及标准

1. 大学生心理发展的阶段

大学生自进入大学后一般要经历三个阶段：新生入学适应阶段，持续稳定发展阶段和就业择业准备阶段。

（1）新生入学适应阶段。这个阶段是迈进大学校门的新生都要经历的第一难关，时间长短因人而异。这一阶段的大学生内心交织着自信与自卑，轻松与压力，只有积极适应，才能顺利度过这一阶段，否则，就会影响到大学时期的学习与生活。

（2）持续稳定发展阶段。这是大学生活最主要，最长久的时期。这时期大学生心理发展

的特点是专业学习兴趣浓厚，求知欲强烈，兴趣广泛，思维活跃，人际交往增多，一些大学生还建立了较稳定的恋爱关系。在这个阶段，大学生也会遇到许多困难和问题，或许会出现某种程度的心理障碍，并在面对、解决这些问题或障碍的过程中不断发展和完善自我。

（3）就业择业准备阶段。这是大学生从学生生活向职业生活的过渡时期。毕业在即的大学生大多面临着求职择业，毕业考试，论文答辩，恋人去向等诸多抉择和思考，因此心理压力和冲突将会不断出现。

2. 大学生心理发展的特点

我国多数大学生处于青年中期。在这个阶段，个体的生理发展已接近完成，基本具备了成年人的体格及种种生理功能，但其心里尚未成熟。这个时期是走向成熟的关键期。

（1）智力水平达到高峰。个体智力的发展一般在18—25岁间达到顶峰，而大学生正处于这个年龄阶段，因此其智力发展逐步达到了最佳状态，具体表现在逻辑思维能力显著提高；观察力明显增强；想象力明显增强；记忆力达到高峰。这一时期大学生思维的独立性、创造性、敏锐性，批判性、广阔性和深刻性进一步发展，能够比较全面地认识和分析不同事物，抓住事物发展的某些规律，具有创新思维，敢于标新立异。

（2）自我意识逐步成熟。进入青春期，大学生的自我意识也进一步发展，其独立感、自尊心、自信心、好胜心等不断增强。他们常常把自己与他们进行比较，在比较过程中认识自己，对自己的积极品质加以强化，对不良品质进行矫正。同时，由于知识、能力和经验等方面的不足，大学生的自我意识还没有达到最终的完善和统一。有相当一部分大学生还不善于正确处理自我完善与社会需要的关系，通常表现为不能正确评价自己，自我估计过高或过低，一旦遭遇挫折容易产生自卑心理。

（3）情感丰富，情绪波动大。进入大学后，大学生的活动领域不断扩大，生活更加丰富多彩。多样性的需要和体验使他们产生了丰富而复杂的情感，在这一阶段，大学生的情绪还没有完全达到稳定状态，情绪波动较大，通常会表现为两极性。例如，短时间内从兴奋转为消沉，或是有冷漠突然转为狂热，这种不稳定的情绪状态常常使一些大学生陷入理智与情感的矛盾和冲突之中。

3. 大学生心理健康的标准

（1）有正常的智力。世界卫生组织规定，包括青少年和儿童在内的正常人，其智商不得低于80，这是智力正常的最低要求；若在70—90之间则属于智力缺陷，亦为心理缺陷；低于70则属于低能，属于心理疾病范畴。智力偏低的人很难适应正常的社会生活，很难完成正常的学识或工作任务。

（2）能控制自己的情绪，激烈的情绪波动和长时间的消极情绪会导致人的心理失衡，从而产生疾病。而愉悦、乐观、开朗、幽默、欢快则有益于身体健康及发挥心理机能。情绪稳定的大学生能经常保持愉快、乐观、开朗的心境，热爱生活，对生活与未来充满希望，当不愉快的情绪来临时也能控制并调节，并且反应适度。

（3）社会适应能力良好。心理学家皮亚杰指出，智慧的本质就是适应。达尔文在进化论中也指出适者生存。大学生对社会的适应能力主要表现在对人际关系，对环境，对学习的适应能力以及对不同情境的适应能力方面。心理健康者能够在不同情境中保持自己的心理状态平衡，使自己的思想、目标、行为和社会协调一致。

（4）人际关系和谐良好。大学生文化层级较高，生理和心理日趋成熟，具有与其他社会群体不同的特点：心理健康的大学生敢于交往，善于交往，能接纳尊重他人，对他人情感真挚，宽容，理解，信任；懂得奉献，以集体利益为重，不损人利己；在人际冲突中能化解矛盾，对他人有爱心。善于发现和学习他人的优点与长处，能容忍他人的缺点与不足。

（5）心理特征符合年龄特点。人的一生可分为八个心理年龄期：胎儿期、婴儿期、幼儿期、学龄期、青少年期、青年期、中年期和老年期。人在不同心理年龄具有不同的心理特点。大学生正处于朝气蓬勃的青年期，行为应表现为勤奋学习，勇于探索，不断进取，精力充沛，如果出现过于呆板，过于偏激都是心理不健康的表现。

三、大学生心理健康教育的原则、目标和意义

《中共中央国务院关于深化教育改革全面推进素质教育的决定》指出："加强学生的心理健康教育，培养学生坚韧不拔的意志、艰苦奋斗的精神，增强青少年适应社会生活的能力。"有效开展心理健康教育既是大学生健康成长的需要，也是现代高等教育的必然要求，是当代社会发展对大学生素质要求的需要。

1. 大学生心理健康教育的原则

（1）针对性原则。心理健康教育作为促进大学生身心和谐发展和素质全面提升的教育活动，它源于大学生心理发展的需要，是一项科学性、实践性极强的工作，这就要求心理教育工作者必须以化解大学生心理问题为重点，提高大学生心理素质为目标，激发大学生心理潜能为方向，突出针对性和实效性。既不能把心理健康教育等同于思想道德教育，把大学生心理问题与思想品德问题混为一谈，也不能用思想政治教育或道德教育的方法替代心理健康教育，防止心理健康教育内容和方式的德育化倾向。

（2）发展性原则。心理现象是人脑对客观现实的主观反映，客观现实和社会实践是心理发生和发展的决定性因素，客观现实的发展变化决定着心理现象不是静止不变的，而是处于动态的和发展的，它也是大学生心理变化的主要影响因子。心理健康教育就是运用一定的方法和策略，健全大学生人格，并使其潜能展示的一个动态过程。如果不用发展的眼光和动态的策略对待大学生心理问题，企图用统一的模式或理论去约束不同学生的心理发展，或解决不同学生的心理问题，那不仅徒劳无益，且极易产生负面影响。

（3）守密性原则。教育部《普通高等学校学生心理健康教育工作基本建设标准（试行）》中要求："应加强心理咨询个案记录与档案管理工作，坚持保密原则，按规定严格管理心理咨询记录和有关档案材料。"当前，大学生心理健康教育的常规工作之一就是建立大学生的心理档案，心理档案建设中的资料收集和心理问题检测是其重要内容。为获取有价值的教育信息，准确而客观评判大学生的心理发展水平，就必须恪守守密性原则，以赢得大学生的信任，为心理健康教育提供有效的前提条件。

2. 大学生心理健康教育的目标

（1）帮助大学生正确了解和认识心理健康及其教育。这是大学生心理健康教育最基本的目标，包括让全体大学生懂得什么是心理健康、什么是大学生成长发展中的心理困惑与问题、什么是程度不同的各种心理障碍，懂得乃至维护自己心理健康、心理保健和自我调节的一般方法和技巧。让大学生通过学习，改变过去对心理健康教育的忽视或不正确认识。

（2）全面提高大学生心理素质。这是大学生心理健康教育和素质教育重要的任务。现代社会强调的是人各方面素质的全面发展，心理素质是人全面发展中一个极重要的方面，经验反复证明，一个人发展得好坏，并不完全取决于他的智力，还要看非智力因素的发展，心理健康知识是一门科学，是一种生活的哲学和艺术，大学生掌握它，既可以促进其他素质的提高，又可以使自己的人生更加和谐、充实和富有意义。

（3）开发心理潜能，提高自我意识和社会适应水平。大学生心理健康教育的目的并不仅限于维护心理健康及对现代社会生活和复杂人际关系等周围环境的一般性适应，其最终目标在于开发大学生多方面心理潜能，促进大学生认识机能、情感机能与人格的完善发展进而充分发挥出大学生的创造性，有效地改造周围的环境，并创造性地适应现代社会生活。

3. 大学生心理健康教育的意义

（1）维护和促进大学生身心健康的需要。开展大学生心理健康教育，首先能让同学们掌握维护心理健康的基本知识技能，学会化解心理困扰，预防心理障碍、心理疾病的产生；其次，人的身心健康是相互作用的，现代医学研究证明，心理上的长期焦虑、忧愁、悲伤、恼怒和压抑等负面情绪，是引发高血压病、心脏病、溃疡病、胃病和癌症等多种疾病的主要原因。心理状态的良好与否对生理疾病的发展有重要影响。因此，维护心理健康对促进身体健康也有重要作用。

（2）促进大学生非智力因素发展和全面成才的需要。非智力因素，是指人的情感、意志、兴趣、性格、需要、动机、理想、信念、世界观等。它在人才的成长过程中，有着不可忽视的作用。一个智力水平一般的人，如果他的非智力因素得到很好的发展，具备了积极的心态、健康的情绪、坚强的意志、良好的性格，就可能取得学业发展和事业上的成功，做出较大的贡献。我国著名的数学家张广厚在小学、中学读书时智力水平并不出众，他的成功与良好的非智力因素有关。他曾说："搞数学不需太聪明，中等天分就可以，主要是毅力和钻劲。"在现实中，我们经常看到，有不少智力水平较高的人，由于其非智力因素没有得到很好地培养和发展，表现为消极悲观、情绪不稳定、意志力薄弱、性格存有明显缺陷，而影响了智力的发挥，一生难有成就。

（3）培养高素质人才，建设人力资源强国的需要。2001 年，教育部在《关于加强普通高等学校大学生心理健康教育工作的意见》中明确指出："高等学校培养的学生不仅要有良好的思想道德素质、文化素质、专业素质和身体素质，而且要有良好的心理素质。""大力加强大学生心理健康教育工作是时代发展的需要，是社会全面发展对培养高素质创新人才的必然要求。"《国家中长期教育改革和发展规划纲要（2010—2020 年）》中提出了"牢固确立人才培养在高校工作中的中心地位，着力培养信念执着、品德优良、知识丰富、本领过硬的高素质专门人才和拔尖创新人才"。心理健康素质作为大学生成长成才的基石，已经成为高等教育的重要任务。

《症状自评量表 -SCL90》是世界上最著名的心理健康测量表之一，是当前使用最为广泛的精神障碍和心理疾病门诊检查量表，将协助你从十个方面来了解自己的心理健康程度。本测验适用对象为 16 岁以上的人群。

第二节　大学生心理问题与分析

有一位哲学家将自己的学生带到郊外的一片草地上，要在那里对他们讲最后一课。在草地上，他对学生们说："十年苦读，你们都已是饱学之士，现在学业就要结束了，我们上最后一课吧！"

弟子们围着哲学家坐了下来。哲学家问："现在我们坐在什么地方？"弟子们说："现在我们坐在旷野里。"哲学家又问："旷野里长着什么？"弟子们说："旷野里长满杂草。"

哲学家说："对，旷野里长满杂草，现在我想知道的是如何除掉这些杂草。"弟子们非常惊愕，他们都没有想到，一直在探讨人生奥妙的哲学家，最后一课问的竟是这么简单的一个问题。

一个弟子首先开口说："老师，只要有铲子就够了。"哲学家点点头。

另一个弟子接着说："用火烧也是很好的一种办法。"哲学家微笑了一下，示意下一个。

第三个弟子说："撒上石灰就可以除掉所有的杂草。"

接着讲的是第四个弟子，他说："斩草除根，只要把根挖出来就行了。"等弟子们都讲完了，哲学家站了起来，说："课就上到这里了，你们回去后，按照各自的方法除去一片杂草，没除掉的，一年后再来相聚。"

一年后弟子们来了，他们都很苦恼。因为无论采用何种方法，根除杂草都没有明显效果，有的地方杂草反而更多了，弟子们争着要向智者请教。然而智者已经不在人世，只给弟子们留下一本书。书中有这么一段话：

“你们的办法是不能把杂草除尽的，因为杂草的生命力很强。除掉田野上杂草最好的办法是在上面种上庄稼。有没有想过，你们的心灵也是一片田野。”

一个人若要心灵自由，享受快乐人生，追寻幸福生活，就要忘掉嫉妒、猜疑、仇恨等负面心理因子对心灵的困扰。忘掉痛苦的最好的办法就是在内心重新种下幸福与欢乐的种子，就像在杂草地里种上庄稼。

一、大学生心理健康状况及问题

大学生正处于青春发育期，又是经过中考及高考的多次体检合格而进入高校的，罹患严重疾病的确实不多。但这种现象往往掩盖了部分学生心理健康状况不良的事实。若仔细观察和深入调查，从心理健康角度分析这一群体，实际情况就会不大一样。

北京市 2011 年抽样选取 23 所全日制高校 6000 名在校大学生，就在校大学生心理素质与心理健康进行专项调查。统计结果显示，他们当中约有 16.51% 的人存在中度以上心理卫生问题。其中，女生的比例为 17.34%，高于男生的 16.07%；来自非城市的大学生，存在中度以上心理卫生问题的比例高于来自城市的学生，其中边远农村的学生比例最高为 19%。

调研结果表明，我国大多数大学生的心理卫生状况良好。尽管如此，他们出现的心理疾患的比例仍相当高，有些甚至还比较严重，并且已明显影响大学生的正常的生活和学习。

就大学生心理健康的整体水平看，他们正处在迅速走向成熟而又未真正完全成熟的阶段。一般而言，大学生心理健康具有如下问题：

1. 学习问题

在大学生学习的诸多问题中，学习目的不明确是最突出的问题，也是诱发其他学习心理问题的关键。很多大学生在进入大学之前根本就不明白自己所报考的专业，自己今后的发展方向，以至于进入学校后，他们每天不得不应付那些自己根本就弄不明白的学习与考试。从内心体验上看，他们觉得被控制、紧张、难以应付，下意识中启动回避机制，逃避学习，醉心于游戏、网络。

一封妈妈给即将上大学的儿子的信

亲爱的儿子：

你马上就要走进大学了，妈妈还有很多事情想提醒你。

首先，到了大学要加强自制力。高考的前一天你还在打游戏，说：“都这会儿了，复习还有什么用？”我没怪你，因为我知道你的自制力很差。以前，我们试过设密码或限定上网时间，但只要你一坐在电脑前，手一挨到鼠标，就再也没法叫动你了。每次提醒你该停下了，你总是嘴上说：“马上！”身体却纹丝不动。可是，进大学以后，谁来一遍一遍地提醒你呢？只有你自己了。你到了能享受更多自由的大学阶段，也得有更强的自制力。古人云“君子慎独”，就是说，一个有修养的人，即使没有人看见，也不会做放纵失德的事。比如，在没人的地方也绝不会随地吐痰；没人发现，也绝不占小便宜。妈妈希望，即使没有我们的监管，你也绝不会沉溺于网络！

第二是关于立志。填志愿的时候你不知道该填什么专业，我让你想想将来想干什么。你一脸茫然，说自己胸无大志。后来又说，想出一张唱片，写一本书，还想去英国留学。我觉得你并不是胸无大志，而是还不太清楚自己未来的方向。不过也可以理解，你念了十几年书，一直就是两点一线，哪有机会接触社会，考虑自己的未来呢？不过，现在上大学了，是开始思考和行动的时候了。你爸爸当年在农村插队劳动的时候，整天边劳动边背英语单词，弄得村里人以为他疯癫了。其实他那样刻苦，就是为了考上大学。考上大学以后，他的志向就是成为最优秀的工程师，于是他拼命地啃英语，钻研专业课。毕业以后，恰好化工部有公派留学的机会，你爸爸就抓住了，去了加拿大深造。如果他胸无大志，努力的程度就会大打折扣，即使机会来了，也只能眼睁睁地看着别人把它拿走！

还有一个妈妈比较担心的问题——你从来没有真正地努力过。你一直说自己比较懒，高考完了就“现原形”了。进大学以后，尤其是大一，离就业还远，学习跟高三比似乎轻松很多，那你的大学生活会怎样安排呢？

看到你自己买的杰克琼斯的衣服（你穿这个牌子的衣服很帅的），知道你总去学校旁边的那家理发店理发（生怕别的地方剪不好），妈妈很开心，因为你长大了，知道自己做选择了。其实，生活中其他的事情也一样，需要你做出明智的选择。比如，是优哉游哉地混日子，还是脚踏实地过好每一天？

记住爸爸妈妈殷切的期望：第一，像个成人一样自律；第二，立志，为自己找到奋斗的目标；第三，努力奋斗！

等进了学校，有空的时候，经常把妈妈这封信拿出来，读一读。毕竟，我们不能在你身边照顾你、开导你了。

爱你的妈妈

2014 年 8 月 16 日

学习压力大是许多大学生在学习上的另一种消极体验。现在很多学校都将学生的学习，尤其是外语、计算机的学习与毕业、学位的授予等进行挂钩，有的学生连续参加三四次外语四级考试都不能通过，心理负担异常沉重。学习压力的另一个来源是对就业压力的预期，面对人才市场的巨大压力，很多学生也感到内心的危机感，想要努力学习，却不知道学什么、怎么学，加上学习基础差，专业知识的学习有困难，造成迷茫、焦虑等消极体验。

2. 情绪问题

抑郁。抑郁通常表现为持久的情绪低落，常伴有身体不适、睡眠不足等；心情压抑、沮丧、无精打采，看不到生活的意义，什么活动都懒于参加，什么事也提不起精神来，逃避参与。中国矿业大学连续三年对新生进行心理健康测试的结果表明：列在第一位的心理不适是抑郁。家庭经济状况差、家庭亲和感差，以及某种原因如连续的考试失败、失去亲人、失恋、同学感情失和等都是抑郁的直接诱因。

情绪失控。大学生的社会情感丰富而强烈，具有一定的不稳定性与内隐性。部分个体情绪波动大，高低不定，喜怒无常。表现为难以驾驭自己的情绪反应，难以维持情绪常态，特别是对消极情绪的控制能力相对较弱，常常因为一点小小的胜利而沾沾自喜，也容易为一次考试失败、情感受挫而一蹶不振。例如，某大学十年间的 71 例违纪处分中，打架占到 45%，多数是因为小摩擦引起情绪激化、愤而出手。在这些情况下，个体出现的攻击或其他不适当行为，只是因为难以控制自己的情绪反应，而并非出于自己的理性本意，所以很多个体事后会十分懊恼、后悔，带来沉重的心理负担。

3. 人际关系问题

人际交往、人际关系是学生生活的重要组成部分，也是其成长与社会化必须经历的过程。进入大学，远离了原来熟悉的生活与学习环境，原有的社会关系格局被打破，需要建立全新的人际关系。交往对象及环境的改变，个体交往技能、人际交往经验的缺乏，使得部分学生出现了人际关系适应不良，对大学的师生关系、同学关系、异性之间的关系显得无所适从，造成较大的心理压力。

4. 行为问题

行为问题是指大学生身上存在的不符合社会期望或规范，且妨碍适应正常社会生活的行为，其中有一些甚至严重到心理障碍的程度。大学生中表现得比较突出的行为问题或行为障碍通常有攻击、烟酒过度、赌博、网络成瘾等。

网络成瘾是现代大学生中又一常见问题，据中国互联网络信息中心发布的统计报告，目前在中国的网络用户中学生占 21%，是上网用户比例最大的一个群体，其中高校学生达 90%。

二、影响大学生心理健康的因素分析

大学生作为一个特殊的群体，他们的心理素质和所处的外部环境有着明显的特异性，其心理健康源于个体生理、心理、环境与社会诸因素的相互作用。心理、环境与社会诸因素的相互作用。影响大学生心理健康的因素多种多样，主要可概括为客观因素和主观因素两大类。

发生在身边的案例：张某，因长期缺课、缺考，学分不够而遭退学。张某从小成绩优异，中学时曾担任学生干部，人缘很好，兴趣广泛。能进入大学，本来是高兴的事，可报到后他发现住的地方很破，教室很旧，教学设施也不齐全，而在他的想象中，大学应该什么都是崭新的，加上风景如画的校园，风趣幽默、学识渊博的教授……他很失望，也很迷茫。开始还能和同学一起去教室上课，可是对老师讲的内容根本提不起兴趣，反正也“没人管”，后来就懒得去上课了，出去上网或在寝室睡觉，有时实在无聊就在校园里到处晃悠……

自我评价失当。随着年龄的增长，自我意识、自我控制能力、自我评价能力发生了飞跃，但客观上他们的心理并未发展成熟。思维中的非理性成分仍在起作用，思维过程中容易表面化和片面化，易受情感波动。有些学生到了大学后，发现很多同学多才多艺，自己相形见绌，原来的优越感和受宠地位顿时化为泡影，自尊心受到挫伤，如果不善于辩证思考和正确对待，就会产生消极的自卑心理，妨碍自己正常发展。

低能的心理承受力。现在的大学生是青年一代中的佼佼者。有的在中学成绩名列前茅，学校和教师都予以特别的关心和爱护；有的在家里是父母的掌上明珠，占有特殊的地位。因此，有许多学生感情比较脆弱，娇气十足，爱虚荣，喜赞扬，缺乏在困难和逆境中的锻炼，经不起挫折。遇到考试失败、困难、犯错误受到批评、同学关系紧张等，心理上往往难以承受，随之而来的是灰心丧气、悲观失望、自暴自弃，甚至走上邪路。心理素质差、心理承受能力低，是当代大学生普遍存在的一个问题。

高校收费与学生自主择业。高校施行收费制度，对于经济不宽裕的大学生来说，确实是家庭不小的经济负担。大学生已经具有较强的成人感和责任感，内心很希望自己生活独立、经济独立，以减轻家庭和父母的负担，但眼下不仅不能为家庭、父母做些什么，还要为交纳高额的学杂费及其他开支向父母伸手，内心负疚感极重。另外，大学生在自主择业时，那些自感实力不是很强、自信心不是很足，又没有重要社会关系及门路的学生，就有前途渺茫，忧心忡忡的心理焦虑。

三、解决大学生心理问题的策略

1. 学会自助是关键

有句成语叫“解铃还须系铃人”，说的是南唐时候的故事。金陵清凉寺有一位法灯禅师，性格豪放，平时不太拘守佛门戒规，寺内一般僧人都瞧不起他，唯独住持方丈对他颇为器重。有一次，方丈在讲经说法时询问寺内众僧：“谁能够把系在老虎脖子上的金铃解下来？”大家再三思考，都回答不出来。这时法灯刚巧走过来，他不假思索地答道：“只有那个把金铃系到老虎脖子上面去的人，才能够把金铃解下来。”方丈听后，点头称赞。“解铃还须系铃人”的成语从此世代流传下来，并用它来比喻谁造成的困境还得由谁自己来解决。

大学校园里，多数学生的心理健康问题是发展和适应性问题。但是，这些问题若不及时调节和疏导，也会影响学生的正常生活和学业发展，持续发展下去还可能导致严重的心理障碍和心理疾病。所以，大学生们掌握一定的心理健康常识和心理调适方法，有针对性地进行自我调适十分重要。在对自己期望值过大、目标定得过高而产生焦虑、自卑时，就要客观地评价自己的实力，制定切合实际的目标，这样就能找回自信，逐渐消除焦虑和自卑。如果对任何事情都能用积极的心态去看待，心理问题就会减少许多。因此，主动掌握心理常识和心理调适方法，应该引起每一位大学生的高度重视。

2. 主动排查很必要

近年来，大多高校采用通过对学生定期进行心理健康普测，结合日常的摸底排查的方法，及时发现心理问题高危人群，通过受过专业培训的心理辅导员或专兼职心理咨询老师的约谈识别，对确有心理问题的学生建立重点关注档案，进行跟踪辅导。实践证明，这一做法对维护大学生心理健康，预防心理危机、心理障碍与心理疾病发生有重要价值。所以，同学们要高度重视和认真对待心理普测和心理问题排查工作，积极主动配合这方面的工作。

3. 寻求支持与帮助是手段

当同学们发现和认识到自己有了心理问题，自我调适又不能奏效时，就应该积极寻求外界的帮助。如：父母、亲友的帮助；同伴间的心理互助；学校的心理咨询机构；社会的心理咨询与治疗机构、著名的心理咨询网站、心理服务热线等等。

其中，心理咨询是最常用最有效的途径之一，以下就心理咨询的有关常识作一介绍，让同学们认识心理咨询，走进心理咨询。

小贴士：什么是心理咨询

心理咨询是由受过专业训练的咨询员，通过与来访者建立一种平等、尊重、信任的咨访关系，帮助来访者认识自己的问题，进而找到解决自己问题的办法，消除心理困扰带来的压抑、痛苦、伤心、难过、焦虑、忧郁等负性情绪，使来访者回到心理健康的状态。它是一个“助人自助”的过程。

我国高校十分重视大学生心理咨询工作，近年来各高校都成立了心理健康服务中心，建立了心理咨询室，培养了一大批心理咨询专业化队伍，专门承担大学生心理咨询服务工作。

问题导航：

心理咨询的形式有哪些?

高校开展心理咨询的形式是多种多样的，有个别面询、团体辅导、电话咨询、网络咨询现场咨询、专栏咨询等，多样化的心理咨询形式可以满足大学生不同的需求。其中个别面询、团体辅导在学校应用最多。

什么样的人可以接受心理咨询?

心理咨询主要的对象是：存在心理困扰的正常人群，主要是适应发展成常性问题；对有心理障碍、心理疾病的来访者，则需要到医疗专科进行诊治，恢复期也可辅助心理咨询。大学生面临许多适应与发展中的问题，如环境适应、学业发展、人际交往、情绪管理、恋爱情感、择业就业等问题，心理咨询师可以从心理学角度提供相应的帮助。

第三节 大学生心理与身体健康

美国斯坦福大学心理学家菲利普·辛巴杜（Philip Zimbardo）于1969年进行了一项实验，他找来两辆一模一样的汽车，把其中的一辆停在加州帕洛阿尔托的中产阶级社区，而另一辆停在相对杂乱的纽约布朗克斯区。停在布朗克斯的那辆，他把车牌摘掉，把顶棚打开，结果当天就被偷走了。而放在帕洛阿尔托的那一辆，一个星期也无人理睬。后来，辛巴杜用锤子把那辆车的玻璃敲了个大洞。结果呢，仅仅过了几个小时，它就不见了。以这项实验为基础，政治学家威尔逊和犯罪学家凯琳提出了一个“破窗效应”理论，认为：如果有人打坏了一幢建筑物的窗户玻璃，而这扇窗户又得不到及时的维修，别人就可能受到某些示范性的纵容去打烂更多的窗户。久而久之，这些破窗户就给人造成一种无序的感觉，结果在这种公众麻木不仁的氛围中，犯罪就会滋生繁荣。于是他们就把人的这种心理命名为“破窗效应”。

从“破窗效应”中，我们可以得到这样一个道理：任何一种不良现象的存在，都在传递着一种信息，这种信息会导致不良现象的无限扩展，同时必须高度警觉那些看起来是偶然的、个别的、轻微的“过错”，如果对这种行为不闻不问、熟视无睹、反应迟钝或纠正不力，就会纵容更多的人“去打烂更多的窗户玻璃”，就极有可能演变成“千里之堤，溃于蚁穴”的恶果。这也提醒人们必须及时矫正和补救正在发生的问题。

一、大学生的身心发展特征

1. 大学生的身体发展特征

我国大学生基本处于青年中期，少数处于青年后期。这一时期大学生身体的生长特点是：骨化逐渐完成，身体形态日趋定型，各器官各系统的机能日益完善，人体最后发育的生殖系统已完全成熟。

身体形态日趋定型。青春期开始后，18岁时，男生的身高、体重、肩宽、骨盆宽等在绝对值上都较女生达到更高水平。最后形成男生身体较高、肩部较宽，女生身体丰满、髋部较宽的不同体态。女生骨骼比男生约轻20%，肌肉重量约为男生的60%，所以女生的承重和耐力均比男生差。身高、体重、胸围、坐高是身体形态的主要指标。男女学生到20岁后，同快速生长期相比，身体形态的各项指标就处于缓慢增长状态。

2. 大学生心理发展特征

大学生心理成熟并非完全取决于其生理的发展水平，更多的是受到社会环境特别是学校教育的影响和制约。一般而言，大学生心理发展具有如下特点：

智力水平迅速提高但思维具有片面性。大学生的各项智能因素已经达到相当高的水平。他们的感知觉灵敏，记忆深刻，思维能力强，抽象思维能力逐步占主导地位。但是，由于大学生知识的局限性和社会经验的欠乏，他们的抽象思维水平还没有达到完全成熟的程度，思维品质的发展也不平衡，对于复杂社会问题的认知，容易出现简单、主观、片面、想当然、脱离实际或固执偏激等不良倾向。

情绪情感日渐丰富但不具稳定性。大学生富有朝气，对生活充满激情和活力。随着他们对大学生活的逐步熟悉和适应，加上社会交往的增多以及社会经验的增长，其社会性需要也不断增强，情感也趋丰富多彩，且向深度、广度迅速扩展。但由于他们对社会的复杂性、自己欲望行为的合理性缺乏足够的正确认识。因此，他们情绪的两极化表现也十分明显，即情绪可能在短时内从高度的兴奋转为十分低落，或从冷漠突然转向狂热。

自我意识显著增强但发展欠成熟性。自我意识是个体对自己及自己与周围环境关系的认知。大学生十分关注自我，他们往往借助于他人和社会的评价来认识自己，但又不完全依赖于别人的评价，具有明显的独立性和自主性。由于受生活阅历、个体知识经验和社会实践能力等因素的影响，大学生在自我认知、自我体验等方面容易出现偏差。容易表现出过强的自尊心或较强的自卑感；过度地自我接受或自我拒绝。

交往欲望较强但易显现心理闭锁性。对处于青年期的大学生而言，人际交往是其自我意识成熟的重要途径。然而，许多大学生对人际关系的追求往往带有较浓的理想色彩，往往会用理想的交往方式来对待人际关系，导致交往的高期望值与高挫折感并存。加之交往方式欠妥、交往能力有限、人格缺陷等因素影响，容易导致交往挫败。多次的交往失败，就容易使一些大学生把交往看成是一种负担，渐渐地造成心理上的闭锁，可能会产生孤独感。

二、大学生常见的身心健康障碍

1. 神经衰弱

神经衰弱是大学生中极为常见的心理障碍，是由长期刺激引起大脑神经活动持续过度紧张，导致大脑神经兴奋与抑制活动能力减弱的一种神经症。

神经衰弱的诱发与引起神经活动过度紧张并伴有不良情绪的刺激有关，如亲人死亡、家庭不睦、事业失败、人际关系紧张、生活节律颠倒及长期心理矛盾得不到解决时均可能诱发本症。具有敏感、多疑、胆怯、主观、自制力差的性格特征的个体容易诱发神经衰弱。下面就是一例典型的神经衰弱症状。

某男，22 岁，某大学一年级学生。一年前常因担心能否考取大学而哭泣，伴有失眠、头昏脑涨、上课注意力不集中、记忆减退等症状。入大学后症状有增无减，上课时开始 15 分钟内尚能专心听课，之后便疲劳倦怠、嗜睡、神经萎缩、头脑昏沉，以致听课收效甚微。在宿舍中怕声音与光亮，常因小事控制不住与人发生争执，但事后又懊悔或道歉。入夜，辗转反侧，难以入睡，多噩梦。求治心切，四处求医，各种贵重药宁可自费也要一试。平时好静，喜文学，多思虑，遇事敏感。

2. 强迫症

强迫症是以强迫观念和强迫动作为主要表现的一种神经症。以有意识的自我强迫与有意识的自我反强迫同时存在为特征。强迫症的心理异常表现为强迫观念、强迫意志和强迫行为。病人明知某种行为或观念不合理，却不能自我控制和克服，无法摆脱，因而非常痛苦。患强迫症的大学生在性格上多存在一定的缺陷，常常表现出主观任性、胆小怕事、优柔寡断、过分拘谨、生活刻板、思虑过多等特点。

3. 抑郁症

抑郁症是一种以抑郁情绪为突出症状的一种心理疾病。通常表现为：兴趣丧失：原有的兴趣爱好如打球、唱歌、郊游、下棋、打牌等变得索然无味，享受不到生活的乐趣，食欲减退，感情麻木不仁；无望感（无希望）：觉得前途暗淡无光，无论自己的身体还是学业、事业都变得很糟糕，毫无希望，无所适从，难以决定；无助感：觉得自己软弱，孤立无援，没有人能救援自己，一切已无法挽回；感到自己什么本事也没有，什么事也干不了，觉得活在世上是别人的累赘，常有轻生念头，甚至实施自杀行为。

2005年8月20日下午，中科院上海有机化学研究所26岁的在读博士孟懿跳楼自杀。事后，孟懿的父亲公开了孟懿的遗书：“一是警醒后人珍惜生命，对社会负责；二是大学生自杀的悲剧时有发生，希望各高校从孟懿身上吸取教训，提高应对能力”。孟懿在一书中说：“1. 请在确信我死亡之后，通知我家里，021-64××××××，找聂医生，不用急着拨打120，我姨妈姨夫都是医生，知道如何处置。尽量低调处置，OK？ 2. 请速速火化，低调处理，我这样死亡已经是极其不名誉的了……自杀原因：厌世，想偷懒，精神抑郁。SORRY，虽然上天想挽留我，但我已经是箭在弦上了。”

孟懿自杀事件并不是个个案，大学生自杀事件每年都有。北京心理危机研究与干预中心教育培训科主任李献云评价：“和社会别的群体比较起来大学生不是自杀高危人群”，但“大学生是知识阶层，他们更容易受到社会关注，其自杀行为也容易被放大”。中国心理卫生协会大学生心理咨询专业委员会主任委员，清华大学心理学教授樊富珉说，大学生不是自杀高发人群，但数量在上升。

4. 偏执型人格障碍

偏执型人格障碍是人格障碍的一种，其主要特点是主观、固执，敏感多疑，心胸狭隘，报复心强。一方面，骄傲自大，自命不凡，总认为自己怀才不遇，自我评价甚高；另一方面，在遇到挫折时，又过分敏感，怪罪他人，推诿客观，很容易与他人发生冲突与争执。偏执的具体表现有：不信任或者怀疑他人忠诚，过分警惕与防卫；强烈地意识到自己的重要性，有将周围发生的事件解释为“阴谋”、不符合现实的先占观念；过分自负，总认为自己正确，将挫折和失败归咎于他人等等。这类心理障碍多见于男大学生。

2004年2月23日，昆明的云南大学学生公寓发生一起恶性凶杀案件，4名被害学生均为云南大学2000级生物系学生，男性。杀害了四名同学的云南大学生命科学学院学生马加爵在海南省三亚市归案。作为天之骄子的大学生本该用自己的学识和才华回报社会，而马加爵却走向了犯罪的深渊，给社会带来了困扰，给受害者家庭带来了巨大的悲痛和灾难。众多校园暴力犯罪表明，犯罪人都表现出了严重的心理和人格缺陷。马加爵虽然聪明好学、能吃苦，但内心自卑、孤独压抑、心胸狭窄、自我中心、自私残暴、敏感多疑、报复性强、情感脆弱、心理自控能力差，对感情挫折的心理承受能力低，并带有明显的爆发型病态人格和偏执型病态人格的特征。

5. 精神分裂

精神分裂症是一组病因未明的精神病，多起病于青壮年，常有感知、思维、情感、行为等多方面的障碍和精神活动的不协调。精神分裂症状是最常见、最难描述、最难做出完整定义的精神疾病。

精神分裂的发展期逐步显示出下列症状：思维障碍——联想松弛、谈话内容不紧凑、应答往往不切题，进而出现联想散漫，重则出现思维破裂、联想中断，或有象征性思维、造新字或新词等；思维内容障碍多为各种妄想，其逻辑推理荒谬离奇，无系统，脱离现实，且常有泛化，涉及众人。出现精神运动性抑制（表现为终日呆坐少动、沉默寡言、孤独退缩、独居一处，与关系密切的人也不交往，甚至呈木僵状态），或不协调性兴奋（如躁动不安、冲动毁物、自伤、殴人或出现紧张综合征）。

三、大学生身心异常产生的原因及防治

1. 大学生身心异常产生的原因

生理和遗传因素的影响。心理学研究表明，人的心理活动是在遗传因素基础上，经过后天环境和教育的影响，在实践过程中发展起来的。遗传素质是人心理活动产生的物质前提和必要条件。人们对外界事物的反应具有个性特征，并建立起对紧张性刺激的反应模式。具有病态人格者就更具这种特征性。因此，特殊的人格特征往往成为导致大学生心理障碍的内在因素之一，对其人格障碍的形成起催化作用。大学生要认清这一点，充分了解自己，扬长避短，趋利避害。

家庭环境和早期教育的影响。家庭环境和早期教育对个体心理的健康成长有重要影响。在单调而贫乏的环境中成长的儿童，心理发展容易受到阻碍，其潜能的发挥也可能受到限制。早期儿童与父母的关系，会对个体以后的人际关系和社会适应性产生很大影响。有资料表明，儿童早期与父母建立和保持良好关系，会对其适应性的发展产生促进作用，反之，则产生阻碍作用。父母对儿童持慈爱，鼓励的态度，容易使儿童形成信任感和安全感，使子女在成年后能够与他顺利交往，否则将形成孤僻的性格特征，难以与人相处。

生活事件和环境变迁的影响。生活事件是指人们在日常生活中遇到的各种各样社会生活的变动，如升学，就业，意外伤害，亲人亡故等。大学生要付出精力去调整和适应这些事件所带来的学习，生活的一系列变化，从而产生压力感。有人对大学生生活压力感进行了专门的研究，发现“学习压力过大或负担过重”是引起大学生心里紧张，压力过强的主要原因。大学生要适应“双向选择”，寻求更多的就业机会，还要精通计算机。同时，专业课也不能忽视，这就使许多大学生精神压力很大。

个体的心理矛盾与冲突。大学生正处于一生中生理变化和智力发展的高峰时期，他们兴趣广泛，活动面宽，思维活跃，但由于缺乏社会实践，他们的认识能力和自制能力常落后于活动能力，因而导致众多的矛盾和冲突。如理想与现实的矛盾，要求别人尊重自己和自己不够尊重别人的矛盾等等。这些矛盾和冲突给大学生们带来了很大的痛苦与烦恼，若不能及时调节，就会产生一些不必要的紧张，焦虑，苦闷，惆怅，失望，压抑，自卑，懒散，强迫等情绪情感障碍。

2. 大学生身心异常的防治

主动学习关于心理健康知识，形成对心理健康的科学知识。目前心理学界对心理健康问题做了很多有价值的研究，出版了大量的有实践意义的心理健康书籍。我们可以根据标准化的心理测验来对自己的心理水平做出有效的评定，也可以通过查阅有关书籍对心理健康有更进一步的认识。同学们不妨在紧张的专业学习之余，抽出一些时间主动学习心理健康知识，站在科学的角度上审视自己的心理，重视自身心理发展变化，理性地思考因果与对策，将心理健康的观念融入自己的生活与工作学习中，时刻维护自己的心理健康，保证自身人格的健全和身心的协调发展。

学会调整看问题的角度，少抱怨多理解。心理健康与人的主观态度有很大的关系。站在同样的位置，一个人看见了阳光，另一个人看到了阴影。斯宾诺莎说：“不悲哀，不嘲笑，不怨天尤人，而只是理解。”这是我们应付生活压力的一服良药。现代社会是竞争激烈的社会，优胜劣汰是社会发展，进步的必然规律。回避竞争，抱怨竞争不但于事无补，反而使自己的心理状况变得更糟糕，所以，转换一下看问题的角度，以一种坦然，理解的积极态度来面对一切，压力也可以变为动力。人文主义心理学家马斯洛曾指出：“我们并不因为水是湿的而抱怨水，或者也不由于石头是硬的而抱怨石头，也不因树是绿的而抱怨树。”毫不抱怨或焦虑地按其本来面貌全面接纳，包括不如意的环境，自己和他人的缺点，是个体心理健康发展的重要条件。大学生只有具备了博大的胸怀，才能客观冷静地认识现实，把握现实，把握现实，并进一步改造现实，与环境保持良好的接触，才能随时调节自我，适应环境。

认识自我，悦纳自我。我国古代圣人老子曾经说过：“知人者智，自知者明。胜人者有力，自胜者强。”正确地评估自己是保持自尊和自信，克服自卑和自负心理最有力的武器。大学生不仅要客观地认识自我，了解自我，而且还要愉快地接受自我，即悦纳自我。只有善于悦纳自我，才能正视现实，减少心理冲突。

首先要热爱生活。五彩缤纷的生活是愉快的源泉，大学生不要用不切实际的标准来奢求生活，而要用合理的标准来对待生活，看待自己，做到知足常乐，唯有如此，才能始终保持心情的舒畅和精神的振奋。

其次是避免用唯一的标准来衡量自己。人无完人金无足赤，每个人都不是十全十美，白璧无瑕的，大学生亦是如此。在实际生活中，每个方面都超越别人或每个方面都比别人低劣的情况几乎是不存在的。所以大学生要尽量避免以唯一的标准来衡量自己，正确对待得失，以免引起不必要的自卑和自我拒绝情绪。

最后要有恰当的抱负。抱负，即目标，具有动机作用。大学生如果抱负水平太低，一味求稳，不愿承担风险，虽然目标容易实现，但往往不能发挥自己的才能，使自己错过发展的机会，长期在原有水平上徘徊。如果抱负过高，风险太大，会使自己遭到不必要的挫折，既浪费经历，又给自己的心理带来消极影响。

学会调节紧张情绪，保持心理平衡。在大学生的日常学习和生活中，伴随着各种各样的情绪，这些情绪对大学生的身心健康有着直接而持续的影响。健康的情绪不仅有助于大学生很好地预防和抵御各类身心疾病的侵蚀，还有利于提高他们的心理健康水平，以积极的态度，饱满的热情和旺盛的经历投入学习和生活中去。反之，不良的情绪不但会导致各类身心疾病，长此下去，还会带来其他问题，严重影响正常的学习和生活。

科学用脑，劳逸结合，生活节奏合理。大学生的主要任务是学习，在紧张的学习中，要注意科学用脑，改进学习方法，提高学习效率，做到劳逸结合。力戒疲劳战术，提倡积极性休息。所谓积极性休息，就是采取合理的措施，让大脑的各种神经细胞一次轮替，使大脑皮层的兴奋和抑制过程重新分配的休息方法。大学校园的生活是丰富多彩的，大学生积极参加各种各样文体活动，既可以调剂紧张的学习生活，也可以开阔视野，广交朋友，发现自己各方面的潜能。正如一位企业管理者所说的那样，“如果你能真正钉好一枚纽扣，这应该比你缝制出一件粗制滥造的衣服更有价值。”对于大学生来说，学习就是当前最大的责任，而“学有所成”是每一个大学生必须负起的责任。如果大学里已经习惯了上课迟到早退，不参加集体活动，考试不及格，那么，这种没有责任感的习惯将会使初入职场的大学生屡屡碰壁，痛苦万分。

乐于交往，宽以待人，协调关系。建立良好的人际关系是非常重要的心理保健途径，与同学，教师，亲属，朋友交往能使大学生心理上得到充实感和安全感。交往可使人多知，友情可使人欢悦。大学生交友，贵在主动，见面要主动与人打招呼，主动为别人排忧解难。在交往中，要学会谅解人，尊重人，严于律己，宽以待人，与人为善，以诚待人。古人说的“爱人者，人恒爱之；敬人者，人恒敬之”，就是这个道理。

培养积极兴趣，丰富学习生活。正常的人都需要娱乐和变换兴趣，以防止自己变得迟钝呆滞。大学生在学习之余参加娱乐，休闲活动，使紧张，刻板的生活得到调剂，不仅能消除疲劳，还能松弛情绪，焕发精神，解除苦闷，提供学习效率，增加生活乐趣。一个知识面宽，兴趣广泛，性格开朗，精神充实的大学生，对挫折的成熟能力相应也比较强；反之，一个对什么都兴趣索然的大学生，必然会感到生活枯燥，精神空虚，心理承受力低，甚至还可能导致心理的变态，产生心理疾病。

主动寻求个别心理咨询，参加大学生心理素质拓展团体活动。当大学生感到心里有疑惑，不知怎么办时，可以向学校的心理咨询机构寻求个别心理咨询。现在，大多数大专院校都建立了健全的心理咨询中心。专业的咨询师和专职的辅导员能给来访者以及时的帮助，这就意味着大学生准备了一条绿色通道，提供了一个心理支持的平台。心理咨询将日益成为大学生心理调适的重要途径。

第四节 大学生心理的自我调适

哲学家与渔夫

一位哲学家搭乘一个渔夫的小船过河。行船之际，这位哲学家向渔夫问道："你懂数学吗？"

渔夫回答："不懂。"

哲学家又问："你懂物理吗？"

渔夫回答："不懂。"

哲学家再问："你懂化学吗？"

渔夫回答："不懂。"

哲学家叹道："真遗憾！这样你就等于失去一半的生命。"

这时，水面上刮起一阵狂风，把小船掀翻了。渔夫和哲学家都掉进了水里，

渔夫向哲学家喊道："先生，你会游泳吗？"

哲学家回答说："不会。"

渔夫非常遗憾地说："那你就要失去整个生命了！"

这个故事蕴含着一个非常深刻的人生哲理：一个没有学会在人生长河中游泳的人，即使其他的东西学得再多，也无法在这条人生的长河中生存下去，因为他缺乏基本的适应和生存能力。

大学是一个人成长，成才的驿站，你独自一人来到了这个驿站，面对陌生的环境和自身角色的转变，怎样调整好自己的心态，尽快适应大学生活，实现个人角色的转变，成功地度过美好的大学时代，是每一个大学生面临的新课题。

从中学时代走过来的每一位大学新生，都将面临一个全新的环境：无论是自然环境还是学

习方法，无论是个人的目标还是社会的期望，都发生了很大变化。只有在短期内尽快调整自己的身心,转变个人的角色,才能给今后的大学生活奠定良好的基础,才能更有效地度过大学时代。

一、自我调适的概念和功能

1. 自我调适的概念

自我调适（Self-AdjustorAdaptation）源于“生物适应”（AdaptationinBiology）的概念，朱智贤主的《心理学大辞典》中对自我调适的定义是：“自我调适是来源于生物学的一个名词，用来表示能增加有机体生存机会的那些身体上和行为上的改变。心理学中用来表示对环境变化做出的反应。”

由此，可以对心理自我调适作以下比较完整的表述：当外部环境发生变化时，主体通过自我调节系统做出能动反应,使自己的心理活动和行为方式更加符合环境变化和自身发展的要求，使主体与环境达到新的平衡的过程。

心理自我调适与心理健康之间存在着密切的关联。一方面，心理自我调适是心理健康的结果和外在表现；另一方面，心理健康又是心理自我调适的重要基础和保证。换言之，只有心理健康的人，才能在自我调适能力上达到较高的水平；同样，具有较强自我调适能力的人，其心理健康水平也一定较高。

2. 自我调适的心理过程

从心理发展的角度看适应的过程，可以分成以下最基本的几个环节。

需要：发展的内部动力。个体原有发展水平与新的需要之间的矛盾，是推动人类从事各种活动的最原始的动力。需要本身的产生离不开外部环境的刺激和影响作用。根据马斯洛的需要层次理论，可以将其分为生理需要、安全需要、归属与爱的需要、尊重需要和自我实现的需要五大类。自我调适的过程是从需要的产生开始的，是人终其一生都不可缺少的一种基本需要。

阻挠：适应状态的破坏。阻挠是指个体不能利用已有的行为习惯来满足自己某些需要的情况。阻挠现象出现时，人们一般都会产生程度不同的紧张与焦虑感。阻挠的产生实际上意味着主体原有的适应状态已被打破，其原有的行为模式与新的需要之间发生了矛盾，从而产生了新的不适应现象。

尝试：满足需求的努力。为了改变不适应的被动局面，人们在没有现成模式可以参照的情况下，便会做出各种努力，采取各种方式来进行积极的尝试。这一过程实际上是一个解决新问题的过程，人在尝试过程中一旦取得了成功，被肯定和巩固下来的就不仅是解决问题的行为本身，还包括行为背后的理性思考，特别是对事物本质与规律的概括与升华。

重新适应：恢复新的平衡。经过一番尝试，找到了新的解决问题的方式，人们新的需要就可以得到满足，原有行为模式与新的需要之间的矛盾基本上得到了解决，曾经有过的不平衡状态重新恢复了平衡。这意味着，一次不适应的问题已经解决，主体可以重新回到适应状态之中。

只是这种状态仍然是短暂的，很快就会被新的不适应现象重新打破。这种“不适应—适应—不适应”状态的循环往复，就是自我调适过程的规律性表现。

二、大学生适应不良的表现及原因

对于大学生来说，复杂多变的大学生活是他们未来发展的起点，更意味着个人生活方式的一次改变，这个改变不仅仅是学习方法和学习内容的变化，更是个人生活的全部内容的改变。在面对新的转变时，一些大学生常常会由于准备不足、经验不足或能力不足而出现各种适应问题。

1. 大学生适应不良的表现

所谓适应不良是指主体不知道如何适应环境，或者被动地适应和被动地改变自己的心理状态的适应能力低下的表现。大学生适应不良表现是形形色色的，主要可以归结为以下五大方面:

社会角色适应问题。角色在这里表示的是社会对个人职能的划分，这种划分既标明了个人在社会关系中的位置和身份，也标明了与这种身份相联系的权利、义务和行为模式。

大学生社会角色，是指大学生群体在社会化过程中所处的年龄阶段、社会地位，形成的行为特点、心理特点等。从中学到大学，身份变了，地位变了，就是说社会角色变了，社会期望也高了，每一位大学生都承担着潜在而又崇高的社会使命。由于这种社会角色的改变，导致大学生在这种社会角色的变化过程中出现了角色的适应问题。

对于大学生角色的认识和转变，有人用鲁迅先生的四部文集来趣解，虽然不很科学，但却形象鲜明。

大一《呐喊》，不知道自己不知道。大一的新生带着憧憬和理想，兴奋地走。兴奋地走进了梦寐以求的大学，感觉什么都是新鲜的，充满激情。

大二《伤逝》，知道自己不知道。经过大一的激情和狂躁，经历了梦想和现实的碰撞，逃过课，旷过操，失过恋打过架也喝醉过，开始清醒地认识到自己的角色和行为。

大三《彷徨》，不知道自己知道。虽然已经获得了一定的知识技能，但也潜意识到自己和别人的差距以及自己的渺小，特别是为选择考研还是工作而苦恼。

大四《朝花夕拾》，知道自己知道。经历了坎坷和探索，终于知道自己是谁，有多大能力。大学生活给了自己很多的经验和教训，找到了自己的角色的同时，大学生活也要结束了。

生活环境适应问题。生活环境适应问题是指大学生面对生活环境和生活方式的重大变化而出现的适应不良。大学生在进入大学之后，首先面临的是生活环境的巨大变化。有些大学新生不能接受环境的猝然变化，特别是那些过去习惯衣来伸手、饭来张口、生活自理能力比较弱的学生，更是倍感慌乱与无助。有些大学生怀抱大学生活丰富多彩的梦想，对宿舍、教室、食堂三点一线的生活方式感到失望与厌烦；还有些同学无视现实生活，一味沉湎于对过去、对家乡、对父母老师同学的思念之中不能自拔。

人际关系适应问题。交往适应问题是指大学生无法适应大学里全方位、多样化的交往方式而产生的适应不良。到了大学，人际交往日趋频繁，人际关系日趋复杂，来自五湖四海的同学、朝夕相处的寝室室友、不同年级的老乡、不同院系学生组织的校内团体……同学之间语言、价值观念、生活习惯、性情等方面的差异，增加了交往的难度。人际关系不良，会给大学生带来很多烦恼、焦虑和不安，进而可能产生许多心理问题。

学习适应问题。学习适应问题主要指大学生无法适应大学独特的教学与学习方式而产生的种种适应不良。老师讲得跟书上不一样，你可能会感到有些不知所措。他甚至没有像中学老师那样把书上的重点勾画出来，以至于连笔记都不知道怎样做。这还不算，老师讲完课后扬长而去，没有像在中学那样留下一大堆作业。习惯了将作业作为业余生活主要内容的你，面对课后的时间，竟不知道如何使用。一切都显示出，大学生在学习适应上面临着前所未有的困境。

其他方面的适应问题。大学校园里人才济济，这使得大学生在文艺、体育以及知识面、交往能力、经济条件等方面的差异更加突出，势必会引起攀比、嫉妒、自卑等心理。特别是大学生中的贫困生，会由于家庭贫寒造成的生活困难以及与富裕同学相比差距很大，而使他们经常体验到由于经济上的相对贫困而导致的自卑和心理失衡，甚至出现某种程度的心理困扰，如果不能及时进行调适，就会使其消极的认知和情感体验被泛化到生活的其他方面。

2. 大学适应问题的原因分析

人与人之间的社会适应能力存在着极大的差异性，同样的环境、同样的大学生活，有的人能够适应，有的人则不能适应。为增强个体的社会适应能力，就不能不研究影响适应的基本因素。大学生适应不良取决于外部与内部两个方面。

外部原因。大学生适应困难的外部原因有很多。首先，是客观环境的变化。大学生活是人生的一个转折点，大学生所面临的各种环境变化非常多。环境转变是大学生问题产生的重要原因。此外，家庭环境以及家庭教养方式也会对大学生的适应能力产生重要影响。家庭环境包括家庭人际关系、教育方式、父母人格特征和文化水平等因素，对青少年的人格发展和行为方式都会产生潜移默化的影响。心理学研究者朱誉惠发现，就父母关系而言，父母间关系良好有利于孩子心理适应水平的发展。许多研究还发现：在权威型、民主型和放任型三种基本的教养方式中，权威型和放任型的教养方式容易导致大学生更多的适应性问题和更低的学业成就。

内部原因。内部原因主要是指个体主观上的原因。大学生的不适应的主观原因主要包括社会认知、个性特点等因素。如有的大学生在进大学之前对大学生活抱有太高的憧憬，太多的期待，真正进入大学后才发现理想和现实有太大的差距，这样容易产生较大的心理落差，如果不能及时调适，则有可能引发一系列心理问题。

三、大学生自我调适的途径

英国最古老的建筑物威斯敏斯特教堂旁边，矗立着一块墓碑，上面刻着一段非常著名的话：

“当我年轻的时候，我梦想改变这个世界；当我成熟以后，我发现我不能够改变这个世界，我将目光缩短了些，决定只改变我的国家；当我进入暮年以后，我发现我不能改变我的国家，我的最后愿望仅仅是改变一下我的家庭，但是这也不可能。当我现在躺在床上，行将就木时，我突然意识到——如果一开始我仅仅去改变自己，然后，我可能改变我的家庭；在家人的帮助和鼓励下，我可能为国家做一些事情；然后，谁知道呢？我甚至可能改变这个世界！”

大学是一个新的起点，每个大学生都对大学有着无限憧憬，但当进入校门后，许多大学生都会变得有点迷茫，找不到努力的方向。因此，大学生的当务之急是要迅速进入角色，适应大学生活。

1. 熟悉校园新环境

要适应环境，首先要熟悉环境，要对校园的“地形”尽快掌握。有的新生入校后一安排好行李，马上就到校园的各处熟悉情况。这样，在以后办理各种手续、解决各种问题的时候就会比别人更顺利、更节省时间 .

其次，要多向高年级的同学请教。直接向高年级的同学请教是熟悉校园环境的一个最快捷的方法。另外，向自己的同乡请教也是不错的选择。

最后，在班级中担任一定的工作，也能帮助你尽快适应校园生活。对环境适应快的大学新生，很快就能成为班级中的核心人物，并担任一定的班级工作。这样与老师、同学接触得越多，掌握的信息越多，锻炼的机会也越多，能力提高很快，自信心也就逐渐建立起来了。

2. 重新进行角色定位

这里我们以“扑满”形容从高中到大学的崭新开始，“扑满”是陶瓷做的存钱盒，一旦装满就会打破，人生亦然。许多大学生在考入大学之前可能都是班级里的佼佼者，进入大学面对强手林立的环境很容易出现强烈的心理落差，导致学习压力增大和自卑、焦虑感的产生。此时的大学新生应该意识到自己和他人其实是在同样的学习环境中学习，高中时的志得意满如同打破的“扑满”都已成为过去，重要的是对大学新的学习、生活的适应，谁适应得快谁就能在人生的跑道上先行一步。

3. 培养个人的自立能力

生活的实质就在于独立，世界上大凡有成就的人，没有一个人是不自立的。在现代社会里，这一点尤为重要。每个人都有一个独立的头脑，应该具有独立思考和独立处理问题的能力。日常生活的自我管理、社会生活中的各种矛盾、复杂的人际关系，都需要每个人独立面对，只要尝试着独立去解决，无论结果是成功还是失败，个人都会得到锻炼。只要你勇敢地一次次去尝试、去实践，你就会拥有应变各种环境和社会变化的能力，这种能力使你拥有自信和勇气。

4. 增强人际交往

人对环境的适应，主要是对人际关系的适应。有了良好的人际关系，人才有了支持力量，有了归属感和安全感，心情才能愉快。人总是会“投之以情，报之以李”的，主动关心别人的人总会得到别人喜欢的。人应当主动开放自己，如果关闭自己的心窗，又担心别人不向你吐露心声，是永远找不到朋友的。每个人的长处短处各不相同，如能本着“求大同存小异”的原则，学习别人的优点，包容别人的缺点，你就会得到很多的朋友。尽管现代社会竞争激烈，利益冲突增多，然而，无论什么时候，那些不过分计较自己、多为别人着想的人，总会受到大家的尊重。

5. 确立新的奋斗目标

关于一个太空人的故事：1967 年 7 月 20 日美国“阿波罗 11 号”首次登月的宇航员阿尔德林重返地球后得了抑郁症。虽然他有健壮的体魄、极其宝贵的太空工作经验与技能，却不能再从事科研工作，不得不住进精神病院，服用大量的抗抑郁药。阿尔德林说：“我连月球都去过了，成功过后突然感到极端失落，我找不到下一个奋斗目标，我十分痛苦。”

学生入学后要有目标，经常要问自己“我来大学干什么”，“我在今后应该成为一个什么样的人”，这样有利于角色定位，适应新环境。许多学生进校后，往往会有意放纵自己，导致目标、理想、方向的迷失，这是诱发心理问题的病灶。因此，新生入学熟悉环境后，应立即确立一个新的奋斗目标。有了一个明确而现实的目标，可克服所面临的迷茫感。同时从心理学角度来说，有一个明确的目标，会使心理指向集中一处，这样无形中会转移注意力，削弱心理问题对自身的实际影响力，从而更有利于各种心理问题的解决和心理障碍的消除。

6. 采取积极行动

世界上有三种人：一种人看事情在发生，这种人属于不知不觉；一种人等事情发生，这种人属于后知后觉；一种人总是让事情发生，这种人属于先知先觉。如何让事情发生呢？如何让成功发生在自己身上呢？唯一的方法就是：行动，打造自己的实力！

积极行动可以摆脱由于环境不适应带来的孤独、苦闷、烦躁、恐惧和空虚。当你对环境不熟悉、不满意时，只要你积极行动，为集体为他人做些事情，你就会逐渐熟悉了解环境，别人也从你的行动中了解你，你就会逐渐融于新的环境当中，行动会使你获得充实和愉快。当你全身心地投入到工作中去的时候，你就不会像往日那样去琢磨自己的心境。要知道，很多烦恼都来自于自己的“冥思”。那些专心干自己事业的人们，那些辛勤劳动着的人们，是没有时间去“空虚”和“烦恼”的。为“活着太累”而烦恼的人，需要赶快积极行动起来，因为行动会带给你价值，行动会带给你心里的健康与快乐。

思考题：

1. 何为心理健康？心理健康的标准是什么？
2. 影响大学生心理健康的因素有哪些？

3. 结合自身经历，谈一谈当前大学生面临的主要心理困惑。

4. 大学生常见的身心障碍有哪些，如何防治？

5. 何为心理的自我调适，自我调适的途径有哪些？

参考书籍：

[1] 程龙泉，袁雪良 . 吾心成长——大学生心理教育导航 [M]. 北京：高等教育出版社，2009.

[2] 屈春芳 . 大学生心理健康与心理咨询 [M]. 北京：机械工业出版社，2010.

[3] 刘晓明，杨平 . 体验 · 认知 · 训练——大学生心理健康教育 [M]. 北京：科学出版社，2011.2

[4] 章明明 . 大学生生理与心理健康教育 [M]. 北京：科学出版社，2012.

[5] 汪丽华 . 从心到灵的守护——大学生心理健康理论与实践 [M]. 北京：人民教育出版社，2013.

[6] 李晓林，李深 . 幸福与成长：大学生心理健康教育读本 [M]. 长春：吉林教育出版社，2014.

第十二章　大学生网络使用

据统计，我国网民规模达 9 亿人，其中，大学生占比最多，为 26.0%。人们的学习、生活已经越来越离不开网络，而网络在给人们的生活和交往带来极大便利的同时，也产生了很多安全隐患。大学生作为网络受众群体之一，用较低的时间成本置换着较高的风险成本，这给大学生带来无尽便利，同时，也使大学生卷入网络诈骗、网络成瘾、网络暴力、网络渗透的风险漩涡。

为此，习近平总书记多次强调，提升网络综合治理能力，要营造清朗的网络空间，把网上舆论工作作为宣传思想工作的重中之重来抓。 我们要顺应时代的潮流，正确认识网络、了解网络、利用网络，培育大学生网络安全素养，增强网络安全意识，提高发现网络问题、分析网络问题、解决网络问题的能力，树立正确的网络安全观，为建设网络强国贡献力量。

第一节　网络的可利用价值

网络原指用一个巨大的虚拟画面，把所有东西连接起来。在计算机领域中，网络就是用物理链路将各个孤立的工作站或主机相连在一起，组成数据链路，从而达到资源共享和通信的目的。凡将地理位置不同，并具有独立功能的多个计算机系统通过通信设备和线路而连接起来，且以功能完善的网络软件（网络协议、信息交换方式及网络操作系统等）实现网络资源共享的系统，可称为计算机网络。

随着网络技术的发展与普及，网络作为一把“双刃剑”，对大学生的日常学习和生活产生的影响也在日益增大，它不但给大学生提供便捷的信息交流平台，而且使不少缺乏自控能力的大学生整日沉迷于网络，不思学习，不求进取，迷失了自我。事实上网络的信息化催生了大学生的现代观念的更新，如学习观念、效率观念、全球意识等，使大学生不断接触新事物、新技术和新观念的挑战。在如今的互联网时代，网络早已是不可回避的必需品。尽管存在如网络安全、黄色和暴力网站等可能对学生造成伤害的隐患，但网络还是为学生带来了许多正面影响。

一、网络对大学生的正面影响

1. 拓宽信息渠道，开阔学生视野

互联网如同一本信息极其丰富的百科全书，信息量大，信息交流速度快，帮助人类实现了全球信息共享。以“00 后”为主的当代大学生，堪称网络的“原住民”，网络已成为其课堂学习和日常生活的重要组成部分，大学生能够从各种网络上获得千变万化的时代信息和人文科

技知识，汲取各种知识营养，来发展和壮大自我。通过上网，大学生们可以了解校园文化、社会热点、国家大事、国际风云；了解政治、经济、文化、军事、哲学、科技的发展动向、历史沿革；进行休闲娱乐、感情交流、学术讨论等，极大地开阔了大学生的视野，给学习和生活带来了巨大的便利和乐趣。

2. 不受时空约束，加强对外交流

网络创造了一个虚拟的新世界，在这个世界里，每一名成员都可以超越时空的制约，十分方便地与相识或不相识的人进行联系和交流，讨论共同感兴趣的话题。目前，在校大学生大多数为独生子女，他们渴望得到与同龄人的交流和认可，但独生子女在家庭中的中心地位在走出家门的人际交往中受到了强烈的冲击和挑战，许多心理和情感苦恼常会不期而遇。高校大学生问卷调查中发现，大学生心理障碍严重影响了学习和生活，很多案例显示，有的大学生因此形成畸形心理并导致多种不良后果。同时，大学管理机制与中学不同，人际真情沟通减少，学业和未来择业的压力迫使各个学子为学习而疲于奔命，但是校园文化的丰富多彩又引发不定时人际情感交流的增加，这样，网上交友就解决了专心学习和择时交友的矛盾，缓解学习和精神压力。

3. 丰富创新环境，促进个性化发展

网络是知识和信息的载体，它作为一个全新的事物进入我国，引发了创造性极强的大学生群体的极大好奇，也正是基于网络本身的广谱应用和软硬件技术的不断改进和更新，给广大学子带来了极大的创造空间。世界是丰富多彩的，人的发展也应该是丰富多彩的，互联网就提供了这个无限多样的发展机会的环境。大学生们可以在网上找到自己的发展方向，也可以得到发展的资源和动力。利用网络就可以学习、研究乃至创新，这样的学习是最有效率的。网页制作、电脑设计、三维动画、大学生网络创业大赛等，无不在内容和形式上造就了大学生的创新欲望，推动并引领了当今高校学子的无限创造激情，也给国家的未来和现实的经济发展带来了生机和活力。这给大学生进行大跨度的联想和想象提供了十分广阔的领域，为创造性思维不断地输送养料，一些电脑游戏在一定程度上也能强化学生的逻辑思维能力。

4. 弥补教育缺陷，拓展教育空间

网络上的资源可以让大学生找到合适的学习材料，甚至是合适的学校和教师，这一点已经开始成为现实，如一些著名的网校，他们提供了求知学习的新渠道。目前在我国教育资源不能满足需求的情况下，网络提供了求知学习的广阔校园，学习者在任何时间、任何地点都能接受高等教育，学到在本专业以外学校所学习的所有课程，修满学分、获得学位。英语四六级、考研网站，各种层次各科目类别，均可登录相应站点，进行自学辅导、作业测验、大考冲刺、升学模拟考场等等。每个大学生可以根据自身发展需要，浏览不同网页，来给自己加压充电。另外，还可以从网站上浏览和学习本高校不具备而其他高校具备的相关教学资料和实验条件，借鉴学习方法，达到居一校而学各高校，知己知彼，扬长避短的效果。

5. 契合时代特点，助力思政教育

利用网络进行思想政治教育工作，营造了民主和谐的沟通环境，教师得以及时了解学生思想动态，进行真实心态的平等交流，这对于思想政治教育工作者摸清、摸准学生的思想并开展正面引导和全方位沟通提供了新的快捷的方法。此外，由于网络信息的传播具有实时性和交互性的特点，学生可以同时和多个教育者或教育信息平台保持快速互动，从而提高思想互动的频率，提高教育效果。由于网络信息具有可下载性、可储存性等延时性特点，因而可延长教育者和受教育者思想互动的时间，为学生提供“全天候”的思想引导和教育。还可以网上相约，网下聚会，实现网上思想政治教育工作的滋润和补充，从而及时化解矛盾，起到温暖人心、调动积极性、激发创造力的作用。在互联网的加持下，教育方式实现了信息化，教育工作者与学生得以资源共享，扩大了思想政治教育的覆盖面，扩大了思想政治教育的影响力。

二、网络对大学生的负面影响

1. 对于大学生的“三观”形成潜在威胁

大学生很容易在网络上接触到资本主义的宣传论调、文化思想等，使其思想极易处于矛盾、混乱中，使其人生观、价值观极易发生倾斜，从而滋生享乐主义、拜金主义、崇洋媚外等不良思想。在互联网上传播的形形色色的思潮、观念，对于自我控制能力不强、极富好奇心的学生具有极大的诱惑力，从而导致丧失道德规范。同时互联网上信息接收和传播的隐蔽性，使大学生在网络上极易放纵自己，忘记了社会责任，部分大学生并不认为“网上聊天时说谎是不道德的”，认为“在网上做什么都可以毫无顾忌”等，使得学生对自我行为的约束力大大减弱，网上不良行为逐渐增多。

2. 对大学生人际关系带来不良影响

网络改变了大学生的人际关系及生活方式，上网使学生容易形成一种以自我为中心的生存方式，集体意识淡薄，个人自由主义思潮泛滥。网络文化的虚拟世界中，为大学生提供了与外界交流的途径，这种交流是广泛、安全和隐匿的，人们可以时刻扮演着自己非现实的理想角色，可以在虚拟的环境中为所欲为而不用受过多的约束。但同时由于脱离了现实交往，长期处于虚拟状态，在互联网上得到情感认同与满足的同时，很多大学生开始由心理上对网络的强烈归属感和依赖感延展到对现实的厌倦与冷漠，更使得大学生网民容易游离于集体、群体之外，导致其现实的人际关系淡漠、交往困难。

3. 对大学生思想道德意识造成弱化

有关专家调查，有一些非法组织或个人在网上发布扰乱政治经济的黑色信息，蛊惑大学生，严重者甚至威胁网络安全。网络中存在的垃圾信息将会弱化大学生的思想道德意识，污染大学生心灵，误导大学生的行为。

网络文化会在无形中影响大学生的各种人生观、价值观的形成，使得学生存在寻求新鲜刺激的心理状态，从网上获取和传播各类信息，导致一些不良行为的发生和不良信息的传播，对大学生社会化产生不良影响。如果缺乏清醒认识，久而久之，就会导致道德意识弱化、价值判断能力弱化，进而产生道德危机。

4. 给大学生违法犯罪行为以可乘之机

一种是直接影响，即青少年运用计算机技术，以网络为途径实施的严重危害社会的行为，是伴随着网络的发展而出现的一种新的犯罪行为，例如病毒传播、黑客入侵，通过银行和信用卡进行网上盗窃、诈骗等，给国家安全及社会经济秩序造成严重的混乱。另一种是学生浏览黄色和非法网站，利用虚假身份进行恶意交友、聊天，即由于网上不良资讯对青少年身心健康的侵蚀而诱发的违法犯罪行为。

这些犯罪主体以大学生为主，大多数动机单纯，有关网络的法律制度还不健全也给大学生犯罪以可乘之机，使大学生的身心健康受损，甚至诱发其违法犯罪行为，引发一系列严重的社会问题。

5. 对家庭、学校和社会的稳定不利

部分大学生为了逃避现实的冲突和压力而隐匿在网络中。然而，这种冲突并不是逃避所能解决的，当其达到一定的程度还是会爆发，这种冲突的爆发，会导致家庭的不稳定，并且导致原本就存在的代沟问题更加严重，而家庭的不稳定进而影响到了学校和社会的稳定。如震惊全国的北京网吧纵火案的嫌疑犯就是两位学生，因为长期的生活压力以及得不到家庭的关怀而产生了强烈的报复心理，走上了杀人犯罪的道路，这类事件的发生，与网络自身的不完善、社会对网络文化监控不力、家庭教育的误区有关。

三、网络对大学生的可利用价值

1. 网络为大学生开凿了广阔的信息渠道

计算机网络的逐步普及，使得大学生能够从各种网络上获得千变万化的时代信息和人文科技知识，汲取各种知识营养，来发展和壮大自我。在有关“你觉得网络使你的生活有何改变”的调查中回答：开阔眼界，增长知识占52%；有更多的事可做，更充实占27%；浪费不少时间占7%，这一结果表明了网络对大学生的文化素质的提升有很大的作用。网络在很大程度上可以使大学生得到各方知识的陶冶和锻炼，成为象牙塔中的社会人。

2. 网络为大学生的学习打开了方便之门

如今网络上资源共享越来越多，信息的传播，文化的交流只在瞬息之间。网络的开放性和方便性、内容的多样性和广泛性，为大学生提供了一个广阔的学习空间，大大拓宽了大学生的求知途径，有助于大学生开阔视野、促进学业；网络可以为大学生提供一种自由、轻松、没有压力的学习环境，有助于大学生培养和发挥创新能力；网络是一个广阔空间，存在着许多新鲜和未知的事物，对大学生的学习有着积极的作用。每个大学生可以根据自身发展需要，浏览不同网页，来给自己加压充电。

3. 网络促进了大学生的友情互动

网络最突出的优点是它的交互性，它既是信息的载体，又是媒体中介，是人与人之间交流的迅捷通道。网络正好提供了花样繁多的论坛、聊天室、虚拟社区、情感驿站等虚拟空间使广大学生可以直抒胸臆，发表自己的见解和看法，并充分表达和表现自我，结交各种朋友，相互介绍经验，共同进步。大学生在网上既可以推心置腹，抒发情感、交流思想和心得，又可以大发牢骚，排遣抑郁，达到缓解学习和精神压力的双重功效。

4. 网络为大学生描绘事业蓝图

当前，我国大学生教育已逐步实现从精英教育到大众化教育的转型，招生规模日渐扩大，升学人数不断增加，就业形势日趋严峻。如何在激烈的就业竞争中找到适合自己的工作，网络就可以充当这一“庖丁解牛，以无隙入有间”的角色。近几年来，网上就业指导由初露端倪日渐兴盛，并且很多高校就业办公室已越来越将网络指导就业作为一个主要渠道来抓。作为21世纪的大学生，面对的是信息透明化、共享化、全球化高速发展的社会，相比于父辈，现在的大学生拥有更多的资源。

第二节　抵制网络不良诱惑

一、网络对大学生的不良诱惑

1. 网络交友，乐此不疲

网络交友是通过互联网平台结识朋友。随着更多应用功能的开发，网络交友的服务形式也越来越丰富，网络交友的方式变得更加具体，更具有针对性。网络上比较流行的有QQ聊天交友、微博交友、微信交友、论坛交友、聊天室交友还有专业的交友网站等。聊天、交友、网友见面成为大学生生活的重要组成部分，有的甚至深陷其中不能自拔，网络交友诈骗、网恋也屡见不鲜。通过屏幕，未曾谋面的双方把所有关心、挂念或者自己的烦恼都通过网络传递过去，诈骗者骗取大学生信任、确立交往关系后，选择时机提出借钱周转、家庭遭遇变故等各种理由，骗取钱财后便销声匿迹。

2. 网络游戏，魅力难挡

大学生选购电脑时，将娱乐功能放在了电脑配置取舍标准的首位，即很多大学生对网速快不快、能不能玩三维游戏、画面是否清晰、音响效果是否立体等这一连串无关学业的问题作为选购电脑时首先考虑的问题。与游戏机或游戏光盘相比，在线游戏成因其具有交互性，更加显得魅力难挡。有的大学生在游戏网站里一待就是七八个小时，凭借对网络的无限热爱来抵抗人类的自然欲求——食欲、睡眠，“饭可以不吃，觉可以不睡，网不可以不上”就是这些网络游戏爱好者典型的写照。

3. 网络枪手，方兴未艾

论文是考察一个人掌握知识、运用知识能力的有效形式。在信息时代，高校个别学生在写论文方面要起了花招：利用互联网，搜索到上千篇相关的文章，然后根据选题需要，进行复制、粘贴，很快东拼西凑“组装”成一篇长达一两万字的论文。此外，一些高校还出现了网络“枪手”，他们公开贴出广告，替人写毕业论文。这种现象不仅标志着大学生自身的堕落，而且意味着学术精神在大学生群体中的沦丧。中华民族历来是一个既重文品也重人品的文明古国。“做人在先，做学问在后”至今仍不失为治学训条。重视论文打假，提高道德水平，维护学术纯洁与尊严，是大学生群体面临的一个新问题。

4. 网络犯罪，屡见不鲜

网络犯罪是指犯罪分子利用其编程、加密、解码技术或工具，或利用其居于互联网服务供应商（ISP）、互联网信息供应商（ICP）、应用服务供应商（ASP）等特殊地位或其他方法，在互联网上实施触犯刑法的严重危害社会的行为。网络犯罪以计算机网络为工具或以计算机网络资产为对象，运用网络技术和知识实施犯罪。网络犯罪不是一个具体罪名，而是某一类犯罪的总称，其基本类型有两种：针对网络的犯罪和网络扶持的犯罪。

大学生网络犯罪，既有其发生的客观原因，又有其存在的主观原因。客观原因主要表现在，随着市场经济的发展，各种外来文化入侵、网络管理不力、网络的开放性以及我国教育体系及架构的缺陷等因素影响；主观原因主要表现在信息时代的背景下，大学生自身思想准备不足以及青年人的好奇和好胜心所致。

长期以来的应试教育使学校教育围着分数转，重智育轻德育、重学历轻素质成为教学的普遍现象。许多大学生从小就缺乏必要的道德和法制教育，缺乏正确的人生观、价值观教育，但是恰恰是这种道德教育的缺失，特别是法制教育的缺失造成大学生的网络犯罪。

从网络犯罪的含义中可以明确一点，这种犯罪都是基于网络的，也就是说和网络有着特别的联系。而网络作为科技进步的象征，则大都是掌握在知识分子手中，其中很重要的部分就是在校大学生。大学生具有接受新事物的倾向和叛逆精神，并具有强烈的好奇和好胜心理。在目前网络犯罪中，比如系统侵入或者是编制病毒、有关计算机设备的犯罪等等，往往是大学生出于自己的好奇或好胜心理，当犯罪的事实降临到头上时，自己还没有意识到。大学生大都处在18岁至25岁的年龄段，他们的心理还不成熟，特别是往往缺乏正确的性心理，法律意识又比较淡薄，因此，大学生不仅是网络犯罪的“易感人群”，而且又属于互联网上的“弱势群体”，一旦触网涉黄，便会无法自拔。

二、网络对引发大学生犯罪与沉迷网络的影响

1. 网络引发大学生犯罪的几个方面

以网吧为据点实施犯罪。此类犯罪的滋生地均为网吧，一些犯罪分子利用在网上聊天的机会，有目的地询问网友的财产情况以及联系方式等。等待时机成熟，便以见面交友为由将网友约出来，然后实施诈骗，抢劫，强奸等犯罪活动。

结伙作案。由于学生个人力量、智力等相对比较弱，要凭借个人能力实施暴力犯罪、诈骗犯罪，成功的可能性不大。所以寻找伙伴，有组织、有计划、有预谋地实施犯罪是此类案件的显著特点。几个或一伙犯罪分子行动前进行计划、分工，相互配合，得手后按所起的作用大小瓜分赃款。从而形成获取信息，约见网友、实施骗抢、接应销赃一条龙的犯罪流程。

侵财犯罪。热衷于上网冲浪聊天的绝大部分是青年人，随身佩带手机、电子设备等价值不菲的财物，互相攀比，是青年人的一大特点。这些吸引了青年犯罪分子贪婪的目光。所以，青年犯罪分子就利用上网聊天时进行摸底试探，选定目标作案。

利用网络色相作案。一些青年犯罪分子在网上通常使用极具诱惑的“女性网名”，寻找男性网友聊天。当寻找到目标认为可以成为犯罪对象时，犯罪组织里的女性犯罪分子便“闪亮登场”，以娇媚的语气用电话约男网友到某地见面，进一步交流。男网友警惕性不高便信以为真，准时赴约，被犯罪团伙骗抢。

沉溺网吧而导致犯罪。部分青年常常光顾网吧，上网聊天、在网上广交朋友、玩网络游戏等，最后因无力支付上网与游戏费用而走上盗窃之路。此外由于网络色情、暴力内容的泛滥，加剧了青年犯罪的状况，使犯罪种类、手段及后果不断变化。

2. 网络对大学生犯罪心理形成的影响

一是性犯罪心理形成的影响。互联网色情信息的刺激与诱惑，容易导致大学生产生性罪错或性犯罪的病态心理。有关资料显示，目前互联网上大约有 100 万个黄色电脑软件，全球每天新增 2 万多个黄色网站。互联网上各种色情信息的泛滥，加上大学生生理、心理发育期的特殊情况，如果缺乏有力引导，很容易诱发大学生实施卖淫嫖娼、强奸等违法犯罪行为。

二是暴力犯罪心理形成的影响。互联网上的暴力内容，特别是网络暴力游戏，很容易使大学生产生暴力犯罪心理。目前全国有 4000 万网络游戏玩家，其中 25 岁以下的用户超过 80%。而带有暴力内容的游戏在大学生中不断升温。因迷恋网络游戏而导致的大学生暴力犯罪也不断增多，还有的利用网上论坛，结成犯罪团伙。

三是诈骗犯罪心理形成的影响。互联网的虚拟性和隐蔽性，会直接导致大学生道德和法制观念的弱化，从而形成诈骗犯罪心理。如有的利用电子商务，进行网上诈骗等。

四是垃圾信息的泛滥造成大学生道德观念的偏离。网络仿佛是一个巨大的自由市场，存在着信息多方传递和良莠共存的全景象，它既向人们提供有益的学术、娱乐、经济等信息，同时

也向人们提供一些无用、过时、粗糙、虚假或带有调侃、反动、迷信、暴力、凶杀等倾向的庸俗化和灰色化信息。据有关专家调查，因特网上非学术性信息中，47% 与色情有关。而且目前在网络上形形色色的 X 级影片的音像剪辑镜头大肆流通，有许多专门提供色情服务的网站，如世界上著名的色情刊物《花花公子》，就以其合法的身份在美国进入互联网，更有一些人出于不良的目的将垃圾信息发送到他人信箱里。大学生置身于网络中，犹如进入信息的海洋，各种各样的信息混杂在一起，一些自制力较弱的大学生往往会出于好奇或冲动心理，刻意地去寻找一些色情、暴力信息。史密森学会博物馆是一个著名的博物馆，它在网络上开放了一个网址，但是一周的访问者不到 30 万人次，而《花花公子》的网址一周的访问者达到 470 万人次，是前者的 16 倍左右，其中，青年学生占相当大的比例。

此外，互联网上还存在许多有违道德规范的现象，如有人在网上释放病毒、向他人电子邮箱里投放“电子炸弹”，甚至利用黑客技术获取他人隐私，只有少部分人认为有必要在网络上遵守“诚实守信”这一社会公德。显然，这一切无疑会对他们现有的道德观念产生冲击，造成道德观念的偏离。

互联网的隐匿性直接导致大学生不道德行为和违法犯罪行为。在一人一机的环境下，青少年不需与其他人面对面地打交道，从而没有传统社会的熟人圈子去对人的行为进行约束。同时，网络技术使人们的身份可以变成电脑上的一串字符，任何人都可以随便用不同的名字、性别、年龄与人交流而不会被人察觉。据统计，目前计算机犯罪大约只有 1% 被发现，而且这 1% 中，只有 4% 会被指控。网上的不道德行为日益增多，网络的隐蔽性特征使网上的犯罪层出不穷，侵犯知识产权、恶意制造计算机病毒、黑客入侵等案件逐年增多。

3. 导致大学生沉迷网络的原因

首先，大学生有着天然的、自发地积极探索外部世界的心理倾向。面对新事物趋之若鹜。而上网聊天、交友、网恋与网络游戏则是大学生获得理解的一种途径。青年学生的心理不成熟，对一些不健康的网站和游戏常常抱着好奇心看看，结果一发而不可收，沉溺于其中。

其次，在校大学生的学习压力大，精神长期紧张，在人际交往中经常出现阻碍与困惑，另外孩子和父母之间也常常缺乏交流。这些都导致青年学生处于一种生理和心理的苦恼期，长期受压抑需要一条途径加以宣泄，而上网无疑是较为方便的途径。

再次，我国目前性教育滞后，大学生生理上趋于成熟，性欲望与日俱增，但性心理却极为不成熟，对性普遍存在神秘感。在这种心理驱使下，极易受不健康的网站和游戏的诱惑而不能自拔。

青年学生沉溺于上网，尤其是黄色网站，危害极大。首先会使他们迷失于虚拟世界，自我封闭，与现实世界产生隔阂，不愿与人面对面交往，久而久之，会影响他们正常的认知、情感和心理定位。还可能导致其人格的分裂，不利于青年学生健康人格和正确人生观的塑造。

迷恋网络还可能使青年学生上瘾。一旦离开网络，便会产生精神阻碍和异常等心理问题。表现在日常生活和学习中，就是举止失常、神情恍惚、胡言乱语，性格愈加怪异等。对此，要积极加以教育和引导。

4. 如何引导大学生正确对待网络

首先，父母应积极与孩子进行平等的交流沟通，加强对孩子的精神关怀。家长应该积极与孩子进行平等的交流沟通，去了解他们的内心世界，了解孩子所需与所想，给孩子以精神上的关怀、理解与安慰。如家长可经常与孩子聊他们感兴趣的事情，共同参与孩子感兴趣的有意义的活动，尊重孩子的认知，满足孩子对精神之爱的需求，减少孩子上网的欲望。

其次，积极采取措施转移孩子注意力，将他们的求知欲引向正确的轨道。家长、老师应设法引导青年学生的求知方向。从青年学生积极向上的心理特性出发，帮助其树立起远大的目标，培养其高尚的情操，加强其自控力。如学校经常性地开展各种文体活动，长期主办各种兴趣小组，针对学生的特长与兴趣，举办各种特色培训班，积极鼓励其参加社会实践活动和各种有益的夏令营等。有意识地将青年学生的视线从网络上转移。

第三，开展正常的性知识教育，消除他们对性的神秘感和苦闷。家长和老师可通过适当方式，对其进行一些性知识的教育讲解。对于孩子在成长过程中出现的性生理现象和性困惑，切不可因觉得不便谈而敷衍了事。在性教育方面，学校应及时开设正式的性知识教育课，以消除他们对性的神秘感和苦闷。使他们对性有正确的认识，以消除其对黄色网站的热衷。

第四，大学生应加强自身的心理品质与控制力。首先大学生自身应树立一个坚定正确的奋斗目标，以此为动力培养自己的控制力与忍耐力。加强自身情操的陶冶，对一些生活中的困惑，要积极与外部沟通，寻求父母、老师、朋友等外部支持。如想上网，可有意识地转移目标，如找本书看看，参加一些自己热爱的活动。如不能立即戒掉网瘾的话，可逐步地减少上网的次数与时间。上网时，应有意识地克服自己的好奇心和欲望，避免上黄色网站。如自己难以控制自己，还可让家长与同学参与进来监督自己。

第五，家庭和学校应进行经常性沟通，建立起有效的监控系统，控制有网瘾的孩子的作息时间，以此构建一个良好的外部小环境。

从心理学角度来说，外部环境对青年学生的性格形成与发展有重大影响。而对于有网瘾（发达国家将每天上网 4 小时者称为患上网瘾）的青年学生来说，找心理医生是必不可少的。

三、网瘾对大学生的危害与戒除

1. 网络成瘾对大学生的危害

（1）网络成瘾对大学生生理的影响

青年学生患上网瘾后，开始只是精神依赖，随后便发展为躯体依赖，长时间地沉迷于网络可导致情绪低落、视力下降、肩背肌肉劳损、睡眠节奏紊乱、食欲不振、消化不良、免疫功能下降。停止上网则出现失眠、头痛、注意力不集中、消化不良、恶心厌食、体重下降等。由于上网时间过长，大脑高度兴奋，导致一系列复杂的生理变化，尤其是神经功能紊乱，机体免疫功能降低，由此诱发心血管疾病、焦虑症、抑郁症等。

（2）网络成瘾对大学生心理的影响

长时间上网会使大学生迷恋于虚拟世界，自我封闭，与现实产生隔阂，不愿与人面对面交往，久而久之，必然会影响大学生正常的认知、情感和心理定位，甚至可能导致人格异化，不利于大学生健康人格和正确人生观的塑造。网瘾患者一旦停止上网便会产生上网的强烈渴望，难以控制对上网的需要或冲动，这种冲动会使其生活、学习时注意力不集中、不持久，记忆力减退；由于长期进行视觉形象思维，会导致逻辑思维活动迟钝，对日常工作、学习和生活兴趣减少，与现实疏远，为人意气消沉，缺乏时间感。因不能面对现实，会产生情绪低落、遇事悲观、态度消极等现象，甚至导致精神障碍、心理异常等问题，在日常生活、学习和工作中常常表现得举止失常、神情恍惚、胡言乱语、性格怪异。

（3）网络成瘾对大学生道德的影响

网上的世界既是现实世界的延伸、又是现实世界扭曲的表现。现实中的事物，在网上容易被夸大，甚至会变为相反的东西，这就容易使大学生产生角色混乱。

网络是一个“身份丧失”的地方，在网上你不仅可以匿名，而且还可以隐藏充斥着有关色情、暴力、赌博、迷信等不健康的东西，容易刺激大学生的感观，产生诱惑。对涉世未深的大学生来说，他们本来就缺乏判断力和识别力，加之缺乏道德自律，现实中的世界都容易使他们感到迷茫，更何况是没有坐标的虚拟网络世界，这无疑对他们健康的社会性发展是一个严峻的挑战。

网络游戏大多以“攻击、战斗、竞争”为主要成分，长期玩飙车、砍杀、爆破、枪战等游戏，火爆刺激的内容和场面容易使游戏者模糊道德认识，淡化虚拟游戏与现实生活的差异，误认为这种通过伤害他人而达成目的的方式是合理的。一旦形成了这种错误观点，便会不择手段地去欺诈、偷盗，甚至对他人施暴。

目前，因为玩网络游戏而引发大学生道德失范、行为越轨，甚至走上违法犯罪道路的例子很多。所以，网络里虚拟的东西和不健康的内容一旦让大学生产生了依赖，沉溺于其中，必然会阻碍其建立正确的认知和健全人格的形成。

（4）网络成瘾对大学生行为的影响。

网络成瘾的大学生最为直接的危害是影响了正常的学习，使他们不能集中精力听课，不能按时完成作业，成绩下滑，丧失学习的信心和兴趣，甚至会发展到逃课、辍学。网络中各种不健康的内容，也可造成大学生自我过分放纵，使法律及道德观念淡薄，人生观、价值观扭曲。

患有网瘾的大学生，为了能上网，他们不惜用掉自己的学费、生活费，不惜丧失自己的人格和自尊向人乞讨，在外借钱，在家欺骗父母，甚至会发展到偷窃、抢劫，最后走上违法犯罪的道路。

2. 网络成瘾的本质特征

耐受性增强，即上瘾者要不断增加上网的时间才能获得和以往一样的满足；出现戒断症状，如果一段时间（从几小时到几天不等）不上网，就会变得焦躁不安，不可抑制地想上网，时刻担心自己错过什么；上网频率总是比事先计划的要高，上网时间总是比事先计划的要长；企图缩短上网时间的努力总是以失败而告终；花费大量时间在与互联网有关的活动上，比如聊天交友、网恋、玩网络游戏、整理和编辑下载大量的文件视频和观看电影等；上网使其社交、学习、工作等社会功能受到严重影响；虽然能意识到上网带来的严重问题，仍然继续花大量时间上网。

如果有三项或三项以上符合上述特征，那就属于网瘾综合征。

而网络成瘾综合征主要的诊断标准为：对网络有一种心理的依赖感，不断增加上网时间；从上网中获得愉快和满足，下网后则感到不安、焦躁；以上网来逃避现实烦恼；否认过度上网有害；每周上网至少 5 天，每次至少 4 小时。一个人的上网行为，符合其中的任何三项，即可以判定为网络成瘾综合征。

3. 大学生应如何避免网络成瘾

世界卫生组织对疾病进行过定义，定义疾病时，必须注意到两个要素：疾病是病人所处的一种具有不利结果的、具有危险性增加的状态。对疾病的治疗就是阻止和缓解这种不利的结果。这个定义最关键的要素是“危险性”。根据这样的定义，结合大学生网络成瘾的特征和危害，我们可以把它叫作“病”。矫正大学生网络成瘾综合征，就和治疗其他的疾病一样，关键是要消除它的危害。

对于大学生网络成瘾的矫正，我们必须预设两条原则：一切矫正活动，必须要有利于大学生的成长；任何矫正措施，不能停留在禁止上网，而必须指导大学生正确地使用网络资源；这是两个基本原则。

第一步，远离网络世界。网络成瘾的一个特征就是患者不能自主控制自己的上网行为，也就是说，自己能够意识到网瘾的危害，也希望减少上网时间，但是又无法控制自己的上网行为。为了帮助他们从网瘾之中走出来，最有效的办法就是远离网络世界，把他与网络世界彻底隔离开。强制隔离，可能不是最好的戒除方法，但肯定是最有效的。

第二步，加强体能训练，培养自控能力。网络被家长和学校视为“洪水猛兽”，无外乎是因为网络影响到大学生与外部世界的交流和沟通，阻碍了大学生的社会化进程，扭曲了大学生的价值观、世界观，甚至会诱发各种犯罪活动。在网络出现之前，电子游戏机、黄色书刊同样因影响到大学生的健康成长而三番五次地遭到取缔和查封。

为了从生理上达到控制网瘾的目的，可以对其进行平托掌（训练学生注意力集中、控制手臂肌肉群的协调能力）、慢下蹲（增强大脑的中枢神经控制力）、蛙跳（增强意志力）等多种有效的体能训练项目，对于培养学生的自控能力确实可以起到积极的作用。

第三步，转移兴趣。对中度和重度的成瘾者而言，单纯的强制性措施对他们戒除网瘾的有效性相对有限。要更好地戒除网瘾，应从“成瘾者”自身入手，在脱瘾治疗后进行心理康复治疗，才能摆脱对网络的心理依赖，最终戒除网瘾。心理康复不管用什么方法，最终就是要使患者的注意力从虚拟世界转移到现实世界中来，大学生之所以迷恋网络，很大的原因是他们通过网络得到了现实中得不到的满足。选择心理康复治疗方式，一定要让大学生感兴趣，足够把他们拉回到现实中来，并且有利于大学生健康成长的活动。

第四步，沟通交流。戒除网瘾，但不是要戒除网络。网络已经成为我们学习、生活和工作的必需品，想躲也必然是躲不开的。在这一阶段我们要有意识地给他们布置一些任务、指导他们利用网络的帮助来完成任务。使大学生树立一个基本观点，就是网络是工具，可以帮助我们做很多的工作，而不仅仅是用来娱乐。一开始对其上网时间要“管理”，以完成任务为限度。慢慢地，任务越来越复杂，给他们上网的时间要适当延长。

4. 大学生应如何戒除网瘾

第一，要正视危害。沉迷于上网，尤其是沉迷于黄色网站，危害极大。它会使人迷失于虚拟世界，自我封闭，与现实世界产生隔阂，严重影响学习，甚至中断学业。久而久之，还会影响正常认知、情感和心理定位，导致人格的偏离，甚至发生意想不到的可怕后果。有的因上网成瘾，神情恍惚，人格扭曲，无心读书，中途辍学；有的无钱上网，拦路抢劫，偷窃财物，导致违法犯罪；还有的连续几天几夜泡在“网吧”，不思食寝，过度疲劳，猝死在“网吧”。即使上网没有成瘾的人，如果每天 12 个小时坐在电脑前面，很可能会让自己少活 10 年以上时间。

第二，科学安排。发达国家将每天上网超过 4 小时，称为网瘾，预防或戒除网瘾，很重要在于自己能科学合理安排上网时间和内容，尤其要为自己约法三章：一是控制上网时间。每周最多 2—3 次，每次上网的时间一般不超过 2 小时，且连续操作 1 小时后应休息 15 分钟。尤其是夜晚上网时间不能过长，就寝前一定要提前回到宿舍，按时睡觉。二是限制上网内容。每次上网前，一定先明确上网的任务和目标，把要完成的具体任务和内容列在纸上，按需点击，不迷恋网络游戏，坚决不上黄色网站。三是准时下网。上网之前，根据任务量限定上网时间，时间一到，马上下网，不找任何借口，不原谅自己，不宽容自己。

第三，请人监督。戒除网瘾，寻求别人的支持和帮助非常必要，最好的办法是找到一个人帮助你克服这个问题。这种支持可来自同学、老师、朋友和家庭，可先向他们讲明自己控制上网的计划，请他们监督；当网瘾出现时，请他们及时提示，帮助克服。

第四，预防为主。对于每个人来说，特别是大学生，一旦患上网络成瘾症，要戒除是会很困难。因此，预防是治疗上网成瘾的最好良方。

一是提前打好“预防疫苗”。社会、学校和家长都要通过各种宣传途径，使大学生看到上网好处的同时，也要使其看到可能带来的危害；采取各种有效的方法，坚决杜绝大学生上黄色网站，控制不玩或少玩网络游戏。

二是丰富日常生活。平时积极参加社会、学校等方面举办的各种有益活动；注意培养自己良好的兴趣、爱好；多与家长、老师和同学交往沟通，获得心灵上的慰藉与成长。

三是及时遏制上网有瘾的苗头。当你出现上网有瘾的苗头时，应立即采取有效措施，及时控制自我，决不宽容自己，以防止上网成瘾症发生。

第五，寻求帮助。当你自己无法解决上网成瘾问题时，一定要积极主动地寻求专业人员的帮助。

一是可以找心理咨询师进行心理咨询，心理咨询老师有助于帮助你走出上网成瘾的困惑。

二是可以参加团体心理训练，这是戒除网瘾的一种很有效的方法。团体训练是多种咨询理论的综合利用，通过丰富多彩的群体互动活动，对你产生感染、促进和推动作用，帮助你改变认知，改变心态，获得心理上的提升，同时学会制定自我管理的行为契约，根据目标行为完成与否进行正强化或负强化。

这种相互监督的契约是对各自上网态度与行为的承诺，由于这一承诺是在群体中做出的，那么遵守它的动机与压力就强多了。因此，参加团体心理训练对于预防或戒除网瘾会有显著的效果。

第三节　网络的陷阱与安全

一、避免各类网络陷阱

1. 避免网络长话诈骗

伴随计算机及互联网的普及，网上长话诈骗活动越来越多。大学生要擦亮眼睛，谨防上当受骗。

另外，一些“黑客”埋伏在某些网站外，用户一旦登录这些网站，用户的个人信息如上网账号、密码等就都有可能被这些“黑客”盗取。

为此，我们在电话拨号上网时，若有国际长途直拨功能应加锁限制，最好经常更换密码，不要浏览色情网站，不要随便下载陌生、不知名的软件特别是拨号软件，因为这类软件都是自动执行安装，一旦点击下载其内容，电脑会出现二次拨号或者被对方控制在特定时间自动拨号，拨叫号码通过长途电话线路重新拨号到外国网站上，变成通过国际长话上网，用户在浏览网上内容的时候，高额国际长途话费同时产生。一些大学生沉溺于网络游戏、上网聊天乃至色情网站，已成为网络陷阱的受害者。

2. 避免网络聊天诈骗

随着互联网的发展和普及，利用网络聊天进行诈骗的犯罪活动日益猖獗，上网聊天本是现代社会交友联络的好方式，有人却利用网络聊天进行诈骗。大学生要增强法律意识和自我保护意识，谨防上当受骗。

大学生在网上聊天时，不可轻易相信网友承诺的约见，不要把自己家的网络、银行卡、信用卡账号和密码、泄露给别人；不使用网吧的电脑进行网上购物、支付等操作；登录网上银行时，要注意核对网址，留意核对所登陆的网址与协议书中的法定网址是否相符。对来历不明的短信或邮件提高警惕，如果接到类似电话、短信或邮件可直接联系发卡银行进行确认。

3. 避免网络短信诈骗

网络短信诈骗就是诈骗者利用网络群发短信的便利条件进行诈骗活动。

事实上诈骗团伙的手段并不高明，但由于消费者的粗心大意或是贪小便宜，给了不法分子可乘之机。大学生的风险防范必须从细节做起，时时警惕。另外，也需要对当前的主要诈骗手段有所了解，知己知彼，方能安全无风险。对于网上购物，首先应确定其可信度，应尽可能选择知名度较高的网站。其次应注意通过多种途径了解商品性能、价格，再购买。最后网上购物应索取购物凭证或保存交易协议或电子版凭证，收货时更要当场验明“正身”。

4. 避免网络交友诈骗

网友，已成为现在一个非常普遍的概念，是人们对那些通过在网络上聊天、探讨问题所结识的朋友的称谓。互联网的出现拓展了人们的交往空间，也因此改变了一些人的交友方式。但是，大学生在网上聊天、交友，需要保持警惕。

网上交友聊天某种程度上能够释放学生在学习中的紧张情绪，丰富学生的精神生活，我们不应全盘反对。但是，学生务必小心网上陷阱，在网上交友时应做到不要向网友说出自己的真实姓名、地址、电话、学校名称、密码等个人信息；不与网友见面，如非见面不可，也一定要去人多的场所见面，切不可去宾馆、私宅等处见面；对网上求爱者不予理睬；对谈话低俗的网友，不要反驳或者回答，应立即离开该聊天室，从此不再理他，也不要再用过去的网名上网。

5. 避免网络广告诈骗

网络广告诈骗就是网络骗子为了自身利益发布的损害消费者利益的虚假、违法广告。网络广告诈骗主要有：诱饵广告、虚假广告、滥用名人肖像的广告、违反行业规定的广告等等。

由于互联网的鲜明特色，使得网络诈骗具有多发性、隐蔽性、强攻击性等特点，网络诈骗一旦发生，网民和社会管理工作者很难防范与应付，这就需要大学生时刻提高警惕，加强防范措施，最大限度地避免诈骗广告给自己带来的损害。

6. 避免网络“黑客”诈骗

“黑客”本来是一些操作计算机的高手，“黑客”远隔千里就可以控制你的电脑，木马病毒会把你的电脑的秘密全部传送给“黑客”，然后你的秘密可能就会毫无保留地被查阅，包括你的账号密码等。

有些“黑客”往往在自己的主页上制造种种借口，或以大奖作诱饵，要求访问者留下自己的网上用户名、账号、密码、信用卡密码等个人敏感信息。网络黑客的骗局有很多，骗子的花样可能也会层出不穷，对于大学生来说，最主要的就是要保持冷静，保持自己健康的心理，不贪图便宜，同时不要轻信别人，也不要轻信网络上五花八门的宣传。

二、预防网络犯罪

随着互联网的迅猛发展，网络已经成为人们日常学习和生活不可或缺的一部分。网络为人们提供了丰富的信息资源和广阔的学习空间，成为人们增长知识、开阔视野、休闲娱乐、互动交往、展示自我的重要平台。近年来，大学生网络犯罪数量逐渐上升，根据大学生网络犯罪的现状可以归纳出大学生网络犯罪主要有 5 种形式。

1. 用计算机网络进行网上欺诈交易

网购在人们现在的生活中占据着越来越重要的位置，同时，电子商务业正在大比例地取代传统的买卖双方见面的市场交易方式，在这种虚拟的网上交易中，消费者通常只能借助网络了解商品信息，通过电子银行进行结算。这就给大学生网络犯罪提供了很多可以钻的空子，大学生的网络欺诈交易主要都是通过网络商务活动进行,如开设网络商店,建立拍卖网站等等。例如，2012 年 2 月，韩国偶像团体 SUPERJUNIOR 在台湾进行演出，在距离演唱会开始还有一个多月，门票就已销售一空。但是网络拍卖网站上却有账号名为 HELLEOBABY 的网友在拍卖门票，有粉丝毫不怀疑地汇款三万要买十张，没想到钱汇进去却迟迟收不到门票，最后报警处理，警方查出涉嫌诈骗的网友竟然是一名就读于太原某技校的女学生张某。张某坦承之所以会犯案是因为太想买名牌，但缺钱用才出此下策，其得手的三万元钱也在短短一天内就全部花光。

2. 利用计算机网络进行盗窃等侵害他人财产的犯罪

网络自身并不是无懈可击的，也存在着各种漏洞和缺陷，大学生利用自己丰富的计算机知识和高超的计算机技术，通过网络非法侵入他人的计算机，获取他人的个人信息，侵害他人财产，入侵他人金融账号进行盗窃或使用他人账号进行上网的犯罪。

3. 利用计算机网络传播淫秽信息

网络上关于淫秽、色情的信息有很多，调查显示网络中有 47% 的非学术信息与色情有关，每天约有 3 万张色情图片进入互联网。而大学生正处于一个情绪易波动的年龄，面对淫秽色情信息的抵抗力较低,容易发生通过自己的技术建立色情网站进行传播淫秽信息的违法犯罪行为，酿成大错。

4. 利用互联网散布反动言论，危害国家安全

网络信息量巨大，但是其中内容良莠不齐，有很多腐朽没落的思想文化混杂其中，非法分子往往利用互联网的这一特点散布传播非法消息，通过技术软件进行造谣、煽动，影响社会稳定与民族团结。大学生是一个易于冲动的群体，容易被冲动控制情绪从而被非法分子利用，相信谣言或被腐朽文化逐渐侵蚀，影响正常的思维方式，从而在网上利用互联网散布反动言论，增强歧视和仇恨，破坏民族团结，影响社会稳定。

5. 制造网络病毒，造成社会恐慌

大学生法律意识淡薄，往往出于炫耀自己的目的，开发出一些病毒，通过其造成的严重后果以显示自己的能力，而且意识不到自己的行为已经严重危害了社会的安全。大学生好奇心强，容易接受一些新观念，但又涉世不深，缺乏必要的辨别能力，容易受到各种不良信息的侵袭，走向违法犯罪。

三、增强网络安全意识和保护

大学生不仅要善于合理地使用网络中的有益资源，而且要树立起自我保护意识，掌握自我保护的方法和能力。对网络中的各种潜在威胁、伤害、陷阱保持警觉，当遇到各种威胁时能成功处理或避开，以免遭受伤害和损失。

1. 警惕不良信息

网络中出现的暴力、恐怖、色情、迷信、邪教、反动信息，既对青少年的身心发展不利，也会扭曲大学生的正确思想。大学生在网络中应该明辨是非，分清善恶。不主动浏览含有此类信息的网页。如果无意中接触到这些信息，应该及时关闭相关网页，并不再到类似网站浏览。如果因为浏览这些信息，情绪受到影响，应该将情况告知父母或老师，通过他们的帮助来调整自己的心情。学会使用保护软件来预防一些不良信息网站的侵害。在个人邮箱、博客等网络空间及时删除不良信息。坚决抵制网络暴力等会给他人造成影响和伤害的违反法律的行为。

2. 慎重结交网友

网络交友有它的危险性。因为网络的匿名交往，使得交往的双方都有很强的隐蔽性，有时双方提供的信息真假难辨，使得双方很难真实地了解对方。如果交往的一方别有用心，另一方还会收到各种不良信息，甚至上当受骗。

建议在与网友进行网络交往时，应保持必要的警惕，不要轻易相信网友提供的资料，要小心求证。做到不随便与陌生网友见面，如果要见面，应该选择和自己长期网上交流的网友，且对网友的实际情况有准确了解；做到不孤身去异地见网友；做到在受到网友的骚扰、威胁、恐吓时，及时与其断交，可以向父母、老师、朋友寻求帮助。

3. 保护个人信息

在网络中泄漏个人隐私可能带来难以预料的后果，因此，对于不愿公开的秘密要妥善管理，即使有密码保护也不将个人的私密信息放在网络空间，不在网上随意泄露自己、亲人、朋友的信息。

如果自己的私密信息或者自己不愿传播的内容被偷窃在网络上传播，对自己造成了伤害，应该及时寻求父母、老师、朋友的帮助，如有必要可以报警。

在网吧或者公共场合使用网络时，及时删除登录个人联号的密码。

掌握网络安全知识和技能，配置防火墙，定期升级病毒防护产品。

特别提示，网络属于公共空间，在网上友布的信息即使有密码保护也可能会被别人看到，信息一旦上传到网络，有可能广泛传播，并且可能难以彻底删除。

第四节　学会正确运用网络

近年来，随着计算机网络技术的飞速发展和大学生电脑使用的普及，我国网民的数量在迅猛增长。网络被应用于工商业的各个方面，学校远程教育、政府企业日常办公乃至现在的网络社区，很多方面都离不开网络技术，可以不夸张地说，网络在当今世界无处不在。

网络的普及给我们的日常生活乃至工作带来了极大便利。首先，扩大了大学生的交际范围。网络文化的全方位、多层次和迅捷性等特点，使大学生开阔了视野，及时了解时事新闻，获取各种最新的知识和信息；其次，有助于缓解学习压力，不断补充我们的精神食粮；第三，可以满足大学生的心理需求。学校正式组织的教育不可能满足学生的全部需要，而大学生可以通过网络来展示个人才能、宣泄情感、传递信息、增添情趣等，体味现实生活中无法满足的需要；第四，促进了大学生的个性张扬。例如，如今流行的网络社团所衍生的新型文化所表现出的开放、自由、互动，使大学生拥有一个自我选择的机会去感知社会、了解社会、认识社会，可以尽情挥洒个性的真与假、善与恶、美与丑。

一、应对挑战，培养正确心态

网络的使用者必须客观地把握、评价网络媒体对我们的影响，不过分迷恋网络媒体，这是我们对待网络的正确态度。网络人际交往应当是现实人际交往的适当补充，使人与人之间的联系更加紧密而不是更加疏远。但是，网上的虚假信息太多，这就要求我们树立良好的网络使用心态，增强辨别能力，不受各种非主流思想的影响，而应该以开放的、正常的心态来对待网络媒体的挑战。

二、加强预防，防患于未然

面对网络文化的挑战，我们不能因噎废食、关闭网络、断绝交流，而应高度重视，防患于未然。随着计算机的普及，网络在许多方面发挥的作用可以与报纸、广播、电视这三大传统媒体相抗衡，被称为“第四种媒体”。人们可以通过计算机网络通信、购物、阅读、交友等，使相互间的距离越来越近，人们也越来越亲近这个新生的伙伴。但同时，计算机网络的传播特性造成信息泛滥，各种信息垃圾会弱化大学生的心理意识。计算机网络像一只无形的魔掌，暗中控制着自制力较弱的大学生。大学生网民对自己可能会出现的心理困扰要提前预防，减少甚至清除这些影响自己心理健康成长的传播途径和影响渠道。最实际的办法就是防患于未然，做好预防工作。在自己出现网络心理困扰的征兆时，就积极采取措施，提醒自己正确对待现实生活中的困难、矛盾，对周围事物保持清醒、客观的认识。

三、面对困惑，正确对待

传统媒体的信息传播方式是单向的，即传播者将信息主动推给受众，受众处于被动的地位，与法律、道德相悖的内容易于被控制，使之不能传播。而网络传播则将这种单向传播方式改变为双向传播，受众的主体地位得到体现，他们可以主动获取自己所需要的信息。自制力较弱的大学生往往会出于好奇或冲动心理刻意地去寻找一些色情、暴力信息。这种色情信息的影响，对大学生心理成长极为有害。

面对这些困惑，我们应该把自己的注意力从网络转移到其他感兴趣的事情上去，如听听音乐、看看电影、跳跳舞、打打球、找同学朋友聚会等，以冲淡网络对自己的“向心力”。

四、加强修养，自律自警

当前，网络给人们带来文明进步的同时，也有相当大的负面效应。垃圾邮件、色情传播、暴力恐怖、网上犯罪不一而足。上网聊天时常会听到颓废消极、不负责任的言论，直接影响大学生的认知、情感、心理。

首先，大学生对反动、色情、迷信的信息应自觉地不看、不听、不信。对这些精神“毒品”，不要抱着好奇、试试看的心理。虚拟的世界连着真实的世界，影响着每一个坐在电脑前的人，一个有正义感、有责任感的人，在生活中会处处以负责任的态度行事，主持正义，反对邪恶。

其次，大学生参与电脑娱乐和网络游戏，要掌握好一个度。某大学一年内退学试读和转学的学生 237 名，80% 以上是因为过度沉迷于电脑娱乐和网络游戏。偶尔玩玩，未尝不可，一旦沉迷，每日几小时、十几小时搭进去，就会荒废学业。

五、积极求助，达到自助

有研究表明，网络成瘾者每周使用网络时间平均 38.5 小时，而非成瘾者仅为 4.9 小时；83% 的网络成瘾者是开始使用网络一年内出现症状的；网络成瘾者中 78% 是使用聊天室、网络游戏和新闻组这类偏重双向沟通的功能，而非成瘾者上网多数出于工作或学习的需要，是将网络视为工具；网络成瘾者普遍认为使用网络对他们的学业、人际关系、经济状况和职业造成中等或严重影响，但又普遍忽视网络成瘾给身体带来的危害。

当出现“网络成瘾症”、“网络侵害”、“网络诈骗”和“网络骚扰”等网络传播的伴生品对身心健康产生危害与威胁，而自己不能走出心理误区的时候，就应该积极求助于他人，包括老师、家长、心理医生、同学、朋友等。通过找同学朋友倾诉、向心理医生咨询等手段，释放网络心理压力，缓解心理痛苦，形成健康向上的心理状态；也可以利用电话、网络等进行远程心理咨询，特别是可以向许多比较好的心理咨询网站了解有关心理健康方面的知识，同时还可以进行网上预约，通过网络解决网络心理问题。这些都是大学生网民培养良好网络心理的好途径。

通过求助，大学生还必须最终完成从他助向自助的过度。通过对网络心理健康的理解和网络心理咨询，形成面对信息泛滥的互联网时能够培养良好的心理，并通过完成网络心理健康教育与调适，提高自我心理素质，最后达到自己帮助自己走出心理困惑。这就是他助向自助过度的心理调适过程。这个过程很艰巨，也很漫长，但这是当代大学生心智健康发展的必由之路。

对大学生而言，网络是一把“双刃剑”，它既不是虚拟的伊甸园，也不是潘多拉的盒子。点击网络，文明与污染随着鼠标的移动而展现，既有灿烂的阳光，也有黑暗的角落。作为大学生，要提高自身的分辨力，自觉规范上网行为，培养良好的网络道德，在挖掘网络深层知识的同时，掌握其实际运用意义，利用网络作为自身腾飞的翅膀，而不是成为它的俘虏。

大学生网络购物受骗案例及分析

案例背景

2013 年 4 月，四川某大学商学院大一学生杨雨同学在淘宝网上购物后，收到 QQ 消息的加好友提示，便同意将其加为好友。对方自称是店家，声称货物有瑕疵，需核实信息以便退款，杨雨同学不假思索地配合“店家”。首先收到“验证是否为本人操作”的验证码（其本质是淘宝账号的修改密码验证码），得到验证码后的“店家”首先修改了杨雨同学的账号密码（导致杨雨同学不能登录淘宝账号），同时掌握了其用户信息，并通过所得到的信息，取得杨雨同学的信任；然后杨雨同学在“店家”的循循引诱下输入了银行账号，并在支付宝的备注里输入了银行密码，当“店家”询问其卡上余额时，杨雨同学微有纳闷，但仍未怀疑；当收到银行的验证信息“尾号为 ×× 的卡将支出 ×× 元”时，杨雨同学略有迟疑，在反问对方未成功和压力式“逼问”下，杨雨同学情绪一烦躁便将验证码脱口而出。最后，杨雨同学银行卡被扣除 800 元，仅剩 20 多块零头。同月，商学院另外一名大一学生在淘宝网上购物后，也被不法分子利用类似的手段骗走 900 多元。同期该校其他学院学生中也有部分同学成为网络诈骗的受骗者。

案例分析

网购作为新型的购物方式，以独特的购物理念和便捷的特点而颇受当代大学生青睐。然而不法分子却利用网购这一平台，发布大量的虚假信息欺骗消费者。大学生因社会经验不足，思想单纯，鉴别能力有限和对网络信息的真实性把握得不够完整，往往成为网络中的受害者。

本案中杨雨同学网络受骗的现象普遍存在于当代大学生当中：虚幻的网络爱情，网站发布的虚假“中奖”消息，高薪的网上招聘兼职信息……无不昭示着大学生是网络“杀手”的主要攻击对象。看似偶然的网络上当受骗事件，背后也蕴藏了一些大学生网络受骗的共同原因。

首先，在当今社会的宏观背景下，网络发展迅速，第三方支付系统已经成为网络交易中的一个重要环节，它在为网络交易提供安全保障的同时，自身也易被不法分子利用，不自觉地充当了“钓鱼”的工具，至今仍未有一个有效的机制能够防范和处置网络诈骗。对不法分子而言，网络诈骗的成本低，有关部门监管的难度较大。当受骗以后，大多数网友选择忍气吞声，并未进行举报，致使诈骗行为日益猖獗。

其次，大学生对自我信息和隐私保护意识较低。本案中杨雨同学当收到陌生人请求添加好友的提示后，她并未认真对对方的身份进行认证和核实，便将其加为好友，这是防范意识差与轻信他人的表现，交谈过程中将个人账户的淘宝验证码、银行卡账号、密码等信息泄露，让骗子有机可乘。不仅在网络交友中，现实生活中，许多大学生因轻信他人而被骗的事件也屡屡发生。

再者，部分大学生缺乏一定的网购常识。根据淘宝网上购物的交易规则，退款时并不需要输入确认为本人操作的验证码，同时，在交易成功以后，正常的交易也不会再次输入支付宝密码，需要多次输入银行卡或支付宝密码的情形一般都为钓鱼网站。

本案例中，杨雨同学的对自我信息的保护意识和防骗的警惕性较低。在收到货物有瑕疵的信息时，应首先通过淘宝平台进行核对；在出现不能登录淘宝账号时，她未能及时核实出现的问题并与之前的输入验证码操作相联系；同时，没谨记在输入银行卡和支付宝密码前要注意交易环境和交易网站，对基础设施状况及交易安全可靠性进行检查；当“店家”询问余额时，杨雨同学虽有疑问，但没有及时停止行为和向身边同学请教解决办法，这进一步使事情的发展恶化。同时，做事冲动、情绪化直接促使了事件的发生。在收到银行的验证信息“尾号为XX的卡将支出XX元”时，杨雨同学能反问店家，说明其在一定程度上认识到这件事可能含有欺骗成分，若此时悬崖勒马，将避免个人财务损失，但其却因一时的烦躁而将验证码脱口而出，最终为自己的疏忽与轻信付出了代价。

最后，网购被骗后，杨雨同学应采用法律武器维护自己的权益。可根据《网络商品交易及有关服务行为管理办法》等相关法律保障自己的权益，而不是任违法者逍遥法外。

案例总结和启示

1.大学生容易成为网络诈骗受害者的原因分析

透过本案中杨雨同学网络受骗的案例，可以看出当代大学生作为消费者时，社会经验缺乏，面对鱼龙混杂的信息，有时显得无能为力。究其原因，主要有以下几点：

网络监管有一定难度，其体制仍待健全，虽然一些网络购物平台提供了消费者申诉维权平台，但目前并未有一个具有较强实际意义的举报平台。

缺乏对新型诈骗技术的了解。当今社会不法分子进行诈骗的手段层出不穷，稍不留意，便易上当受骗。如若不时刻了解新型的诈骗手法，保持消息畅通，加强自卫技能的学习和训练，辨别真假便有一定难度。

当代大学生事物鉴别力有限、自我保护意识不强和社会经验不足是成为不法分子主要“攻击”对象的根本原因。他们对新生事物的接受能力较强，但缺乏足够的认识，一些居心叵测的人便会通过这些新媒体工具，进行欺诈等行为。

缺乏应有的网络相关知识。网络是虚拟性与复杂性的结合体，不论是网购，还是其他类型的网络交易，都应掌握其正确的流程，并检查网站的安全性与合法性，时刻保持警惕，当出现异常时，要及时向周围的同学求助。

大学生因法律知识的缺失或为避免麻烦等原因而未采取法律手段进行及时处理，这进一步加剧了不良分子对其权益的侵犯。

2. 常见的网络诈骗类型归纳

当今时代，以网络为媒介发布虚假信息实施诈骗的违法犯罪活动愈演愈烈，其主要手段有:

案犯通过淘宝、阿里巴巴等大型购物网站发布销售信息，以清晰美观的物品图片和低廉的价格为诱饵，骗取大学生订购该商品，并通过银行、邮政等方式汇出货款，待收到货款后便以种种借口拖延发货时间或要求再汇钱，最后却销声匿迹。

利用人们的贪慕心理，以中国好声音等综艺节目抽奖为由，并以公证员等身份引诱大学生领取奖品，借机诱骗受害人汇“个人所得税”“手续费”“邮资”等到指定的银行账户，收到钱后却杳无音讯。

抓住大学生渴望独立的心理，以轻松高薪的网络兼职为诱饵，让大学生刷信誉、代付刷钻等，骗取钱财。

冒充官方身份骗得大学生的信任从而获取验证，以钓鱼网站的形式或交易卡单等理由骗取银行卡号、密码、安装木马劫持网银等，从而将钱转走。

3. 学校、家庭和学生在提高学生网络防骗意识和能力方面的措施建议

面对错综复杂的网络安全问题，这个案例在做好安全防范工作方面给我们带来了一些启示。

学校层面。可利用入学教育等机会系统讲解安全和防诈骗知识，定期召开安全教育主题班会，加强学生个体防范教育，尽量消除安全隐患。也可以请一些有处理网络诈骗事件相关经验的警察通过生动的案例现身说法，开展防范技能的专门教育，加强学生的重视程度。

辅导员层面。经常走访学生，密切关注同学们的近期状况；加强与家长的联系，及时与家长进行学生的成长沟通，齐心协力，保障学生人身和财产安全；可通过形势教育课等机会加强对网络防骗知识的普及；充分利用新型媒体进行宣传：建立相关QQ群，微信群，安排特定的人，收集并分享一些新型的诈骗手段及相应的应对措施。

家长层面。家长应积极关注子女的成长，经常了解其生理和心理状况，朋友圈等，以了解其消费需求；对孩子的需求应适度地给予满足，当孩子有较大的金额支出时，应问清其真正用途，同时根据自身的社会经验，判断这当中是否存在孩子被诈骗等现象；即使子女不幸被骗，

也不应多责备孩子，而应配合学校和身边同学及时沟通，给予指导和积极乐观的鼓励，必要时可向心理老师请求帮助。

学生层面。平时常看有关报道和书籍，积累网购经验，增加自我保护意识和鉴别意识；不轻信不明网站，不随意在网上输入自己的个人信息，尤其是银行卡和支付宝账号、密码等；当自己的财产不幸遭到入侵时，应用法律武器来保护，尽量减少损失；遇事及时同父母、老师、同学商量，避免自身的判断失误；掌握一些应对网络骗局的常用方法，如：域名对比法、尝试输入法、网购的个人信息避免过于详细、被骗后立即冻结淘宝和银行卡账户等。

面对当今的信息时代，加强大学生的网络防骗教育刻不容缓，这需要作为学生工作者的我们充分利用身边资源、采取多种形式，对学生进行有针对性的教育，不断加强和改进当代大学生的安全教育模式，通过有效提高大学生的安全防范能力，防微杜渐，为大学生的健康成长营造良好的环境。

思考题：

1. 网络的可利用价值有哪些？

2. 谈谈如何避免网络陷阱？

3. 简述大学生网络成瘾的原因，及如何戒除网瘾？

4. 结合大学生学习实际，谈谈如何正确利用网络资源？

第十三章　大学生恋爱

典型案例

案例一：2013年5月16日晚，沈阳某高校一名管理系大三男生从女生寝室顶楼跳下身亡。据悉，跳楼男子孙某来自辽宁某县城，在校努力学习，在班上名次靠前，但不爱说话，性格内向。前日，孙某与外校的女朋友分手了，情绪异常，喝了不少酒。当时就被老师发现并有一同学寸步不离守护他。16日下午，孙某冲上女生寝室，去某楼层找“红颜知己”小影聊天，他趁守护同学的不备，情绪激动，关上门从顶楼纵身跳下……医生赶到现场时，孙某呼吸微弱，瞳孔已经放大，经抢救无效死亡。

案例二：“有女大学生根本不知道自己怀孕了，怀孕五个月了，肚子隆起来了才知道自己已经怀孕了，更不知道这个时候进行人流，会严重损害身体。”北方某省会城市和美妇产医院的妇科专家讲道，一些女大学生对于性健康知识的缺乏，往往让他们感到震惊和痛心。他们接待过一些不慎怀孕的女学生，她们竟对自己怀孕后做人流手术满不在乎：“人流可以帮助瘦身，不就是减肥吗，没什么关系。”

案例三：程某和高某郎才女貌，是校园里公认的一对。两人一度视对方为结婚对象，相约毕业找到工作就结婚成家。然而，曾经的海誓山盟因为就业问题发生逆转。本以为两人都能顺利找到好工作，但男女双方却机遇不同。优秀的高某考上了公务员，而程某却只被一家小公司相中，两人因为经济收入不相当而开始出现隔阂，加之身处两地，只有周末才能见面，开始渐渐地没有话讲，电话沟通的频率也越来越低，半年后，程某提出了分手。与以往大学生情侣一样，“00后”大学生也面临着毕业后两地分离，前途悬殊等问题，然而在就业竞争日益激烈的今天，这种“距离感”加速了校园爱情的触礁，有人出国深造，有人执意留守；有人高成，有人低就……在“00后”大学生看来，彼此的分歧与矛盾在这个阶段是不可调和的，与其苦苦维持，不如斩断情丝，各自从头再来。

前面提到的三个案例，分别涉及大学生恋爱案中比较常见的几个问题：什么是爱情，如何面对大学恋情？什么是失恋，如何做好恋爱中心理调控？什么是幸福，大学生应树立怎样的恋爱观？

第一节 大学生恋爱的现状

随着社会的变革，经济的高速发展，观念的迅速融合和碰撞，不同时代的大学生呈现了不同的心理状态和时代特色。“00后”的大学生是21世纪中国最具鲜明特色的一个群体，他们的生活环境、发展资源、知识结构、思维方式、处事态度、价值观念上，都明显带有时代转型期的特点。对于大学生而言，应该树立怎样的爱情观呢？有时候面对爱情与学业、事业之间的冲突，该如何摆正爱情在人生和大学生活中的位置；如果遭遇到恋爱的挫折，又该如何面对呢？

一、什么是爱情

所谓爱情是一对男女基于一定的社会基础和共同的生活理想，在各自内心形成的相互倾慕，并渴望对方成为自己终身伴侣的一种强烈、纯真、专一的感情。性爱、理想和责任是构成爱情的三个基本要素。性爱把爱情与人世间的其他情感明显区别开来，使爱情成为特殊的“情爱”。理想赋予爱情深刻的社会内涵，是爱情生长的内在依据。责任是对性爱和理想的升华，因此也成为爱情得以长久的重要保障。

第一，爱情具有自主性。无论是经他人介绍，还是父母包办，甚至是农村那种“娃娃亲”，最终还是完全由当事人自己决定，任何单位和个人不得以任何理由加以干涉。尤其是社会发展到今天，爱情的自主性就体现得更为明确。

第二，爱情具有对等性。旧社会男尊女卑，妇女地位极其低下，爱情不能自主，“平等更是无从谈起”。恩格斯说：“妇女解放是社会解放的天然尺度。”新中国的成立，不平等的婚姻制度开始逐渐土崩瓦解，在爱情上男女开始逐渐实现了真正意义上的平等。

第三，爱情具有排他性。爱情关系一旦确立以后，就不容许第三者插足介入，也不容许爱情当事人任何一方涉足成为第三者。

第四，爱情具有持久性。爱情是文学艺术创作的永恒主题。“在天愿作比翼鸟，在地愿为连理枝”、海枯石烂、海誓山盟、地久天长等，形容爱情忠贞的妙语佳句不胜枚举。爱情的神圣体现出爱情生活的终极关怀（或终极价值），所以古诗云：“问世间情为何物，直教人生死相许。”

第五，爱情具有道德性。婚姻靠的是法律和道德的双重约束，而爱情更多的是依靠伦理道德、风俗习惯来规范。这就需要当事人双方以更高尚的人格来维系。爱情是高尚的，从某个角度来讲，找到一份成功的爱情，其实就是成就了一项崇高的事业。

二、什么是爱的真谛

有人说，没有爱情的人生不是完美的人生。是的，爱情是人生的伟大要素；爱情是人类美好、圣洁的道德；爱情是人生的一面镜子。莎士比亚为爱情做了一个接近本质的说明：“爱情不是花荫下的甜言，不是桃花源中的蜜语，也不是轻绵的眼泪，更不是死硬的强迫，爱情是建立在共同基础之上的。”这里的共同基础是指两性之间建立在自然属性和社会属性基石上的互爱。自然属性和社会属性是爱情的两个基本因素，人的自然属性是爱情赖以萌生的生理基础，人的社会属性则是爱情得以发展的条件。正如恩格斯曾做过的形象解释，他把自然属性“体态的美丽”和社会属性“亲密的交往融洽的旨趣”等，视为产生爱情的重要前提。在现实生活中常常可以看到，沉浸在爱河中的人们有很多不同的表现：有的天长地久，有的稍纵即逝；有的平静似水，有的澎湃热烈；有的亲密无间，有的若即若离……无论这种表现有多么大的差异，但是总是有一些共同的特点，并且作为爱情实质的内容都蕴涵其间。那么，心理学中所看到的爱情的实质到底是什么呢？

1. 性生理和性心理的成熟是产生爱情的基础

从爱情的定义中就可以看出，性本能和对性的需要是爱情的基础和前提，没有性生理的成熟，就没有性的欲望和需要，再亲近的关系也不能称之为爱情；即便一个人的性生理已经发育成熟，如果性心理仍未成熟，也无法发展出真正的爱情。因此，幼儿园里的孩子中是不存在爱情的，但七八十岁的老年人却一定会有爱情的需要、愿望以及一定的能力。爱情发展到一定程度后，必然会有性的接触和活动。当前在一些杂志上流行的所谓“无性的爱情”和“无性的婚姻”是不可能存在的，“柏拉图式的爱情”也并不是真正意义上的爱情。爱情的最终目的是建立和维持稳定的两性关系，并通过这种关系去进一步加深彼此之间的爱慕和关爱。正因为爱情的这种性基础，而性又是人类的一种生物本能，爱情也就不可避免地带上某种生物属性。也是因为爱情的这种生物属性，使得爱情具有占有性和排他性的特点。

2. 爱情是一种相互依恋的火热情感

相互炽烈的情感，是爱情产生和发展的内在动因。爱情是人类所特有的一种异性之间的相互爱慕倾心的特殊情感，爱情的产生不仅有其生理基础，更有心理的内在动因。它是男女双方相貌的相互吸引、性格气质的相容、理想信念的一致所萌发的情感共鸣，由此产生兴奋、愉悦、和谐、眷恋和火热的内心体验，以至于达到精神上的情感交融、心灵相连，渴望相互结合的强烈情感，这种情感的强度是其他所有感情都无法比拟的。

3. 爱情具有深刻的社会性

社会性是爱情心理的本质属性。在现实生活中，爱情无论是萌发于性欲的需要，还是强烈的内心情感体验，但最终都存在于一定的社会关系中。社会发展水平、社会物质条件、社会道德习俗等诸多社会因素，对爱情的萌发、发展和变化都起着决定性的作用。即便是在文学作品中的理想爱情，也需要满足这个条件和要素。爱情的社会性本质，决定了爱情具有道德性、责任性的特点。制约人的各种社会性因素，在人们选择爱情对象时也起到不同程度的制约作用。白马王子和灰姑娘的故事只能在童话故事中发生，而在现实社会中，灰姑娘一旦进入了能和王子相交往的社会层次，她也就不再是“灰姑娘”了，而变成了上流社会中的一分子。人们在选择恋爱对象时的“门当户对”观念，就是非常典型的写照。所以说，爱情心理是生理性、情感性和社会性的内在统一，但是社会性才是爱情的本质属性。社会性在爱情中主要体现为一种相爱双方相互之间的承诺和责任。在某种程度上，这种承诺和责任是爱情得以巩固和持久的决定因素。

爱情是一种精神财富，通过爱的升华，可转化为一种奇异的能源和动力，将使你学习和工作的热情激荡，智慧的灵光闪烁，创造的才华奔涌，丰硕的成果涌现。十九世纪德国伟大音乐家舒曼一生写下了许多的钢琴名曲，他在那些跳跃着生命火花的音符中，浸透了他和著名钢琴家克拉拉的深厚爱情。二十岁的舒曼爱上了著名音乐教师的女儿克拉拉。但由于当时的舒曼贫穷而无名气，他遭到其父的极力阻挠，舒曼为获得爱情的幸福和光明的前途，孜孜不倦地从事着音乐创作。在这期间，由于克拉拉的爱使他的创作热情空前高涨，特别是在他们结婚的1840年，仅一年就谱曲138首，故被音乐界称为舒曼的“歌曲之年”。

英国诗人勃朗宁纯真高尚的爱情，给瘫痪二十多年的女诗人伊丽莎白带来了巨大的幸福与力量，他的爱像神符、妙药一般康复着伊丽莎白的机体，他使一个几乎萎缩的生命又重新勃发，终于摆脱了缠绵病床的灰暗生活，奇迹般地站立起来，爱情的力量就是这样神奇、这样伟大。然而如果一个人的爱情被剥夺、被禁锢、被压抑，便会像一盏无油的灯，整个生命都将黯淡无光。正如瓦西列夫在《情爱论》中写道：“人无疑是作为整体进行活动的一个复杂生物系统。它的所有组成部分都是相互密切联系的，在功能上也是相辅相成的。因此，任何一个组成部分都不能摘除或受到抑制，因为这会导致整个体系内部的紊乱和失调。”据大量研究资料证明，爱情生活的不幸会妨碍一个人智能的充分发挥。会因此而引起神经功能症及心理变态。在日常生活中常会看到一些独身男女性格怪异孤僻、偏激、固执，而且还有易怒、烦躁、失眠等不良心理现象。从心理卫生方面讲，独身生活有碍健康。瓦西列夫在《情爱论》中写道：“这类疾病在中世纪欧洲的修道院里相当普遍，禁止性生活的守则压制了人的愿望，这类守则在道德上、法律上规定得愈是严厉，性的诱惑力所引起的痛苦就愈强烈。”他还引用了狄德罗在《修女》中对力图保持贞洁而引起思想变态的描绘：“这些成了天主教牺牲品的修女心理失常，是修道院与世隔绝的结果。人生来是要有性伴侣的，如果夺走他的伴侣，把他隔离起来，那他的思想就会失去常态，性格就会被扭曲，千百种可笑的激情就会在他的内心升起。”

三、大学生恋爱的现状

在当今大学校园里，大学生恋爱现象构成了一道同学羡慕、家长疑虑、老师无奈的独特风景线。随着20世纪90年代西方“性自由”“性解放”思潮的影响，传统的爱情观、婚姻观受到了前所未有的挑战与怀疑。高校作为一个小社会，势必会受到这种思潮的影响，对于人生观、世界观尚未完全成熟的大学生的影响尤为突出。大学校园是各种思想文化交融的地方。当代大学生面临严峻的就业压力同时，又要完成相对繁重的学习任务。面对种种因素的诱惑，一些大学生还是选择了“恋爱实践”。2014 年 5 月沈阳师范大学教育系一课题小组对辽宁十所高校 2000 名本科学生进行了一次大学生恋爱情况的调查，针对恋爱动机、恋爱态度、恋爱与学习的关系等问题，利用常用的统计方法与技术，客观、真实反映如今大学生的恋爱观及心理特点。

1. 大学生恋爱的基本情况

（1）大学生恋爱现象比较普遍

样本显示，当代大学生恋爱人数达到 1/3，从生源地看，来自城市的有 37% 学生在恋爱，来自农村学生中的 30% 学生在恋爱，来自城市学生的恋爱比例高于来自农村学生的恋爱比例。分年级看，一、二年级谈恋爱比例大体为 16% 和 30%；三、四年级谈恋爱比例分别为 41% 和 45%。随着年级增长，谈恋爱的学生在相应增加。总体来看，高校大学生恋爱现象还是比较普遍的。

（2）大学生对恋爱普遍持支持态度

调查结果表明，大学生对于恋爱问题的支持度达到 75%，持反对态度的为 0，没有考虑过此问题的人数占 25% 左右，说明大学生普遍支持恋爱。能够正确看待别人的恋爱问题，从某种意义上讲，大学生具有一定程度的包容心。按性别分析，样本显示男女学生从来没有考虑过恋爱问题的人数基本相当（28 ∶ 32），但总体男生总人数多于女生，可以认为，女生从来没有考虑恋爱问题的比例高于男生；分年级看，四个年级对这个问题的看法没有显著差异，各年级对在校学生的恋爱支持程度基本一致。

（3）大学生恋爱动机还需引导

调查显示，以“弥补内心空虚，寻找精神寄托”作为恋爱动机的约为 50%，居于首位；其次是“出于真心、准备将来结婚”，所占比例约为 35%；其他动机恋爱的所占比例很小。分年级看，大一选择“弥补内心空虚，寻找精神寄托”的比例近 90%，二、三和四年级的这一比例分别为 70%、43% 和 27%，表明随着年龄的增大，学生的恋爱动机趋于成熟。对于“出于真心、准备将来结婚”的选择，男生占约 37%，女生占约 63%，女生高于男生 26 个百分点，性别因素在“出于真心、准备将来结婚”上有显著差异。反映女生大多怀着追求真爱，终成眷属的心态开始恋爱，更多男生出于弥补内心空虚的不纯动机而恋爱，这些现象应当引起我们的深思。利用样本数据对“年级”和“性别”进行双因素分析，统计计算结果也证实了上述观点。方差分析结果还表明：“年级”因素在“对学习、交往有所帮助”上没有显著差异；性别因素在“对学习、交往有所帮助”上有显著差异。

2. 大学生恋爱的新特点

从普遍调查结果及恋爱案例抽样分析看，当代大学生恋爱呈现出的特点也与以往有所不同。

（1）恋爱观念理想化

由于大学生涉世不深，思想单纯，正确的恋爱观还未完全形成，因此，恋爱过程中“理想主义”色彩浓厚。主要是因为大学生处在一种舒适和安逸校园生活中，不必担心经济问题和家庭问题，同时也不必为生活琐事而奔波，他们在恋爱中往往注重浪漫主义生活的体验，很少去考虑婚姻等现实问题，更很少为这些现实问题的解决去付诸实际行动，因此浪漫主义的爱情一般只能维持在大学校园里，当这种浪漫爱情走到毕业之际，面对现实中的考研、就业、出国时，往往也是终结的时刻。

（2）择偶标准功利化

主要是从精神满足型向感官满足型转化。过去选择对象大都注重政治条件、个人品德、才气表现，学习成绩好也会引起异性的注意，对内在的东西看得较多。而现在则把眼光更多地放在外在感官上，如女生多对英俊潇洒、身体健壮、具幽默感的男生感兴趣；而男生更多青睐容貌漂亮、身材苗条、聪慧文静的女孩，很少考虑内在气质，更多地把目标放在对方家庭的经济条件和家庭的社会地位上，这就为将来爱情的发展埋下隐患。

（3）恋爱行为随意性

随着人们思想观念的变化，大学生谈恋爱早已不再顾及他人的评价，纷纷从“地下”转为公开，谈恋爱的人数比例也明显增加。过去高校的思想和行为约束比较严，学生一般在大学高年级甚至是即将毕业时才谈恋爱。如今，受性生理成熟提前、高校思想解放和校内同学恋爱行为的影响，有些学生刚入学不久就开始“物色”恋爱对象，在恋爱低龄化趋势的影响下，恋爱的人数逐渐上升。大学生恋爱的随意性还体现在性态度的开放等方面，在“为什么会发生性行为”这一问题的回答中有一项调查显示，30% 的被访对象认为这是显示了对爱情的忠诚，有 25% 的被访对象承认这是为了满足生理上的需求，有 25% 的认为这是不忍心拒绝对方的要求，另外 20% 的人认为这是性成熟的标志。从这一调查报告中的数据可以看出，大多数发生性行为的大学生都对性和爱情缺乏必要的理解和认识。大学生恋爱的随意性导致了很多社会问题的发生，例如，大学生情侣同居问题、由于薄弱的安全保护意识所导致的怀孕等，这些问题也反映了大学生恋爱行为在学校教育和家庭教育方面的缺失。

（4）恋爱态度趋于轻率

当代大学生在恋爱的过程中，恋爱观念日趋放开，情绪化很重。有些学生以选择理想对象为由，见异思迁，频繁更换对象；少数学生出现“三角恋”和“多角恋”，甚至在同学之间造成感情纠纷，以至发生冲突，酿成悲剧。大学生在恋爱过程中，易追求爱情的浪漫，而忽视爱情的义务和道德，认为恋爱与婚姻无关。殊不知，人类的任何情感都是具有一定道德责任的，只有以高尚的道德为基础建立起来的爱情，才是真正的爱情。

（5）性观念的开放程度变化显著

性观念是人们对性问题的较为稳定的看法及所持有的态度评价，既包括个体的性观念，也包括在一定时代的社会背景下，人们对性问题的评价、态度、看法的总体趋势。当代大学生受西方思潮和社会不良风气的影响，传统道德逐渐淡化，对婚前同居、婚前性行为持开放、理解和宽容的态度。在一项对婚前性行为态度的调查中，支持婚前性行为的占到 25%，持无所谓态度的有 30%。由此可见，随着社会环境发生的变化，当代大学生的性观念也日益开放。

（6）恋爱目的多样化

恋爱双方要具有相互的道德责任感，而现实调查中，当代大学生单纯因为感情恋爱的不到一半，其他原因如“体验爱情的甜蜜”“证明自己魅力”“满足虚荣心”等恋爱原因占了相当比例。有的大学生很少顾及恋爱的责任和义务，功利化色彩越来越明显，交往对象的家庭背景和经济状况往往成为他们关注的重点，把前途寄托在从对方那里得到好处。显然，这样的感情往往禁不起时间的考验。

（7）恋爱关系脆弱化

在校大学生谈恋爱具有浓厚的浪漫色彩，自主性强、约束性差、情感性强、理智性弱。由于大学生情绪不稳定，故其恋爱有很明显的冲动性，择偶时对自己的情感缺乏谨慎的思考，有好感就采取行动，凭一时的冲动就做出草率的决定。因此，往往不能理性地对待恋爱中的挫折，表现为恋爱率高、巩固率低，能发展为缔结婚姻关系的更是寥寥无几。

（8）爱情地位至上化

爱情是美好的，但它不是生活的全部。学习才是大学生的首要任务。一些大学生谈了恋爱后，便将爱情视为生活的全部，无论上课、吃饭还是上自习，整日与恋人出双入对、形影不离，深陷二人世界而不能自拔，与同学关系日趋疏远，渐渐地脱离集体，甚至荒废学业。

（9）爱情婚姻脱节化

一些大学生把谈恋爱看作是大学的必修课，恋爱不是为了寻找志同道合、相伴终生的伴侣，而只是为将来处理婚恋问题积累经验，即“只求曾经拥有，不求天长地久”。受时下日益开放的社会风气的影响，如今的大学生早已丢掉了应有的矜持，行为表现得越来越直接、越来越大胆。公然在操场、公园等大庭广众之下拥抱、接吻、抚摸，对性冲动不加抑制，最终导致婚前性行为的发生，大学生对婚前性行为、校外同居的态度越来越宽容。

（10）对待失恋非理性化

大学生由于生理心理发展不均衡，在追求爱情的道路上遭遇坎坷是再正常不过的事。由于缺乏及时的指导和帮助，一些大学生失恋后表现得很不理智。失恋后视对方为仇人，恶意诽谤，行为极端，甚至造成人身伤害。有的整天郁郁寡欢，无心学习，最后因为挂科太多，连学位证都没拿上。有的感觉生活从此失去了色彩，生命失去了意义，做出自残、轻生等不理性的行为。

当前高校大学生谈恋爱现象比较普遍，但学校和家庭指导滞后。许多大学生在享受爱情的同时，也正在经历着各种各样程度不同的烦恼。大量事实证明，最让大学生心醉与神往的爱情，同时也是大学生最大的“烦恼源”。因此，树立健康的恋爱观，培养健全的恋爱心理，对于大学生的职业选择、事业发展以及家庭幸福都具有积极的作用。

3. 大学生恋爱观变化的原因

大学生恋爱人数增加、恋爱观念、择偶标准、恋爱心理、恋爱行为发生变化，原因是什么呢？

（1）当代大学生恋爱是趋从于生理的需求

大学生的年龄界限已跨过青春期并进入成年期，进入了人体发育的第二高峰，这一时期的少男少女有了接近异性的欲望，对性的体验十分敏感。调查显示，有83%的大学生有和异性交往的强烈愿望，渴望拥有爱情。满足性冲动是促使青年投入恋爱活动的重要诱因，在这一原因的驱使下，青年开始脱离群体化的两性活动而单独约会。因而在异性吸引、彼此产生好感的基础上，谈恋爱的想法逐渐成形。

（2）当代大学生恋爱是趋从于心理的需求

在恋爱过程中寻求归属感，恋爱双方形成了一个亲密关系极强的小群体，双方在交流过程中渴求互相的理解与关怀，排解内心的寂寞，两人共同分享生活中的大部分东西：感情、财产、秘密等。恋爱能直接满足其归属感的需要。

（3）当代大学生恋爱是趋从社会心理因素的影响

大学生进入校园以后，意味着脱离了以前的群体，进入了独立的生活环境。个人心中的烦恼不愿向长辈倾诉，但又急切希望得到新的社会环境和关系的认可。当亲密关系的需要显得尤为迫切的时候，孤独的大学生走向恋爱是极其自然的事情。大学生在思想、处境上的相似性，使得他们在恋爱问题上表现出明显的从众倾向。恋爱对象的出双入对，容易使孤独者萌生羡慕感和攀比心，甚至自卑心理。受这种群体氛围的影响，不少人开始寻求异性朋友。对于浪漫的追求在现实大学生活中也频频出现，表现青年恋爱的文艺作品和影视作品不断涌现，加上互联网上大量关于两性及感情问题的探讨，激发了大学生的好奇心理。他们向往浪漫的爱情经历，向往志同道合、情投意合的知音相伴，持这种观点的大学生，一旦遇到合适的异性，就容易萌发爱情。

第二节 大学生恋爱的心理

一、大学生恋爱心理揭秘

当一个人性生理和性心理发育成熟以后，一直到生命的终止，都会不同程度地面临爱情的问题。也就是说，爱情是人长大后一生的课题。大学生作为一群正在校园中接受高等教育的青年人，在面对和处理爱情的问题上必然会与已经走上社会的青年工人、农民和军人有所不同。

1. 大学生选择恋人的标准

即将踏入爱河的大学生，在选择恋人时往往会从以下几个方面去进行选择和比较。这几个方面分别是：

（1）身材外貌，包括相貌、身材、体态、风度、身体素质等。

（2）学识才干，包括专业技术、学识水平、办事能力、社会阅历等。

（3）性格志趣，包括兴趣爱好、气质性格、生活情调、生活理想等。

（4）思想道德，包括价值观念、道德品质、个人修养等。

（5）社会地位，包括家庭状况及经济条件等。

不同成长经历的大学生在具体选择恋人时，对以上各个方面所侧重的程度也不同。2011年，中国性学会副会长崔以泰教授组织数位学者，对北京、天津、贵州、广东的8所高校中的1711名大学生（其中男生850名，女生861名）进行了心理状况调查，其中“选择爱人的条件”这道题目的回答情况如下：

男生选择爱人的条件按比例依次为：①温柔贤淑93%；②漂亮性感83%；③有头脑81%；④善理家63%；⑤有才干30%；⑥家中有钱、有地位27%。

女生选择爱人的条件按比例依次为：①正直诚恳93%；②会体贴人93%；③有才干90%；④英俊潇洒60%；⑤高大强壮59%；⑥本人有经济实力57%。

从上面这项调查结果看，无论男生还是女生，都很看重对方的性格品质。可见，内在修养比外部自然条件显得更为重要。另外，我国传统的“郎才女貌”的观念在大学生中仍具有一定的影响。

2. 大学生恋人标准的影响因素

分析大学生选择恋人的条件，可以发现有这样一些因素对大学生选择恋人起着重要的影响。

（1）性别差异

由于男女本身所固有的差别，因此在选择爱人时也表现出显著的差异：男生对女生相貌的重视程度要超过女生对男生外表的要求，而女生对爱人才干的要求更是大大地超过男生对爱人才干的要求。这是表现最为显著的方面。

（2）社会制约

由于爱情所具有的社会属性，使得大学生在选择恋爱对象时总是和一定的社会条件相结合，所以家庭经济条件、家庭观念、当前社会的流行时尚等因素，都对大学生的选择起着重要的作用。

（3）性格协调

男女在恋爱过程中，双方情感的表达和交融与各自的性格特点密切相关。很多同学强调两人在一起时的那种“感觉”，这种“感觉”的由来也与双方的性格协调程度有关。相互协调的性格，可以使双方在情感上产生共鸣；而不协调的性格，则会妨碍双方的情感交流。因此，人们在选择自己的恋爱对象时，往往会受到双方在性格上的吸引或排斥的影响。

（4）父母的影响

父母是孩子的第一任老师，每个人在成长的过程中，对男人、女人的认识和分别对男女之间相互关系的感觉和了解，以及对于爱情、家庭等概念的认识，大都是来自父母。因此，很多同学在选择恋爱对象时，无形中就带上很多自己父母的烙印，父母的个性品质、父母之间及家庭内部的感情关系等，都会影响大学生对恋人的选择。耶鲁大学公开课《心理学导论》曾经指出："在男孩子和女孩子的小时候，几乎都有一段对于恋母或者恋父的情结的体现，这是他们第一次接触或感受另外性别的同类，在随着年龄增长之后，这种情节会在发育健全的孩子中消失，但是由于早年受到其恋母或恋父情结的影响，会在以后寻找伴侣的过程中有所体会，而且是潜移默化的。"

3. 大学生的恋爱动机

（1）"早恋好处多"

生理的成熟使大学生性意识逐渐增强，萌发对爱情的向往和追求，但爱情并不等于性欲，有其深刻的社会性意义。不懂得爱情却追求爱情使一些大学生产生早恋心理。早恋的大学生认为早恋爱就能早享受爱情的细雨。他们有的是为了追求相互的暂时保护；也有认为早恋爱，选择的余地大，一个不行再找第二个；有的是担心会步入大龄青年的行列，特别是女生。一些低年级大学生情窦初开，就抢着在恋爱薄上"挂号"，认为"早恋早婚最保险，晚恋晚婚傻了眼"。大学生应该慎重选择自己的初恋，老舍说："初恋是青春的第一朵花，不要随便抛弃。"

（2）异性的吸引和神秘感的驱使

异性的容貌、体态、风度、谈吐及才能具有很大的吸引力，神秘感驱使着青年人喜欢观察和接触异性，对异性特别关注和友好。特别是欣赏异性对自己的赞美和青睐，喜欢在异性面前显示自己的风度、知识、才干以博得异性的好感。这一时期对异性朋友说的话，包括指出自己的不足，往往使对方铭记心头，并渴望通过恋爱尽快了解异性，满足好奇心。

（3）寻求精神补充和感情的驱使

大学生远离父母，异地读书，进入人生的"第二次断乳期"。一些大学生对生活、学习没有坚定的信念和理想，对未来一片迷茫，于是想找个恋爱对象来充实空虚的心灵，寄托自己感情。一些大学生认为精神动力不足，想通过恋爱来激励自己，以优异的成绩来回报异性对自己的爱。另外，还存在一些不道德的恋爱动机。有些人完全是为了满足自己的虚荣心，以为别人有异性朋友，自己没有是一种无能的表现；有些女生认为有男生追求才表明自己有魅力，追的人越多，感觉越了不起；甚至有些男生本身就抱着玩弄女生的心理去谈恋爱，动机不纯，为恋爱的发展设置了难以逾越的障碍。

二、恋爱中常见的心理效应与心理困境

1. 恋爱中常见的心理效应

（1）首因效应

在恋爱过程中，常常听到一见钟情的故事。这便是首因效应在爱情中的体现。首因效应是第一印象作用的机制，一经建立，对其后的信息组织、理解有较强的定向作用。那么“一见钟情”是不是爱情？一见钟情似乎没有经历从相识到友谊再发展到爱情的过程。对于一些人来讲，虽初次见面，可能对方的某一点一下子触动了自己早已在内心想象或积累的情感，产生共鸣。一见钟情激情的成分比较多，然而激情却不易长久，所以也就会被怀疑是不是爱情。

（2）环效应

有句成语叫 “月朗星稀”，也就是说在月亮非常明亮的夜空中，显得星星比较稀少。但事实上，星星并没有减少，只不过是因为月亮太明亮了，而把星星的亮给掩盖住了。恋爱中的人很容易被爱情美好的光环所笼罩，美化对方，以至于看不到恋人身上的缺点和不足，即所谓 “情人眼里出西施”。当然，出现这种情况的原因，也有相爱的双方刻意掩饰自己一些不足的原因，但是起主要作用的还是这种心理效应。

（3）梁祝效应

梁祝效应在心理学中也被称为“罗密欧与朱丽叶效应”，是恋爱中最常见的逆反心理，即越遭到父母反对或家庭的各种阻挠，就表现得越坚定和紧密，越要坚决地去获得。除此以外，还有的同学，对周围众多狂热的追求者不屑一顾，却反而会把感情投向冷落自己的人；还有一些正在恋爱的大学生，一方为获得另一方的欢心而不断去讨好取悦对方，最终却导致相反的效果，反而使对方的态度开始冷落，这也是逆反心理的一种表现。

2. 恋爱中常见的心理困扰

（1）好感与爱情

好感与爱情是大学生在开始谈恋爱时经常分不清楚的两个概念。青年人在性发育成熟后，便会被异性所吸引，对异性产生好感，这种好感有时也像爱情一样，能够带来快乐、愉悦、兴奋的感受，但是这并不能说好感就等于爱情。这是因为：第一，好感可以同时对几个人产生，具有广泛性的特点，而爱情则只是针对一个特定的对象，具有排他性的特点；第二，好感的产生可能只需要看到对方在某些方面甚至某个方面使自己感到快乐，但爱情却是双方在价值观、人生信念等方面的综合及汇集性的需要形成的一种情感；第三，好感属于情绪性的反应，时间持续一般比较短，而爱情则是在长时间的相互了解中发展起来的一种稳定的、持久的情感。

好感在一定程度上可以作为爱情的前提和基础，有的同学就是在对异性朋友有好感的基础上，更加深入地接触了解，最终发展成爱情的。

（2）爱慕与爱情

爱慕是男女之间在好感的基础上，经过对对方的爱好、志趣、性格、为人等各方面的更多了解，而产生的更深刻的情感体验。这种内在感情使人心旷神怡，进而萌发希望与其结合的强烈情感倾向，并在理智支配下，发展成对对方的爱慕之情。

男女之间单方面的爱慕还不是爱情，只有相互爱慕，爱情才能建立。在恋爱中，从单方爱慕到互爱，有时可能是同步到来，有时也可能是不同步的，甚至还会经受一些波折与磨难。但只要双方心心相印，无论是谁首先打开自己的心扉，最终都会赢得对方的回应，开出绚丽多彩的爱情之花。爱慕也是多停留在友谊的阶段，而相爱就到了亲密关系的层次。

（3）虚荣与爱情

虚荣是一些人试图通过追求名誉、荣耀等表面的光彩，来满足自己自尊需要的心理。虚荣心之所以存在，是因为人们在某些时候对自尊的需要得不到满足，只能用一些外在的荣耀去代替，所以说虚荣心是每个人都有的一种心理现象，只不过是每个人所表现的方面与程度不同。在某种程度上，虚荣心可以有保护自己自尊的功能，但是虚荣心太重则一定是有害无益的。在现实生活中，有的人通过穿着华丽来满足虚荣心，有的人用“一掷千金”的爽快来满足自己的虚荣心，也有的人用彬彬有礼、努力构造出来的“风度翩翩”来满足自己的虚荣心，还有的人是通过自己找一个漂亮或有钱有地位的爱人来满足自己的虚荣心。在大学生选择恋人的过程中，都会不同程度地带有虚荣的因素，但随着思想和心理的成熟，大部分同学都会放弃虚假的、表面的一些条件，放弃从虚荣的角度去选择恋人。建立在虚荣心满足的基础之上的爱情是不牢固的和虚伪的。

（4）友谊与爱情

友谊是同学、同事、朋友之间在相互了解和依赖的基础上，形成的一种亲密、平等、真挚友好的情谊关系。而爱情是在性吸引和满足性的欲望基础之上的一种情感。作为友谊无论是同性之间的还是异性之间的，不管两人之间的关系发展到多么亲密的程度，彼此之间也不会有相互拥有对方身体的愿望，当然也就没有要对方满足自己性欲的需要。学习并发展异性间的友情是建立爱情的基础。

在现实生活中，不乏能够看到这样一些例子，一个处在恋爱甚至是婚姻中的人却同时拥有几个异性知己，而且与这位知己朋友谈的事情及分享的内心世界甚至超过了与恋人或爱人所能够交流的深度，有些同学就是因为出现这样一种情况而感到迷茫不解。这种情况的出现说明相爱双方的不够和谐与完美，如果恋人或爱人之间能够做到完全的相知相容、互为依存的话，就不会出现这样一种与异性知己的心理距离还小于爱人的现象。友谊与爱情不是相互排斥的，培养爱情中的友谊是爱情发展到一定阶段的重要内容。当伴侣的身体吸引力不在时，承诺和亲密将会取而代之。

（5）认知与定位

认识自我，了解自我，给自己一个稳定的、恰当的自我评价，拥有一个稳定的自我概念，这不仅是心理健康的标志，而且有助于给自己一个恰当的爱情定位。很多时候大学生的爱情烦恼往往来自于不切实际的爱情幻想，来自于在不恰当的时候爱了一个不该爱的人，而这些都源于对自己没有一个恰当的自我评价和爱情定位。因此，大学生们要正确认识自我，认识自己的相貌、身高、学识、家庭、性格、优点、缺点等方面的东西，给自己一个恰当的爱情定位，知道自己适合于一个什么样的人，应该找一个什么样的人，能够找到一个什么样的人。这不仅有助于爱情的成功，减少爱情的盲目性，而且，有助于自我认识、自我完善和自身素质的提高，从而使对爱情的向往和追求的动力也成为自我成长的动力。

3. 恋爱中常见的心理问题

大学生的生理成熟与心理成熟滞后的矛盾容易导致恋爱中出现以下心理问题：

（1）从众心理

这些年随着大学的扩招，超过半数的中学生可以进入大学就读深造。许多大一新生是抱着珍惜机会、扎实学习、为走向社会打下坚实基础的信念步入高等学府的。但随着大学学习方式的变化、专业课程的难度增加，部分大学生开始初心动摇，尤其当看到校园里许多卿卿我我的情侣身影，同宿舍的同学也都一个个谈起了恋爱，自己也就“不甘落后”很快便成为恋爱大军中的一员。

（2）攀比心理

在大学生情侣的心中，择优攀比心理还是比较常见的。一般来说，自觉优秀出众的个体会在更大范围内寻找佳偶，然后在同学老乡中有意无意地炫耀，引起部分同学因羡慕嫉妒而加大追求力度，不切实际地在恋爱择偶问题上进行攀比。有人就会因此饱受痛苦而不择手段，甚至做出悔恨终生的行为举动。

（3）掩饰心理

大学生在和情侣交往的过程中，总是自觉或不自觉地把个人的缺陷和不足隐藏起来，显示或放大自己的优点，这就是恋爱中的掩饰心理，即环效应产生。有些大学生由于担心恋人对自己的家庭背景或个人条件不太满意，故意向对方隐瞒实情，属于有意掩饰；而在交往过程中无意识地把自己美好的一面表现出来，叫作无意掩饰。实际上，大学生恋爱中的掩饰心理不是单方面的。不论男生还是女生，面对心仪的偶像都希望自己的行为能赢得对方的欢心，渴望享有甜蜜的爱情。

（4）嫉妒心理

爱情是有排他性的。当看到自己心仪的对象与其他异性来往密切时，内心自然会产生无以言表的痛苦感受，这便是嫉妒心理，俗称“吃醋”。多数大学生体会到的是自然性嫉妒，属于正常的心理活动，其出发点和归宿都是为了爱情；但也有少部分人表现为变态性嫉妒，对自己的恋人无端猜疑、对“情敌”充满怀恨和报复心理。爱情以信任为基石，而变态性嫉妒正是对信任的蚕食，严重地会导致伤人伤己、两败俱伤的后果。

三、大学生恋爱中的心理挫折与情感危机

在大学生的恋爱过程中，最常见的是以下这几种心理挫折和情感危机。

1. 单相思与爱情错觉

有的同学在生活中被自己所喜欢的异性打动，但却一直没有机会表达，或是因为怕被拒绝而没有勇气去向对方袒露心声，致使自己苦苦地忍受着相思的煎熬，但对方却一无所知；也有的同学虽然向对方表达了爱慕之心，却遭到了对方的婉言谢绝，但是自己又不能接受和认同这个现实，导致一直生活在痛苦和压抑之中。

单相思是指在异性关系中的一方倾心于另一方，但是却得不到对方的回报的单方面的“爱情”。在大学校园中这种情况并不少见。心理学家认为，很多成年人都饱尝过单相思的苦涩和尴尬。尽管单相思可能发生于所有年龄，但 14—22 岁系多发年龄段，这是因为在这个年龄段的青少年正处于青春期，特别爱沉湎于幻想，但又不善于自我控制，再加上对性意识和性愿望的向往与需求不能够获得合理的处理渠道，因而在生活中发现符合自己性审美标准的异性时，便容易产生单相思。

爱情错觉是指在异性间的正常交往中，一方错误地把另一方正常的行为理解为对自己有感觉，从而错误地认为爱情已经到来的一种感受。爱情错觉有可能就是单相思的另一种形式，由于对单相思对象的幻想和过分敏感，致使其错误地领会了对方的正常的行为；但也有可能是由于发出信息的一方在行为方式上存在一些过于含糊的信息，有的甚至是一些连发出信息者自己都没有察觉到的带有暗示性的行为，从而给接受信息的一方造成误会 。

2. 恋爱中的感情纠葛

感情纠葛是指在恋爱过程中因某些主客观原因引起的，欲爱不能、欲罢不忍的一种强烈的内心矛盾和感情冲突。常见的有这样两种情况：一种是相爱双方之间持久的分分合合的纠葛冲突，即双方存在一些感情基础，但又在一些重要问题上不能取得共识，导致分手舍不得，在一起却又总有矛盾的一种尴尬局面; 另一种是某些同学在寻求爱情的过程中进入了三角恋的漩涡，可能是同时喜欢上两个人，也可能是同时被两个人所追求，还可能是正在与另一个竞争对手进行着持久战。在恋爱过程中，无论是哪种感情纠葛，都会导致当事人情绪受到严重的冲击和干扰，进而影响正常的学习和生活。

3. 失恋

失恋在大学校园里是一种比较常见的挫折形式，对有的同学来说，失恋是一种“永远的痛”。失恋是爱情丧失的综合表现形式，失恋后的人一般容易有这样一些消极心理与行为特征：

（1）抑郁，表现为焦虑、沮丧、痛苦、颓废、冷漠等；

（2）报复，这是一种比较常见的发泄手段，是极度的占有欲在受到挫折后而唤起的过激的心理与行为；

（3）自杀，由于失恋导致的强烈的自卑、悲观、空虚、羞辱、悲愤和挫败感等极端的负性情绪，使失恋者会用自杀的方式去寻求解脱。

失恋后的反应会因失恋者的人格特征、对爱情的投入多少、对挫折的承受能力大小、相应的社会支持系统是否完备等方面的因素不同而有所不同。

第三节　大学生恋爱的调适

当代大学校园，爱情已成为大学生们最为关注的话题之一，大学生恋爱也早已不再“犹抱琵琶半遮面”了。餐厅饭桌旁、课间教室里，大学生恋爱常被同学们兴致勃勃地谈论。爱情是那样独具魅力，拨动着同学们的心弦，令人寻觅和向往。然而，恋爱问题恰恰也是大学生最感困扰的问题之一。恋爱问题处理不当，导致当事人心理痛楚、人格扭曲甚至引发精神失常的例子在大学校园里时有发生。因此，我们应该了解当代大学生恋爱心理特点，做好大学生恋爱的心理调适和危机干预。

一、大学生恋爱的条件

1. 我长大了吗——生理基础

衡量人是否长大，重要的身体指标除了身高、体形而外，就是生殖系统的发育和内分泌的变化。男性的发育是由下丘脑、大脑垂体和睾丸素之间的相互作用引起的。男孩在 13 ~ 14 岁之间，身体猛然增高，有的一年可以长高 22 厘米，肌肉和力量都得到发展，同时，睾丸开始产生精子，通常在夜间睡眠时精子得到第一次释放，这标志着男孩子的生理上已经接近一个成熟的男性了。女孩的发育也同下丘脑和大脑垂体的相互作用有关，性腺激素刺激卵巢产生雌激素和黄体酮，从而引起女孩子乳房的发育，并由于脂肪贮存使其胸部有了特别的形态。多数女孩子在 12 ~ 13 岁之间体验人生的第一次月经，伴随着一丝恐惧和惊喜，就从一个女孩子变成了一个少女。

2. 我够成熟吗——心理特点

与以前经常说的少年老成——小大人不同的是，现在越来越多的是老大不小还不懂事的大小人。很多人都觉得自己已经是大学生了，已经成熟了，也脱离了父母的束缚，可以自由恋爱了。然而，真的可以了吗？

真正的爱情是具有成熟性的，是在个体身心都发展到相对成熟的阶段时产生的情感体验，幼儿是没有爱情体验的。很多人具有相对成熟的生理，但在心理上依然是个小孩子。

首先，缺乏自主性。表现出什么都想自己做主，在行动上也不如以前那么亲近自己的父母似乎已经成熟、独立了，但在诸如学业、工作、生涯规划甚至很多生活小事上又缺乏自主性和自我控制，表现出对父母和老师高度的依赖感。

其次，没有自我认同感。大学生突然 要自己应付生活中的重要问题了，这种跨越造成的混乱使很多人感到烦恼甚至痛苦。有的人开始问自己“我是谁？”“我想要什么？”“我要去哪里”经典的哲学三问题，并能做出很好的回答且能找到切实的努力目标。但也有很大一部分人不问这个问题或者对这个问题不能做出很好的回答，对个人价值不能独立做出决定，不能理解自己是怎样的人，不能接受并欣赏自己，出现角色混乱。

最后，比较以自我为中心和缺少责任感。爱情是具有利他性的，而21世纪的年轻人，绝大部分都是独生子女，从小在蜜罐中泡大，一大家人都围着自己转，到了大学以后，仍然不能摆脱自我中心的思维方式，凡事都考虑自己的得与失，关注自己的欢乐与痛苦，不能发自内心地帮助所爱的人做其期待的所有的事情；面对困难和挫折，也更多选择逃避或背叛等这些没有责任感的处理方式。

3. 我用什么来恋爱——客观条件

爱有多醉人，就有多伤人。爱是无私的，但爱也是要付出代价的。大学校园里的爱情是最单纯、最浪漫、最轰轰烈烈的，但也是件麻烦的事。大学生在经济上还没有完全独立还需要父母的支持。在恋爱的过程中，尤其是男生在追求恋爱对象的时候，盲目地与同学攀比，认为在物欲横流的今天，爱情都是建立在物质的基础之上的。因此请客、送礼、过节、旅游成了恋爱的常规节目，从而增加不少的经济支出和心理压力。大学校园里，情人节 10 元一枝的玫瑰卖断货，少则三四十元多则上百元的巧克力礼盒供不应求。为打动心仪的女生，在宿舍楼底下用 999 朵玫瑰摆出“我爱你”的字样，用上千根蜡烛照亮…… 而这一切的一切，开支来自哪里呢？

恋爱带给双方的改变是巨大的。人们常说：“恋爱中的人智商为零”“恋爱中的女人是最漂亮的女人。”但也有人说：“当上帝准备惩罚一个人的时候就让他遭遇一段真正的爱情。”恋爱中的双方时刻都想沉浸在二人世界的幸福当中，哪怕只是待在一起，什么也不做。恋人的一举手、一投足都会深刻地影响自己的心情。恋爱开心的时候，觉得如沐春风，浑身都是力量；恋爱中吵架或闹别扭的时候，觉得天都塌下来，什么事情也做不进去，满脑子都是乱糟糟的事情，几天都打不起精神来；在感到孤独的时候，也需要高度地特意性地寻求对方来伴同和宽慰。如此反反复复，日子也就一天天过去。恋爱费神又劳心，大学生正处在增长知识和掌握本领的最关键时期，学习、锻炼、社会实践等都需要时间，那谈恋爱的时间又从哪里来呢？

爱情是神圣的，也是美好的，所以只要我们正确对待，正确处理，它就会成为我们学习生活的动力，让我们为此去努力，去奋斗，去真正地收获成功的爱情。

二、大学生要自觉提升爱的能力

爱的能力是指和他人建立亲密关系的能力，它对人一生的发展有着重要意义。具备爱的能力会引导一个人去真正地爱他人，也真正地爱自己，能真正体验到爱给人带来的快乐和幸福。恋爱的过程也是培养爱的能力的过程。爱的能力实际是一种综合的素质，既需要个人有爱的储备，同时又表现为在爱的过程中许多方面的能力。有爱的能力的人，是独立的人，有自己独立的价值观，有自己的生活空间。有爱的能力的人会尊重对方的选择，尊重对方的个人隐私，尊重对方的发展。

1. 发展健康的恋爱行为

心理学家根据恋爱中对爱情的追求，进一步把爱情分为健康和不健康两大类。健康的爱情表现在：

（1）不痴情过分，不咄咄逼人，不显示自己的爱情占有欲，能够充分尊重对方；

（2）将爱情给予对方比向对方索取爱情更使自己感到欢欣，并以对方的幸福为自己的满足；

（3）是彼此独立的个性的结合。

不健康的爱情表现在：

（1）过高地评价对方，将对方的人格理想化；

（2）过于痴情，一味地要求对方表露爱的情怀，这种爱情常有病态的夸张；

（3）缺乏体贴怜爱之心，只表现自己强烈的占有欲；

（4）偏重于外表的追求。

2. 迎接爱的能力

大学生要具有迎接爱的能力，就应懂得爱是什么，有健康的恋爱价值观，知道自己喜欢什么、需要什么、适合什么。就应对自己对他人对万事保持敏感和热情，就应主动关心他人，热爱他人。当别人向你表达爱时，能及时准确地对爱的信息做出判断，坦然地做出选择，能承受求爱拒绝或拒绝求爱所引起的心理扰乱。当自己爱上一个人时，能否用恰当的方式和语言向对方表达出来呢？表达爱需要勇气，需要信心。表达爱是在表明爱一个人也是幸福，即使可能得不到回报。让对方知道被一个人爱着，这是一种很崇高的境界。当期望的爱来到身边，能否勇敢地接受也是爱的能力的一种表现。有的大学生在别人向自己示爱后，内心很高兴，但又不敢接受别人的爱，或者对爱缺乏心理准备，或者觉得自己不配、不值得爱，因此而失去发展爱的机会。

3. 拒绝爱的能力

有爱的能力的人不是对爱来者不拒，或者对不是自己的爱就简单地拒之千里。当然也有不少大学生当别人向自己示爱时有些优柔寡断，又怕伤害对方，又怕对方误会。拒绝爱的能力，首先表现为对他人的尊重，要感谢对方对自己的欣赏和感情；其次要态度明确、表达清楚，即和对方只能是什么样的关系，同学还是一般朋友，或者什么都不是；最后是行动与语言要一致。可能有些同学怕对方受伤害，虽然语言上拒绝了对方，但是行动上还与对方有较亲密的接触，如单独去看电影、吃饭等，使对方容易误解，认为还有机会，还纠缠在与自己的情感中。

4. 鉴别爱的能力

鉴别爱是指能较好地分清什么是好感、喜欢和爱情。有鉴别爱的能力的人，是自信且尊重别人的人。有鉴别爱的能力的人，会自然地与别人交往，主动扩展交往的范围，珍惜友谊，会尽量地体验他人的感受。而过于自我孤立，过于站在自我的角度考虑问题，对他人和自我感受的认识往往会发生偏离。

5. 解决爱的冲突的能力

爱的冲突一方面来自日常生活中的不一致，或不协调；另一方面可能来自于性格的差异。相爱的人不是寻求两人的一致而是看如何协调、合作。爱需要包容、理解、体谅，要会用建设性的方式去解决冲突。沟通是非常有效的方式，恋人间需要有效地沟通，表达清楚自己的思想、感受。伤害性的争吵或者冷战都不利于问题的解决。

6. 保持爱情长久的能力

保持爱情长久的能力，其实需要以上多种能力的结合。爱需要两个人真正地关心对方，走进对方的内心世界，以对方的快乐为自己的快乐。要保持爱情常新，需要智慧、耐力、持之以恒及付出心血，同时又要有自己的个性，有自己的追求与发展。学新的东西、善于交流、欣赏对方，是爱的重要源泉。保持爱情的长久，也要同时学会处理恋爱与学业、与其他人交往的关系等，将爱情作为发展的动力。心存爱情的人，会洋溢着美好的精神风貌散发着生命的活力，不断地进取向上，给人以美感和震撼力。

7. 培养爱的责任能力

苏联著名教育家马卡连柯说："爱的力量只能在人类非性欲的爱情素养中存在。他的非性欲的爱情范围愈广，他的性爱也就愈为高尚。"发展爱的能力，并不是非要具体到对某一异性的爱，可以是更广泛意义上的爱。当代大学生发展爱的能力，就是要培养无私的品格和奉献精神，要培养善于处理矛盾的能力，有效地化解消除恋爱和家庭生活中的矛盾纠纷，为恋人负责，为社会负责，才能创造出幸福美满的婚恋。

三、大学生恋爱心理问题的自我调适

1. 单恋的自我调适

单恋是很多大学生面临的一种感情痛苦，是一种不可能得到的感情体验，它常使人自作多情、想入非非，做出一些荒唐可笑的事情来，严重影响大学生身心健康发展。对于这种"剪不断，理还乱"的单恋，大学生应该认识和做到以下几点：（1）客观理智地对待恋爱问题；（2）学会用理智战胜情感；（3）及时地移情、移景；（4）勇于自我表露。

比如对于没有经历表白的单相思要鼓励自己勇敢地说出口，如果对方对自己有意，一厢情愿变成了两相情愿；即使对方不喜欢自己，至少从单恋中得到了解脱，可以重新去面对生活，也是值得的。“爱要勇敢说出口”，对于性格内向的同学平时要多加强人际交往，多参加校园内外的各种活动，在人际交往和活动参与中培养自信心，让自己的性格逐渐变得开朗、阳光，进而避免出现单相思的局面。

对于遭到拒绝的单相思要学会放手。古罗马学者西塞罗说过：“青年人对于爱情，要提得起，放得下，才是一个智者。”没有回报的爱情，付出再多也徒劳无益，只会增加自身的痛苦。不如狠下决心，快刀斩乱麻，尽快从单恋的痛苦中走出来。死缠烂打只会增加对方的反感，爱情的基础是要互相尊重，要尊重对方的选择，对方既有喜欢你的权利，也有不喜欢你的权利，强求不得。

总之，面临恋爱这种重大的问题时，就要果断决策，并见诸行事。否则，他们就有可能陷入单恋之渊，还可能危及心理健康。

2. 恋爱纠葛的自我调适

恋爱纠葛中，三角恋、多角恋是其中最为突出的问题。不仅他（她）们自己痛苦，而且别人也痛苦，经常伤及双方甚至多方的身体健康。大学生应正确认识并积极调试：（1）认识爱情的选择性与排他性之间的区别；（2）重新评价自己与恋爱对象之间的关系；（3）明智理性地退避。

三角恋是有些大学生容易犯的毛病，而爱情的唯一性特点决定了爱情只能单向发展，必须百分百纯正，不能双向或多向发展。对于出现选择困惑的同学来说要明确自己需要的是什么？对方能给自己带来什么？双方相处是否和谐？还可以使用排除法，如果不选择他（她）自己的心情如何？如果还是不能得到答案不妨暂时不选择，等自己理清头绪后再做决定，不要随便选择，否则有可能给自己和对方都带来痛苦。需要注意的是在没有选择的情况下要保持适当的距离，“暧昧”有可能给别人造成误解，给自己带来麻烦。

对于有意或无意之中成为“第三者”的同学首先要搞清楚“三角恋”的危害。三角的畸形恋情使得三个人都无法全身心地投入到情感的建设和维系中，而将过多的精力和感情纠缠于各种矛盾冲突，只会陷于痛苦、纠葛的情绪中烦恼不堪，甚至因此而留下阴影，导致以后不敢轻易恋爱，不敢轻易对别人付出真情，不敢踏入婚姻，有的进而不再相信爱情。因为“三角恋”导致的悲剧，现实生活和文艺作品中已经上演太多，所以对待三角恋必须毫不犹豫地说“不”，如果已经深陷其中要勇敢走出，决断越快越好，然后再来疗愈情伤，开始新的生活。

对于极少数同学故意“脚踩两条船（甚至更多）”展示自身魅力的行为要予以谴责和教育，这种缺乏道德的游戏爱情的做法只会遭到现实生活中追求纯真美好爱情的人们的唾弃和不齿。对于这些同学也要进行教育和规劝，使之树立正确的爱情观。游戏爱情的结果只会使自己丧失对爱情的信任，不再相信爱情的美好，从而永远无法得到真正的爱情，成为爱情的“缺失者”。

3. 失恋的自我调适

爱情之路从来都不是风平浪静的，对于大学生来讲，失恋是青年时期最严重的挫折之一。他们在遭受这个情感危机的同时，面临着的也是一种人生考验。

（1）失恋的原因

导致大学生失恋的原因十分复杂。从内因来看，两人是否性格合适、志趣相投、人品端正、恋爱观一致等因素，都是决定恋爱是否成功的关键。从外部因素来看，爱情与学习、友谊的关系，双方家庭的态度，社会舆论，毕业去向都会导致恋爱双方态度发生变化。因此，冷静、客观分析失恋原因，有助于理智地对待挫折以减轻失恋带来的痛苦。

失恋之所以带来的痛苦情感，很大程度上与恋爱观有着直接的关系。大多数陷于痛苦难以自拔的失恋者，对三个问题看得过重了：第一，把恋爱看得过重了，认为爱情高于一切；第二，将对方看得过重了，感到“除却巫山不是云”；第三，把失恋看得过重了，似乎失恋就失去了全部人生意义，甚至失去生活的勇气。其实，失去的那个人并非是唯一可爱的人，你的选择也未必是最佳选择；失恋是对人的磨炼和考验，是走向成熟的阶梯，使人更加懂得爱情的真谛，懂得寻求真正爱情的不易，从而更加珍惜宝贵的爱情。

（2）失恋的后果

失恋会引起一系列的心理反应，比较普遍的有：难堪心理——来自心爱的人的爱情冷落，自尊心严重受伤。失望心理——感情出现却事与愿违，爱情理想的破灭，造成失望情绪。报复心理——因爱生恨，失去理智，甚至行为过激，怀疑爱情，产生虚无感。失恋引起的情感痛苦，虽是人之常情，却应该认识到，这些消极心理反应，都会引起失恋者的心理滑坡，心理承受能力减小，还会失去对生活中其他挫折的抵御能力减弱。曾有一位男大学生失恋后，情绪一直处在巨大的波动中，并把主要精力放在处理与原女友的关系上，致使期末考试四门不及格，学位没有了，但他还是难以控制颓废的消极情绪，难以坚持正常的学习，被迫休学。

失恋能导致许多不良后果。对自己，大多是心灰意冷，淡漠爱情，或采取酗酒、玩乐、玩世不恭、自残等办法，用压抑爱或“绝食”来适应冷酷的现实。这种自我“补偿”方式，被伤害的心灵只能得到暂时的抚慰，并不能完全治愈伤痛。对待对方，失恋者自认为是受害者，对方是肇事者，便通过攻击对方，侮辱对方，以达到心理补偿。这种行动既害人，又害己，是道德问题，甚至是法律问题。

（3）失恋的自我调适

从失恋的痛苦中得以解脱的办法有许多，这里着重介绍三种：倾诉法：对家人或知心朋友倾诉心中的烦恼、不欢与怨言，可能能缓解悔恨、遗憾、愤怒、惆怅、失望的情绪。环境转移法：失恋后即刻换个环境，暂时与能触动恋爱痛苦回忆的情景、物、人隔离，不失为聪明之举。

主动置身于欢乐、开阔的环境，或有意地潜心于自己感兴趣的事情，用新的乐趣来冲洗、抵消郁闷，最好将精力放在学习上。遗忘法：失恋者的脑海里总会在最初阶段里充满了对过去恋情的回忆，结果越回忆越痛苦，似乎这段爱是刻骨铭心的。殊不知，痛苦的回忆会侵蚀透你的心，不如按照这句话去做：过去的就让它过去吧，我还是原来的我。克服“爱情至上”的观点。爱情是重要的，但它不是生命的全部，还有事业、亲情和友情。同时多为对方着想。既然对方觉得这样更幸福，就让他离开你吧，不然，两个人在一起生活，有一个觉得不幸福，这样的生活既不幸福也不稳定。

第四节　树立健康的恋爱观

恋爱观是人们关于爱情和恋爱的根本观点，是人生观在恋爱方面的表现。青年大学生在大学期间能否树立正确的恋爱观，正确处理各种关系，不仅关系到学生本人是否幸福和快乐，而且也直接关系到学生今后的事业和人生。因此，大学生如何树立正确的恋爱观，是一个必须解决的重要问题。

一、大学生不宜过早谈恋爱

大学生一般是 20 岁左右的青年男女，在他们中出现谈恋爱追求爱情的现象，有着生理和心理的必然性。但是，爱情不是纯粹的生理、心理问题，还涉及许多社会、法律以及道德等诸多因素。因此，全面地看，我们认为大学生不宜过早谈恋爱。

1. 大学生心理成熟总滞后于生理成熟

大学生的心理发育以生理为基础，而心理成熟总滞后于生理成熟，同时还受到许多其他因素的影响。在大学生这个年龄段，心理发展不稳定，观察力不深刻，爱好、兴趣、气质都容易发生剧烈变化，情感的理智控制能力较差，容易偏激冲动。恋爱是一种社会行为，追求爱情的活动，是以生理、心理相对成熟为基础的。生理的初步成熟，萌发了求爱的欲望，心理的不成熟，又不能深刻理解爱情，于是往往容易出现需要爱情又不一定懂得爱情的现象，容易导致恋爱过程中的盲目性、不稳定性和感情失控性。

2. 大学生的世界观、人生观尚未成型

人生观的不确定性必然导致择偶标准的模糊性，从而给爱情带来许多不稳定因素。在这种情况下，如果匆忙地恋爱，往往会产生许多不良后果。

3. 大学生活具有过渡性

校园内的双双对对，一到毕业，各奔东西，爱情便面临严峻的考验。事实上，大学中的恋人，毕业结成伴侣的毕竟是少数。当然，真正的爱情可以超越时空。但生活是实实在在的，靠鸿雁传书，在岁月流逝中，翘首盼望长空搭起鹊桥，恐怕不是人们心甘情愿的最佳选择。

二、正确对待恋爱道德

恋爱道德就是指恋爱过程中的道德要求。虽然从生理、心理、学习等方面来看，我们主张大学生不宜谈恋爱，但大学生恋爱现象是客观存在的，且比例有逐渐上升的趋势，不可忽视。那么对于恋爱中大学生应遵守哪些恋爱道德呢?

1. 学业重于爱情

要争取从学业的成功中获得爱情。大学生要把学业放在首位，恋爱服从学业。只有正确处理好恋爱与学习的关系，才能使爱情的力量成为促进学习的动力，而学习的成功又会使爱情得到巩固和发展。

因为大学时期的我们正处于“心灵风暴”时期，人生观、价值观尚未完全定型，性格、情绪还不够稳定，对爱情内涵的理解和择偶标准的判断充满了可变性。尤其是双方都还不明确自己的未来，我们现在正处于人生学习的最关键时期，应该珍惜这难得的宝贵青春，努力积累，增强能力，为自己的将来打下坚实的基础。要知道，评价一个人的价值的最高尺度是这个人对社会的贡献,这才是大学阶段的最高人生追求,爱情的基调应该建立在学业基础上,以学业为重。

2. 事业高于爱情

爱情与事业是一对矛盾。要坚持事业高于爱情，爱情应同崇高理想和事业联系起来，用爱情提高双方的人生价值，爱情才有坚实基础，并得到不断充实。爱情是人的最高尚的情感之一，是人类社会生活中不可缺少的重要因素。所以摆正爱情位置，升华爱的境界，就是要根据社会的要求正确对待爱情与人生、爱情与事业、爱情与道德等关系。这对于一个人的成长进步，以及良好社会风尚的树立，有着重要意义。在人生这部交响曲中，事业才是永恒的第一主旋律。爱情与事业几乎同时降临到焕发青春活力的男女青年面前。事业和爱情是统一的，可以互为因果相辅相成。真正的爱情具有强大的力量。它在人处于逆境时，能给人鼓舞，使人在消沉中振奋，在艰难中拼搏；当人在事业上获得成就，能给人进一步进取的激励，使人在胜利中奋斗不已。

3. 保持爱情的纯洁性

在恋爱中选择对象应以诚相待，互相献上纯洁的心灵和真实的感情，不可怀有任何不良的目的和动机，如借恋爱之名，骗取他人的钱物。也不要一旦得到了爱情，就整天写情书、赶约会、无节制地挥霍钱财，把学习、理想、事业抛到脑后。

俄国伟大文学家托尔斯泰，多年生活在自己家庭龃龉不合的境况里，他把婚姻看成是给自己套上了一重颈轭。他的妻子爱他，但更爱他的名誉、地位、财富和骄奢侈靡的生活。她喜欢的是在盛大的宴会上人们以羡慕的眼光投向她华丽的衣服和光彩的首饰，她希望上帝能将这种幸福保持到她生命的最后一刻。然而托尔斯泰对“这种闲逸生活”感到十分愤懑，当他放弃这种生活的同时，妻子对他的爱也随之消失了。终于在他八十二岁高龄时，不堪忍受家庭的痛苦而离家出走，在一个风雨交加的夜晚死去。可见，男女相爱应首先注重的是人的思想、品质和知识才学这一对爱情具有永久效应的因素。印度诗人泰戈尔说："爱是理解的别名，爱情是两个人精神生命的结合，既共同享受人生的欢乐，也共同承担人生道路上的艰难与不幸，为了经受住多种考验，互相搀扶着走完人生的历程。"

4. 恋爱双方要忠贞专一

爱情具有专一性、排他性。一旦确定了恋爱关系，就要忠贞不渝，要经得起各种环境和条件的考验。朝秦暮楚，轻易移情，搞三角恋爱，充当第三者插足热恋情侣之中，都是不道德的。

马克思与燕妮的爱情生活是美好、圣洁、忠贞的典范。燕妮虽出身高贵之门，却爱上了家境贫寒，才华出众的马克思，他们恋爱了八年，饱经忧患，但彼此忠贞不渝。燕妮在给马克思的信中说："你的形象在我面前是多么光辉灿烂，多么威武堂堂啊，我从内心里多么渴望着你能常在我身旁。""但愿我能把你要走的路填平，扫除阻碍你前进的一切障碍。"这对非凡的革命伴侣在婚后的生活中，正是这样并肩携手，历经坎坷，在伟大的道路上，展翅高飞。他们无论是流亡巴黎、布鲁塞尔，还是伦敦，无论是双双坐牢，还是饥饿、寒冷，甚至忍受着三个孩子先后因病而死的极度痛苦。然而由于构成他们爱情基石的共同理想没有动摇，即使在艰难的岁月中，他们的爱情之花开放得愈加艳丽芬芳。马克思在婚后十三年写给燕妮的信中说："诚然，世间有许多女人，而有些非常美丽，但是哪里还能找到一副容颜，她的每一个线条甚至每一条皱纹，能引起我的生命中最强烈而美好的回忆，甚至我无限的痛苦，我无可挽回的损失，我都能从你可爱的容颜中望出，而当我吻你那亲爱的面庞的时候，我也就能克制这种悲痛。"这些字里行间渗透着多么深的情爱。这种爱从相识到结婚，以至两鬓如霜都那样炽烈，那样纯洁，那样美丽如画，直到生命的终点。这就是伟大的爱，圣洁而忠贞的爱，高尚而完美的爱。再如大家熟悉的张学良，张学良与赵四小姐的爱情也堪称典范，即便在发动"西安事变"，张学良把自己推上风口浪尖成为"国民公敌"，后来被软禁，赵四小姐从未离开，多年后，两位老人完婚于檀香山。

5. 坚持恋爱自由

爱情是男女双方的事情，只有两人感情交融，互相倾慕，爱情才是纯洁的。要尊重对方的选择。不能只考虑自己一方的爱，一厢情愿，把自己的爱强加于对方。不能因遭对方拒绝而苦闷、萎靡不振，甚至走违法犯罪的道路。当恋爱失去继续发展的基础时，要理智地结束关系，做到失恋不失德，失恋不失志。

6. 尊重对方人格

人的尊严、价值、道德、姓名、名誉、人身等属于人格范围。恋爱双方应互相尊重人格，不要轻易去玩弄他人的感情和人格。大学生中有少数人打着"性解放"的幌子，玩弄异性，追求肉欲刺激，发生婚前性行为。这对自尊、他尊都是一种损害，是不道德的行为，会给那些玩弄异性者提供可乘之机，也会给社会、家庭及双方带来严重后果。

7. 恋爱行为要文明持重

爱情是一种不可侵犯、神圣、纯洁的感情。恋爱双方应自尊、自重、互尊互重，表达爱情方式上，应热情中有持重，亲密中有节制，相处中彬彬有礼，落落大方，既含蓄又谦恭，尊重民族传统的道德习俗，切不要轻举妄动，随心所欲。如果粗言俗语、行为放荡，容易引起对方的反感和厌恶。有的大学生一谈上恋爱，便把自己游离在集体之外，有的在宿舍、教室你亲我吻，旁若无人，有的甚至上课、自习也形影不离，过分亲密。这些都是不文明、不道德的表现，必须引起我们重视。

8. 处理好恋爱与集体的关系

爱中的男女青年不应把自己禁锢在两个人的世界中，如果老是两个人出双入对，脱离集体，就会限制交往的范围，慢慢会与周围的同学交往脱节，妨碍自身的发展进步，不利于优化个性以及社会适应能力的提高。

三、正确对待网恋

随着互联网的发展，网络走进千家万户。上网能查资料、听歌、看电影、购物、聊天……聊天能帮你排除心中的压抑，但随之而来的就是网恋问题。什么是“网恋”？它被认为是在网络空间里，异性之间形成和发展的一定程度的情感依恋关系。它包括两种形式，第一种是纯粹意义上的网恋，即纯粹在网络上认识、恋爱，完全没有现实的接触；第二种是网络与现实相结合，即在网络中相识、恋爱，然后发展到现实生活中的恋爱与婚姻。东北师范大学的一项对分布在全国不同地区的 10 所高校 4800 多名大学生的网恋专题调查表明：近四成大学生报告自己周围的同学有网恋现象。从调查结果看，在大学生群体中，网恋正成为一种比较普遍的交往与恋爱方式。网恋与现实中的爱情有着本质的区别，大学生作为网民中的一个大群体，应怎样看待网恋?

1. 网恋是一种虚拟的爱情

通过网络聊天其实就是思想的交流。网络是一个虚拟的世界，现实中的很多事在网上都不用考虑。在这个虚拟的平台上，说出的话都蒙上了一层白纱，给人神秘感。看到的只是一些文字看不到对方的表情动作，经过不断的聊天，随之产生了所谓的“爱情”。其实这种爱情是虚幻的，但人却生活在现实生活中。

2. 网恋只是满足情感需要的一种方式

调查显示，80% 的大学生认为，网恋是了解和满足情感需要的一种方式。有人认为网恋是虚拟的，是人精神上的一种依恋，一个可以让自己感到轻松的恋情。之所以会有网恋，是因为双方聊得来。不管是什么人都会有心灵的空虚，每个人都想找一个能给自己心灵带来慰藉的人。在网络这个虚幻的世界里，就会打开自己的心扉，想找个人来填补这份空白，寻找所谓的心理安慰。

3. 警惕网络陷阱

在网络高速发展的今天，网恋现象也越来越多。“网恋”是网络时代一种新的情感交往方式，但网络本身具有身份虚拟与隐藏等特点，如果不能正确对待，可能会引发一系列问题，对自己的成长甚至产生负面影响。因此，作为大学生，有必要增强网恋的安全及自我保护意识，正确看待网络恋人以及网络交往的心态与责任等，树立正确和理性的“网恋”观念。同时，也要学会用自己的眼光去省视周围的事物。对于网恋，千万别感情用事，特别要提醒大家，在没有完全了解对方的时候，要十分慎重对待与“网恋”对象见面，现实中“一失足成千古恨”的案例给我们太多的启示和提醒了。

四、正确对待性问题

1. 大学生婚前性行为的诱因

恩格斯之所以把爱情又称为“性爱”，是因为恋爱是性成熟和性意识的产物。因此，我们可以发现，婚前性行为是有心理和生理原因的。生理上，大学生年龄一般在 17 ~ 23 岁，性生理已处于成熟阶段，出现性冲动，是正常现象。热恋中的频繁接触，缠绵的语言、动作，都可以成为对性的刺激，引起对性的欲望。心理上，恋爱中青年人的普遍特点是：爱情支配的系数比平时多得多，而理智则处于比较脆弱的地位。当代青年包括大学生的自我约束力呈降低趋势，性开放度增大，在恋爱中，偏重个人的心理和生理的满足，轻视婚前性行为的伤害性，自我保护意识降低，在好奇心作用下，受到了“禁果分外甜”的诱惑，预支性行为等，都是造成非理性心理因素的原因。热恋中，屈从于纯生理需要，让性的冲动支配行为，既是爱情心理不健康的表现，也是大学生心理欠成熟的表现。

抚顺籍生源小红和小强，从高中就谈起了恋爱，高考后小红被沈阳一所高校录取，小强被大连一所高校录取。中间虽然分分合合，但一直持续到现在。几年的感情让她已习惯两人在一起的感觉，所以很难割舍。2014 年 5 月 24 日小红和小强在电话中又闹翻了，为了与男友和好，她连夜去了大连，并与男友住在一起，刚觉得和好有望时，却无意在大连校园中看到小强与其他女生在一起且有暧昧行为，一气之下与男友分手，独自一人坐火车回到学校，心情很糟，万分不舍，很矛盾，食欲缺乏，失眠。她在想我与小强已经实际同居了三年，我的一切早已无私地交给了他，他怎么会这样对我？他怎么会这样对我？

许多大学生恋爱“只在乎曾经拥有，不在乎天长地久”，这样的恋爱观使得他们盲目恋爱，轻易发生性行为，有的甚至企图以性行为来维持和巩固恋爱关系，而对婚姻、对未来欠缺责任性的思考，从社会学的角度看，大学生的社会心理并没完全成熟，他们的社会责任感、道德观念、恋爱态度以及他们对恋爱与学习关系的处理等都不是很成熟。这导致恋爱关系的不牢固，矛盾重重，分分合合，而分手也成为大多恋情的最终归宿，从而伤己伤彼。案例中的这段恋情也一样，小红与小强多次分分合合，明知关系不稳定，还数次同居，发生性关系，不顾后果，就只为在一起时的缠绵、浪漫、激情。致使当他们分手后，小红便非常痛苦，非常不舍，可以说很大程度上是因为迷恋男友带给她的那种感觉。

2. 大学生婚前性行为的种种错误观念

大学生思想中的一些模糊认识和错误观念，也是导致发生婚前性行为的原因。看看下面几种错误的观念。

（1）"只要有爱情就可以发生性行为。"

持有这种观点的人，将逻辑与时间顺序不同的事物混淆了。真正的爱是把对方的幸福和快乐摆在自己欲望之先，必须包括责任在内。不能只想爱而不愿负责任。

（2）"双方自愿，就是私事，不干别人的事。"

性是个人的事，但性关系则涉及两个人，必须用有关的道德准则和行为规范进行约束和制约，否则为社会所不允，更为学校的校纪校规所禁止。

（3）"性只是另一种欲望，就像饥、渴一样，为什么不满足它？"

随意满足生理欲望，那与动物何异？爱情失去了高尚的精神和情感，剩下的只是肉体接触，对于大学生来讲，是非常可悲的。

（4）"性是愉快而有趣的，何不享受？"

这是对一个极度复杂的问题采取过于褊狭和简单的观点。是将自己局限于纯粹肉体方面的性来欺骗自己。爱情不是寻找刺激，更不是寻欢作乐。

（5）"性关系可以巩固爱情。"

对于恋人来讲，性关系并不具备如此作用，倒是有不少人发生关系后，因爱情淡化或由此产生了别的想法，感到了对方失去了感情上的吸引力，抛弃对方。这是用赤裸裸的性关系玷污了纯洁的感情。

3. 婚前性行为的危害

婚前性行为造成的身心危害是严重的。可概括为：

（1）偷食"禁果"能产生"离心"作用

性行为能使生理需求得到暂时满足，但爱情的价值和力量会相应减弱。如对恋人的真爱变得愈淡薄，对性的满足追求愈多，愈抱怨对方失态或不自重，不受理智控制的生理需求，不仅具有随意性，而且具有变迁性，可以没有任何理由把满足这种需求的对象，从这个异性转移到另一个异性，这些都有明显的"离心"作用。

（2）轻易以身相许会留下难以弥合的心灵创伤

与婚后合情的性行为相比，"禁果"是偷食的，害怕让别人知道，焦虑、悲观、负罪感、歉疚、自卑等心理都有可能产生。它像阴影笼罩着当事人，影响正常的生活、学习和人际关系，对一些大学生来说，这个创伤会影响终身。

（3）自酿的“苦酒”难咽

发生性关系后依然保持恋爱关系，甚至今后结婚，有不少是出于道义上的责任，或是凑合，而不是完全建立在相爱的基础上的，因此有不少是痛苦的。若分手，婚前性行为会对双方今后的爱情和婚姻增添不幸和伤害。另外，女方怀孕、人工流产对身心健康造成无法挽回的伤害，学业也由此荒废，双方都会遗憾终生。

在现代文明社会中，两性关系的道德规范是遵循着恋爱——结婚——性行为这个规律的。性欲——性爱——性行为这个过程，必须遵循两性关系的道德规律。否则，会造成破坏性后果，受到社会道德和舆论的谴责。大学生恋爱阶段避免性行为，并不意味着柏拉图式的“精神恋爱”，也不是禁欲，而是在现实的身份和环境中，遵守道德和规则的约束，不要在青春期挥霍你的青春。所以，应以真诚追求完美的爱。才能为将来的美满婚姻和幸福生活打下良好的基础。

五、大学生在恋爱问题上应思考的几个问题

在校期间大学生谈恋爱是好还是不好，是应该还是不应该，是允许还是不允许，这个问题很难回答，除了军队院校明令禁止外，其他院校都是不提倡也不反对。但有几个问题是大学生在恋爱前应该认真思考的。

1. 生理上的成熟与心理上的不成熟之间的矛盾

青年大学生大都在 17~23 岁之间，在这个年龄段生理发育已基本成熟，但由于青年人没有经过社会生活、职业生活的锻炼，缺乏社会生活经验，世界观、人生观、价值观、幸福观、婚恋观都处于形成阶段，心理上还不十分成熟，对任何问题的处理缺乏思考和理性的判断，因此大学生在处理感情问题时往往凭一时冲动，尤其容易把问题简单化、理想化，对问题缺乏周全的考虑，而处理不好的直接后果就是可能给将来的婚姻带来痛苦，这是大学生首先要面对的一个问题。

2. 恋爱的高消费与自身经济未独立之间的矛盾

在校大学生总体上说是一个消费群体，不能创造财富，当然也就没有固定收入，花钱主要还是靠家庭供给，经济上并不宽裕。如今青年人谈恋爱已不满足于散散步、谈谈心，而需要金钱消费。尤其是对于男方而言，有时碍于情面或为表现出男子汉的风度，需要大把花钱，以赢得女方的好感，如遇上假期旅游花钱就更多。钱从哪来？只能向家里伸手。为求学，家长为你筹钱还能说得过去，谈恋爱向家长要钱总是不好意思，弄不好会引起各方面的矛盾，甚至苦恼，这是一个十分现实的问题。

3. 恋爱与学习之间的矛盾

谈恋爱是否就一定影响学习？当然不能一概而论，但有一个不争的事实，那就是学生在校期间的首要任务就是学习，如果让“爱”占据 头脑，整天陷入其中而不能自拔，就必然无心学习，整天无精打采，上课迷迷糊糊，久而久之，完成学业的动力就会被消耗掉，各种有益的爱好、兴趣、特长便会被男女私情所代替，严重的甚至荒废学业。这必须引起我们的高度重视，认真思考。

4. 恋爱对象的确定与职业、去向尚未确定之间的矛盾

这是大学生恋爱过程中不能忽视的问题。大学生毕业前，一般来说都是职业未定、去向不明，过早地谈对象，毕业后能否在一起，在同一地方男女双方是否都能找到合适的工作，还是个未知数。如不能在一起，将来生活就可能遇到极大困难。即使通过努力能到一起，如果恋爱双方的籍贯地域相距甚远，且目前又都是独生子女，父母是否同意其子女离开自己而远走高飞，当初的海誓山盟最后能否持久，这些都使得大学生心神不定、倍加苦恼，这也正是在校大学生恋爱成功率不高的原因之所在。

总之，爱情是人生中的一件大事，来不得半点的草率与马虎，只有认真、理智地对待爱情，树立正确的爱情道德观，将来的家庭才能幸福，才能真正享受到爱情。大学时代是一个机遇接着机遇，但也是挑战连着挑战的巨大转型阶段。大学留下了无数年轻人最美丽的青春岁月，成了人生中的重要组成部分和美好回忆。“00后”大学生在面对空前的“自我解放”和所谓“自由化”过程中非常容易迷失方向，变得迷茫而消沉，这样的情况在大学生恋爱中的体现尤为明显。不可否认许多“00后”大学生在时代转型的面前无法找到自己的前进方向，恋爱成了逃避问题和满足生理以及若干心理需求的一种手段。在信息不对称的情况下，很多人打着“全球化开放”和“西方人性化”的旗子在自欺欺人。西方国家究竟是什么样子的？绝大多数人不了解，那样的借口和行为或许也是西方新一轮“和平演变”最希望看到的，也是足够麻痹个体，给中国青年一代带来巨大杀伤的隐形武器。

大学生的毕业走向，无外乎就业、读研或是出国等等，在国际化竞争日趋激烈，国内竞争白热化的今天，没有人希望还没有等到竞争的大幕拉开就已经被淘汰了。葡萄牙著名诗人裴多菲说过：“生命诚可贵，爱情价更高。若为自由故，二者皆可抛。”按照马斯洛需求的等级划分，性处于第一需求，爱情是处于第二需求。而所谓“自由”可以根据自身和历史条件的不同理解为自我价值实现和他人普遍认可的自我价值实现，是比爱情更高的需求。有了真正的爱情为基石，在迈向更高需求的时候或许会更顺利，没有或许不会那么顺利，但是虚假的基石会招致灾难，这只是时间问题。

请相信，属于你的爱情，属于你的人，你永远不会错过；不属于你的爱情，不属于你的人，即使得到了，纵使美丽却也如昙花一现，终将失去。明天的你一定会感激今天努力奋斗的自己，才有资格为蛮拼的自己点赞。

思考题：

1. 什么是爱情？爱情具有怎样的特征？

2. 大学生为什么不宜早恋？

3. 大学生需自觉提升哪些爱的能力？

4. 大学生恋爱中应遵守的恋爱道德有哪些？

5. 大学生应如何正确对待网恋？

第十四章　大学生职业生涯规划

第一只毛毛虫跋山涉水，没有目的，不知终点，不知自己到底想要哪一种苹果，也没想过怎么样去摘取苹果。它只知道跟着其他毛毛虫稀里糊涂地就跟着往上爬。它的最后结局呢？也许找到了一颗大苹果，幸福地生活着；也可能在树叶中迷了路，过着悲惨的生活。

第二只毛毛虫的目标就是找到一个大苹果。问题是它并不知道大苹果会长在什么地方？猜想大苹果应该长在粗树枝和大枝叶上。于是它就按这个标准一直往上爬，最后终于找到了一颗大苹果，但是放眼一看，它发现这颗大苹果是全树上最小的一个，上面还有许多更大的苹果。更令它泄气的是，要是它上一次选择另外一个分枝，它就能得到一个大得多的苹果。

第三只毛毛虫知道自己想要的就是大苹果，并制作了副望远镜，利用望远镜它找到了一棵很大的苹果；同时，它发现当从下往上找路时，会遇到很多分支，有各种不同的爬法；但若从上往下找路时，只有一种爬法。它细心地从苹果的位置，由上往下推至目前所处的位置，并记下路径，计划着慢慢前进。可是最后它到达苹果位置时，苹果已熟透而烂掉了。

第四只毛毛虫可不是一只普通的虫，做事有自己的规划。它知道自己要什么苹果，也知道苹果将怎么长大，因此当它戴着望远镜观察苹果时，它的目标并不是一颗大苹果，而是一朵含苞待放的苹果花，它计算着自己的行程，估计当它到达的时候，这朵花正好长成一个成熟的大苹果，它就能得到自己满意的苹果。结果它如愿以偿，得到了一个又大又甜的苹果。

第一只毛毛虫是只毫无目标，一生盲目，没有人生规划，不知道自己想要什么，我们大部分的人都是像第一只毛毛虫那样活着。第二只毛毛虫虽然知道自己想要什么，但他不知道该怎么取得到苹果，在习惯中的正确指导下，它做出了一些看似正确却使它渐渐远离苹果的选择，而曾几何时，正确的选择离它又是那么的接近。第三只毛毛虫有非常清晰的人生规划，也能做出正确选择，但是，它的目标过于远大，而自己的行动过于缓慢，成功对它来说，已经是明日黄花，机会、成功不等人。第四只毛毛虫，它不仅知道自己想要什么，也知道如何去得到自己的苹果，以及得到苹果应该需要什么条件，然后制定清晰实际的计划，在望远镜的指引下，它一步步实现自己的理想。其实我们的人生就是毛毛虫，而找苹果就是我们的人生目标——职业成功。爬树的过程就是我们职业生涯的道路。毕业后，我们都得爬上人生这棵苹果树去寻找未来，完全没有规划的职业生涯注定是要失败的。

现代社会，规划决定命运。有什么样的规划就有什么样的人生。我们的时间非常有限，越早规划你的人生，你就能越早成功。大学生们要想得到自己喜欢的苹果，想改变自己的人生，就要先从改变自己开始，做好自己的职业生涯规划，做第四只毛毛虫。本章将详细阐述大学生如何做好职业生涯规划，成功迈出走入职场关键的第一步。

第一节 职业与职业生涯规划

一、职业的定义

职业（Occupation），有广义和狭义之分。广义的职业定义为性质相近的工作的总称，通常指个人服务社会并作为主要生活来源的工作（中国职业规划师协会）。而人生活在社会中，具有自然人和社会人的双重属性，通过社会化，使自然人在适应社会环境、参与社会生活、学习社会规范、履行社会角色的过程中，逐渐认识自我，并获得社会的认可，取得社会成员的资格。职业的狭义定义基于人生活在社会中，是指参与社会分工，用专业的技能和知识创造物质或精神财富，获取合理报酬，丰富社会物质或精神生活的一项工作。职业是人们在社会中所从事的作为谋生手段的工作；从社会角度看职业是劳动者获得的社会角色，劳动者为社会承担一定的义务和责任，并获得相应的报酬；从国民经济活动所需要的人力资源角度来看，职业是指不同性质、不同内容、不同形式、不同操作的专门劳动岗位。

二、职业生涯规划的定义与起源

职业生涯规划（career planning）也叫“职业规划”，就是对职业生涯乃至人生进行持续的系统的计划的过程，一个完整的职业规划由职业定位、目标设定和通道设计三个要素构成（中国职业规划师协会）。在学术界人们也喜欢叫“生涯规划”。在有些地区，也有一些人喜欢用“人生规划”来称呼，其实表达的都是同样的内容。具体来说，职业生涯规划是指针对个人职业选择的主观和客观因素进行分析和测定，确定个人的奋斗目标并努力实现这一目标的过程。换句话说，职业生涯规划要求根据自身的兴趣、特点，将自己定位在一个最能发挥自己长处的位置，选择最适合自己能力的事业是一个人对其一生中所承担职务相继历程的预期和计划，包括一个人的学习，对一项职业或组织的生产性贡献和最终退休。

1908 年的美国，有“职业指导之父”之称的弗兰克·帕森斯（Frank Parsons）针对大量年轻人失业的情况，成立了世界上第一个职业咨询机构——波士顿地方就业局，首次提出了“职业咨询”的概念。从此，职业指导开始系统化。那时社会发展比较稳定，个体一生中的职业变化不大，针对此的工作即为职业规划。那时的职业规划，主要任务就是以工作要求为导向的人员匹配过程。它有一个假定的前提，就是工作对人的要求是固定不变的，如果一个人具有这些工作要求的品质，那么工作会最高效，工作着的人也会感觉非常有成效。

三、“职业”到“职业生涯”的转换

Jepsen 和 Gelatt 在 1974 年提出职业生涯决策模型时，最早提出职业到“生涯”的转换。之后，

生涯发展的内涵逐步被广泛认可。生涯包括个人一生中所从事的工作，以及其担任的职务、角色，但同时也涉及其他非工作或非职业的活动，亦即个人生活中食衣住行、娱乐各方面的活动与经验。从生涯角度来定义职业，那就是个人为追求其特殊目的，而从事的活动过程中所承担的所有职位、角色的总称。从这可以看出，职业是工作角色的总和，其目标是为了通过产品生产的实现，更好地满足自己的特定目的。也即，“职业”更多的是出于对人较低层次需要的满足这个层面上的。

正如心理学家马斯洛的需要层次理论所述，人的需要是从生存、安全、尊重、归属到自我实现的一个逐层满足的过程。就宏观社会而言，社会对“生存”与“安全”的追求要求把人当作生产产品的机器，去推动社会物质的充足和丰富。基于这样一种社会发展，人的职业规划，也就成了产品生产导向的“安排规划”。但是，随着社会的进一步发展，全社会物质总量的巨大积累，人们开始关注更广泛领域的人需求满足、开始要考虑更高层次的需要。职业开始不仅是个人谋生的手段，也是个人实现自我价值的途径。

一个人选择从事哪种职业将直接影响他的经济收入和社会地位，从而间接影响他对工作和生活的主观幸福感。也就是说，人们开始关注从职业中寻求尊重、归属甚至自我实现的需要满足。职业突出的是事业或某个具体的行业，而生涯更注重发展性，强调以人的需要为导向的职业变化过程。可见人的生涯不仅仅指某个具体的职业或行业，它更是生活的一种新状态描述。也就是“职业”开始向“生涯”（Career）的过渡。

薛恩（Schein）在 1978 年时，更加宽了生涯的广度，说人生的生命历程，是由三个旋律所交织、激荡而成的，这就是：①工作、职业或事业；②情感、婚姻或家庭；③个人的自我成长和身心发展。

四、大学生职业生涯规划在我国发展的背景及现状

大学生职业生涯规划是一种对大学生以职业要求目标的目标管理，通过让每一个同学明确其预期的目标，使之按照预期的目标的要求开发潜能，提高综合素质。现代意义上的大学生职业生涯规划教育的提出和受到关注应该是从 21 世纪开始的。2000 年 10 月由北京市学联等单位发起在中国人民大学、北京大学、清华大学等 8 所首都高校组织开展“2000 年大学生生涯规划”活动，受到首都大学生的普遍欢迎。到 2001 年，国内许多高校普遍开始增设就业指导课程或讲座，就业指导教材也相继出版，就业指导服务水平有了不同程度的提高。

教育部统计，2001 年至 2003 年，毕业生在 6 月份的初次就业率每年以 5 个百分点速度下降。而今后几年，普通高校毕业生逐年保持大幅度的增长，就业压力进一步加大。根据全国普通高校毕业生数据统计：2003 年为 212 万人，较上年增加了 67 万，增幅达到 46.2% 的高峰，2004 年毕业生为 280 万、2005 年为 340 万、2006 年 413 万、2007 年 495 万、2008 年 559 万、2009 年 611 万、2010 年 631 万、2011 年 660 万、2012 年 680 万、2013 年 699 万、2014 年则

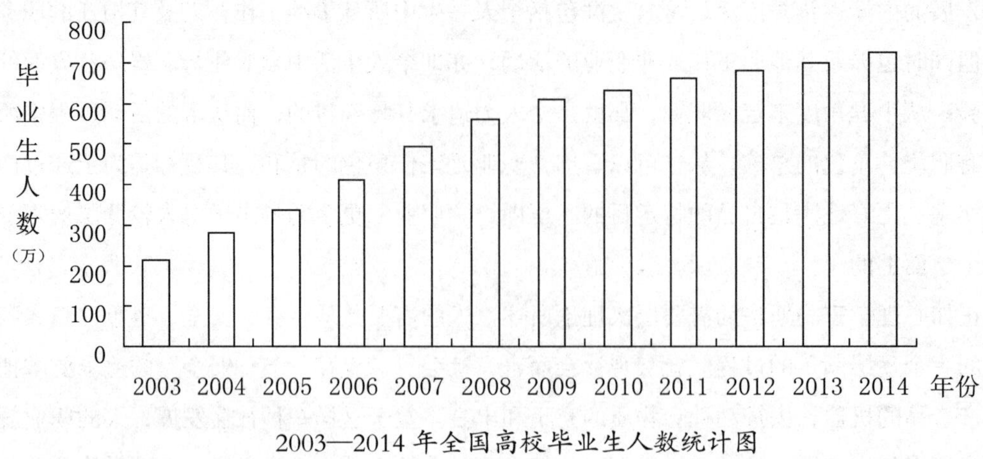

2003—2014 年全国高校毕业生人数统计图

高达 727 万。毕业生人数的连续增长和就业率的连年下降是我国“职业规划”发展的力量来源。

近年来，各高校逐步开始重视大学生职业生涯规划教育，因地制宜采取了一些措施，成立了专门机构，建立了就业信息网站，开设了生涯规划辅导课程，进行职业测评，成立了学生社团，通过校园文化活动的方式，如成立相关的学生社团、开展大学生职业生涯设计比赛、邀请职业规划专家、人力资源管理专家做专题讲座等，开展职业生涯规划主题教育活动，呈现出良好的发展态势，体现在以下几个方面：

1. 大多数高校纷纷开设职业生涯规划课程

越来越多的高校认识到仅仅对大学毕业生进行就业指导不够，职业生涯规划教育需要走进课堂，通过开设课程的方式与途径开展教育与辅导。课程的开设可谓“百花齐放”。

2. 经验总结和理论研究方面取得较大进展

大学生职业生涯规划教育作为职业指导教育的延伸和发展，经过探索进入快速发展的新阶段。这一领域受到前所未有的重视，一些学者逐渐认识到大学生职业生涯规划指导的重要意义，开始将国外优秀的职业生涯规划理论引入到我国大学生职业生涯规划的研究中并加以发展，形成了我国大学生职业生涯指导的理论雏形。学术论文对此话题的关注也逐渐增多。

3. 职业生涯规划培训交流范围不断扩大

2007 年 11 月，首届中国职业生涯规划国际论坛暨 GCDF 全球峰会在北京隆重召开。参加这次论坛共有来自中国、美国、德国、韩国、日本、新西兰等 16 个国家的专业人士以及数十位国内外最具影响力的职业规划专家。

五、大学生职业生涯规划的意义

大学期间是职业生涯规划的黄金阶段，对大学生个人的未来职业走向和职业发展具有十分深远的影响。大学生首先要认识到生涯规划的重要意义，职业生涯活动将伴随我们的大半生，拥有成功的职业生涯才能实现完美人生。因此，职业生涯规划具有特别重要的意义。

第一，职业生涯能对大学生起到内在的激励作用，使大学生产生学习、实践的动力，激发自己不断为实现各阶段目标和终极目标而努力，职业生涯规划可以发掘自我潜能，增强个人实力。

第二，职业生涯规划的训练有助于全面提高大学生的综合素质增强发展的目的性与计划性，提升成功的机会。生涯发展要有计划、有目的，避免学习的盲目性和被动性，很多时候我们的职业生涯受挫就是由于生涯规划没有做好。好的计划是成功的开始，古语讲，凡事“预则立，不预则废”就是这个道理。

第三，规划个人的职业生涯，可以使职业目标和实施策略了然于心，并便于从宏观上予以调整和掌控，能让大学生在职业探索和发展中少走弯路，节省时间和精力，提升应对竞争的能力。当今社会处在变革的时代，到处充满着激烈的竞争。物竞天择，适者生存。

不少大学毕业生没有充分认识到职业生涯规划的意义与重要性，认为找到理想的工作的是学识、业绩、耐心、关系、口才等条件，认为职业生涯规划纯属纸上谈兵，简直是耽误时间，有那时间还不如多跑两家招聘单位。这是一种错误的理念，实际上未雨绸缪，先做好职业生涯规划，磨刀不误砍柴工，有了清晰的认识与明确的目标之后再把求职活动付诸实践，这样的效果要好得多，也更经济、更科学。

第二节　大学生职业生涯规划与管理

张同学是某高校大四的学生，在找工作的时候比较有针对性，她的求职方式是海投简历，也面试过很多企业，但是张同学却始终不想真正进入它们任何一家企业工作。因为通过几间公司的实习，张同学始终没有进入工作的状况，始终没有动力，始终认为这不是最好的机会。张同学认为自己想要找有挑战性的工作，想要与人打交道的工作，因此，他又想做销售，因此，她的目标就是进入到国企企业，成为优秀的销售人员，但是在重新面试的道路中，却屡战屡败。机会终于来了，经过无数次的努力张同学终于找到了一家国企的销售工作，做销售员工作底薪很低的，如果没提成，那工资只能维持个人温饱，别说能多赚钱了。在一年多的销售生涯里，张同学不但在业绩上毫无起色，性格从开始的乐观变得消沉，开始变得烦躁，由于做业务压力大，还经常出差，晚上也开始失眠。总之，张同学觉得工作是痛苦的，国企的销售工作并没有给张同学带来当初梦寐以求的幸福感和自信心。反而生活也免不了受工作的情绪带动，在工作中想得最多的就是跳槽、转行。跳槽面临新的开始，继续工作下去将会令自己陷入不可自拔的境地。张同学很头疼，不知道怎么办才好……

当下，对于刚毕业的大学生，基本上对自己的职业生涯都是很迷茫。不知道什么适合自己，自己适合什么，自己的兴趣是什么，自己的所长是什么。面对无数的招聘信息，往往束手无策。

究其根本原因是没有及时地做好职业生涯规划，对职场、对自己没有合理的定位。本章将结合当代我国大学生实际，阐述大学生涯规划的方法及管理。

不少大学生还没有真正理解职业生涯规划的确切含义，对职业生涯规划的重要意义认识不足，不了解职业生涯规划的程序，缺乏进行规划的具体技巧。所以不少大学生对职业生涯规划或冷眼相对，或茫然无以适从，或使规划流于形式，或不顾主客观条件任意随自己的兴致来“规划”，这都会导致职业生涯规划的应有作用不能充分发挥。调查显示，大部分学生对自己将来的职业没有规划：对自己将来如何一步步晋升、发展没有设计的占 62.2%；有设计的占 32.8%，而其中有明确设计的仅占 4.9%。在大学期间，大学生对自己的发展规划不明确，不能运用职业设计理论，规划未来的工作与人生发展方向，这种情况严重影响了学生对就业的提前准备和准确定位，甚至影响对工作的适应性。作为一项系统工程，职业生涯规划虽受社会发展的需求的制约，但更多的是受大学生个人自身素质影响，因为职业生涯规划不是社会或学校强加个人身上的实施方案，而是当事人在内心动力的驱使下，结合社会职业的要求和社会发展利益，依据现实条件和机会所制定的个人化的实施方案。

一、规划的类型

在人力资源管理中规划按照时间的长短可以分为以下四种类型：1. 短期规划即 2 年以内的规划，主要是确定近期目标，规划近期完成的任务，如两年内熟悉新公司的规章制度，融合到企业文化当中。为此要花较多的时间与同事、领导沟通，向过来人学习。2. 中期规划即 2–5 年内的职业目标和任务，是常用的一种职业生涯规划，例如三年内成为某个部门的经理，完成相应业绩，以及为实现此目标采取的具体措施。3. 长期规划即 5–10 年规划，主要是设定较为长远的目标如 35 岁时成为分公司总经理，掌握更大的权利以及所需要采取的具体措施。4. 人生规划即整个职业生涯的规划，时间长至 40 年左右，设定整个人生的发展目标和阶梯。

二、大学生职业生涯规划步骤

所谓“职业生涯设计”其实就是“人生战略设计”，是对自己成功的人生进行正确的规划。职业生涯设计是一个周而复始的连续过程，包括确立志向、科学评估、职业机会评估、选择职业、职业生涯路线选择、确定目标、制订行动计划、评估与回馈等八个步骤。“职业生涯设计”方案必须包括个人志向、职业选择和职业生涯路线选择、自我优势评估和职业生涯机会或前景评估、职业生涯目标、个人行动计划与措施等五个方面内容，内容顺序不得改变。

1. 确立志向 确定志向俗话说：“志不立，天下无可成之事。”综观古今中外，各行各业的佼佼者，都有一个共同的特点，就是具有远大的志向。立志是人生的起跑点，反映着一个人的理想、胸怀、情趣和价值观，影响着一个人的奋斗目标及成就。所以，在进行生涯设计的关键，也是生涯设计最重要的一点。

2. 自我评估 自我评估就是对自己做全面分析，通过自我分析，认识自己、了解自己。因

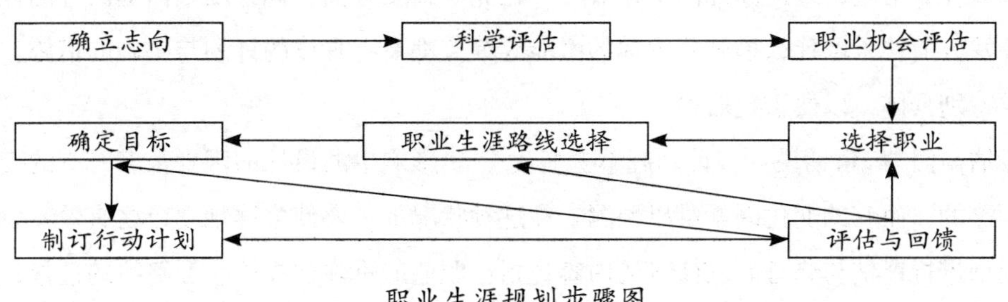

职业生涯规划步骤图

为只有认识了自己，才能对自己的职业做出正确的选择，才能选定适合自己发展的职业生涯路线，才能对自己的生涯目标做出最佳抉择。因此，自我评估是生涯设计的重要步骤之一。通常自我评估包括自己的兴趣、特长、性格、学识、技能、智商、情商以及管理、协调、活动能力等。

3. 生涯机会的评估 生涯机会的评估，主要分析内外环境因素对自己生涯发展的影响，每一个人都有处在一定的环境之中，离开了这个环境，便无法生存与成长。所以，在制定个人的职业生涯规划时，要分析环境条件的特点、环境的发展变化情况、自己与环境的关系、自己在这个环境中的地位、环境对自己提出的要求及环境对自己有利与不利条件，等等。只有对这些环境因素充分了解，才能做到在复杂的环境中趋利避害，使生涯规划具有实际意义。环境因素评估主要包括：组织环境、政治环境、社会环境、经济环境。

4. 职业的选择 通过自我评估、生涯机会的评估，认识自己、分析环境，在此基础上对自己的职业做出选择。也就是在职业选择时，要充分考虑到自身的特点，即自己的性格、兴趣和特长；要充分考虑到环境因素对自己的影响。分析自我、了解自我、分析环境、了解职业世界，使自己的性格、兴趣、特长与职业相吻合。这一点对将来步入社会初选职业的大学生非常重要。

5. 确定职业生涯路线 在职业选择后，还须考虑向哪一路线发展。即是走行政管理路线，向行政方面发展，还是走专业技术路线，向业务方面发展等等。发展路线不同，对其要求也不同，这一点不能忽视。因为，即使同一职业，也有不同的岗位，有的人适合搞行政，可在管理方面大显身手，成为一名卓越的管理人才；有的适合搞研究，可在某一领域有所突破，成为一名著名的专家学者；有的人适合搞经营，可在商海大战屡建功勋，成为一名经营人才。如果一个人不具有管理才能，却选择了行政管理路线，这个人就很难成就事业。

6. 设定职业生涯目标 生涯目标的设定，其抉择是以自己的最佳才能、最优性格、最大兴趣、最有利的环境等条件为依据。通常目标分短期目标、中期目标、长期目标和人生目标。短期目标有分日目标、周目标、月目标、年目标。中期目标一般为三至五年，长期目标一般为五至十年。

7. 制订行动计划 制订行动计划与措施在确定了生涯目标后，行动便成了关键环节。没有达成目标的行动，就不能达到目标，也就谈不上事业的成功。这里所指的行动，是指落实目标的具体措施，主要包括工作、训练、教育轮岗等方面的措施。例如，为达成目标，在工作方面，你计划采取什么措施，来提高你的工作效率？在业务素质方面，你计划如何提高你的业务能力在潜能开发方面，采取什么措施开发你的潜能等等，都要有具体的计划与明确的措施。并且这些计划要特别具体，以便于定时检查。

8. 评估与回馈 俗话说："计划赶不上变化"。影响生涯设计的因素很多，有的变化因素是可以预测的，而有的变化因素难以预测。在这种状况下，要使生涯规划行之有效，就须不断对生涯规划进行评估与修订。其修订的内容包括：职业的重新选择；生涯路线的选择；人生目标的修正；实施措施与计划的变更等。

成功的职业生涯设计需要时时审视内外环境的变化，并且调整自己的前进步伐。目标的存在只是为你的前进指导一个方向。而你是它的创造者，你可以在不同时间不同环境下作出调整，让它符合你的理想。在今天，我们的工作方式不断推陈出新，除了学习新的技能知识外还得时时审视自己的生涯资本并意识到其不足的地方，不断修正自己的目标，才能立于不败之地。

三、大学生职业生涯规划应该考虑的因素与分析方法

许多学生在毕业找工作的时候，常常面临的一个问题就是：自己上大一的时候，没有能够学习自己喜欢的专业，或经过几年的专业课学习后，发现自己当初选择的专业并不适合自己，现在马上面临毕业找工作，自己不知道是该优先考虑专业对口的工作，还是重新选择一次，选择一个适合自己的工作？另外还有许多学生毕业找工作的时候，经常出现的情况是：找工作时只考虑工作与专业对不对口，至于自己所学的专业和要从事的工作是否到底适合自己，从来就不曾考虑；或者是不分企业不分行业不分工作，盲目发送求职简历；或者是在求职简历的求职意向一栏，写着技术、销售、部门经理等许多职位，而对自己没有一个明确的定位；也有的同学在就业压力下，只要碰到一个单位想录用自己，则不管该行业和该工作是不是适合自己，赶紧签了就业协议书，而且可能一下就签了三五年。

1. 外部因素

职业生涯就是指一个人在其一生中与工作相关的一系列活动、行为、态度、价值观、愿望等的有机整体。从外界的角度讲，主要是当前的整体就业环境和就业趋势，各行各业的现状及发展前景，自己面临的一些就业机会，以及自己的家庭环境等因素。

SWOT 分析法：又称态势分析法，早在二十世纪八十年代初由旧金山大学管理学教授韦克里提出来，它是一种较客观而准确地分析和研究一个单位或个人现实情况的方法。SWOT 是"优势（strength）、劣势（weakness）、机遇（opportunity）、威胁（threats）"4 个英文的第一个字母的组合。

S：优势　W：缺点

O：机会　T：威胁

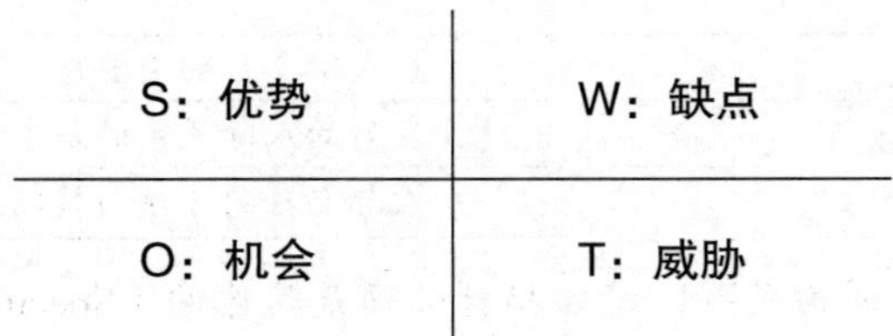

SWOT 分析模型

SWOT 分析模型

优势：学了什么、做过什么、最成功的是什么、忍耐力如何；

劣势：性格弱点、经验或经历中欠缺什么、最失败是什么；

机遇：现在的就业形势、各种职业发展空间、社会最急需的职业；

威胁（挑战）：专业过时、同学竞争、薪酬过低。

优势和劣势属于内部因素，机遇和威胁属于外部因素。分析时，将优势和劣势集中起来，然后用所有外部力量对这些因素进行评估。

2. 大学生职业生涯管理

通过考虑外部、内部的影响因素，全面地分析了自己，制定了适合自己的职业生涯规划，在整个按照计划实施的过程中，处于管理者地位的还是自己，这就要求在整个规划过程的实施中要学会精确地把握，有高度的自控性。才能保证规划按部就班地进行。最终达到良好的效果。职业生涯管理分为 6 个步骤，需每个环节把握住要点，具体如下：

职业生涯管理要点把握表

管理环节	环节要点
目标管理	1. 目标的内涵和要求
	2. 目标定位
	3. 设立目标的 SMART 的原则
学业管理	1. 夯实专业基础
	2. 学业管理的主要内容（学习目标的确立、制订学习计划学业评估和激励）
健康管理	1. 心理健康
	2. 身体健康
时间管理	1. 时间的特性
	2. 时间管理的重要性
	3. 时间管理的原则（“二八”原则）
	4. 时间管理方法
社会实践管理	1. 社会实践的意义
	2. 社会实践规划的基本原则
	3. 大学生社会实践的分类
	4. 选择适合自己的社会实践

续 表

人际关系管理	1. 人际交往的重要性
	2. 建立良好的人际关系的基本原则
	3. 人际交往的方法与技巧

目标管理 SMART 原则构成：1. 绩效指标必须是具体的（Specific）；2. 绩效指标必须是可以衡量的（Measurable）；3. 绩效指标必须是可以达到的（Attainable）；4. 绩效指标是要与其他目标具有一定的相关性（Relevant）；5. 绩效指标必须具有明确的截止期限（Time-bound）。无论是制定团队的工作目标还是员工的绩效目标都必须符合上述原则，五个原则缺一不可。制定的过程也是自身能力不断增长的过程，经理必须和员工一起在不断制定高绩效目标的过程中共同提高绩效能力。

时间管理“二八原则”即巴列特定律即“二八原则”也称为“80/20 效率法则”总结果的 80% 是由总消耗时间中的 20% 所形成的。按事情的“重要程度”编排事务优先次序的准则是建立在“重要的少数与琐碎的多数”的原理的基础上。举例说明：80% 的销售额是源自 20% 的顾客；80% 的电话是来自 20% 的朋友；80% 的总产量来自 20% 的产品；80% 的财富集中在 20% 的人手中；这启示我们在工作中要善于抓主要矛盾，善于从纷繁复杂的工作中理出头绪，把资源用在最重要、最紧迫的事情上。

大学生职业生涯规划表与示范

1. 自我评估表

<table>
<tr><td colspan="3">请用 150~200 个字，描述你理想中的职业生活及愿意从事这一职业的理由（工作性质、工作环境、工作伙伴、工作时间、工资待遇、社会需求、职业技能等）：
我是 ×××，我的职业梦想是职业经理人。它是指在一个所有权、法人财产权和经营权分离的企业中承担法人财产的保值增值责任，全面负责企业经营管理，对法人财产拥有绝对经营权和管理权，由企业在职业经理人市场（包括社会职业经理人市场和企业内部职业经理人市场）中聘任，而其自身以受薪、股票期权等为获得报酬主要方式的职业化企业经营管理专家。</td></tr>
<tr><td rowspan="8">自我评估</td><td>性格</td><td>乐观 自信 诚实 正直</td></tr>
<tr><td>爱好、特长</td><td>打球 阅读 写作</td></tr>
<tr><td>情绪情感状况</td><td>不喜欢表现在脸上</td></tr>
<tr><td>意志力状况</td><td>吃苦耐劳，意志力坚强</td></tr>
<tr><td>已具备经验</td><td>做过兼职，参加过社会实践</td></tr>
<tr><td>已具备能力</td><td>担任社团干部，有一定的组织管理能力</td></tr>
<tr><td>所学专业及主要课程</td><td>工商管理专业 管理学 经济学</td></tr>
<tr><td>外语和计算机水平</td><td>英语四级 计算机二级</td></tr>
</table>

续 表

对你人生发展影响最大的人	关 系	姓名	单位、职业、职务
他人对你的看法与期望	关 系	姓名	对你的看法与期望
			听话懂事不叛逆
			喜欢做家务
			尊敬人，有礼貌
			乐于助人，总是处处关心他人，为他人着想
			在学习上积极进取，和同学相处融洽
			课堂上总是积极发言，思维活跃
			负责任 踏实

2. 环境与职业评估表

校园环境对你成才的影响	学 院	
	系 别	
	专 业	
	班 级	
	寝 室	
认识社会需求与就业形势分析	人才供需状况与就业	随着国家宏观和微观环境的不断改进，特别是随着中国加入WTO，与世界经济的全面接轨，中国职业经理人的发展步伐将会加快，社会对职业经理人的需要也将会越来越大
	对人才素质要求	道德素质 文化素质 个性化因素
	对人格特质要求	胸怀坦荡 同情心 诚信 沟通
	对知识的要求及学校中的哪些课程对从事该项职业有帮助	本专科及其以上学历者 经济学 管理学
认识社会对人才的素质分析	对能力的要求	战略管理能力 经营决策能力 人力资源管理能力 协作与沟通能力 公共关系协调能力 应变与危机管理能力 创新能力 驾驭市场能力
	对技能训练的要求	决策能力 组织能力 执行能力 协调能力
	对资格证书的要求	一级职业经理人资格证书 二级职业经理人资格证书
	每天工作状况（即工作内容、工作伙伴及感受）	随工作状况而定
	该岗位收入状况	收入较高，无详细标准

续 表

	该行业人士对所从事工作有何满意及不满意之处	工作环境好 待遇高 社会地位高
	该职业发展前景	市场前景广阔
	建议学校增设哪些课程	心理学
	其他	暂无

3. 确立初步目标表

描述初步职业设想	职业类型	管理类	职业名称	职业经理人	具体岗位	CEO
	职业地域	中国皆可	工作环境	办公室环境	工作时间	随工作状况而定
	工作地域	同上	工作待遇	随工作而定	工作伙伴	各级管理人员
	职业发展期望					
目标SWOT分析	优势	内在因素：从事职业让经理人热诚 具有从事该职业的基本素质，如：诚实守信 协调沟通 所学专业匹配 外在因素：职业经理人是新兴职业，市场前景好				
	劣势	内在因素：缺乏一定的社会经验和职业经历 缺乏一定的人际关系 外在因素：企业对职业经理人的要求很高				
	机遇	内在因素：担任过班委及社团负责人 有较多的实践机会 学习过相关的专业知识 外在因素：学校有专业的老师进行就业指导 市场前景好				
	威胁	内在因素：学习理论知识与参加社会实践有冲突 外在因素：应届毕业生刚参加工作，工作经验不足				

4. 职业生涯策略表

步骤		目标分解	提高途径和措施	完成标准
大学期间自我规划	第一学期	努力学习不挂科	请教同学解答，多上自习	期末考试顺利完成
	寒 假	学习社会经验	通过做兼职和参加社会实践	学会一些待人处事的能力
	第二学期	学好基础和专业知识	课前预习，认真听讲，课后复习，及请教老师和同学	尽量都优秀
	暑 假	掌握一定的社会调查能力	跟着老师参加社会实践	掌握一些调查方法和技巧
	第三学期	学好专业知识 考英语四级和计算机二级	课前预习，认真听讲，课后复习，及请教老师和同学	尽量都过
	寒 假	学习社会经验	通过做兼职和参加社会实践	掌握一些做事的技巧和方法

续 表

大学期间自我规划	第四学期	学好专业知识 考取会计从业资格证书	通过学习专业知识和自主学习	考过
	暑 假	学习到一定的该职业的职业经验	通过实习或做一些兼职	掌握一定的职业经验即可
	第五学期	学好专业知识 考取中国市场营销经理助理资格证书	通过学习专业知识和自主学习	考过
	寒 假	学习到一定的该职业的职业经验	通过实习或做一些兼职	掌握一定的职业经验
	第六学期	考研	自主学习	争取一次性考上好好上
大学毕业以后	好好上研究生 同时从事与该职业有关的兼职		自主学习加认真实践	完成研究生学业

5. 生涯评估与反馈表

自我评估	学习成绩排名	前十名	素质拓展总分	80	身体素质状况	优
	发展性素质测评	良好				
	获 奖	曾获“体育节”征文比赛优秀奖，“优秀团员”等证书				
	自我规划落实情况	基本落实				
	经验与教训	凡事预则立，不预则废 积极参加各类活动，获得好评和荣誉				
父母评价与建议		学习能力强，自控力强，独立，敢担当。并希望凡事更加积极参与，锻炼自己				
同学、朋友评价与建议		独立，学习力强。但需要更多的自信心				
教师评价与建议		学习力强，意志力强，素养高，独立，注重合作精神 但要处理好学习与工作的关系				
成才外因评估		拥有一颗好学的心，吃苦耐劳，不辞劳苦				
职业目标修正		与管理有关的职业即可				
规划步骤、途径及完成标准修正		如果毕业后有好的机遇找到好工作，也会选择就业				

6. 职业生涯总体规划简表

序号		当 前	三 年	五 年	未 来
1	专 业	工商管理专业	工商管理专业	工商管理专业	工商管理专业
2	学 历	本科	本科	研究生	研究生
3	职 位	学生及社团干事	学生及社团负责人	学生及公司兼职	职业经理人

续 表

4	职 称	学生	学生	学生	职业经理人
5	薪 水	无	无	无	随工作而定
6	奖 项	曾获“体育节”征文比赛优秀奖，“优秀团员”等证书	待定	学术研究奖	与社会有关奖项
7	社交圈	同学，社团同事，老乡会，老师	同学，社团同事，老乡会，老师及参加社会实践认识的人	同学，老乡会老师及参加社会实践认识的人	社会各界人士同学，老乡等
8	业务范围	学习	学习，工作	学习，工作	管理类业务
9	活动地域	学校及周边地区	学校及周边地区	学校及周边地区	公司
10	住 房	一般	一般	一般	适合就好
11	交 通	公交车，出租车	公交车，出租车	私家车	私家车
12	其 他	还行	还行	还行	随实际情况而定

第三节 自我认知和职业认知

约拿珊·斯威夫特所说：“尽管我们常常谴责人类不了解自己的缺点，但恐怕也很少有人了解自己的长处。就像在泥土中埋藏着一罐金子，土地的主人却不知道一样。”

一、自我认知概述

自我认知是大学生职业生涯规划的基础，职业生涯规划的重要前提是自我认识，只有了解自我，才能有针对性地明确职业方向而不盲目，只有认清个人能力，熟悉自己的性格类型，才能确定最终的职业目标。

自我认知（self-cognition）是对自己的洞察和理解，包括自我观察和自我评价。自我观察是指对自己的感知、思维和意向等方面的觉察；自我评价是指对自己的想法、期望、行为及人格特征的判断与评估，这是自我调节的重要条件。

职业认知则有两个含义：一是确定自己是谁，适合做什么工作；二是告诉别人自己是谁，擅长做什么工作。自我认知的程度影响着职业定位的准确性。要做一个合理的职业生涯规划，首先要对自己有一个清晰的认识。只有认识了自己，才能取己所长，避己所短，才能进行准确的职业定位，确定最佳的职业目标，设计合理的职业生涯路线，对职业进行系统的整体规划。

二、兴趣认知与职业

兴趣是个人力求认识、探究某种活动的心理倾向，以特定的事物、人或活动为对象，常常伴随着积极的情绪体验。兴趣的形成过程。根据发展程度的不同，可以把兴趣的形成过程依次划分为三个阶段：有趣、乐趣和志趣。职业兴趣即对某类职业或工作的积极态度。它是个人成功的推动力。不同的人有不同的职业兴趣，如果能够从事与自己的职业兴趣相符的职业，个体在工作中就能更加积极热情、全神贯注和富有创造力。有资料表明，如果一个人对某份工作有浓厚的兴趣，他就可能发挥其全部才能的80%~90%，并能长时间地保持高效率而不感到疲劳；反之，如果一个人对某份工作缺乏兴趣，就只能发挥其全部才能的20%~30%，且容易筋疲力尽。

霍兰德职业兴趣理论美国心理学家、职业指导专家霍兰德的职业兴趣理论建立在以下三个假设之上：①人可以分为六大类，即现实型、研究型、社会型、事务型、企业型、艺术型。②职业环境可以分为相对应的同名称的六大类。③人格与职业环境的匹配是形成职业满意度和成就感的基础。人们通常倾向于选择与自己的兴趣类型相匹配的职业环境，但个体在进行职业选择时并非都能选择到与自己兴趣完全相对应的职业环境，所以人们进行职业选择时会不断妥协，寻求相邻甚至相隔职业环境，这就需要个体逐渐适应不匹配的工作环境。

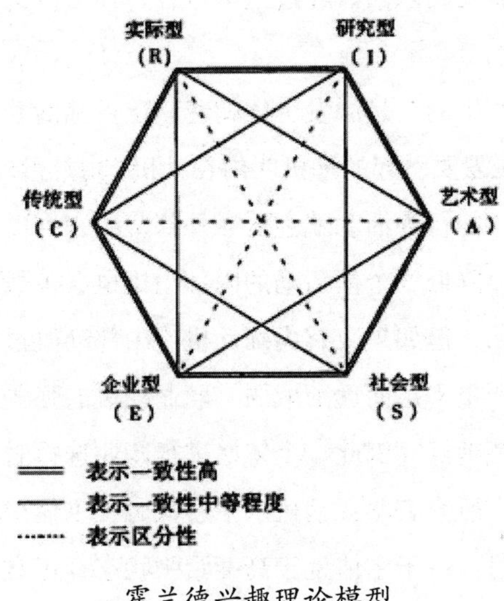

霍兰德兴趣理论模型

霍兰德划分的这六大类型，并不是并列的，也没有明晰的边界。他以六边形标示出六大类型的关系：相邻关系（两种类型共同点较多）、相隔关系（两种类型共同点较少）、相对关系（两种类型对立点多，共同点少）。模型中，双实线表示一致性较高，实线表示一致性呈中等程度，虚线表示两种类型具有区分程度。

该测验做出了某种更为直接的关联。你儿时或现在的兴趣点到底可以做一些什么实际的职业？霍兰德职业兴趣测试将给出你答案。参考网址：http://www.apesk.com/holland/index..html。

三、需要、动机、价值观认知与职业

需要就是人对所缺少的东西产生的欲望和要求。需要是不断发展的，当旧的需要得到满足后，人们又会产生新的需要。所以，需要是人积极性的来源。目前比较有影响的是美国心理学家马斯洛在1968年提出来的需要层次理论。

职业是满足人的需要的主要手段，需要影响着择业的层次和方向。首先，职业是个人谋生的手段（生理需要），它可以让人拥有一份收入，这一点在大学生择业的影响因素中最为突出。其次，工作的稳定性（安全需要）和单位的氛围（感情需要）也是影响择业的两个重要因素。再次，职业可以让人充分利用所学的知识，发挥自己的能力，挖掘自己的潜能，为社会积累财富、创造价值，从而获得社会地位（尊重需要）和实现自我价值（自我实现需要）。

大学生要先结合自身情况明确自己需要的层次和对象。需要的层次是选择的出发点，受到社会、时代、家庭、观念和经济等因素的影响，如金钱、权利、稳定性、职业价值等分别体现了不同层次的需要。之后再进行相应层次具体职业对象的选择。可以采取依次写出生活中自己最想要的五样东西，并与朋友分享自己的感受，接着再逐一删除，最后只保留一样，每删除一样东西后都要与朋友分享自己的体验。对每一个人来说，每一次删除都是一次矛盾的抉择。最后留下的那一样，就是你最需要的东西。经过这个过程，你可以清楚地了解自我需要的内容、轻重和主次。

动机是在需要的基础上产生的，是激发个体朝着一定目标活动，并维持这种活动以满足需要的一种内在的动力。由内在需要引起的动机叫内在动机，由外部环境引起的动机叫外在动机。如果外在动机作用过大，个体的行为活动就主要靠外部奖励来推动，当个体对外部奖励感到不满时，行为活动的积极性就会降低，个体活动的内部动机也会被毁掉。内部动机可以让行为稳定、持久，有助于事情的成功，但如果只有内部动机或内部动机过于强大，内部动机也会因为外部强化激励因素的缺失或严重不足而逐渐减弱。职业动机的强弱关系到职业成就的大小，但并不是动机越强烈行为效果就越好。因此，个体在进行职业选择时，应明确自己动机的性质，并将内外动机进行综合平衡。研究表明：动机水平过低时，主体得不到足够的能量去从事应该进行的活动；动机水平过高时，由于主体处于高度紧张状态，正常的认识和思维受到干扰，也会使行为效果受到影响；只有保持中等的动机水平，使主体既得到了足够的行为动力，又能保持冷静的头脑和灵活的思维时，行为效果才能达到最佳。价值观是指一个人对周围的客观事物（包括人、事、物）的意义、重要性总的看法和评价。价值观是社会成员用来评价行为、事物以及从各种可能的目标中选择自己满意的目标的准则。职业价值观是人们对社会职业需求所表现出来的评价，是人生价值观在职业问题上的反映。每个人的职业价值观不同，因而对某一职业的评价和取向也会不同。如果在择业时选择了与自己的职业价值观不符的职业，就很难在这个岗位上工作下去。

美国心理学家洛特克在1973年对人类价值观的本质进行论述时，提出了成就感、美感、挑战、健康、收入与财富、独立性、爱及家庭、道德感、欢乐、权力、安全感、自我成长、协助他人等13种价值观。日本一家调查所在一项职业调查中选择和设计了七个价值取向，即能推动社会发展，助人、为社会服务，得到人们高度评价，受人尊敬，能赚钱，虽平凡但有固定收入，自谋职业。我国职业专家通过大量的调查，把职业价值观分为六种类型，并将个人适合的职业类型与之相对应，这六种价值观分别是自由型、小康型、支配型、自我实现型、志愿型和技术型。

小贴士：

如何审视自己的价值观？——价值观排序法

使用方法：将21种价值观做成小卡片，进行排序。排序的过程中，留意自己的语言和行为，排序结束后解释一下自己如此排序的原因，并举一些具体的事例，从而审视一下自己的价值观。将下面21种价值观按照对你的重要程度进行排序：成就、审美、利他、自主、健康、诚实、情绪健康、正义、知识、爱、忠诚、道德、愉悦、身体外观、认可、技能、财富、智慧、权利、创造性、宗教信仰。

如何审视自己的价值观？——价值观测量问卷

价值问卷是对个人价值的测量问卷。对于价值观的测评，国内外一般都采用量表法（测量法），比较著名的有明尼苏达重要性问卷（Minnesota Importance Questionnaire，MIQ）、高登的职业价值观量表（Occupational Values Inventory，OVI）和塞普尔的工作价值观量表（Work Values Inventory ，WWI）。

价值观往往决定职业期望，影响职业方向和职业目标的选择。在职业规划中，价值观被作为职业定位的最关键因素。只有所从事的职业与自我价值观相符合时，人才不会有心理冲突，才能充分调动起积极性，最大程度地发挥能力，满足高层自我实现的需要，产生成就感。价值观受所从事职业的影响而发展变化。通过对所从事职业的认知、了解和体验，人的价值观的内容也会不断改变和更新。从事某项工作之前，对工作的认识是表面的、肤浅的，只有努力经历后，才会有收获，才能体会到它的价值所在。

四、能力、技能认知与职业

能力是顺利、有效地完成某种活动所必须具备的心理条件。能力是和完成某种活动相联系的，能力的发展会受到遗传、环境和教育因素的影响，因此能力的发展会出现个体差异，如智商的高低、能力类型的异同、能力发展的早晚等。能力是不断发展，永不停滞的，所以时时刻刻都要加强对职业所需能力的培养。能力和智力不能混淆。智力是从事任何活动所必须具备的最基本的心理条件，即认识事物并运用知识解决实际问题的能力。例如：敏锐的视觉是美术创作所必需的但不是音乐创作所必需的，所以它是一种能力；而观察力、记忆力、思维力是从事任何活动都必须具备的,所以它们属于智力范畴,思维力是智力的核心,代表着智力的发展水平。每个人都具有一种或多种能力组成的能力系统，了解能力的分类，可以更客观、系统地评价自己所具备的各种能力，从而能更准确地匹配职业。

知识是历史经验的总结和概括。技能是通过练习而获得和巩固，完成活动的动作方式和动作系统。能力是隐性的，知识和技能是外显的。能力与知识、技能之间有着密不可分的联系。能力是掌握知识技能的前提，没有某种能力难于掌握相关的知识和技能。在掌握知识技能的过程中，能力也会得到发展。

能力是职业选择的一个重要条件。人要胜任某一项工作，不仅要具备从事任何职业所需要的一般能力，还要具备所从事职业需要的特殊能力，并习得工作中所要运用的知识和技能。所以，个人在选择职业之前，首先要明确自己的能力倾向，确定职业领域，并习得职业所需的技能，个人的职业发展才能顺利。工作是能力和技能得到提高的一个重要途径。将自己的所学应用于实践，将抽象的知识具体应用并产生效益，在实践中检验，在实践中学习，让自己的能力不断提升，技能不断丰富。

五、气质与性格认知与职业

气质是心理活动表现在强度、速度、稳定性和灵活性等方面的动力性质的心理特征。气质相当于我们日常生活中所说的脾气、秉性或性情。气质是一种相对稳定的自然属性，先天因素起决定性作用，例如，遗传素质相同或相近的人的气质类型虽不完全相同但是很接近。当然，气质的稳定性也不是绝对的，它也是会发生变化的，人在经历过世事变迁之后，气质也可能会有所改变。

性格是一个人在对现实的稳定的态度和习惯化了的行为方式中表现出来的人格特征。性格是在社会生活实践中逐渐形成的,一经形成便比较稳定,它会在不同的时间和情况下表现出来。性格的稳定也并不是绝对、一成不变的，而是可塑的。性格分解为态度特征、意志特征、情绪特征和理智特征四个组成成分。

气质是职业适应性最主要的影响因素不同职业对人的气质特点也有一定的要求，气质对人们所从事的职业并不具有决定性作用,而是辅助性的,其作用主要表现在对工作效率的影响上。气质与职业匹配程度高就可以起到促进作用，反之，可能会起到消极作用。

性格对于职业选择有直接影响，不同性格的人适合不同职业，不同职业需要不同性格的人来从事。主要性格测试的方法有①量表法：在一个有定量单位和参照点的连续体上把事物的属性表现出来，这个连续体称为量表。性格测验经常采用的量表有荣氏十六型性格量表；②投射法：投射法就是让被测试者通过一定的媒介，建立起自己的想象世界，在无拘束的情景中，显露出其性格特征的一种测试方法。测试中的媒介没有明确的意义，可以是一些没有规则的线条；也可以是一些意义不确定的图片；也可以是一些有头没尾的句子；也可是一个故事的开头，让被测试者来编故事的结尾，等等。被测试者做出反应时，一定要凭自己的想象力加以填补，使之有意义。在这个过程中，恰好投射出被测试者的思想、情感和经验。（读者可以自己到互联网上搜索“性格投射实验”来进行）

六、人格认知与职业

人格是由需要、动机、能力、气质和性格组成的，是多种心理因素在具体个体上的整合，并表现出来的个人整体特征。需要和动机、能力、气质和性格是在不同环境中表现出来的，相对稳定的，影响人的外显和内隐行为模式的心理特征，都是人格的组成部分。需要是人体内部的一种不平衡状态；动机是推动人从事某种活动，并朝向一定目标前进的内部动力；能力是顺利、有效地完成某种活动所必须具备的心理条件；气质是心理活动动力特征的总和，表现在心理活动的速度、强度和稳定性方面；性格则是表现在对事物的态度和习惯化了的行为方式上的人格特征。

外向性格、内向性格自测的简单方法：对于同一个标号后的条目择其一进行选择，最后统计外倾性因素和内倾性因素中被选中的条目数。如果外倾性因素多，则人格外倾性比较高；反之人格内倾性比较高。

荣格是瑞士精神分析学家，他在《心理类型论》一书中提出了内—外向人格类型理论。一个人的兴趣和关注可以指向内部，也可以指向外部。指向内部叫内向，指向外部叫外向，而且每个人都有内向和外向两种特征。根据一个人是内向还是外向占优势，可以将人格分为内向型和外向型。

外向、内向人格自测表

外倾性因素	内倾性因素
1. 能量来源于外部的人、事、物及社会观念	1. 能量来源于内心力量及自我观念
2. 行动良好	2. 善于沉思
3. 兴趣广泛	3. 兴趣精确
4. 善于表现，交流自如	4. 对人谨慎，不善言谈
5. 先行动再反思行为的后果	5. 先思考再行动再反思行为
6. 与人交流时思路清晰	6. 独处思路清晰，只与人交流特别清晰的问题
7. 与人交往主动性强	7. 与人交往主动性差处于被动
8. 善于交友友谊有深有浅	8. 不善交友如有朋友则友谊深
9. 倾向于谈论和听讲	9. 倾向于读和写

弗洛伊德是奥地利精神病医生，精神分析学派的创始人，他把人格结构分为三个层次，即

本我、自我、超我。本我位于人格结构的最底层，是人的原始的无意识本能，它寻求直接的满足，而不顾及社会现实是否有实现的可能，遵循快乐原则。自我位于人格结构的中间层次，是在本我的冲动与实现本我的环境条件之间的冲突中逐渐发展起来的，遵循现实原则。超我位于人格结构的最高层次，由社会规范、伦理道德、价值观念内化而来，是个体社会化的结果，遵循道德原则。本我、自我和超我的相互作用。自我在本我和超我之间起着调节作用，一方面要尽量满足本我的要求，另一方面又要受制于超我的约束。超我起着抑制本我冲动、对自我进行监控以及追求完善境界的作用。当三者和平相处，处于协调状态时，人格呈现健康状态；当三者发生冲突无法解决时，往往会导致心理疾病。人格是择业的重要参考因素，也是影响事业能否成功的决定性因素。人格影响工作的质量和效率。职业也可以影响人格的发展。

自知对于职业规划至关重要。《老子》中有一句哲言：“知人者智也，自知者明也。”自知，自己了解自己；明，看清事物的能力。自知之明指了解自己的情况，并对自己有正确的估计。人贵有自知之明，只有明确认知自己，个体才能量身定择一份合适的职业，才能根据自身的发展变化不断修整职业生涯规划，也才能知道并从事自己愿意做、喜欢做、有能力做、适合做的工作。

第四节　职业素质和道德准备

学历资格已不是公司招聘首先考虑的条件，大多数雇主认为，正确的工作态度和职业道德素质是公司在雇用员工时最优先考虑的，其次才是职业技能，接着是工作经验。毫无疑问，工作态度已被视为组织遴选人才时的重要标准。因此，对于大学生来说，在就业之前养成良好的职业素质和职业道德对其职业生涯具有基础性意义。

一、大学生职业素质概述

职业素质是劳动者对社会职业了解与适应能力的一种综合体现，是指从业者在一定生理和心理条件基础上，通过教育培训、职业实践、自我修炼等途径形成和发展起来的，在职业活动中起决定性作用的、内在的、相对稳定的基本品质，其主要表现在职业兴趣、职业能力、职业个性及职业情况等方面。

影响和制约职业素质的因素很多，主要包括：受教育程度、实践经验、社会环境、工作经历以及自身的一些基本情况（如身体状况等）。一般说来，劳动者能否顺利就业并取得成就，在很大程度上取决于本人的职业素质，职业素质越高的人，获得成功的机会就越多。由于职业是人生意义和价值的根本之所在，职业生涯既是人生历程中的主体部分，又是最具价值的部分。因此，职业素质是素质的主体和核心，它囊括了素质的各个类型，只是侧重点不同而已。职业素质一般分为以下几种类型：

职业道德素质：就是从事一定职业的人们在其特定的工作或劳动中所形成的行为规范的总和，是所有从业人员在职业活动中应该遵循的行为准则，涵盖了从业人员与服务对象、职业与职工、职业与职业之间的关系。职业道德不仅指一种行为要求，而且还包括本行业对社会所承担的道德责任和道德义务，维护的是社会秩序或职业秩序。职业道德是整个社会道德的主要内容。

文化知识素质：知识是分门别类的，不具备某方面的知识，就很难做好某方面的工作。不难理解，没有建筑方面的知识，你就不能从事建筑方面的职业；同样，不具备基本的卫生知识，就难以从事食品、烹饪、医药等方面的职业。知识又是分层次的，所从事的工作越复杂，对从业者具有的知识素质要求也越高。一个文盲，很难操作计算机，更不可能成为工程技术人员。社会发展越来越快，科学技术运用越来越普遍，各种先进生产技术和设备随着科技的发展不断地更新，这就对劳动者文化知识素质提出了越来越高的要求。

专业知识素质：专业知识是知识结构的特色所在。但是，现代业务的重要特征之一就是综合性。这一特征又要求人的知识结构不能只限于本专业，而是既要有一定的深度，又要有一定的广度，需要做到深广结合。

职业技能素质：职业技能素质是劳动者对社会职业了解与适应能力的一种综合体现，其主要表现在职业兴趣、职业能力、职业个性及职业情况等方面。影响和制约职业素质的因素很多，主要包括：受教育程度、实践经验、社会环境、工作经历以及自身的一些基本情况（如身体状况等）。

身体健康素质：身体健康素质是个综合性问题，体力因素是身体素质的首要构成部分，指与人的体力相关的生理学意义上的器官或系统发育及其健康状况。如人体的肌肉、四肢、五脏等的生理功能，体力因素既是身体素质的最基础的部分又是身体素质构成的低层次结构形式。它的形成与先天因素有一定的联系，但主要取决于后天发育状况，身体素质除肌肉、内脏与神经系统、大脑等结构和机能方面的特点外，还应当有种种生理潜能蕴含其中。

职业心理素质要求大学生应树立正确的人生观，始终保持开阔的心胸，提高对心理冲突和挫折的忍受能力，热爱生活，热爱学习。充分认识自己，正确估价自己，有自知之明，不自卑不自负。积极交友，宽容待人，善于与他人交流思想、感情，相互帮助，相互学习。积极培养自己的各种兴趣爱好，如琴棋书画，参加有益的娱乐活动，积极参加各种体育活动。多读优秀的文学、艺术作品。学会思考，爱动脑筋，学会全面分析复杂问题，要有遭受挫折的思想准备。要积极参加劳动，在劳动吸取教训，接受艰苦的磨炼。

那么，如何提高大学生职业素质？专家表明，大学生可以从职业形象、职业意识、职业道德、有效沟通、团队精神五个方面着手综合提升职业素质。

职业形象是指职业人在工作岗位上给他人留下的印象以及获得的评价。它主要通过仪表、服饰、言谈、举止等直观感觉展现出来，是一种值得开发、利用的个人潜能。大学生应该注重自己的职业形象,加强内心修养的同时注重职业形象的外在表现形式,提升个人魅力,内外兼修。

有效沟通是指可理解的信息或思想在两个或两个以上人群中的传递或交换的过程，目的是激励或影响人的思想或行为。沟通是双向的：告诉对方、聆听对方、达成共识。应该采用行之有效的有效沟通训练来提升自己的沟通能力。在有效沟通的训练过程中应明确沟通的目的、沟通过程中注意信息的交流、注意情感的交流，最后达成共识。切忌想当然来处理问题、迫不及待地表现自己、不看场合，方式失当。

团队精神是由员工和管理层组成的一个共同体，该共同体合理利用每一个成员的知识和技能协同工作，达到共同的目标。主要包括：团队的凝聚力、团队的合作意识、团队的高昂士气。作为职场新人，在团队中应该快速了解公司文化、调整心态，不把同事当“对手”、不过问他人隐私、不把个人感情带入办公室中、合群、说话不能口无遮拦、AA 制是最佳选择、彼此尊重。应学会从日常学习生活中做起，有目的、有计划地参与集体活动、社团活动，要有主人翁精神，将个人利益与企业利益相结合,积极地与人沟通,凡事采取合作的态度,团队成员之间加强交流。

职业素质具有十分重要的意义。从个人的角度来看，适者生存，个人缺乏良好的职业素质，就很难取得突出的工作业绩，更谈不上建功立业；从企业角度来看，唯有集中具备较高职业素质的人员才能实现求得生存与发展的目的，他们可以帮助企业节省成本，提高效率，从而提高企业在市场的竞争力；从国家的角度看，国民职业素质的高低直接影响着国家经济的发展，是社会稳定的前提。

什么样的大学生用人单位最欢迎？在最短时间内认同企业文化、对企业忠诚，有团队归属感、综合素质好有敬业精神和职业素质、有专业技术能力、沟通能力强、有亲和力、有团队精神和协作能力、带着激情去工作。

国有企业对人才的要求：1. 证书的作用（证书作为主要参考依据）；2. 态度的取向（自信、谦虚谨慎）；3. 着装仪表（简洁、大方）；4. 价值取向（忠诚、政治觉悟、规章制度、乐于付出）；5. 成绩与品德（综合素质如成绩优秀、遵纪守法、品德优良、要求上进）。

民营企业对人才的要求：1. 唯能力，不唯学历；2. 能说会道，思维敏捷；3. 创新能力；4. 从基层做起；5.“通才”而非“专才”；6. 良好的敬业精神。

外企对人才的要求：学校的品牌；学历水平、外语水平；计算机操作能力；互联网能力；日资企业对人才的要求时间观念、等级和人际关系；团队协作能力；诚信意识和职业操守；稳定性。

二、大学生职业道德的重要意义

随着现代社会分工的发展和专业化程度的增强，市场竞争日趋激烈，整个社会对从业人员的职业观念、职业态度、职业技能、职业纪律和职业作风的要求越来越高。在社会主义现代化建设的进程中，大学生作为社会一员也应坚守以“爱岗敬业、诚实守信、办事公道、服务群众、奉献社会”为主要内容的职业道德。那么职业道德对大学生的成长成才具有什么样的重要的意义呢？

1. 职业道德是大学生迎接知识经济时代挑战，培育自身综合素质的迫切需要。21 世纪的一个重要特征就是知识经济时代的来临。当代大学生站在中华民族伟大复兴的历史转折点上，若要瞩目未来、立志高远、心胸博大、开阔视野、有益社会和建功立业，就应当在努力提高自己的科学文化知识和专业技能的同时，加强自己的职业道德修养，在关注个人利益的同时更加关注民族利益和现代化大业，并为社会良好风气的形成和精神文明的建设做出自己的贡献。如果大学生只重视知识和技能的学习和把握，而忽视职业道德的培养，那么就很难符合社会对人才的要求，素质教育也就成了一句空话。

2. 职业道德是大学生在高等教育大众化时代摆正心态、自信自立，敢于和善于竞争的客观需要。高校毕业生数量的急剧增加，为用人单位提供了更多选择人才的机会，提高了各方面对人才的要求，这对毕业生而言则意味着面临更激烈的竞争，大学生“就业难”的问题日益突出。此时，职业道德被放在了更加重要的位置，大学生应摆正心态，自信自立，敢于竞争，善于竞争，忠于职守，爱岗敬业，干一行，爱一行，有吃苦耐劳的实干精神，有认真踏实的工作作风。

3. 职业道德是大学生适应社会和发展自己的内在需要。社会发展需要决定和制约着大学生职业道德的内容、性质和发展及其在社会经济中的地位与作用。职业劳动的有效性不仅取决于政府政策的正确性和劳动者的专业知识、专业技能素质，还取决于劳动者是否具备良好的职业道德水平。大学生职业道德修养水平的高低，对于能否实现职业劳动的经济效益和社会效益的意义重大。

三、当代大学生如何提高自己职业道德修养

职业道德水平的发展是大学生知、情、意、行相统一的不断自觉修养的辩证过程，只有通过个人的职业道德修养和不断实践，才能把外在的影响内化为自己的品质并外化为职业生活中自觉的行动。那么作为当代大学生应该从以下几个方面着手来在日常生活中、专业学习中、社会实践中来提高自身的职业道德水平，增强职业道德素养。

1. 树立自信，自觉、自主地进行自我修养。大学生处在人生的十字路口，自我管理和约束能力相对较差，但具有很强的可塑性，若能从自己内心培植职业道德的土壤，建立长效自我约束机制，就会在工作中爱岗敬业、谦逊礼让、严于律己、宽以待人；在感情上，以为社会多做贡献为荣，以自己的劳动成果能为社会和他人带来幸福为乐. 从而更好地在自我教育中提高职业道德水平。

2. 学习职业道德理论与参加社会实践活动相结合。参加社会实践，是提高职业道德修养的根本途径。人的道德品质不是与生俱来的，大学生在学习职业道德理论的基础上，只有不断融入社会，把自己的学习和社会实践活动相联系起来，才能更深刻地认识自身的价值所在，正确审视自己的不足，并在社会实践中锻炼自己，陶冶自己，完善自己，最终完成职业道德品质的提高。

3. 向新时期涌现的职业模范人物和身边的榜样学习。新时期，社会主义精神文明建设呈现出积极健康向上的良好态势，为人民服务精神日益发扬光大。

4. 从小事做起，从现在做起，循序渐进。大学生正处在培养良好职业道德和练就技能本领的大好时期，只有在平凡的日常学习生活中. 从点滴小事做起，通过长期积累，才能逐步培养，形成优秀的道德品质。因此，在道德修养中，要从我做起，严格要求自己。只有这样，才能自觉形成一种道德习惯，形成良好的职业道德信念和品质。

目前，我国正在努力建设社会主义市场经济，人们的思想道德观念发生着很大变化，职业道德建设面临着新的形势和许多新的问题。尽管如此，职业道德修养仍然是职业道德建设中的一个重要方面，对于个人道德品质的形成和发展都具有重要的作用. 社会需要数以亿计的高素质劳动者，作为当代大学生们更应首当其冲，从我做起，从小事做起，不断提高自己的职业道德修养水平，向更高的职业道德水准迈进。

思考题：

1. 职业生涯规划的定义以及在我国发展历程和存在的问题？

2. 论述自我认知的完整性与可分性。

3. 简述“霍兰德兴趣理论模型”并简要说明其与职业对应关系。

4. 大学生职业道德素质的基本要求是什么？

5. 大学生应如何提升自己的职业道德修养？

6. 请根据本章所学知识、网络学习，对自己进行一份完整职业生涯规划并履行。

参考文献：

[1] 李兵宽，刘启辉 . 大学生职业生涯规划体系建设刍议 [J]. 中国高教研究，2005（1）：76-77.

[2] 曹宜婷 . 自我认知在大学生职业生涯规划中的具体运用 [J]. 高教高职研究，2011（24）:205-206.

[3] 徐冬蓉，严晓兰 . 论大学生职业素质的培养 [J]. 南昌大学学报，2007.38.（5）:148-151.

[4] 赵慧娟 . 大学生职业生涯规划 [M]. 北京大学出版社，2014-8-1.

[5] 颜吾佴 . 大学生的自我认知与理想信念 [M]. 北京交通大学出版社，2007-01-01.

第十五章 大学生就业创业指导

随着高等院校的扩招，全球经济形势的震荡，大学生就业压力增大，就业形势严峻，高等院校的“出口”面临新的挑战。新形势下，如何推进大学生就业创业教育，培养大学生就业创业新思维、激发大学生就业创业激情、提高大学生就业创业能力，是高等院校面临的共同新课题。

案例：

在一次招聘会上，北京某外企人事经理说，他们本想招一个有丰富工作经验的资深会计人员，结果却破例招了一位刚毕业的女大学生，让他们改变主意的起因只是一个小小的细节：这个学生当场拿出了两块钱。

人事经理说，当时，女大学生因为没有工作经验，在面试一关即遭到了拒绝，但她并没有气馁，一再坚持。她对主考官说：“请再给我一次机会，让我参加完笔试。”主考官拗不过她，就答应了她的请求。结果，她通过了笔试，由人事经理亲自复试。

人事经理对她颇有好感，因她的笔试成绩最好，不过，女孩的话让经理有些失望。她说自己没工作过，唯一的经验是在学校掌管过学生会财务。找一个没有工作经验的人做财务会计不是他们的预期，经理决定收兵：“今天就到这里，如有消息我会打电话通知你。”女孩从座位上站起来，向经理点点头，从口袋里掏出两块钱双手递给经理：“不管是否录取，请都给我打个电话。”

经理从未见过这种情况，问：“你怎么知道我不给没有录用的人打电话？”“您刚才说有消息就打，那言下之意就是没录取就不打了。”

经理对这个女孩产生了浓厚的兴趣，问：“如果你没被录取，我打电话，你想知道些什么呢？”“请告诉我，在什么地方我不能达到你们的要求，在哪方面不够好，我好改进。”“那两块钱……”女孩微笑道：“给没有被录用的人打电话不属于公司的正常开支，所以由我付电话费，请您一定打。”经理也笑了，“请你把两块钱收回，我不会打电话了，我现在就通知你：你被录用了。”

记者问：“仅凭两块钱就招了一个没有经验的人，是不是太感情用事了？”经理说：“不是。这些面试细节反映了她作为财务人员具有良好的素质和人品，人品和素质有时比资历和经验更为重要。第一，她一开始便被拒绝，但却一再争取，说明她有坚毅的品格。财务是十分繁杂的工作，没有足够的耐心和毅力是不可能做好的；第二，她能坦言自己没有工作经验，显示了一种诚信，这对搞财务工作尤为重要；第三，即使不被录取，也希望能得到别人的评价，说明她有直面不足的勇气和敢于承担责任的上进心。员工不可能把每项工作都做得很完美，我们接受失误，却不能接受员工自满不前；第四，女孩自掏电话费，反映出她公私分明的良好品德，这更是财务工作不可或缺的。”

（来源：北京人才市场报）

第一节　就业形势与就业政策

就业是整个社会大系统的一部分，受到多种因素的影响和制约，其中最为关键的因素就是国家经济运行的状态，它一方面决定着社会有效需求岗位，一方面影响着大学生的意识形态和核心价值观，因此，了解就业形势和就业政策，才能在就业中有的放矢，为就业做好充分准备。

一、高校毕业生就业环境分析

近年来，我国高等教育发展快速，已经进入大众化阶段。“十五”期间高校毕业生合计为1002万人，“十一五”到“十二五”期间平均每年高校毕业生总数将达到700万。“十三五”期间，高校毕业生累计达4088万人。这一数字还在持续增长。我国高校毕业生就业问题尤为突出、形势十分严峻时期。

1. 当前我国就业形势总体特征

（1）高校毕业生总量突破“新高”

据教育部统计，2022届高校毕业生规模预计达1076万人，同比增加167万人。毕业生人数首次突破千万大关，规模和数量创历史新高。

（2）劳动力结构性矛盾突出

一些传统行业出现大批下岗失业人员，而一些新兴产业、行业和技术职业需要的高素质高技术人员又供不应求。区域结构性矛盾突出，城市大型事业单位需求饱和，广大农村基层人才需求得不到满足。企业经济结构调整直接影响大学毕业生就业，加之一些高校学科专业结构专业及课程设置存在较大盲目性，与社会需求不相适应，专业趋同现象十分严重，既造成供给严重大于需求，导致大学毕业生不能满足用人单位对其实际操作能力、适应工作环境变化等方面能力越来越高的要求。

（3）人才和劳动力市场不规范

现实中不时发生大学生被中介和用人单位欺骗案例，其主要原因是不法企业利用法律漏洞，在与大学生建立劳动关系时，不与大学生签订劳动协议，拒绝承担法律责任。一些用人单位在招人时追求实用和低成本，存在眼光短视和心态浮躁情况。尤其是一些不法企业用工制度极不合理，不但不和员工签订劳动合同，而且社会保险、养老金、公积金等一系列社会福利都没有。另外，录用员工起薪较低，升幅不大，并伴有苛刻罚款制度，让许多大学毕业生无法接受。同时，用人单位还设置经验、性别等障碍拒绝应届毕业生，拒绝理由有动手能力差、需花费 培训费用、稳定性不高等。

（4）职业教育和培训工作相对滞后

职业培训是提高劳动者素质，促进劳动者再就业，化解结构性、长期性失业矛盾的重要手段。在全面实行劳动预备制培训，逐步形成职业资格证书体系，推动“市场引导培训、培训促进就业”机制形成的同时，还应建立综合性职业培训基地，鼓励和支持社会各方面力量开展多层次、多形式的培训。对失业者中有创业意识的人员，要积极实行“创业培训”计划。

当前缺乏正规科学的就业技能与意识培养和没有正规的实习机构和监督制度，对大学生就业能力影响最为突出。技能培训不到位、实习犹如“走过场”、创业缺少多方支持、职业规划被忽视、对现实社会缺少了解等五大因素严重影响了当前大学生就业能力。

2. 我国就业难问题普遍存在主要原因

（1）第三产业发展不充分

第二产业增加值每增长 1 个百分点，平均增加就业岗位为 17 个；第三产业增加值每增长 1 个百分点，平均增加就业岗位为 85 个。我国第三产业发展很不充分，从业人员比例仍然偏低，仅占全国从业人员的 27.7%。而一些发达国家第三产业从业人员所占比例已达到 70% 以上，一些发展中国家也已达 50% 左右。

我国第三产业从业人员结构不尽合理。即传统服务业从业人员多，新兴服务业从业人员比例低。具体表现是：在生活服务业为消费者服务的从业人员较多，而在生产服务业为生产者或厂商服务的从业人员则比例偏低。统计资料表明：一方面是从事公共事业、社会福利、社区服务、信息咨询、中介组织、审计、会计等社会服务行业的人员比例偏低。另一方面是，服务市场仍存在准入限制过严、垄断经营严重问题，尤其是在进入外贸、教育、文化、中介服务等行业的资质条件认可方面，对国内投资者卡得过死，限制了服务业就业人数的大幅增长。

（2）就业环境不宽松

在失业率上升阶段，政府最主要的任务是发展经济和促进就业，并为此提供公平和公正社会环境，由政府直接创造就业机会安置失业人员其成本大大低于给予失业人口失业保障。目前，在税收、工商、劳动、信贷、保险、城市管理、收费等方面仍然存在门槛高、范围窄、收费多、服务不到位等突出问题。

（3）促进就业资金投入不足

目前我国对城镇失业人员的资金投入重点为“低保”和失业保障方面，而对促进就业资金投入明显不足。前者投入是缓解暂时困难，后者才是解决长远问题，因为具有劳动能力的城镇居民真正想要的是就业岗位而非保障资金。目前多数工业发达国家都改变了单纯靠现金补助失业者的办法，多选择事前防范失业和促进就业的积极劳动就业政策。而我国各级政府还没有从以基本生活保障为工作重心转到以促进就业保障为工作重心上来，尤其是还没有建立规范的促进就业基金，直接影响了我国扩大就业措施的落实。

（4）人才培养结构不尽合理

结构问题主要反映在教育体制和人才培养结构上。在劳动力市场，一方面因某些专业过剩致使一批大学生成为失业者，一方面由于某些技术工种断档而导致技术工人严重不足。从中可见教育结构与市场需求的脱节，同时也反映目前教育体制的弊端和办学思路问题。如国家对职业教育投入少，致使人才培养结构严重失衡，加大了国内就业压力。

（5）再就业培训力度不够

目前，我国对失业者再就业能力的培训存在培训机构不规范、培训课程不对路、培训费用过高、培训单位与用人单位脱节等诸多问题，致使一些失业者经培训后仍然失业。

（6）缺乏全国统一劳动力市场

我国目前尚未建立全国统一、竞争有序的劳动力市场，致使一些地区和部门失业者求职无门，用人者招人无路，也经常出现一些人没事干，一些事没人干的状况。许多国家均已设立和形成全国统一的劳动力市场网络和用人信息库，可随时为失业者提供劳动力市场各种就业信息咨询服务。失业者通过全国劳动信息网不仅可了解到劳动力市场动态的就业和培训信息，也可解决劳动就业与市场需求信息不对称等问题，同时通过市场机制对劳动力资源的及时和有效配置将会大幅降低劳动力流动的成本。我国由于全国统一的劳动力市场和网络尚未建立，严重制约了经济欠发达地区与经济发达地区之间、城乡之间和行业之间的劳动力转移和流动。

（7）就业服务体系尚未形成

就业服务体系不仅涉及就业标准的界定、就业目标的制定、就业战略的筹划、就业政策的实施、就业服务机构的资质审核、就业项目的落实、就业能力的培训、社保资金的管理与发放等一系列问题的整合，而且还涉及《促进就业法》《社会保险法》《社会救助法》《社会福利法》等系列法律法规和条例的制定和实施。我国目前还未建立和形成一整套沿着制度化、经常化、专业化、社会化方向发展的城镇就业服务和反贫困工作的运行机制，从而使失业者感到在就业服务方面遇到的诸多难题无法解决。

3. 当前用人单位的择才标准

（1）专业素质

专业素质是多数企业招聘员工的首要条件，企业认为必要的专业知识和技能是胜任未来工作的基础，具体体现为学习成绩和专业能力。所以大学生在校学习期间应既要有全面的基础知识，又须有过硬的专攻方向。

（2）综合素质

专业素质只是求职者的“敲门砖”，而综合素质则是未来事业的起点。大学生从入大学第一天起，就应该全方位地修炼自己。具备全面知识、能力和综合素质，面向生产、建设、管理、服务第一线的高级应用型专门人才将日渐成为人才市场宠儿，在就业竞争中具有相当优势。

（3）学习能力和发展潜力

自用人单位角度出发，毕业生具备此项能力者更具创造性，发展的机会多。因此，学习能力强、适应能力强以及有发展动机者更能获得用人单位青睐。当许多应届毕业生还在为找工作发愁时，另一些学生却已拿到了甚至不止一份知名企业录用函。到底是哪些因素起了作用？复旦大学发布了一项针对2010届毕业生的就业形势调查。绝大多数受访者认为，来自理想企业录用的决定性因素中，“大学阶段的成就”排在首位。事实上，大多数用人单位都非常看重新员工的快速学习能力，这一点在招聘环节很难体现出来，因此大多依靠大学阶段成就作为一个推测指标。此外，责任心、主动性、表达自我的能力以及快速学习能力和目标定位也被认为是取得理想录用的重要因素。

（4）实践经验

招聘单位更注重应聘者在校期间是否参加过与专业背景相关的专业社会实践活动，如到公司兼职或参与项目开发等经历，更能吸引用人单位的眼球。

（5）创新精神和创造力

特别是新兴行业或产业，特别欢迎有思想、有创意、有能力的人才加盟。优秀创业者有很多特质，如努力工作，要投入更多的时间，要能承担风险，优秀创业者必须有耐性才能成功。

（6）敬业精神和良好个人品质

体现在责任感、主人翁意识、为做好工作而主动学习、注重细节、先付出后回报等等。再就是诚信，唯有如此方能获得别人长久信赖，从而树立个人品牌，为未来成功铺平道路。

二、辽宁省总体就业形势

作为我国老工业基地，辽宁省属传统国有企业集中地区，人口基数较大，同时也是教育大省，随着国际经济形势的趋向，就业压力逐渐增大。

1. 城市下岗人员增多

近几年来，随着国企改革的深化，部分企业处于停产、半停产状态，增加了下岗失业人员数量。来自传统行业的失业人员，受专业技术水平、年龄、心理等因素影响，很难在短时间内找到合适工作。这些人员在求职中，缺少与专业人员的竞争实力，形成了再就业压力。

2. 高校“扩招”的人为压力

近年来，辽宁应届高校毕业生数量逐年攀升，从2010年24万人跃升至2020年29.1万人，2021年29.9万人，2022年预计这一数字仍将持续增长。就业总量压力大，结构性矛盾突出，加之新冠肺炎疫情等影响，高校毕业生就业压力更加突出。

3. 毕业生择业取向还存在偏差

不少毕业生在求职时过分看待地域条件和物质待遇，眼光盯着大城市、好单位，宁愿有业不就也不愿降低“身价”，因此导致到大城市和好单位就业者多，到小城市、边远地区和中小型民营企业就业者少；还有一些毕业生眼高手低，好的岗位干不了，不理想的岗位不愿干；再就是毕业生创业意识不强，希望创业、主动创业、敢于创业者比例偏低。

三、高校毕业生相关就业政策

2022 年 5 月 5 日（国办发〔2022〕13 号）国务院办公厅《关于进一步做好高校毕业生等青年就业创业工作的通知》，把高校毕业生等青年就业作为就业工作重中之重，将帮扶困难高校毕业生就业作为重点，做好当前和今后一段时期高校毕业生等青年就业创业工作。

1. 鼓励高校毕业生到基层和中西部地区就业

第一，到农村基层和城市社区公益性岗位就业，城市社区其他社会管理和公共服务岗位就业的，地方政府给予社会保险补贴和公益性岗位补贴。

第二，到中西部地区和艰苦边远地区县以下农村基层单位就业并履行一定服务期限的，由地方政府补偿学费，有助学贷款者代偿其助学贷款。

第三，对参加“农村义务教育阶段学校教师特设岗位计划”“选聘高校毕业生到村任职”“三支一扶”（支教、支农、支医和扶贫）、“大学生志愿服务西部计划”等的毕业生给予生活补贴，并按照国家规定的标准参加社会保险；项目服务期满并考核合格的，报考硕士研究生初试总分加 10 分，高职（高专）毕业生可免试入读成人本科；对有基层工作经历的高校毕业生，在研究生招录和事业单位选聘时优先录取，各级政府相应的自然减员空岗全部聘用参加项目服务期满的高校毕业生。

第四，启动“基层农技推广特设岗位计划”，鼓励高校涉农专业毕业生到基层担任特岗农技人员。同时继续因地制宜，努力开辟毕业生到社区、乡镇卫生院所、幼儿园等基层单位就业的新渠道。

2. 鼓励应届毕业生应征入伍服义务兵役

应征入伍的毕业生，由政府补偿学费或代偿助学贷款。大学毕业生入伍后，在选取士官、考军校、安排到技术岗位等方面优先。大学毕业生退役后参加政法院校为基层公检法定向岗位招生考试时优先录取。具有高职（高专）学历的毕业生，退役后免试入读成人本科；或经过一定考核，入读普通本科。大学毕业生退役后报考硕士研究生，初试总分加 10 分；荣立二等功及以上者，退役后免试推荐入读硕士研究生。

3. 鼓励高校毕业生到中小企业就业和自主创业

自主创业是大学生就业的重要增长点。目前我国应届毕业生自主创业率仅为 0.3%，创业难度很大，潜力也很大。今后国家将加大政策扶持和服务力度，认真落实《关于支持和促进就业有关税收政策的通知》（财税〔2010〕84号）精神，切实做好《高校毕业生自主创业证》的审核、发放工作，鼓励大学生自主创业。

第一，对企业招用非本地户籍的普通高校专科以上毕业生，各地城市应取消落户限制（直辖市按有关规定执行）。充分发挥人力资源市场资源配置作用，强化公共就业服务功能。

第二，为到中小企业就业的高校毕业生提供档案管理、人事代理、社会保险办理和接续等方面的服务。

第三，从事个体经营符合条件的，免收行政事业性收费并享受国家相关扶持政策。

第四，登记失业并自主创业的，如自筹资金不足，可申请5万元小额担保贷款；对合伙经营和组织起来就业的创业型企业，按规定适当提高贷款额度。

第五，参加创业培训的应届毕业生，按规定给予职业培训补贴。

第六，灵活就业并符合规定的，可享受社会保险补贴政策。

第七，逐步推动建设一批高校学生科技创业实习基地，继续开展“国家大学生创业示范基地”评选活动。

第八，教育部“大学生创业服务网”。各高校须依托创业网广泛挖掘创业项目和创业信息，开展创业培训、政策咨询、创业实训，提供项目开发、开业指导等服务，鼓励和帮助创业学生带动更多学生实现创业、就业。

4. 强化对困难家庭高校毕业生就业援助

第一，就业困难和零就业家庭的毕业生，享受公益性岗位安置、社会保险补贴、公益性岗位补贴等就业援助政策。

第二，机关、事业单位免收招聘报名费和体检费。

第三，高校根据实际情况给予适当求职补贴。

第四，对离校后未就业回到原籍的困难家庭毕业生，由各地公共就业服务机构免费提供就业服务并组织参加就业见习和职业技能培训。

5. 强化毕业生就业和就业指导服务

第一，人力资源、社会保障、教育行政等部门和高校加强协作，采取网络招聘、专场招聘、供求洽谈会和用人单位进校园等方式，大力开展面向毕业生的就业服务系列活动，为应届高校毕业生提供更多、更快、更好的免费就业信息和各类就业服务。

第二，高校强化对大学生的就业指导，开设就业指导课并作为必修课程，重点帮助毕业生了解就业政策，提高求职技巧，调整就业期望值。

第三，加强人力资源市场管理，严厉打击违法违规行为。加强招聘活动安全保障，维护高校毕业生就业权益。

坚持以人为本，创新管理和服务模式，积极发挥教育部就业信息系统的电子政务功能，探索开展信息化就业统计、就业手续的办理等，简化程序，提高效率。要科学、规范、准确地做好就业统计工作，严禁弄虚作假，严禁将就业协议或证明与毕业证、学位证发放挂钩；积极推进毕业生就业状况监测分析系统建设。有条件的地方，可以探索引入第三方统计、监测和评估机制。

第二节　就业途径与应聘准备

随着大学生就业体制改革不断深化及大学生就业观念的转变，毕业生就业选择的途径更加宽泛，毕业生的就业途径呈现出多层次、多渠道、多方位的特点。如何获取有用的就业信息？如何整合使用就业信息？应该准备哪些应聘材料？了解应试的类型，掌握应试的技巧，如何在众多的就业途径中选择适合自己的路径？

一、毕业生就业信息的获取与整合

就业信息直接关系到大学生的就业岗位。大学生掌握就业信息，是主动就业的前提。大量有效的就业信息，与就业机会成正比。因此，让学生获得各类就业信息的渠道就显得十分必要。

1. 通过学校、地区招聘会获取就业信息

学校承担着指导学生就业并为学生就业提供帮助的责任和义务。学校就业指导部门负责对全校毕业学生就业培训、毕业信息收集和发布、组织大型招聘会、办理学生报到派遣手续等。毕业学生应关注学校就业指导部门发布的就业信息，为参加大型招聘会做好充分的准备。学校招聘会有着比社会招聘更明显的针对性，抓住机会的成功率也高。

2. 通过网络媒体及各类报纸杂志获取就业信息

通过网络媒体发布就业信息，是目前许多用人单位喜欢采用的方法。拥有就业信息的网络媒体形式主要有三种，一种是专门为毕业生就业牵线搭桥的专业门户网站，如大学生人才网、51 人才网等，这些专业门户网站通过逐年积累，以其发布信息准确翔实可靠迅捷等特点渐渐为用人单位和广大毕业生所青睐；另一种是用人单位通过所在地城市的门户网站发布信息；第三种是用人单位通过自己的网站发布人才招聘信息。

3. 通过人际关系和社会实践获取就业信息

大学生的成长，离不开家庭的关心和支持，尤其是在中国这个非常重视家庭和亲情的传统的国家，同时，独生子女政策也使大学生们成为家庭的核心关注对象，不少毕业生的父母会利用丰富的工作经历、良好的人际关系，尽最大可能地为大学毕业生提供就业信息。

通过以上种种途径获得的就业信息往往精确与模糊共存、真伪同在，所以，对搜集到的散乱的信息还要进行整合。信息选择时，要实事求是，摆正自己的位置，全面分析和正确客观评价自己，确定合理的就业期望值，要按照个人专业、职业性向、实际能力、择业和就业时间，先对自己的优势和劣势做到心中有数，同时要注意信息的时效性和系统性，要有计划、有针对性、进行筛选，只有明确了目的，就业信息的收集才有方向性，才有主动性，进而才能有的放矢，少走弯路，才能做到事半功倍。

二、毕业生就业途径

毕业生的就业途径及流向呈现出多层次、多渠道、多方位的特点。

1. 就业途径的分类

目前，高校毕业生的就业途径可以概括为：市场就业、考试录用、项目就业、自主创业、灵活就业、以就读代就业、出国留学与出国就业、入伍服义务兵役、暂缓就业、人事代理等。

（1）市场就业

随着“市场导向、政府调控、学校推荐、学生和用人单位双向选择”的就业机制的确立，市场就业成为毕业生实现就业的一种途径。通过毕业生资源的市场化配置，使毕业生充实到社会需要并能够发挥其作用的岗位去。目前，大学生就业主要通过毕业生就业市场、人才市场、劳动力市场三大市场实现就业。其中，各高校举办的招聘会是大学生就业的主渠道，各类企事业单位是招聘主体。企业的主要招聘形式有：

①校园招聘

校园招聘是在学校的组织与安排下，用人单位进入校园与毕业生直接见面，进行人才招聘的活动。其主要形式有：用人单位的专场招聘，以地区或行业为特征的组团招聘，学校自己组织的大型综合性招聘活动或校际之间联合组织的招聘活动。专场招聘是用人单位人力资源部门在对一所学校的综合实力、学科专业特点、生源质量等各方面情况进行充分了解后，单独在该校召开的招聘活动。

②政府招聘

参加政府有关部门组织的招聘活动是企业选拔大学毕业生的重要途径，而举办毕业生招聘活动同样是各级政府毕业生就业主管部门的重要工作内容。以辽宁省为例，省大学生就业局曾先后组织过女大学生专场招聘和IT、服装行业招聘会等各类毕业生招聘活动，为单位招聘和毕业生就业创造了良好的条件，充分发挥了“政府为主导，学校为主体”的毕业生就业市场的作用。

③网络招聘

随着计算机网络的普及，用人单位开始运用网络进行毕业生招聘。许多企业从公司发布校园招聘计划和职位信息开始，到学生在网上填写申请表或投递简历，到对简历进行初步筛选，再到通知学生笔试、面试时间，确定录用意向，甚至具体的面试过程都通过网络来进行，大大降低了招聘成本，提高了工作效率。对于学生而言，也可以避免在求职中浪费大量的时间、精力和金钱。用人单位的网络招聘，既有通过其自己建立的网页来开展的，也有利用毕业生就业主管部门与高校专门建立的毕业生就业网络系统的。还有的是借助前程无忧、智联招聘等中介服务机构的专业性服务网站，途径很多。

④代理招聘

依托社会人才服务机构等中介单位和部门进行招聘也是企业招聘毕业生的一个渠道。除了政府的各级人才服务部门，近几年来，社会涌现出了包括中华英才网、智联招聘、前程无忧等一大批专业化的人才服务机构，可以为企业提供包括招聘毕业生在内的很多专业服务，很多企业委托这些人才服务和职业介绍机构为其选择、推荐人才。

（2）考试录用

考试录用是目前用人单位招聘毕业生的一种重要方式，同时也是毕业生就业的一条重要途径。国家机关考录公务员、事业单位选用工作人员和专业人才，部分企业、公司大批选用人才，一般都采用考试录用的形式。考试包括面试和笔试。笔试主要考核毕业生的文字能力、综合分析能力和知识掌握水平，分为专业知识考试、心理测试、命题写作、综合考试等类型。面试主要了解应试毕业生的素质特征、能力状况、求职动机、形象气质等是否满足特定的岗位要求。

（3）项目就业

①大学生志愿服务西部计划（可在 xibu.youth.cn 查询）

②“三支一扶”计划（可在 www.ncss.org.cn 查询）

③选聘高校毕业生到村任职工作计划（可在 www.mohrss.gov.cn 查询）

④大学生志愿服务辽西北计划（可在 www.lnyouthvolunteers.org.cn 查询）

（4）自主创业

自主创业是近年来大学毕业生一种新的就业途径。大学生在毕业后不是向社会“寻求”工作，而是为实现自我价值，减轻社会就业负担，通过科技创新、社会服务或发挥某一方面的特长，利用所学的知识，自己或与他人合作创办公司。这不仅可以解决自身的就业问题，而且也可以为他人创造就业机会。国家和地方都在积极支持和鼓励大学生自主创业，现已出台了一系列的扶持政策，为毕业生的自主创业创造条件。同时，自主创业对大学毕业生的知识、能力和综合素质等也提出了更高的要求。

大学生自主创业途径有很多种，其中主要的途径有：加盟连锁企业、家里工作室、开办合伙企业和经营专业商品等。

（5）灵活就业

灵活就业这个概念代表了新的就业观和就业形式。近些年，我国经济融入全球的进程不断加快，社会结构、社会组织形式、社会利益格局发生了深刻的变化，也激发了更多的各种各样的市场需求。“灵活就业的”质量越来越高，灵活就业正逐渐成为一种主流的就业方式。从待遇上看，很多在独资企业、合资企业、民营企业、私营企业等单位灵活就业的收入更高、待遇更丰，甚至有些毕业生被跨国企业看中而到国外“打洋工”；从社会保障来看，国有体制外的企业用工也越来越规范，“三险”等社会保障方面的内容都已经纳入到了薪酬体系。“灵活就业”是大学生就业的一个新趋势，在大学生就业中占有一席之地。

（6）以就读代就业

本科生报考硕士、硕士报考博士，这种继续在学业上深造的做法，一方面提高了学历层次，提升了毕业生的就业竞争力；另一方面暂时缓解了就业压力和矛盾。一般来说，在高校里学习条件好，选择机会多，复习时间更为充裕，因而直接取得更高学历的可能性更大。因此，以就读代就业，无疑是大学生毕业时一种不错的选择。

（7）出国深造或到境外企业就业

随着经济全球化进程的加速，世界各国间的对外交往与交流将日益普遍。作为21世纪最有发展潜力的国家，中国早已成为世界关注的焦点，众多的国外知名企业开始到中国创办企业，抢占市场，各大高等学府也纷纷抛出“橄榄枝”，吸引中国学生，人才的竞争日趋激烈并逐步呈现出国际化的新特点。越来越多的中国大学毕业生开始有机会到国外院校继续读书深造，也有为数不少的毕业生选择参与国际人才的竞争，到外资企业或境外的企业公司工作。

（8）入伍服义务兵役

2010年教育部、财政部、解放军总参谋部、公安部等部门以空前力度出台了一系列优惠政策鼓励毕业生投身军营，报效祖国。

（9）延缓就业

这通常是部分学生不得已而为之的一种选择。一些毕业生因为准备继续考研、正在办理出国的相关手续，或是暂时未能找到满意的工作单位，往往会选择暂缓就业或者先回家庭所在地再择业。也有的毕业生采取先办理就业代理或人事代理，解决户籍、档案等后顾之忧后再继续择业的做法。延缓就业和暂时的待业是一种正常的社会现象，对社会、个人和市场都是一种调节，大学毕业生对此也应该有充分的思想准备。

2. 就业途径的选择

就业形式多种多样，就业途径纷杂不一，毕业生要结合自己的实际情况选择适合自己的就业途径。前面列举的几种就业途径，并非泾渭分明，互不交叉，毕业生可先选择其中一种就业方式，如未获得成功，可继续选择另一种就业方式。在这些就业途径中，选择项目就业、自主创业、出国深造或到境外企业就业、考试录用等就业方式的毕业生数量毕竟有限，市场就业和灵活就业是更多毕业生的选择。

（1）中小企业是大学生就业的现实选择

在毕业生的求职意向中，大型企业、国有企业、事业单位、优势行业是他们的首选，而这些单位提供的岗位数量远远不能满足数量逐年增多的毕业生需求。中小企业给广大毕业生提供了更广阔的空间。在未能进入到大型企事业单位的时候，中小企业是大学生就业的现实选择。

（2）别轻易对劳务派遣说“不”

在国家工业化、城市化步伐加快和城乡就业壁垒逐渐消失的背景下，越来越多的农业剩余劳动力进入城市寻找就业机会，这使得我国人力资源多元化的特色日趋明显，企业的用工形式也越来越多样化，大量的“劳务派遣员工”就是在这样的背景下出现，这也是我国劳务派遣业迅速发展的原因。在劳务派遣员工大军中，大学毕业生是重要力量。

受传统观念影响，很多毕业生对劳务派遣持反对态度。他们很在意企业正式职工和固定职工的说法。实际上，这一部分同学对劳务派遣的认识还存在误区。

劳务派遣是指劳务派遣单位与劳动者签订劳动合同、建立劳动关系并承担雇主责任，与用工单位签订劳务派遣协议，然后按照用工单位需求，将符合要求的劳动者外派到用工单位，并向用工单位收取相关费用的经营行为。

劳务派遣最大的特点是劳动力的雇佣与使用相分离。它具有提升企业劳动用工灵活应变能力、节约人力资源成本、转移风险等优势，在效率优先的市场条件下，对于临时性、辅助性的岗位采用劳务派遣，可以增加用工单位应对外界变化的灵活性，特别符合当前企业减员增效的人力资源管理的普遍要求。

（3）灵活就业是高校毕业生的新趋向

随着市场经济的深入发展，高校毕业生的数量逐年攀升，就业的压力进一步加大，灵活就业将成为越来越多高校毕业生的选择，成为大学生实现知识能力转化、缓解压力的有效措施。

灵活就业可以实现高校毕业生从拥有知识向提升能力的转化过程，同时也是促进知识更快转化为能力的一种弥补形式。大学生在学校接受了丰富的理论知识教育，但接触丰富多彩的现实社会和现实生活的机会较少，学过的方法论要得到社会和实践的认可、检验，还需要一个过程，所以先灵活就业确实为一种积极的心态。

三、应聘准备

应聘材料是毕业生用来和单位取得联系，介绍自己基本情况、全方位展现自己风采的各种说明性和证明性的材料，它的形式既可以是书面文字，也可以是网络电子版本，以及一些复印件等。应聘材料在择业过程中，有着举足轻重的作用，这是毕业生所不能忽视的。

1. 应聘材料

应聘材料应包括学校推荐表、求职信、个人简历、附件（证书复印件等）等内容。

学校推荐表在应聘材料中有举足轻重的地位，是必要的一环，可以说这是一个官方的认证，具有权威性，用人单位对此有较高信任度，把它放在应聘材料中加大了应聘材料的可信度及应聘力度。学校推荐表一般包括本人及基本家庭社会情况，在校期间学习成绩和奖惩情况，自我鉴定，组织意见等内容。

求职信：是一种介绍性、自我推荐的信件，它通过表述求职意向和对自身能力的概述，引起对方的重视和兴趣，是求职者向招聘单位所提交的一种信函。

个人简历：是毕业生个人生活、学习、工作、经历、成绩的概括集锦，撰写简历是毕业生求职择业过程中必不可少的一环，其真正目的是让用人单位全面了解自己，从而为自己创造面试的机会，最终达到就业的目的。

附件：即指能证实应聘材料中所列的各方面情况的原始证明材料，它也是证明应聘材料的真实性和应聘人各种能力的有力佐证。为防止投递过程中丢失，可用复印件，一般用人单位决定录用后是要看原件的，所以原件一定要妥善保存。 应聘材料经过搜集、分类、汇总、编辑几阶段的整理后，要合理编撰。在编撰应聘材料的过程中，要针对所应聘目标的具体情况，合理取舍，有机组合，充分体现择业者的优势与特长。一般要体现如下原则：

（1）目标明确

组织和编撰应聘材料的大目标和大方向就是为了就业，凡有利于就业的各种材料、各种组织编撰方法都可以加以运用。

（2）针对性强

编撰应聘材料时，应根据大致的就业意向，根据应聘的行业、职业或单位特点进行材料的合理组织、安排和撰写。要做到有针对性，就须做到知己知彼，根据不同情况写出最适宜的应聘材料，“投其所好”。

（3）客观实用

即实事求是，摆正位置。在编撰应聘材料的过程中要采取客观真实的思想态度，可以说，应聘材料的真实性是一个择业者的生命线，一旦用人单位发现应聘材料有假，轻者失去理想的就业机会，重者可能会遗失自己的人生。另外，在文体上，应聘材料应是实用文书写作中的说明文一类，其目的就是为了就业，切不可过分追求文笔超脱，言辞华丽，而舍本逐末。

（4）包装美观、大方、醒目、整洁

当把应聘材料的主体部分在原始材料基础上，根据不同的应聘目标编撰完后，就要进行包装这一工序了。即完成封面（主题）设计和应聘材料的装订工作。封面的设计是丰富的，但其基本原则是美观、大方、醒目、整洁。封面设计要有一个主题或标题，一个好的主题，往往能够一下子把用人单位抓住，促使招聘者想进一步了解应聘材料的具体内容；而且封面的设计风格与应聘材料内部主体内容风格要一致，具有统一性、整体性；同时封面设计中最好体现出择业者的姓名、专业、年级、学校等基础的内容。在应聘材料的装订中最好采用 A4 标准纸，用计算机打印，不要用繁体字（有特殊要求除外），装帧不要太华丽，保持整洁、明快是最重要的。

2. 面试

（1）面试的种类

面试有很多种形式，依据面试的内容与要求，大致可以分为以下几种：

第一，模式化面试。主考官根据预先准备好的面试题目和相关的细节性问题，向应试者逐一发问，其目的是获得有关求职者全面、真实的材料，观察应试者的仪表、谈吐和行为举止，以及主考官与应试者相互沟通意见等。

第二，问题式面试。主考官对求职者提出一个问题或一项计划，请应试者在规定的时间内予以完成解决。其目的是观察应试者面对特殊情况时的表现，以判断其心理素质和其思考问题、反应能力等。

第三，压力式面试。由主考官有意识地对求职者施加压力，就某一问题或某一事件作一连串的发问，详细具体且追根问底，直至无以对答，甚至有意刺激应试者，以观察应试者在突如其来的压力下能否做出恰当的反应，观察其心理承受程度和思维的敏捷、机智程度以及应变能力。

第四，自由式面试。即主考官与求职者海阔天空、漫无边际地进行交谈，气氛轻松活跃，无拘无束，让应试者自由地、无拘无束地发表议论，此举的目的是在闲聊中观察应试者在比较轻松的情况下表现出来的谈吐、举止、知识、能力、气质和风度。

第五，综合式面试。主考官通过多种方式考察求职者的综合能力和素质，如用外语与其交谈，要求即时作文，或即席演讲，或要求写一段文字，甚至操作一下计算机等等，以考察其外语水平，文字能力，书法、口才表达、电脑应用等各方面的能力。

第六，情景式面试。由主考官事先设定一个情景，在这个情景中预设几个问题，让求职者进入角色模拟完成，通过完成的效果来考察应聘者在分析问题、解决问题以及应变等方面的综合能力，这项面试不仅要求应聘者有丰富的专业知识，而且要具备良好的综合素质。

第七，隐蔽式面试。这是一种特殊形式的面试，主考官主要通过从暗中观察求职者的言行举止来评价应试者。这种方式因其隐蔽性可以使观察者获得应试者在自然状态下的真实表现，故受到一些用人单位的欢迎。而毕业生则常常因为其隐蔽性而放松警惕，有的甚至在这种面试中失败了也懵然不知。

（2）面试的方式

面试的方式大致有以下几种：

第一，集体面试。即很多求职者在一起进行的面试。就招聘者来讲，这样可以在专业、地域及其他各方面都有较大的选择余地。第二，个体面试。即用人单位对求职者单独进行的面试。第三，随机面试。即采用非正规的、随意性的面试方式，这样可以考核出求职者的真实情况。第四，视频面试。这是近两年来时兴的一种利用网络进行面试的方式。用人单位和求职者通过网络视频进行交流和考核，对用人单位而言，可以跨越时空直观地考察毕业生的综合素质，毕业生也可以方便快捷地展示自己的才华。视频简历作为一种辅助材料，也越来越受到用人单位和毕业生的青睐。

（3）面试前的必要准备

在参加面试前进行一些必要的准备，对取得面试的成功是必不可少的。

①充分掌握用人单位的资料，有备而去

主考官提问的出发点，往往与招考单位有关，毕业生参加面试之前，要尽可能多地搜集资料，对用人单位的历史、现状、性质、规模、业务、产品、服务、企业文化、经营业绩、发展前景等要有所了解，掌握用人单位对人才的需求与使用情况等等。一个对招聘单位一无所知的求职者，面试时是难以取得成功的。

②平时加强语言表达能力的训练

大学生平时就要有意识地加强自己在语言表达能力方面的训练，注意自己讲话的音量、节奏、姿势、表情以及一些必要的技巧，并培养自己与陌生人自如交谈的习惯。特别是一些性格比较内向的同学，平时应多参加一些集体活动，比如，演讲比赛、课堂讨论等，以有助于语言表达能力的提高。

③精心准备个人求职资料

面试之前，要精心准备个人的求职资料，应针对用人单位的招聘条件和自己应聘的职位，对照自己的实际情况，分析哪些是自己的优势，哪些方面自己处于劣势，从而准备好自己的有关证明材料，比如获奖证书、学业证书、身份证明、推荐表、求职信等，并有条不紊地放在随身携带的包里，以备面试自己的人随时查看，或用以佐证自己的谈话内容。

④心理准备，做到精神饱满，沉着自信

面试在测试每个人的能力，也在测试每个人的心理素质和临场发挥。因此，要成功面试，毕业生面试前要调整好情绪，克服怯场心理，使自己具有饱满的精神状态，要充满自信，沉着冷静。从进入面试现场起，在等待面试的时间里就要注意举止从容、得体。面试前过于紧张、缺乏自信、言行失检往往是毕业生面试失败的一大原因。

⑤进行自我认知

要自信地应对面试，首先要对自己有清楚的认识。写出几件自己认为可以称得上成功的事情，并逐一分析这些成就，列出自己最主要的几项技能。同一件事情，各人有各人截然不同的处理方式，这取决于每个人不同的个性。为弄清自己的个性，可以通过分析成就，用一些形容词来归纳自己的性格。确定与自己的个性、兴趣相符的工作环境。工作环境不仅指具体的环境，更重要的是工作单位的文化背景。

⑥模拟应聘时可能询问的问题

面试前不经过角色模拟，便无法达到最佳的效果，这项准备有助于认清自己真正的想法，有助于在面试的现场能够清晰地自我表达。因此毕业生有必要事先准备好怎样回答一些可能会问到的典型问题。比如，一般来说，主考官往往以询问求职者本人的有关情况作为面试的切入点，因此，要准备一个简短有力的自我介绍。还有一些诸如“自己为什么选择我们单位”，“自己有哪些优缺点”，“自己怎样看待自己的弱点”，“自己受过什么样的训练或什么样的经历对自己最有帮助”，“自己喜欢或讨厌什么样的上级，为什么”，“自己不工作的时候通常做什么事”，“自己的兴趣、爱好是什么”，“未来两年、五年或十年内，自己的发展方向是什么”之类的问题，被问到的概率都是比较大的，毕业生事先作好相关设计，便能遇问不慌。在考虑好如何回答对方可能向自己提出的问题的同时，毕业生也要准备好向对方发问的问题。因为，这也是表述自己的想法的手段，同时也可以通过发问了解一些就业信息，以及主考官对自己的看法等，以积累择业经验。

⑦衣着仪表准备

衣着仪表是一个人内在素养的外在表现，得体的打扮不仅体现了求职者良好的精神风貌，还体现了求职者的诚意。衣着仪表往往影响着招聘者的第一印象，毕业生的衣着仪表应配合单位的企业文化和场合，穿着要把握“简单、大方、得体”；化妆要淡雅、干净、明朗。

⑧面试的形象设计

在毕业生就业面试过程中，仪表是第一印象，只要学会包装自己，利用专业干练的外表来“造势”，面试时就能脱颖而出，即使在僧多粥少的情况下，也较占优势。一个单位是一个团队，是由一群为了共同的目标、有着共同追求而在一起工作的人组成的，每个企业都有着自己独有的企业文化。正因为这样，前来应聘毕业生的仪表衣着应该与参加面试的环境相适应。衣着整洁大方得体：体现良好的精神风貌和审美素养。文明礼貌：体现个人基本素质。仪态姿势：表情自然，落落大方。

3. 笔试

笔试是一种常用的考核办法，它是用人单位对求职者所掌握的基本知识、专业知识、文化素养和心理健康等综合素质进行的考查和评估。笔试对应聘者来说是相对公平的一种测试方式，因而被越来越多的用人单位所采用。

（1）笔试的种类

按考试的侧重点分类，目前求职过程中的笔试形式一般有以下几种：

①专业考试

专业考试主要是检验应聘者担任某一职务时是否能达到所要求的专业知识水平和相关的实际能力。专业知识考试的题目专业性很强，如外资企业、外贸企业对应聘者要考外语，科研机构招聘人员要考动手能力，公检法机关录用干部要考法律知识等等。值得注意的是，这种考试方式已被愈来愈多的“热门”单位所采用。

②文化素质考试

文化素质考试是为了检验毕业生的实际文化素质，由用人单位给出范围或特定要求，让应聘者通过作文来考察其知识、思维、文字表达能力的一种笔试方式。考试的题目以活题类型居多，如：要求文科学生运用某一原理，或某一历史知识，分析某一问题；要求理工科学生运用某一专业知识，解决某一实际问题等等。

③技能测试

技能测试是为了检验应聘者的实际工作能力或专业技术能力。这种考试往往针对特定的工作岗位来设计。比如用人单位要招聘一名秘书，为了考察应聘者是否具有这方面的技能，会通过下面的题目来测试：阅读一篇文章，写读后感；自编一份请示报告和会议通知；听取 5 个人的发言，写一份评议报告；某公司计划在 5 月份赴日本考察，写出需做哪些准备工作等等。

④论文写作

论文笔试是检验求职者分析、综合、比较、归纳、推理等思维能力的方法。其形式采用论述题或自由应答型试题。该笔试的最大长处，是有利于考查求职者的思考能力，从而能够检查求职者思想认识的深刻程度。这种测试往往会导致种种不同的答案，易于发现人才，促进智力发展，远比简单的测验题更能判断一个人的水平。论文笔试要求毕业生讨论问题要深刻、有见地。

⑤心理测试

心理测试是用事先编制好的用于测试被试心理素质的标准化量表或问卷，要求被试者在一定时间内完成，根据完成的数量和质量来判断其心理水平或个性差异的方法。一些特殊的用人单位常常以此来测试求职者的态度、兴趣、动机、智力、个性等心理素质。

（2）笔试的准备

笔试从某种角度来说，能更深入地检验毕业生的综合素质，毕业生平时的知识积累程度，对知识是否真正理解和掌握等等，通过笔试能得到较好的体现。用人单位的出题方式远比学校灵活多样，更侧重于能力，而不是单纯的知识。因此，在笔试之前，毕业生应对它进行深入的了解，做到知己知彼，不打无准备之仗。

①保持良好的身心状态

求职过程中的笔试毕竟不同于学校平时的考试，临考前要适当减轻思想负担，不可给自己施加过大的压力，否则适得其反；笔试的前一天要注意休息，保证充足的睡眠，避免考试时精神不振，影响正常思维；要适当参加一些文体活动，从而使高度紧张的大脑得到放松休息，以充沛的精力去参加考试。

②了解笔试类型，做到有的放矢

不同的笔试类型，有不同的考试内容，毕业生在考前应作详细的了解，针对不同情况做出相应的准备。比如公务员考试就有明确的考试范围，并有指定的参考书，考生复习相对有针对性。而一些用人单位的笔试则相对灵活，范围也比较大，没有明确相关的参考书。毕业生可围绕用人单位划定的大致范围翻阅一些有关的图书资料。笔试成绩与毕业生平时的努力也有很大的关系，如果毕业生兴趣广泛，平时注意吸收各种信息，考试时就能驾轻就熟，得心应手。

（3）笔试答题的技巧

①听从安排

应当在监考人员的安排下就座，而不要选择座位，更不要抢座位。如果因特殊情况，座位确实有碍自己考试需要调整时，一定要有礼貌地向监考人员讲清楚并求得其谅解，若实在不能调换，也应理解其工作上的难处。

②遵守规则

在落笔之前，一定要听清楚监考人员对试卷的说明，不要仓促作答，不要跑题、漏题或文不对题；更不能有不顾考场纪律，我行我素的行为，比如未经许可携带手机、呼机等通信工具，擅自翻阅字典、使用文曲星等。

③光明磊落

防止一些可能被视作舞弊的行为或干扰考试的现象出现。诸如瞄别人的试卷，藏匿被考试单位禁止的参考材料，与旁人嘀咕等等。另外，独自口中念念有词，把试卷来回翻得哗哗作响，用笔击打桌面，唉声叹气，抓耳挠腮，经常移动身体或椅子显出烦躁不安等举动是不会为自己带来任何好处的。

第三节　就业权益与法律保护

在就业形势日益严峻的当下，一些大学毕业生的就业权益屡屡受到侵犯，如何运用法律武器保护自己，维护自己的合法就业权益，是大学毕业生成功走向职场的必修课程。大学生在就业前应该学习一些与就业有关的法律法规和自身权益的保护知识，正确使用法律武器保护自身的正当权益。

一、就业协议

就业协议是明确毕业生、用人单位、学校在毕业生就业工作中权利和义务关系的书面表现形式。就业协议书由教育部统一制定式样。毕业生与用人单位签订就业协议时应遵循毕业生就业规范。就业协议书一经签订，就具有法律效力，各方就必须严格履行。所以，毕业生要正确认识和对待就业协议书，签订就业协议书时一定要严肃认真，更要慎重。

1. 就业协议的内容

所谓协议，是指当事人之间确立、变更、终止民事权利、义务关系的法律行为。就业协议书是高校毕业生与用人单位确定劳动关系的基本依据。高等学校的毕业生在与用人单位签订就业协议书时，必须使用教育部规范的就业协议书统一样本，这样做的目的在于统一和规范毕业生与用人单位签订就业协议书的内容。现行的就业协议书中主要包括以下三部分内容：

（1）规定条款

就业协议是依据教育部颁布的《普通高等学校毕业生就业工作暂行规定》制定的。《暂行规定》第二十四条规定："经供需见面和双向选择后，毕业生、用人单位和高等学校应当签订毕业生就业协议书，作为制定就业方案和派遣的依据。"由此可见，毕业生就业就必须签订就业协议书，否则，国家或省（市、区）级毕业生就业主管部门就不能办理毕业生就业报到手续，签发毕业生就业《报到证》。规定条款中规定了 8 条内容，具体分述如下：

①签约各方必须遵守国家的有关法律、法规和教育部的有关规定，坚持公开、公平、公正和提倡诚实守信原则。

②毕业生应按国家规定就业，向用人单位如实介绍自己的情况，了解单位的使用意图，表明自己的就业意见，在规定时间内报到，若遇到特殊情况不能报到，需征得用人单位同意。

③用人单位要如实介绍本单位的情况，明确对毕业生的要求及使用意图，做好各项接收工作。凡取得毕业资格的毕业生，用人单位不得以学习成绩为由提出违约，未取得毕业资格的结业生，本协议无效。

④学校要如实向用人单位介绍毕业生的情况，做好推荐工作。用人单位同意录用后，经学校审核列入建议就业方案，报毕业生就业主管部门批准。学校负责办理派遣手续。

⑤学校应在学生毕业前安排体检，体检不格者不派遣，本协议自行取消，由学校通知用人单位。如用人单位对毕业生身体条件有特殊要求，原则上应在签订就业协议书前进行单独体检，否则，以学校体检为准。

⑥毕业生，用人单位，学校三方如有其他约定（如升学，学位，外语及计算机等级，履行合同年限，工资待遇等），必须在备注栏内说明并签字盖章。

⑦本协议经各方签字盖章后生效。三方都应严格履行本协议，若有一方提出更改，须征得另两方同意，由违约方承担违约责任。

⑧本协议一式四份，毕业生，用人单位，学校，省毕业生就业主管部门各执一份，复印无效。

（2）签署意见与签字盖章

这部分包括以下三方面内容：

①毕业生的情况及应聘意见

这部分内容由毕业生本人填写，毕业生的情况包括姓名、性别、年龄、民族、政治面貌、培养方式、健康状况、专业、学制学历、联系电话、应聘方式、家庭地址和应聘意见等。

②用人单位的情况及接受意见

这部分内容由用人单位填写，用人单位的情况包括单位名称、单位隶属、联系人、联系电话、所有制性质、单位性质和毕业生档案转寄详细地址等。在用人单位意见一栏内包括两方面内容：用人单位的意见和用人单位上级主管部门的意见。

③学校意见

学校意见中包括两级意见：学院意见和学校意见。学院意见是毕业生所在单位的基层意见，学院在签署意见时除了进行初步审核外还要了解毕业生具体的就业去向。学校签署意见是代表学校一方在就业协议书上签字盖章。学校对就业协议书进行实质性审核，表明了学校对毕业生与用人单位所签就业协议书的态度。

（3）用人单位对毕业生的约定和毕业生对用人单位的约定

这是为毕业生、用人单位双方共同约定的其他条款所设计的，毕业生与用人单位约定的条款，如果不违反法律法规和国家政策，不涉及学校的有关规定，并且在毕业生与用人单位之间约定，学校是不予干涉的。在这部分主要注明工作期限、劳动保护和工作条件、工资报酬和福利待遇、违反就业协议的责任、就业协议终止的条件及毕业生和用人单位双方认为需要增加的约定条款等约定。

2. 就业协议的签订

（1）就业协议订立的原则

①主体合法原则

签订就业协议书的当事人必须具备合法的主体资格。一方面，对毕业生而言，就是必须要取得毕业资格。如果毕业生在报到时未取得毕业资格，用人单位可以不予接收而无须承担法律责任。另一方面，对用人单位而言，用人单位必须具有从事各项经营或管理活动的能力，单位应有录用指标和录用自主权，否则毕业生可解除就业协议而无须承担违约责任。

②平等协商原则

就业协议的当事人在签订就业协议时的法律地位是平等的，一方不得将自己的意志强加给另一方。学校也不得利用行政手段要求毕业生到指定单位就业（不包括有特殊情况的毕业生），用人单位亦不应该在签订协议时要求学生缴纳高数额的风险金、保证金。当事人的权利义务应是一致的。

（4）签订就业协议的程序

①签章：毕业生和用人单位达成协议关系在就业协议书上签名盖章，用人单位应在协议书上注明接收毕业生档案的准确名称和地址以及邮政编码。

②审批：用人单位进人如需经主管部门同意则应报上级主管部门批准。

③送达：用人单位或毕业生将协议书送到学校毕业生就业工作部门。

④反馈：学校审查同意后，应及时将协议书反馈用人单位和毕业生。

（5）就业协议的解除

解除就业协议应办理解约的相关手续，在解约手续办理完毕后，毕业生才可以重新择业。毕业生在与新的用人单位达成就业意向后，可凭新用人单位接收函以及原用人单位的解约手续，到学校就业工作管理部门领取新的就业协议书，再重新按照程序签订就业协议。

（6）办理违约的手续及程序

为维护就业方案的严肃性，学校对就业本人的违约行为实行宏观控制，就业协议生效后，一般不允许违约。但因特殊情况基本一方提出违约，需经过另两方同意后方能办理违约手续，并承担相应的违约责任，如由违约方向另两方缴纳违约金等。办理违约的手续及程序：

①退函：原签约单位出示同意违约的公函（简称退函），它体现对用人单位或毕业生的知情权的尊重。退函要注明原因，以确认违约方的责任。

②学校就业主管部门审批：持单位退函（若毕业生违约，须同时持有本人的违约申请书，注明申请事由及是否愿意承担违约责任等），到学校就业主管部门审核批准后，才重发新的就业协议书。它主要是起到监督和维护各方权利的作用。

3. 就业协议争议的解决办法

在实践中，通常引起就业协议争议的主体是毕业生和用人单位。解决就业协议争议的主要办法有：

第一，毕业生与用人单位协商解决。

这种办法适用于因毕业生的原因引起的就业协议争议，毕业生出面向用人单位赔礼道歉，说明情况，赢得用人单位的同情、理解和谅解，经双方协商达成新的意向。

第二，由学校出面与用人单位进行调解。

这种办法大多适合于因用人单位引起的就业协议。由学校或行政部门介入，针对纠纷予以调解，取得双方的基本满意。

第三，法院依法裁决。

对协商调解不成的毕业生可直接向人民法院起诉，由人民法院依法裁决。

二、毕业生就业的法律保护

在就业形势日益严峻的当下，一些大学毕业生的就业权益屡屡受到侵犯，如何运用法律武器保护自己，维护自己的合法就业权益，是大学毕业生成功走向职场的必修课程。

1. 劳动法及劳动合同法与权益保护

（1）平等就业权利的保护

《中华人民共和国劳动法》（以下简称《劳动法》）里规定：“劳动者就业不因民族、种族、性别、宗教信仰不同而受歧视。”“妇女享有与男子平等的就业权利。在录用职工时，除国家规定的不适合妇女的工种或岗位外，不得以性别为由拒绝录用妇女或者提高对妇女的录用标准。”

（2）订立劳动合同的相关内容

依据《中华人民共和国劳动合同法》（以下简称《劳动合同法》）第十条规定：“建立劳动关系，应当订立书面劳动合同。已建立劳动关系，未同时订立书面劳动合同的，应当自用工之日起一个月内订立劳动合同。用人单位与劳动者在用工前订立劳动合同的，劳动关系自用工之日起建立。”第三条规定：“订立劳动合同应当遵循合法、公平、平等自愿、协商一致、诚实信用原则。”第二十六条对无效合同做了规定：“以欺诈、胁迫的手段或者乘人之危，使对方在违背真实意思的情况下订立或者变更劳动合同的；用人单位免除自己的法定责任，排除劳动者权利的；违反法律、行政法规强制性规定的。”

（3）劳动法有关工作时间和休息休假的规定是维护劳动者权益的重要内容

《劳动法》第三十六条规定：“国家实行劳动者每日工作时间不超过 8 小时，平均每周工作时间不超过44小时的工时制度。”第三十八条规定:“用人单位应当保证劳动者至少休息1日。”

对于延长工作时间的，《劳动法》第四十一条规定：一般每日不得超过 1 小时；因特殊原因需要延长工作时间的，在保证劳动者身体健康的条件下延长工作时间每日不超过 3 小时，但每个月不得超过 36 小时。

关于法定假日，《劳动法》第四十条对法定假日做了规定。同时，《国务院关于修改〈全国年节及纪念日放假办法〉的规定》自 2008 年 1 月 1 日起施行新的放假制度：元旦放假 3 天；春节放假 7 天；清明节放假 3 天；“五一”国际劳动节放假 3 天；端午节放假 3 天；中秋节放假 3 天：国庆节放假 7 天。

关于延长工时的报酬支付问题，要求用人单位必须按下列标准支付高于劳动者正常工作时间工资的工资报酬：“安排劳动者延长工作时间的，支付不低于工资的 200% 的工作报酬；法定休假日安排劳动者工作的，支付不低于工资的 300% 的工作报酬。”《劳动合同法》第三十条关于劳动报酬方面问题也规定：“用人单位应当按照劳动合同约定和国家规定，向劳动者及时足额支付劳动报酬。”

（4）关于工资、劳动安全卫生、女职工特殊保护、社会保险和福利

①用人单位必须按《劳动法》规定，以货币形式按日支付劳动者工资，不得克扣或无故拖欠；劳动者在休息日和法定节假日及婚丧假期间，用人单位应当依法支付工资。

②用人单位必须依法保护劳动者的安全和健康。《劳动法》第五十二条规定：“用人单位必须建立、健全劳动安全卫生制度，严格执行国家劳动安全卫生规章程序和标准，对劳动者进行劳动安全教育，防止劳动过程中的事故，减少职业危害。”

③女职工的特殊保护。《劳动法》和《女职工劳动保护规定》，明确了女职工禁忌从事以下劳动：防止井下作业；森林业伐木、归楞及流放作业；《体力劳动强度分级》标准中第四级体力劳动强度的作业；建筑业脚手架的组装及拆除作业以及电力电信业的高处架线作业；连续负重每次超过 20 公斤，间断负重每次超过 25 公斤。同时，任何单位不得以结婚、怀孕、产假、哺乳等为由辞退女职工或者单方面解除劳动合同。《劳动法》还对女职工的经期、孕期、产期、哺乳期等作了各项保护规定。

④依据我国相关法律规定，用人单位和劳动者必须参加社会保险，即参加养老保险、疾病保险、失业保险、工伤保险、生育保险。用人单位无故不缴纳社会保险费的，由劳动行政部门责令限期缴纳；逾期不缴纳的，可以加收滞纳金。

2. 就业促进法对毕业生权益的保护

《中华人民共和国就业促进法》（以下简称《就业促进法》）由 2007 年 8 月 30 日第十届全国人大常委会第二十九次会议通过，自 2008 年 1 月 1 日起施行。它的颁布，进一步丰富和完善了我国劳动保障法律制度体系，对于促进包括大学毕业生在内的劳动者就业、构建社会主义和谐社会，具有重要而深远的意义。其具体体现在如下方面：

（1）确立了促进就业的方针以及政府的职责

①《就业促进法》在法律中明确了“劳动者自主择业”的方针，充分调动劳动者就业的主动性和能动性，促进他们发挥就业潜能和提高职业技能，依靠自身努力，自谋职业和自主创业，尽快实现就业。

②明确“市场调节就业”，充分发挥人力资源市场在促进就业中的基础性作用。通过市场职业供求信息，引导劳动者合理流动和就业；通过用人单位自主用人和劳动者自主择业，实现供求双方相互选择；通过市场工资价位信息，调节劳动力的供求。

③明确“政府促进就业”，充分发挥政府在促进就业中的重要职责，通过发展经济和调整产业结构，实施积极就业政策，扩大就业机会；通过规范人力资源市场，维护公平就业；通过完善公共就业服务和加强职业教育和培训，创造就业条件；通过提供就业援助，帮助困难群众就业，等等。

（2）建立了促进就业的政策支持体系

《就业促进法》为我国实施积极的就业政策提供了法律保障，其将经过实践检验，订立有效的积极的就业政策上升为法律规范，并按照促进就业的工作要求，规定了政策支持的法律内容。

（3）明确规定了维护公平就业

为了维护劳动者的平等就业权，反对就业歧视，《就业促进法》对公平就业做出了规定，包括七个方面：

①明确政府维护公平就业的责任。各级人民政府应当创造公平就业的环境，消除就业歧视，

并制定政策和采取措施对就业困难人员给予扶持与援助。

②规范用人单位和职业中介机构的行为。《就业促进法》规定：用人单位招用人员，职业中介机构从事职业中介活动，应当向劳动者提供平等的就业机会和公平的就业条件，不得实施就业歧视。

③保障妇女享有与男子平等的劳动权利。用人单位招用人员，除国家规定的不适合妇女工种和岗位外，不得以性别为由拒绝录用妇女或者提高对妇女的录用标准，同时对用人单位录用的劳动合同内容做了法律规定。

④保障各民族劳动者享有平等的劳动权利。用人单位招用人员，应当依法对少数民族劳动者给予适当照顾。

⑤保障残疾人的劳动权利。各级人民政府应当为残疾人创造就业条件。用人单位招用人员，不得歧视残疾人。

⑥保障传染病病原携带者的平等就业权。规定用人单位招用人员，不得以传染病病原携带者为由拒绝录用，同时对其不能从事的工作做了法律限制。

⑦规定了劳动者受到就业歧视时的法律救济途径。违反本法规定，实施就业歧视的，劳动者可以向人民法院提起诉讼。

（4）政府积极实施就业援助

《就业促进法》明确各级人民政府建立健全就业援助制度。包括四个方面：

①明确了就业援助的对象。它是指因身体状况、技能水平、家庭因素、失去土地等难以实现就业，以及连续失业一定时间仍未能实现就业的就业困难人员。就业困难人员的具体范围，由省、自治区、直辖市人民政府根据本行政区域的实际情况规定。

②明确了就业援助的措施。其一，各级人民政府建立健全就业援助制度，采取税费减免、贷款贴息、社会保险补贴、岗位补贴等办法，通过公益性岗位安置等途径，对就业困难人员实行优先扶持和重点帮助。其二，地方各级人民政府加强基层就业援助服务工作，对就业困难人员实施重点帮助，提供有针对性的就业服务和公益性岗位援助；鼓励和支持社会各方面为就业困难人员提供技能培训、岗位信息等服务。其三，政府投资开发的公益性岗位，应该优先安排符合岗位要求的就业困难人员。被安排在社会公益性岗位工作的，按照国家规定给予岗位补贴。其四，各级人民政府采取特别扶助措施，促进残疾人就业，并要求用人单位应当按照国家规定安排残疾人就业。

③特别规定了对城市零就业家庭的就业援助。县级以上地方人民政府采取多种就业形式，拓宽公益性岗位范围，开发就业岗位，确保城市有就业需求的家庭至少有一人实现就业。同时规定了街道、社会公共就业服务机构在就业援助中的具体职责。

④规定了对就业压力大的特定地区的扶持。国家鼓励资源开采型城市和独立工矿区发展与

市场需求相适应的产业，引导劳动者转移就业。对因资源枯竭或者经济结构调整等原因造成就业困难人员集中的地区，上级人民政府应当给予必要的扶持和帮助。

三、毕业生就业过程中权益保护的途径

1. 各级政府毕业生就业主管部门的保护

毕业生就业主管部门通过制定有关规则来保护毕业生的权益，并根据国家的政策、法律、法规对侵犯毕业生合法权益的行为予以处理。如对签订侵害毕业生权益的就业协议，省毕业生就业主管部门不予签订，不予审批就业方案和核发《就业报到证》；对就业双方存在的劳动争议和违约等问题，进行协调处理。

2. 高等院校的保护

学校可以通过各种途径向毕业生提供可靠的用工信息；对毕业生进行有效的全程就业指导，要提醒毕业生在就业中存在着若干不公平、不公正行为，甚至存在求职陷阱；在毕业生签订就业协议过程中，要予以监督和指导，对用人单位与毕业生签订的不合法的就业协议，学校有权拒签。

3. 毕业生的自我保护

（1）加强学习，树立维权意识，法纪意识，诚信意识

大学毕业生在就业中的基本权利是法律赋予的。通过学习，不仅要掌握《民法》《劳动法》《劳动合同法》的相关内容，还要掌握相关法律法规及政策，做到知法、学法、懂法，自觉树立维权意识、诚信意识，自觉维护自身的合法权益。

（2）遵循市场规则，预防侵害自身权益行为的发生

求职过程中，毕业生要有风险意识，对于那些用人单位夸大优厚条件，以欺骗手段吸引人才的做法要有提防戒备心理，预防自身合法权益受到侵害。

（3）用法律手段维护自身合法权益

由于毕业生就业市场发育不够成熟，有关法律、法规和规章尚不健全，毕业生在就业过程中的一些合法权益有时会受到侵害。此时，毕业生有权向用人单位的上级主管部门、向高校、向劳动行政部门申诉并听取他们的处理意见；也有权要求劳动争议仲裁和向法院起诉；还可以借助新闻媒体进行救济，通过各种合法途径维护毕业生在就业中的合法权益。

第四节　创业知识与创业实践

改革开放以来，随着体制转轨和社会职业结构变化的加快，我国的就业模式经历了重要转变，越来越多的人选择创业，不仅解决了自身的就业问题，而且通过创业创造了新职位，带动更多的人就业。通过开设创业课程向学生传授创业所必需的知识，培养学生的创业能力，让学

生掌握创业本领和技巧，使高校培养出来的毕业生能够创造性地就业和创造新的就业岗位。

一、创业

创业是一种过程，是由某个人或一个团队通过发展和捕获机会，并组织各种资源创造出新颖的产品和服务等创造价值的活动来满足社会需求的过程。创业是人类社会发展的基础和动力，是国民的创造性和创新能力，它不仅是一个国家综合国力的重要标志，而且创造属于自己事业所需要的创业精神和创业素质，已被联合国教科文组织称之为通向 21 世纪的一本护照。

1. 创业的内涵

创业是创业者通过发现和识别商业机会，成立活动组织，利用各种资源，提供产品和服务，以创造价值的过程，是就业的另一种表现形式，创业者不但为自己创造就业机会，而且还主动地为他人创造就业机会。创业有广义和狭义之分。广义的创业是指创业者的各项创业实践活动，其功能指向是成就国家、集体和群体的大业。狭义的创业是指创业者的生产经营活动，主要是开创个体和家庭的小业。

2. 创业的分类

创业按不同标准可有多种划分：依创业主体的性质分类，可分为个人独立创业、公司附属创业、公司内部创业；依创业起点的不同分类，可分为创建新企业和公司再创业；依创新层次的不同分类，可分为基于产品创新而创建企业、基于市场营销模式的创新而创建企业；按创业者的初期创业形式划分为自主创业、岗位创业、兼职创业等；按创业人群划分又可分为下岗人员创业、职业经理人创业、大学生创业等。

3. 创业的特征

（1）开创性

鲁迅先生曾说过：“世上本没有路，走的人多了，便成了路。”创业则不同，创业的道路千万条，但不会有两条完全相同的路。如果你完全循着别人已经踏出来的路去走，则永远不会走出一片属于自己的天地来。创业是人生学问中最无法传授、也根本无须别人指教的一件事。别人的路对你来说，只是起一个借鉴、参考的作用。

（2）多样性

俗话说：“三百六十行，行行出状元”“条条道路通罗马”。创业的道路也是一样。但属于自己的、最适合自己的创业道路只有一条。只要我们不拘泥于传统观念，不守旧，而又恪守自己稳定发展的认识系统，并善于根据事物变化的具体情况，及时地提出符合客观变化的正确思想、假设、办法和方案，那么我们就会找到一条适合自己的路来。

（3）艰巨性

创业不同于就业。选择了创业，就等于选择了挑战。创业这条道路，绝不是摆在我们面前的一条笔直的、宽阔的、畅通无阻的大道。有人形象地将商场比作战场，把商业比作商战。战场是很残酷的，短兵相接。有时候，即使做出了牺牲，也不见得获得胜利。但只要勇往直前，不怕艰难险阻并善于谋略，胜利和成功的希望总会在。我们每个人在创业的过程中都应该做“豹子型”的创业者，挺起胸，勇敢面对，保持清醒头脑，寻找生存和发展的机会；而不应该做“鸵鸟型”的人，遇到困难和危险，把头藏在沙子里，认为只要看不见敌人，自身就是安全的。

（4）现实性

创业者只拥有创业的热情是远远不够的，必须明白，没有现实作为基础，创业只能是空中楼阁。所以，要想开辟新的天地，必须冷静、理性、客观地分析一切可能的现实因素。脚踏实地，一步一个脚印地去开拓。“千里之行，始于足下”，参天大树也是由播下的一粒种子慢慢长成。另外，创业机遇就隐藏在平凡的现实之中。

（5）风险性

创业没有成功的经验可供借鉴，没有有效的方法可套用。它是在没有前人思维痕迹的路上去努力创新。因此，创业道路不可能每次都成功，不可能每个人都成功，有时可能会毫无成效，有时会造成重大损失。在商海之中，可谓风起云涌，变幻莫测，若缺乏相应的分析判断能力，那么，即使是一个百万富翁，也可能在一夜之间沦为乞丐。但我们应该坚信这样一点：无限风光在险峰。运用智慧与谋略，理智冒险，正是创业的有效途径。

二、创业者的素质与能力

1. 创业者应具备的基本能力

一个成功的创业者，必须具备三种基本能力：知识、技能、特质。要创业获得成功，创业者除了具备很强的执行能力（有毅力， 能坚持），还要具备基本的商业能力。大学生创业前要有充分的准备：一方面，可通过在企业打工或者实习积累相关的管理和营销经验；另一方面，通过参加创业培训积累创业知识、接受专业指导，为自己充电， 以提高创业成功率。

做任何事情都会有风险，创业也是如此。创业最大的风险在于心里有没有准备好就开始创业。要想创业成功，最重要的是心理上要准备好。因为没有准备好面对问题和挑战而问题来了，往往会给人以挫败感。而创业过程中恰恰时刻充满挑战，没有准备好会直接导致最后的失败。

（1）创造能力

创造能力是善于运用前人经验并以新的内容和形式来完成工作任务的能力，也指在社会实践中不断发现新问题、提出新方法，创造新事物和新价值的能力。是创业者必备能力之一。创业既要遵循一定规律，又不能囿于固定模式。应该随着社会的发展、环境的变化和工作的需要不断地对其内容和形式进行新的创新、补充和完善，使之更为丰富。

创造能力一般表现为发散性思维，而聚合性思维也起重要作用。创造能力是在丰富的知识经验的基础上逐渐形成的，它不仅包含敏锐的观察力、精确的记忆力、创造性思维和创造性设想，而且与一个人的个性心理品质、情感、意志特征等有密切关系。创造能力是在人的心理活动的最高水平上实现的综合能力。大学生创业是一种创造性活动，需要大学生有敢于质疑、勇于创新的思维个性，培育大学生的独立个性和创造性思维能力是大学生创业能力培养的关键所在。

（2）组织领导能力

组织管理能力是指为了有效地实现目标，灵活地运用各种方法，将各种力量合理地组织和有效地协调起来的能力。包括协调关系的能力和善于用人的能力等等。

组织管理能力是知识、素质等基础条件的外在综合表现。于大学生创业者而言，要成功地实现组织的愿望，实现企业的可持续发展，就必须领导和激励员工为之奋斗，通过规范的管理制度保持整个的企业顺畅运行。

（3）经营管理能力

经营管理能力指企业运作的艺术，是在创业中针对市场和生产活动进行筹划、管理和资源配置等行为的能力。主要包括：投资理财能力、调控能力、营销能力、市场开拓能力、谈判能力、协调能力等。

掌握一门艺术比掌握一门技术要难得多。经营管理能力的形成需要对商业、市场营销、企业管理、法律等多方面知识的学习和积累。当代大学生要养成刻苦学习的习惯，要主动了解高新科技的发展动态，了解新世纪科学技术的前沿知识，不断从求知中汲取营养，从学习中获得动力，实现学习向发现的转变。

（4）专业技术能力

专业技术能力指掌握了一定的专业技术知识，并能自如运用其解决实践中所遇专业技术难题的能力。创业者应具备的专业技术能力大致包括三个方面：创办企业中主要职业岗位的必备从业能力；接受和理解与所创办企业经营方向有关的新技术的能力；将环保、能源、质量、安全、经济、劳动等知识和法律、法规运用于本行业的能力。

创业机会无处不在，但大学生虽然有激情，却没有资本和经验，因此成功率并不会比别人更高。要提高创业成功率，不仅要比别人更努力，同时也需要拥有比别人更多的专业知识，至少有一个懂得专业知识的合作伙伴。

（5）社会交往能力

交往能力是在交往过程中顺利完成交往任务并运用交往技能达到某种工作目的的心理特征。包括沟通能力、社会活动能力、亲和力、协调力等。于创业者而言，社交能力指在创业过程中，围绕创业目标与企业内外人员的交流行为能力以及参与各种社会关系交往行为能力。为创业者必备能力，直接影响创业成败。因为创业者是在一个不断变化的世界中进行自主创业活动，要想取得成功，必须与各行各业的人员沟通交流，树立合作共赢意识和团队精神。

许多学者研究表明，在我国转型经济背景下，市场经济不成熟，企业关系能力对资源获取至关重要，因此，很多新创企业实行关系导向战略。人际交往能力可从以下几方面考察：是否能与政府职能部门、与各种中介机构、与掌握重要资源的人或组织、与周围的企业家建立良好的关系等。

人的许多活动都是在社会关系中完成的，同时，任何创业的个体与他人产生关系的效果与其沟通协调能力是正相关的。成功的创业行为要求创业者要有较强的沟通协调能力，善于表达，团结他人共同工作，需要处理好同伴、员工等的关系；要处理好与政府职能部门如工商、税务、卫生局等之间关系；要与各种中介机构如销售商、货源供应商、消费群等建立长期的良好合作关系；要与人才中心等掌握人力资源的组织建立良好的关系。

三、我国大学生创业的主要选择方向

1. 高科技领域。那些技术功底扎实，学科成绩出类拔萃的大学生在这一领域成功的希望非常大。该类学生通过积极参加各类创业大赛，获得脱颖而出的机会，吸引风险投资进行创业实践。如：软件开发、网络服务、手机游戏开发、汽车电子、基因工程、生物医药材料、生物技术、中医药产业化等。

2. 智力服务领域。在智力服务领域创业的成本较低，一张桌子、一部电话即可。同时，智力是大学生创业最先掌握的资本，对于大学生来说，提供智力服务游刃有余。例如：家教、家教中介、设计工作室、翻译事务所等。

3. 连锁加盟领域。统计数据显示，在相同的经营领域，个人创业的成功率低于 20%，而加盟创业的则高达 80%。对创业资源十分有限的大学生来说，借助连锁加盟的品牌、技术、营销、设备优势，可以较少的投资、较低的门槛实现自主创业。但连锁加盟并非“零风险”，在市场鱼龙混杂的现状下，大学生涉世不深，在选择加盟项目时更应注意规避风险。一般来说，大学生创业者资金实力较弱，适合选择启动资金不多、人手配备要求不高的加盟项目，从小本经营开始为宜。此外，最好选择运营时间在 5 年以上、拥有 10 家以上加盟店的成熟品牌，如：快餐业、家政服务、校园小型超市、数码速印站等。

4. 校园周边开店。随着校园经济的兴起，越来越多的大学生选择在校园周边开店，这不仅仅因为学校附近有大量的教职工以及学生顾客资源，更是由于熟悉大学生的消费喜好、消费能力。因此，选择校园周边开店较容易成功。如：高校内部或周边地区的餐厅、咖啡屋、美发屋、文具店、书店等。

5. 培训领域。考研培训、IT 培训、外语培训是最引人注目的“淘金地”。该领域的创业项目有着“短、平、快”的特点，只要有一定的教师资源，且培训产品适销对路，就能拉起“大旗”。来自高校的大学生无疑有着这方面的资源优势。

6. 设计领域。目前，最具发展潜力的热点领域包括室内设计、IC 设计、纺织品设计、平面设计、工业造型设计等。与设计相关的创业项目属于智力密集型模式，有技术、有项目即可，对资金的要求相对较小，创业风险也较低。该领域适合学习艺术、设计、广告等专业的大学生。

思考题：

1. 什么是创业？

2. 创业有哪些特征？

3. 创业者应具备的基本能力有哪些？

4. 商业模式所要解决的核心问题是什么？

5. 结合实际，谈谈你对大学生自主创业的认识？

参考文献

[1] 辽宁省教育厅组编．大学生职业发展与就业创业概论（修订版）[M]. 大连：大连理工大学出版社，2009.

[2] 宋爱华．大学生就业创业指导 [M]. 北京：中国石化出版社，2011.

[3] 黄晓林．浅析当前大学生就业形势分析与对策研究 [J]. 科学咨询，2010-16.

[4] 徐小洲，李永志．创业教育：普通高校版 [M]. 杭州：浙江教育出版社，2009.

[5] 李光．求职就业 10 大招 [M]. 重庆：重庆出版社，2005.

[6] 曲振国．大学生就业指导与职业生涯规划 [M]. 北京：清华大学出版社，2008.

[7] 孙庆珠．当代大学生创业教育 [M]. 北京：国防工业出版社。2010.

[8] 唐亚阳等．特别礼物——大学生生涯规划与辅导 [M]. 北京：中国林业出版社，2007.2.

[9] 张强、刘知贵等．大学生全程就业指导 [M]. 成都：电子科技大学出版社，2008.5.

[10] 张晓丹，何代忠．大学生就业指导案例汇编 [M]. 北京：清华大学出版社，2010.

[11] 邹凤楼，吴纬纬，蔡娥．创业．就业指导 [M]. 北京：清华大学出版社，2007.

[12] 李彩虹．试论大学生创业应具备的能力和素质 [J]. 职业技术，2010 年第 3 期．

[13] 许尔湘．高校毕业生就业信息的收集与运用 [J]．新疆职业大学学报，2008（16）．

[14] 张晓远．民商法学 [M]. 成都：四川大学出版社，2007.

后 记

党的十八大以来，党中央对高校思想政治工作高度重视，出台了《关于进一步加强和改进新形势下高校宣传思想工作的意见》等重要文件。为了深入贯彻党中央关于切实推动中国特色社会主义理论体系进教材、进课堂、进头脑的重要精神，使广大青年学生顺利适应大学新的学习方法和新的人际关系，处理好学习、生活、择业等相关问题，我们编写了这本《大学生教育与管理》。本书以大学新生为教育对象，以入学教育为契机，以大学学习和生活为主要内容，针对大学新生迈进大学的第一堂课，结合大学新生的特点和教育规律，旨在帮助大学新生顺利度过初入大学的适应期，促进其习惯养成、素质提升和全面提高。

本书是辽宁石油化工大学学生工作者多年经验积累和理论沉淀的成果，编写组成员全部来自辽宁石油化工大学学生工作队伍。本书的编写过程中得到了学校党政和各部门的大力支持，在此一并表示感谢。沈阳出版社为本书的顺利出版做出了大量具体工作，再次深表谢意。

本书既可以作为各大中专院校新生入学教育的教材使用，也适合各大中专院校管理工作者和广大教师参考，还可以供各种层次高等院校的新生朋友作为提升自我的参考书。我们期望本书会使广大读者受益，但是由于时间较紧，水平有限，书中难免有疏漏不足之处，敬请广大读者予以批评指正。

本书编写组

2022 年 6 月